教育部"2022年高等教育中外教材比较研究"项目

中外电子商务
教育与发展研究

ZHONGWAI DIANZI SHANGWU JIAOYU YU FAZHAN YANJIU

覃 征 帅青红 著

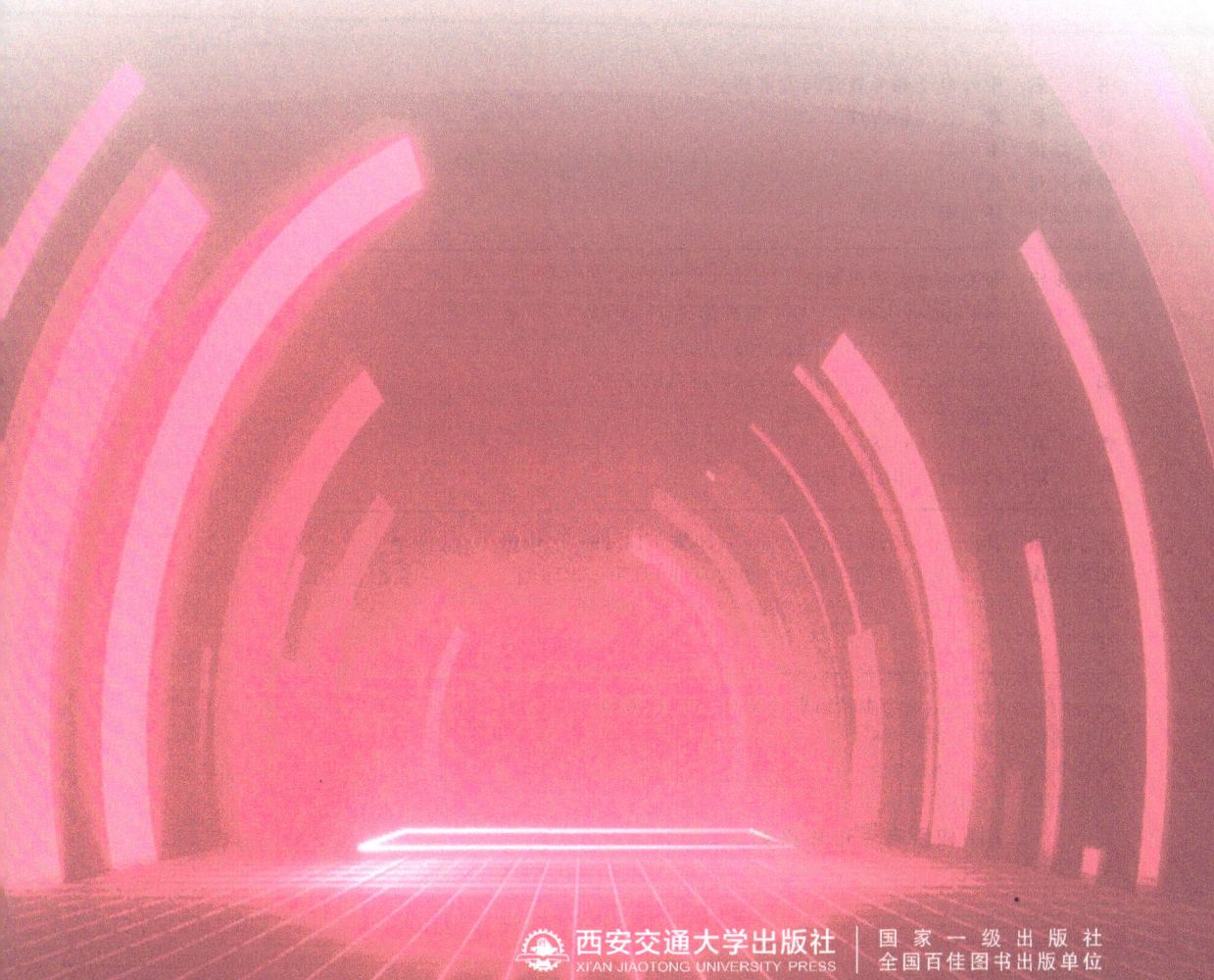

西安交通大学出版社
XI'AN JIAOTONG UNIVERSITY PRESS

国 家 一 级 出 版 社
全国百佳图书出版单位

图书在版编目(CIP)数据

中外电子商务教育与发展研究 / 覃征,帅青红著. — 西安：西安交通大学出版社，2022.10
 ISBN 978-7-5693-2827-1

Ⅰ.①中… Ⅱ.①覃…②帅… Ⅲ.①电子商务-教学研究-世界 Ⅳ.①F713.36

中国版本图书馆 CIP 数据核字(2022)第 189901 号

书　　名	中外电子商务教育与发展研究
著　　者	覃　征　帅青红
责任编辑	韦鸽鸽
责任校对	祝翠华
装帧设计	任加盟
出版发行	西安交通大学出版社 (西安市兴庆南路1号　邮政编码 710048)
网　　址	http://www.xjtupress.com
电　　话	(029)82668357　82667874(市场营销中心) (029)82668315(总编办)
传　　真	(029)82668280
印　　刷	西安五星印刷有限公司
开　　本	787mm×1092mm　1/16　印张　16.75　字数　414千字
版次印次	2022年10月第1版　2022年10月第1次印刷
书　　号	ISBN 978-7-5693-2827-1
定　　价	136.00元

发现印装质量问题，请与本社市场营销中心联系、调换。
订购热线：(029)82665248　(029)82667874
投稿热线：(029)82665249
读者信箱：37209887@qq.com

版权所有　侵权必究

《中外电子商务教育与发展研究》项目组

项目组长：覃　征

项目副组长：帅青红

项目组成员：吴敬花　李忠俊　张　赟　王国龙

　　　　　　邓婉秋　聂彦晨　何欣悦　孙名扬

　　　　　　胡丰宝　陈玥熺　唐碧冉　余则霖

　　　　　　黄杨宇　钟　颖　范琳悠　刘东平

序

当今世界正处于大变革时期,新一轮科技革命和产业变革正在孕育兴起,颠覆性技术的产生与应用持续推动世界经济格局与产业发展格局重构,数字经济成为未来发展的重要方向。世界经济正向数字化转型,电子商务作为数字经济的重要组成部分,推动了数字经济的快速发展,同时也拓宽了许多新的研究领域。目前,电子商务仍然是发展迅速的行业,人才需求十分旺盛,电子商务人才培养也成为国家教育的重要任务之一。

教育作为人类社会发展的重要基础和动力源泉,始终与世界之大变局息息相关。在新一轮科技革命和产业革命加速演进的背景下,作为具有先导性的战略资源和手段,教育正面临全新的发展要求。以变革为机遇,中国教育始终坚定道路自信、理论自信、制度自信和文化自信,以习近平总书记关于教育的重要论述为指导,将"科学技术为基础、国家经济发展为目标、人才培养为核心、知识体系为重点"作为教学理念的核心,正努力构建引领世界教育变革的中国方案,不断推动经济发展和人才培养。

中国共产党二十大报告中指出,"教育、科技、人才是全面建设社会主义现代化国家的基础性、战略性支撑。必须坚持科技是第一生产力、人才是第一资源、创新是第一动力,深入实施科教兴国战略、人才强国战略、创新驱动发展战略,开辟发展新领域新赛道,不断塑造发展新动能新优势。"

本书以中外电子商务教育与发展为脉络,立足中外电子商务教育与教学对比的视角,并采用数学、统计学等学科分析方法,在中外电子商务教育与教学比较研究中展开深入分析,为未来电子商务教育与教学提供新思路。本书主要结构如下。

第1章:中外电子商务发展。本章立足国家生态、社会生态、技术生态,以及创新生态四个维度,从不同方面对电子商务的发展生态进行深入剖析;同时,针对中外电子商务发展情况进行了深入研究、总结,并提炼出各自发展的特点;本章对中外电子商务的发展规律及内在机制进行了深入研究。

第2章:中外电子商务人才发展。本章内容以发展现状和人才培养为落脚点,首先构建了具备四个层次的电子商务人才发展生态圈,分别对中外电子商务的人才政策状况、中外电子商务人才的需求进行归纳分析,借此了解中外电子商务人才发展现状;同时,以人才培养现状、人才培养创新能力竞赛、人才培养模式为切入点,探析中外电子商务人才培养状况;建立了基于知识图谱的电子商务人才培养可视化分析方法,以期发现中国高校电子商务人才培养的研究热点,探索高校电子商务人才培养研究领域的发展趋势。

第3章:中外电子商务教学发展。本章对国内外电子商务发展进程及现状进行对比,并延伸到国内外电子商务教学发展概况研究,通过对部分高校教学情况进行案例分析,剖析出国内外电子商务教学异同,为电子商务教材的编写提供新思路。

第4章:中外电子商务教材比较研究。本章从宏观和微观的角度出发,在宏观层面上梳理了国内外电子商务教材的发展情况;微观层面上总结国内电子商务教材的编选标准,并对上述教材,进行出版社、年代、版次、主流作者等方面的调研分析;概括出国内外电子商务教材的异同点,为中国的电子商务类专业高等教育发展提供参考。

第5章:中国电子商务教材建设研究。本章通过问卷的形式,从学校、专业和教师三个层面对中国电子商务的建设、使用和评价进行了深入分析。根据195个本科院校的数据进行分析,提出了关于电子商务教材建设的对策建议。

第6章:中国电子商务教育发展趋势。本章从专业、课程、教材、技术和教师五个层面,建立了多维、多视角、多层面探究中国电子商务教育未来发展趋势的研究方法,希望对未来电子商务教育与发展贡献力量。

本书开启了中外电子商务教育与发展研究领域的新篇章,对研究中外电子商务教育与探索发展规律具有深远的历史意义,对研究中国电子商务教育与教学研究和未来电子商务人才培养具有重要的现实意义。

电子商务发展十分迅速,它的新理论、新技术、新应用乃至文化都在不断发展和完善;电子商务又是由信息技术、管理、法律等诸多学科交叉而形成的新学科,因此有许多未知的领域尚待进一步开发与探索。在此竭诚希望广大读者对本书提出宝贵意见,以不断改进。书中难免存在疏漏之处,请读者批评指正。

中外电子商务教育与发展研究课题组
2021年12月于北京

前言

观大势,谋发展。立足百年未有之大变局,人工智能、大数据、云计算等新兴技术快速发展,以网络化、数字化、集成化、智能化为特征的数字化转型浪潮席卷全球,世界各国纷纷在数字经济领域展开激烈竞争,以推动数字技术与实体经济深度融合,加快传统产业转型升级,强化经济发展新引擎。

强教育,塑人才。教育作为人类社会发展的重要基础和动力源泉,始终与世界之大变局息息相关。在新一轮科技革命和产业革命加速演进的背景下,作为具有先导性的战略资源和手段,教育正面临全新的发展要求。以变革为机遇,中国教育始终坚定道路自信、理论自信、制度自信和文化自信,以习近平总书记关于教育的重要论述为指导,将"科学技术为基础、国家经济发展为目标、人才培养为核心、知识体系为重点"作为教学理念的核心,正努力构建引领世界教育变革的中国方案,不断推动经济发展和人才培养。

立根基,兴教材。教材是体现国家意志、传承民族文化的重要载体。建设教育强国必须构建具有中国特色的教材体系,反映新时代中国教育的新理念、新智慧。为此,本书从"中国教育部中外电子商务教材比较研究"这一国家课题出发,结合中国电子商务发展现状和世界电子商务发展的进程,采用数学、统计学等学科分析方法,在中外教材与教学比较研究中展开了深入研究与思考,剖析了中外电子商务在人才培养和教材建设上的不同优势、特色与发展趋势,以推进中国电子商务教材建设研究扎根中国大地、站稳中国立场、走向世界舞台,不断壮大中国电子商务高水平创新型人才队伍,以促进中国乃至世界电子商务高质量发展。

本书开启了电子商务教材建设领域研究的新篇章,对总结我国电子商务教材建设历程与规律具有深远的历史意义,对指导电子商务教材建设、指引未来电子商务人才培养方向具有重要的现实意义。同时,教材建设是一项长期持久的工作,是一项需要不断发展完善的系统工程,教材建设研究在未来将有更多的未知领域待进一步探索。

特别感谢教育部高等学校电子商务类专业教学指导委员会(2018—2022届)的大力支

持、帮助,以及提供的相关素材。

感谢电子工业出版社姜淑燕、西安交通大学出版社祝翠华、人民邮电出版社武恩玉、重庆大学出版社马宁、化学工业出版社王淑燕、清华大学出版社徐永杰,以及高等教育出版社、机械工业出版社、东北财经大学出版社、西南财经大学出版社、浙江大学出版社等出版社的支持,以及相关编辑提供的素材,本课题在研究过程中,先后得到清华大学信息科学技术学院/软件学院、图书馆,对外贸易经济大学信息学院,西南财经大学管科科学与工程学院、计算机与人工智能学院,四川农业大学信息工程学院,云南财经大学,南京财经大学,西北政法大学,大连理工大学,河南财经政法大学,上海大学等高校的专家、学者的帮助,对此深表谢意。本书在撰写过程中参考和借鉴了大量的资料,引用了相关领域的最新研究成果,在此谨向这些资料的作者和提供者表示诚挚的谢意!

目 录

第1章 中外电子商务发展 (1)
1.1 中外电子商务发展生态 (2)
1.2 中外电子商务发展 (44)
1.3 本章小结 (53)

第2章 中外电子商务人才发展 (55)
2.1 中外电子商务人才发展现状 (56)
2.2 中外电子商务人才培养 (71)
2.3 本章小结 (86)

第3章 中外电子商务教学发展 (88)
3.1 国外电子商务教学发展 (89)
3.2 中国电子商务专业教学发展 (105)
3.3 本章小结 (128)

第4章 中外电子商务教材比较研究 (129)
4.1 中外电子商务教材发展 (130)
4.2 国内电子商务教材编选标准 (143)
4.3 中外电子商务教材调研情况 (150)
4.4 本章小结 (175)

第5章 中国电子商务教材建设研究 (177)
5.1 中国电子商务教材建设现状分析 (179)
5.2 中国电子商务教材建设方案 (191)
5.3 本章小结 (198)

第6章 中国电子商务教育发展趋势 ……………………………………………… (199)
 6.1 更清晰化的专业发展方向 …………………………………………… (200)
 6.2 更标准化的课程建设质量 …………………………………………… (203)
 6.3 更高水平的教材建设体系 …………………………………………… (207)
 6.4 更立体化的教育教学形式 …………………………………………… (212)
 6.5 更高素养的教师人才队伍 …………………………………………… (214)
 6.6 本章小结 ……………………………………………………………… (216)

附表1 符号和缩略语说明 …………………………………………………… (217)
附表2 图表清单 ……………………………………………………………… (220)
附 图 全书知识逻辑关系图 ……………………………………………… (225)
参考文献 ……………………………………………………………………… (226)

第1章　中外电子商务发展

知识架构

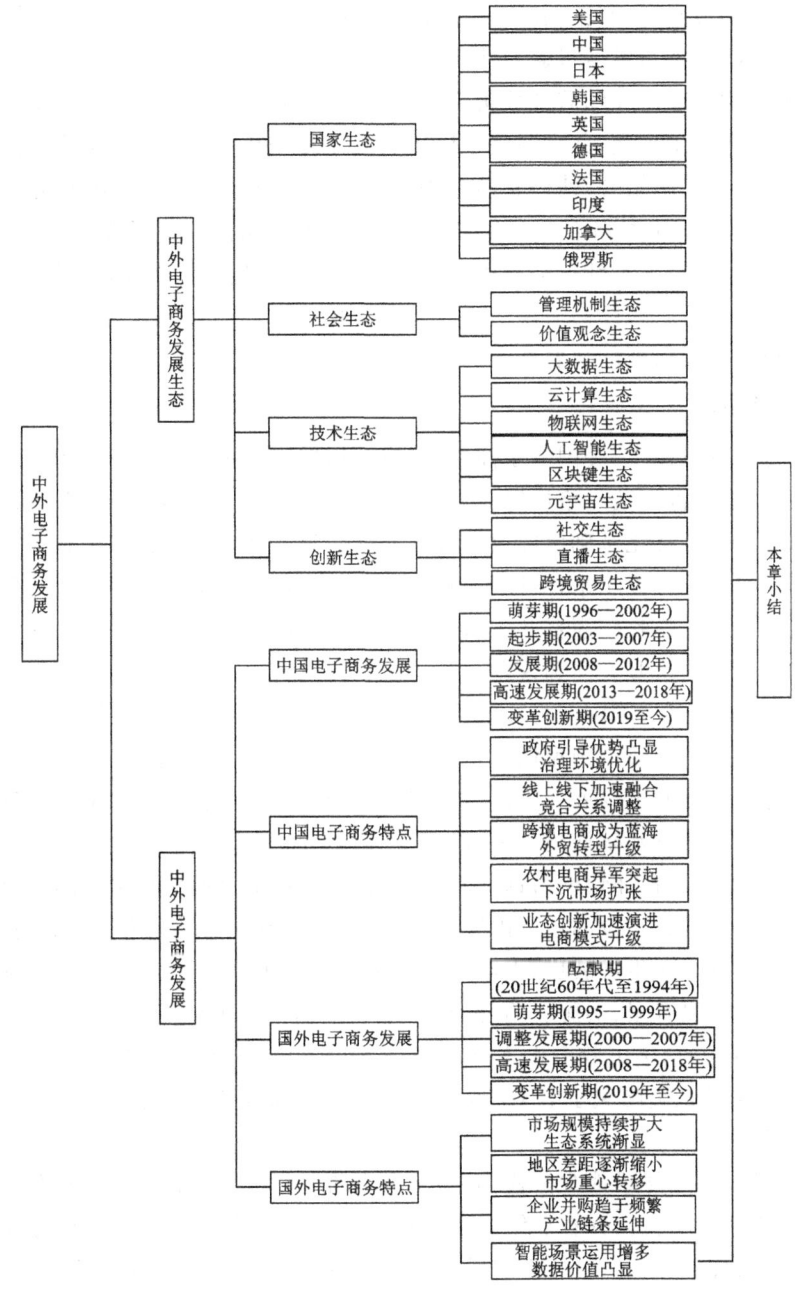

1.1 中外电子商务发展生态

1.1.1 国家生态

21世纪,世界正处于大发展、大变革、大调整时期,科技创新空前活跃,经济加速发展,商业模式持续创新。在此背景下,全球新兴市场国家和发展中国家快速崛起,各国交流合作和贸易往来日益紧密,平等互利、开拓创新、合作共赢已成为发展的主旋律。科技创新在为世界经济构建新发展格局、带来新发展机遇及注入新发展活力的同时,也充满了对新秩序、新模式、新业态,以及新方式的渴望。伴随着计算机技术、信息通信技术的逐步整合,以及信息化网络的加快融合,电子商务逐步兴起,并在一定程度上突破了传统贸易的时空"双维"约束,实现了科技进步与生活服务的交融结合,使得交易主体可以在全球范围内实现资源互通、资金筹集、市场拓展。这一变化响应了经济全球化发展的趋势,各国开始加快电子商务探索,政策战略频出,并采取多元化管理措施不断推动国内电子商务发展,以及国家间电子商务交流合作走深、走稳、走实,以推动其健康持续高质量发展。基于全球电子商务市场规模及市场渗透率数据,本节重点选取位于发展前列的主要国家进行阐述。

1.1.1.1 美国

在电子商务这场革命中,美国电子商务的应用领域逐渐深入,并在加快国内贸易转型、推动全球贸易变革、重塑世界贸易格局等方面发挥了重要作用,为各国电子商务的发展提供了借鉴。美国具有完善的信息化基础设施及先进的网络数字技术,其在全球电子商务最初的竞争过程中占据了重要地位。近年来,美国不断出台电子商务发展新议程、新规划,在基础设施建设、市场准入标准制定、税收优惠普及、支付方式创新等方面不断发展,并且开始将电子商务作为国际贸易合作交流的重要方向和议题。

早在20世纪90年代,美国就将加强信息基础设施建设作为发展工作的重中之重。1993年是美国信息化建设的开端,"国家信息基础设施行动计划"(又称"信息高速公路计划")的制定为美国信息化建设指明了发展的方向[1]。在此基础上,美国又制定了"全球信息基础设施计划",致力于促进各国信息基础设施发展,以及政府和民间、私人的合作[2]。1996年,美国制定了"下一代网络计划",旨在加快网络迭代升级,保持美国在信息通信技术上的重要地位。这些发展计划作为美国信息化建设的主要内容,为美国电子商务的发展奠定了良好的基础。

在信息化建设取得初步进展后,美国开始着手布局电子商务的未来发展。为进一步保障电子商务政策的制定更有据、实施更有序,以及监督更有效,1996年,美国政府宣布成立电子商务工作组[3]。1997年,美国政府正式出台《全球电子商务框架》,正式提出了五项原则,如图1-1所示。这份文件是美国关于电子商务发展策略的首次探索,并成为美国电子商务发展政策的纲领性文件[4]。

税收方面,美国主张尽可能少征税,并给予适当的税收优惠以促进互联网发展。1998年,《互联网免税法案》正式通过,并在后续实施过程中分别延长了三次,在电子商务发展的初期给予了相当大的政策优惠[5]。诚信体系建设方面,美国国会于1999年通过了《反域名抢注消费者保护法》[6],紧随其后又颁布了《统一电子交易法》《全球和全国商务电子签名法案》等,逐渐

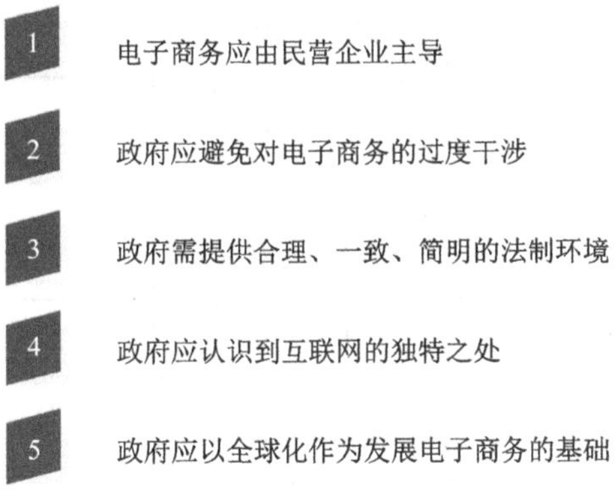

1	电子商务应由民营企业主导
2	政府应避免对电子商务的过度干涉
3	政府需提供合理、一致、简明的法制环境
4	政府应认识到互联网的独特之处
5	政府应以全球化作为发展电子商务的基础

图 1-1 《全球电子商务框架》五大基本原则

形成较为完善的社会诚信体系[7]。

世界贸易组织(World Trade Organization,WTO)在 1998 年正式启动了"电子商务工作计划"项目[8],美国便希望通过 WTO 机制来实现电子商务谈判目标,但在部分基础问题上未能达成共识。于是,美国逐渐转向通过双边规则的谈判与制定来实现推行贸易政策的目标。2002 年,为了实现在数字服务贸易、信息自由流通、数字贸易的非歧视和透明度等问题上的电子商务谈判目标,美国国会通过了《贸易促进授权法案》,进一步扩大了美国电子商务政策在全球规则制定中的影响。此外,《贸易促进授权法案》在 2015 年重新获得美国国会的授权,成为美国自由贸易进程中迈出的一大步[9]。2003 年,《美国-智利贸易协定》与《美国-新加坡贸易协定》开始将电子商务条款纳入其中,成为美国双边贸易协定的范本[10-11]。随着全球数字经济的发展,美国也开始加强对数字技术和产业的优先布局,于 2015 年推动实施《美国数字经济议程》,并在双边贸易协定中不断强化数字要素[12]。2018 年 10 月,美国与墨西哥、加拿大达成《美墨加协定》[13],作为《北美自由贸易协定》[14]的升级版,《美墨加协定》开启了北美地区及世界贸易的新时代,对电子商务的规制范围拓展至数字贸易的范畴。2019 年,美国和日本就电子商务等数字贸易达成《美日数字贸易协定》[15],为世界贸易组织各成员就数字经济领域谈判提供了参考。

从信息基础设施的建设到数字经济的发展,美国政府持续推出一系列战略政策,有计划地实施针对性的发展项目,不断推动数字技术创新与深化应用,逐步形成了公私部门合作、公众共同参与的数字技术战略路径,如图 1-2 所示。

综上可知,美国已经具备丰富的电子商务政策法律以及完善的电子商务规制体系,并不断强化数字经济要素和基础设施,努力通过自由贸易协定(Free Trade Agreement,FTA)等手段来扩大电子商务的国家间合作。

1.1.1.2 中国

1994 年,中国正式接入互联网,迈入快速发展阶段[16]。在此之后,中国电子商务规模迅速扩大,应用不断深化,逐渐成为提振内需的重要途径。中国电子商务的系列成就与强有力的政策支持和管理创新密不可分,大致可概括为以下四个方面。

一是信息建设奠定发展基础。发展初期,中国集中力量推动互联网基础设施建设。1997

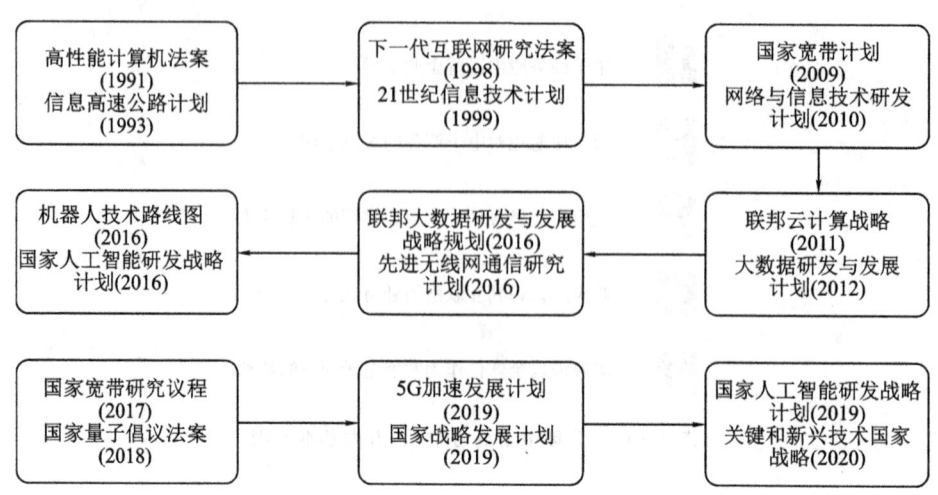

图1-2 美国数字技术战略布局

年,中国召开全国信息化工作会议,开始布局信息化建设[17]。"十五"期间,国家信息化领导小组做出"振兴软件产业、加强信息安全保障、加强信息资源开发利用、加快发展电子商务"等一系列重要决策。2006年5月,《2006—2020年国家信息化发展战略》正式印发[18],中国信息化战略方向进一步明确。此外,中国连续推出《国民经济和社会发展信息化"十一五"规划》[19]《"十二五"国家信息化规划》《"十三五"国家信息化规划》[20],以及《"十四五"国家信息化规划》[21],做出了建设网络强国、数字中国、智慧社会的战略决策,不断强化顶层设计和战略指导,以加快打造数字国家新优势。

二是规划意见引导行业发展。中国电子商务在发展初期缺少政策规划引导。直到2005年,电子商务行业才开始成为相关部门关注的焦点。《关于加快电子商务发展的若干意见》作为首个政策支持文件,具有重要的导向意义[22]。2007年6月,中国首部电子商务发展规划——《电子商务发展"十一五"规划》正式出台,在国家层面确立了发展电子商务的战略任务[23]。2011年以后,电子商务的政策支持和指导文件密集出台。《关于加快流通领域电子商务发展的意见》从多方面支持流通领域电子商务发展[24];《"十二五"电子商务发展指导意见》提出了九大重点工程[25];《关于促进电子商务健康快速发展有关工作的通知》在电子商务示范城市建设方面提供了试点指导[26]。2012年发布的《电子商务发展"十二五"规划》[27]从行业发展、企业创新等视角明确了9项重点任务。2016年、2020年分别颁布的《电子商务发展"十三五"规划》[28]《电子商务发展"十四五"规划》[29]更是推动中国电子商务更加注重技术应用、模式业态、深化协同等方面的创新,由量的扩张转向质的提升,从而实现稳健高速发展。中国电子商务发展规划内容如图1-3所示。

三是法律纠偏与规范指导并行。随着电子商务的发展,相关部门开始注重法律指引的完善,以加快构建平稳有序的市场秩序。网络支付方面,人民银行发布的《网上银行业务管理暂行办法》[30]《电子支付指引(第一号)》[31]《非金融机构支付服务管理办法》[32]对电子支付相关内容进行了严格规定。网上交易行为方面,《关于网上交易的指导意见(暂行)》[33]《电子商务模式规范》[34]等规定了网上交易的基本原则。《关于进一步推进网络购物领域打击侵犯知识

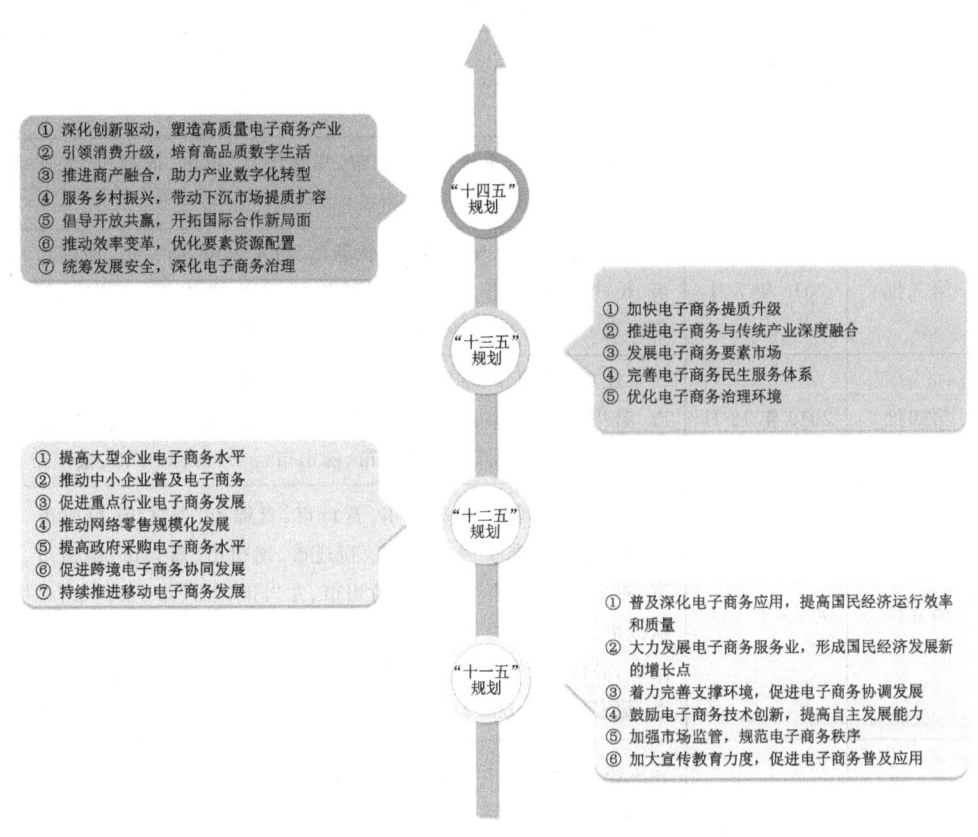

图1-3 中国电子商务发展规划内容

产权和制售假冒伪劣商品行动的通知》[35]《网络发票管理办法》[36]等政策有效防范了网络团购中的消费欺诈、以次充好等问题。上述政策法规是中国电子商务健康、有序发展的有力保障。

四是授牌和专项扶持共同发力。近年来,中国电子商务逐步从高速发展迈入转型创新阶段,授牌、试点、资金资助等成为中国强化电子商务发展的重要扶持方式。《关于开展国家电子商务示范城市创建工作的指导意见》为中国电子商务示范城市建设提供了指导[37]。此外,中国结合国家发展战略,积极探索电子商务与本国国情结合的新路径。"一带一路"倡议推动了中国与沿线各国跨境电商交易,实现"质"和"量"的双维提升。截至2022年,中国已形成132个跨境电商综合试验区、87个跨境电商零售进口试点城市[38],如表1-1所示。此外,结合中国"脱贫攻坚"工作和"乡村振兴"战略,中国积极推进电子商务进农村综合示范项目建设,国家级贫困县逐步转向非贫困县,走出了具有中国特色的农村电商发展之路。

表 1-1　中国跨境电商综合试验区名单

批次	时间	名单
第一批	2015 年 3 月	杭州市
第二批	2016 年 1 月	天津市、上海市、重庆市、合肥市、郑州市、广州市、成都市、大连市、宁波市、青岛市、深圳市、苏州市
第三批	2018 年 7 月	北京市、呼和浩特市、沈阳市、长春市、哈尔滨市、南京市、南昌市、武汉市、长沙市、南宁市、海口市、贵阳市、昆明市、西安市、兰州市、厦门市、唐山市、无锡市、威海市、珠海市、东莞市、义乌市
第四批	2019 年 12 月	石家庄市、太原市、赤峰市、抚顺市、珲春市、绥芬河市、徐州市、南通市、温州市、绍兴市、芜湖市、福州市、泉州市、赣州市、济南市、烟台市、洛阳市、黄石市、岳阳市、汕头市、佛山市、泸州市、海东市、银川市
第五批	2020 年 4 月	雄安新区、大同市、满洲里市、营口市、盘锦市、吉林市、黑河市、常州市、连云港市、淮安市、盐城市、宿迁市、湖州市、嘉兴市、衢州市、台州市、丽水市、安庆市、漳州市、莆田市、龙岩市、九江市、东营市、潍坊市、临沂市、南阳市、宜昌市、湘潭市、郴州市、梅州市、惠州市、中山市、江门市、湛江市、茂名市、肇庆市、崇左市、三亚市、德阳市、绵阳市、遵义市、德宏傣族景颇族自治州、延安市、天水市、西宁市、乌鲁木齐市
第六批	2022 年 2 月	鄂尔多斯市、扬州市、镇江市、泰州市、金华市、舟山市、马鞍山市、宣城市、景德镇市、上饶市、淄博市、日照市、襄阳市、韶关市、汕尾市、河源市、阳江市、清远市、潮州市、揭阳市、云浮市、南充市、眉山市、红河哈尼族彝族自治州、宝鸡市、喀什地区、阿拉山口市

1.1.1.3　日本

日本在历史上十分看重硬实力,与欧美相比,日本电子商务起步较晚,但日本政府对电子商务高度重视,针对电子商务发展进行了深入研究,并采取措施加快电子商务部署。同时,凭借较高的经济发展水平和较为发达的信息技术基础,日本逐步成为继中国、美国、英国之后的全球第四大电子商务市场[39]。

为加快信息基础设施的建设与发展,日本政府先后于 1995 年和 2000 年提出"互联网连接计划"和"亚洲宽带互联网构想",并在 2009 年发布的《日本新经济增长战略》中提出"实现世界最高水平的 IT 社会"的设想[40]。在多项计划的推动下,日本的电子商务基础建设有了突破性进展。

为保障电子商务标准化、规范化发展,1996 年,日本"电子商务促进会(ECOM)"成立,其在制定日本电子商务准则方面扮演了重要的角色,为日本电子商务标准体系提供了重要参考[41],如图 1-4 所示。1999 年 11 月公布的《与电子签名和认证有关的法律条款——促进电子商务并为基于网络的社会和经济活动奠定基础》以及 2000 年 5 月通过的《电子签名认证法》,均表明日本政府高度重视电子商务行为的规范以及市场秩序的稳定[42]。日本电子商务促进会六大电子商务准则如图 1-4 所示。

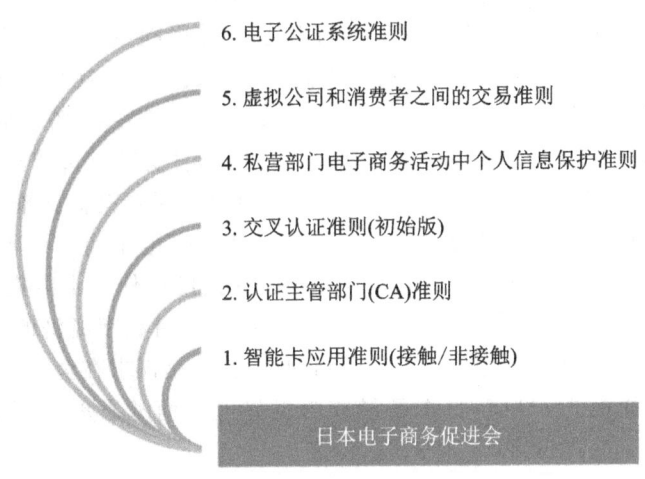

图1-4 日本电子商务促进会六大电子商务准则

进入21世纪后,日本加快国家战略制定,并将电子商务作为重要核心内容,以推动电子商务加速创新发展。2000年,日本提出"IT立国",并于第二年颁布"IT基本法"[43]。同年7月,日本政府成立IT战略总部。并于2001年、2004年和2009年分别提出了E-Japan战略、U-Japan战略,以及I-Japan战略。总体来说,E-Japan战略为信息化建设奠基[44],U-Japan战略创造了上网环境[45],I-Japan战略转动了公共部门的网络齿轮[46],三者共同书写了日本信息化战略的发展与变革。在三大信息化战略的基础上,日本持续出台了《日本复兴战略》[47]《科学技术创新综合战略2016》[48]《科学技术创新综合战略2020》[49]《综合创新战略2022》[50]等,持续推进"IT新战略""数字新政",不断加快数字化转型和数字经济发展,为电子商务升级营造了良好的创新环境,如图1-5所示。

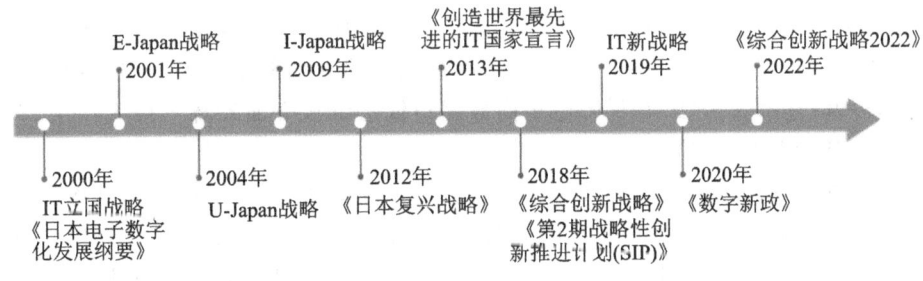

图1-5 日本数字经济发展战略

同时,日本积极开展国际电子商务交流合作,参加全球数字经济规则制定。日本在区域贸易协定中涉及的数字规则,经历了从无纸化到电子商务,再到数字贸易的转变。2005年前后,日本与新加坡、菲律宾和泰国分别签署的双边贸易协定中,涉及的数字贸易规则主要集中在无纸化贸易。从2009年日本与瑞士的双边贸易协定开始出现了专门针对电子商务的数字贸易规则章节。此后,日本相关的双边贸易协定以及《跨太平洋伙伴关系协定》(TPP)的文本中都涉及电子商务规则,主要包括数字产品的非歧视待遇、关税、国内监管法规、电子签名等内容[51]。2018年以来,随着《全面与进步跨太平洋伙伴关系协定》(CPTPP)[52]及日本与欧盟的贸易协定生效,跨境数据流动、个人信息保护等数字贸易规则成为其对外贸易的谈判重点。2019年签署的《美日数字贸易协定》旨在打造更高水平的数字贸易规则。日本积极参与WTO框架下的多边数字贸易治理,其关注的议题主要涉及电子商务关税、跨境数据流通、关键源代码保护、在线消费者保护,以及网络安全等方面。2018年,日美欧三边贸易部长会议开始寻求在数字贸易和电子商务领域达成共识,并呼吁更多WTO成员参与高标准规则;2019年1月,日本参与签署《关于电子商务的联合声明》,宣布启动WTO电子商务谈判[53]。与此同时,日本政府提出"数据在可信任条件下自由流动"的原则,并借助担任二十国集团轮值主席国的契机与中、美等国家共同签署了《大阪数字经济宣言》,正式开启数字经济的"大阪轨道"[54]。由此可见,日本并不满足于仅仅参与数字贸易规则的讨论,而是谋求在全球数字经济规则的制定方面占据话语权和影响力,目前,日本已经成为世界电子商务发展规则制定的重要参与国之一。

1.1.1.4 韩国

近年来,韩国电子商务零售额及市场渗透率实现快速增长。发展如此之快的核心原因是韩国政府对电商市场高度重视,积极推进网络基础设施建设,紧跟第一梯队步伐,紧密拥抱电商形态,制定了一系列电子商务发展战略和推广措施。

1994年,韩国通信公司推出互联网服务KORNET,开启了网络时代[55]。1995年,韩国引进了可以在网络上利用多种电子商务平台的万维网,并在信息通信部的主导下,正式成立韩国电子商务交易协会。1999年,韩国颁布了《电子商务框架法》,并于2002年进行修订,对电子商务安全、隐私保护、促进措施,以及仲裁委员会等方面的内容进行了详细规定。2001年,韩国提出"韩国电子贸易动议",并于2002年进一步修改,成为韩国电子商务的长期指导战略[56]。

韩国政府将网络信息基础环境建设和法律规则制定作为推动电子商务发展的先决条件,先后推出了《网络信息服务业促进法》《信息、通信网络、信息安全促进法》《保护主要信息基础设施条例》等多项法律法规。同时,对于电子商务用户的保护也是韩国政府关注的重点内容。《电子商务用户保护法》《电子商务用户保护指南》《关于建立信息系统安全与保护个人信息隐私的条例》,以及《产品义务法》在保障电子商务用户依法维权方面发挥了极大作用,有助于推进韩国电子商务的普及与应用[57]。

值得关注的是,技术、人才与标准是韩国发展电子商务的三大关键核心,如图1-6所示,2003年,韩国政府确定了"电子商务技术蓝图和电子商务技术中长期发展计划",旨在通过建立技术发展支持系统和顺应国际技术标准等方式确立技术优势。为了顺应技术发展的需要,韩国政府开始在电子商务人力资源方面投入支持,于2000年制定了"电子商务人力资源发展计划",并在人才引进、人才培训等方面实施了多个重要项目。此外,韩国政府十分支持电子商务标准研究机构的发展,主要的标准研究机构包括Korea EDIFACT Committee(KEC),Korea Institute for Electronic Commerce(KIEC),Electronic Commerce Integrated Forum(ECIF)[58]。

步入知识型社会后,韩国致力通过《电子化学习促进计划》《电子化学习产业发展法》促进电子化学习产业发展。同时,"B2B网络支持计划""亚洲网络市场(eAMP)计划",以及"中小企业信息化计划"在推动电子商务应用和产业数字化领域发挥了重要作用。2020年,韩国发

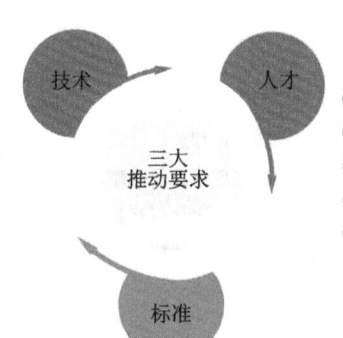

"电子商务技术蓝图和电子商务技术中长期发展计划"
① 支持未来技术和核心战略领域
② 建立技术发展支持系统
③ 保障技术发展，顺应国内/国际技术标准

"电子商务人力资源发展计划"
① 建立电子商务人力资源发展中心
② 制定金卡计划
③ 引进电子商务管理人员认证项目
④ 认证私营培训机构电子商务培训课程
⑤ 建立电子商务成功案例库

支持电子商务标准研究机构发展
① Korea EDIFACT Committee (KEC)
② Korea Institute for Electronic Commerce (KIEC)
③ Electronic Commerce Integrated Forum (KCIF)

图1-6　韩国电子商务三大关键核心

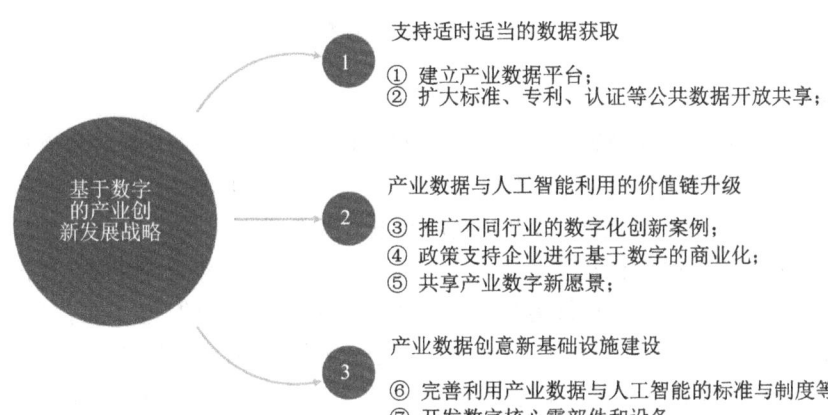

图1-7　《基于数字的产业创新发展战略》九大任务

布《基于数字的产业创新发展战略》并提出九大任务[59]，如图1-7所示。韩国于2021年通过了《数据产业振兴和利用促进基本法》[60]，对推动电子商务数据层面的深度创新、应用具有重要意义。在新冠疫情的冲击下，韩国关税厅与大韩贸易投资振兴公社、大韩通运(CJ)共同签署了业务合作协议，力求通过官方与民间的合作促进韩国中小企业进军世界电子商务市场。

欧盟作为世界较大的经济实体和自由贸易体之一，世界经济规则制定的能力越来越强，自身已实现了人员、商品、服务，以及投资的完全自由流动。在电子商务高速发展的浪潮下，自1997年起，欧盟便将电子商务作为全球经济竞争的关键因素，开始积极布局电子商务发展蓝图，以加强欧盟成员国间的电子商务合作交流并推动一体化发展。21世纪欧盟主要发展战略如图1-8所示。其中，英国、德国及法国电子商务发展较为成熟，展现出强大的国际竞争力和市场潜力，后文将对英、德、法三国电子商务国家生态进行详细阐述[61]。

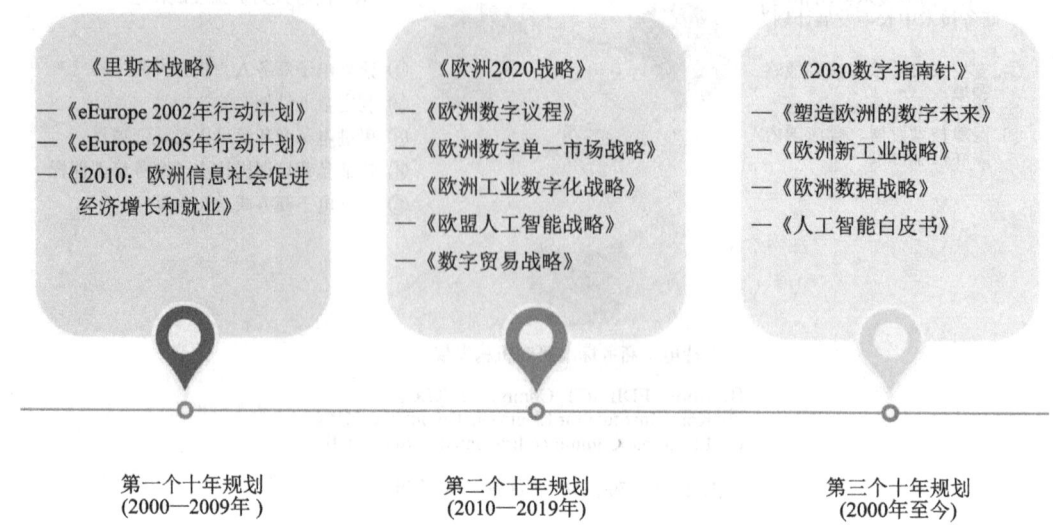

图1-8 21世纪欧盟主要发展战略

1.1.1.5 英国

英国政府对电子商务采取服务型管理。近年来,英国在电子商务的应用范围和市场规模方面取得了较大发展,成为欧洲经济发展的重要组成部分。1998年提出的"信息时代伙伴计划"(IAP)拉开了英国电子商务发展的帷幕,电子政府和电子商务逐渐出现在人们的视野中。

英国十分重视电子商务数据信息及消费者的权益保护,并于1998年分别颁布《数据保护法》[62]和《英国信息保护法》来实现交易行为规范。英国于2000年通过的《电子通信法案》在加密服务、数据存储及数据保护等方面提供了新措施。同年颁布的《消费者保护(远程销售)规章》《信息自由法》进一步明确了消费者的合法权益[63]。以上法律法规共同作用,在法律层面为社会各界树立对电子商务的信心提供了保证。

2002年,英国政府确定"在西方七国中具有最广阔的和最具竞争力的宽带市场"的目标,并提出"电子使者"计划。同年8月,英国政府按照欧盟《电子商务指令》制定了《电子商务条例》,并对网上交易的相关内容做出了重要规定,英国电子商务活动规范日益明晰[64]。随着数字经济的发展,英国也开始加快布局数字化转型,进一步发挥电子商务的数据优势。2017年以前,英国就发布了《信息通信技术发展战略》《国家网络安全战略》[65]。同年,《英国数字化战略》提出七大战略全面推进英国数字转型[66],如图1-9所示,对整个英国互联网起到极大的积极促进作用,为未来的互联网市场提供了更好的基础条件。

2018年起,英国严格执行《一般数据保护条例》,并修订了《数据保护法》和《数字经济法案》,进一步加强对数据应用的规范。为了构建良好的数据伦理体系,英国在2018年发布了《数据伦理框架》,从公共利益、有限与等比例原则、数据问责等八方面勾勒了数据治理中的伦理体系[67]。在网络与信息安全上,英国发布了《消费者物联网安全行为准则》和《在线危害白皮书》,力争创造稳健、透明的数字基础设施体系。目前,英国已将国际贸易合作作为本国电子商务发展的重要路径之一,积极同新兴大国开展跨境贸易交流合作,以期通过吸引高端人才、发展先进技术来加快数字化转型和电子商务创新升级。

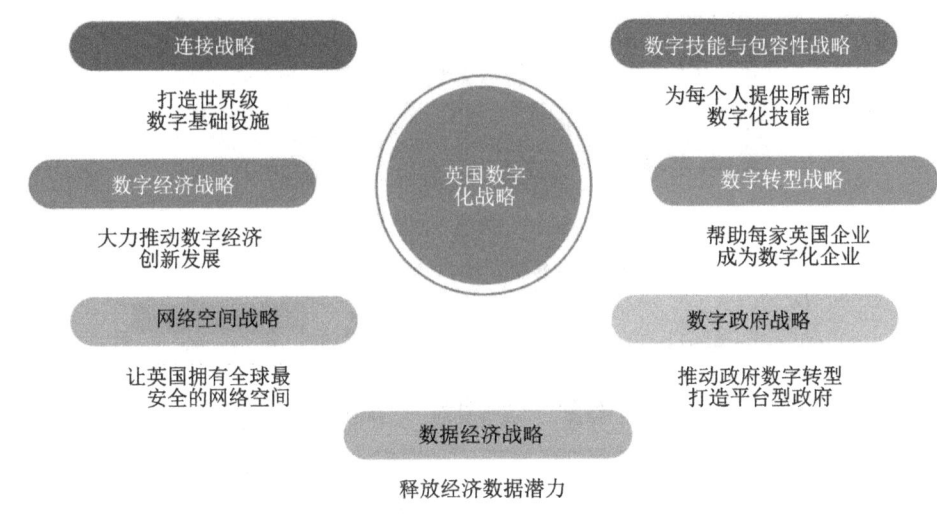

图1-9 《英国数字化战略》七大战略

1.1.1.6 德国

德国电子商务市场份额在欧洲也占有重要地位。德国的电子商务发展得益于政府的支持。在美国大力发展信息技术的背景下,德国政府对于现代信息和通信技术的理解也逐渐加深,并且将电子商务作为重要的应用领域。德国分别于1996年和1997年颁布了《电信法》和《信息通信服务法》,致力于搭建良好的通信环境。1998年,德国制定了《INFO2000:通往信息社会的德国之路》,有力推动了德国信息产业的发展[68]。1999年,德国政府制定了"21世纪信息社会的创新与工作机遇"纲要,成为德国走向信息社会首个战略性的主体计划[69]。进入新世纪后,德国陆续制定了《德国ICT战略:数字德国2015》[70-71]《数字议程2014—2017》[72]《德国2020高技术战略》《高科技战略2025》[73]《数字化战略2025》[74],以及《数字化实施战略(第五版)》,在推动"工业4.0"利用和数字基础设施建设、促进创新、加快人工智能及量子技术普及等方面发挥了巨大作用,为电子商务提供了良好的创新环境(图1-10)。

同时,为规范电子商务行为,德国基于欧盟相关法律框架并结合本国情况制定了《电子通信法》《远程销售法》《数字签名法》《数字签名条例》《电信媒体法》《按钮解决措施》等有关电子商务的法律与实施条件准则,并且积极开展电子商务和信息安全领域方面的标准化研究。德国现有的《商标法》《反不正当竞争法》《价格标注法》也为德国的电子商务创造了健康发展的法规体系[75]。

整体来看,德国电子商务的崛起离不开网络通信业的发展。德国于1998年1月1日起全面开放德国的电信市场,并在新世纪陆续制定了《为信息与电信服务确立基本规范的联邦法》《网络执行法》《信息安全法2.0》等一系列法律政策对电信业进行管制,以促进公平竞争,加强技术合作。电信市场的开放推动了德国通信基础建设改善,为开展电子商务交易提供了便捷的沟通桥梁。此外,德国互联网经济协会(ECO)、德国信息产业、电信和新媒体协会(BITKOM),以及德国联邦电子商务和邮购贸易协会(BEVH)等行业组织也对电子商务发展提供了方向指引,成为推动电子商务发展市场力量的重要组成部分[76]。

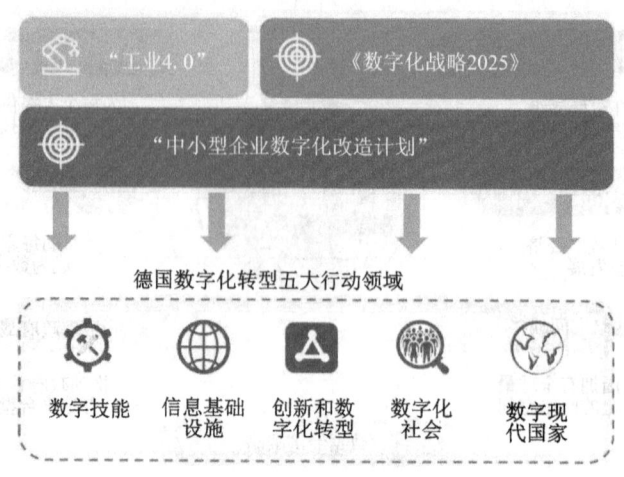

图 1-10 德国数字化整体规划

1.1.1.7 法国

法国自 1998 年提出实现社会信息化行动纲领起,电子商务快速兴起[77]。21 世纪以来,法国的电子商务更是迎来大爆发,全面开启电子商务时代。法国政府始终将用户的信任作为电子商务发展壮大的核心,十分重视对用户的保护。为此,法国政府在 2001 年制定了一项法律草案,对电子合同的效力、网上中介商的责任及保护数据的部分责任做出规定,以确保电子交易的安全[78]。同时,法国政府与法国远程销售商联合会展开合作,编制"电子商务导购指南",以确保消费者权益得到有效保障。法国电子商务协会也在完善行规、统一标签、增加透明度等领域扮演了重要角色,进一步强化了网上交易安全,营造了良好的电子商务市场环境(图 1-10)。

法国对互联网的管理调控历经"调控""自动调控"及"共同调控"三大时期。20 世纪 70 年代,互联网和信息技术发展由政府统管,法国政府陆续出台了《信息技术与自由法》《通讯电路计划》《信息高速公路计划》。随着互联网快速普及应用,仅从国家角度进行管理控制已无法满足发展需要,"自动调控"逐渐成为主流管理思想。在此管理政策指导下,"法国域名注册协会""互联网监护会"和"互联网用户协会"等网络调控机构先后成立。1999 年初,法国开始尝试"共同调控"管理政策,并拟定《信息社会法案》。2008 年,"2012 数字法国计划"正式公布,强调数字经济是提升国家竞争力的重要因素,并重点指出要发展电子商务和电子政务[79],如图 1-11 所示。

2013 年,法国启动"超高速网络计划",政府和社会投资共计 200 亿欧元,目标是到 2022 年在本土实现 100%的超高速网络覆盖,通过部署光纤、智能网络和引入信息通信技术实现社会治理、生活方式等数字化应用场景,进一步强化电子商务发展所依托的网络环境[80]。

数字经济发展层面,虽然欧盟早已开始布局数字经济发展,但从全球数字经济布局来看,欧盟国家并未在数字经济产业发展上占尽先机,却在监管与规划上领跑。2019 年 6 月,法国总统马克龙正式签署 DST("数字服务税")法案,成为欧洲地区第一个实施数字服务税的国家[81]。为加快后疫情时期经济恢复,法国政府分别于 2020 年 9 月和 2021 年初出台经济复苏计划,旨在重振法国工业,推动科技创新,在一定程度上助推工业电子商务的发展[82]。据法国

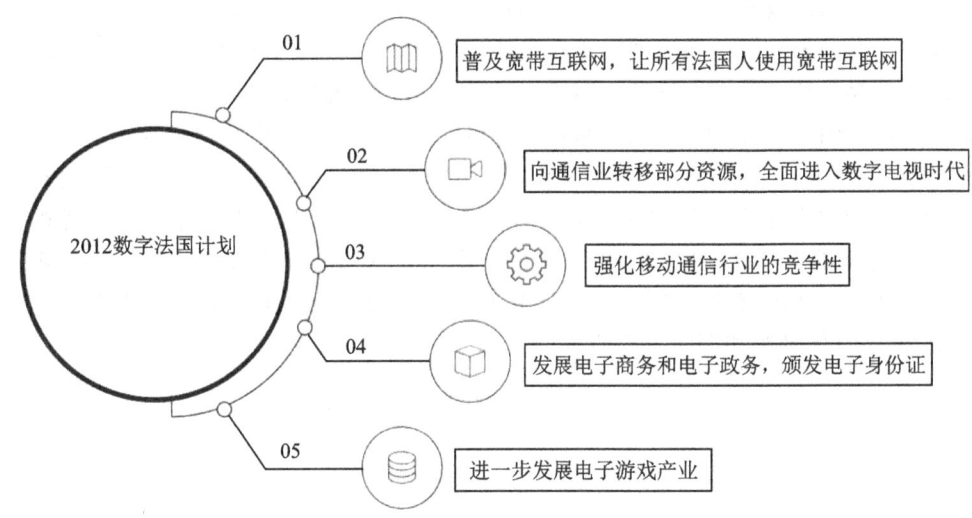

图 1-11 "2012 数字法国计划"主要措施

电子商务和远程销售联合会总代表洛利维耶预测,到 2022 年底,电子商务有望占法国零售业总额的 15% 以上,并将在 2030 年突破 20%[83]。

1.1.1.8 印度

位于南亚次大陆的印度,其在电子商务产业方面,很长一段时间都处于无人问津的状态。随着互联网及移动设备的普及,印度电子商务逐渐成为世界电子商务发展的新焦点。

印度电子商务的发展离不开其强大的 IT 业。印度信息技术产业的蓬勃发展又与政府的鼎力支持息息相关。1998 年,印度政府提出"信息技术产业超级大国"的战略目标,致力通过 108 条促进措施加快本国软件业发展。印度政府还提出"到 2008 年,信息技术产业领先一切"的目标。1999 年,印度率先成立 IT 产业部。2000 年 10 月 17 日,印度 IT 法案生效,电子商务法律环境进一步优化。同时,印度不断强化对电信网络、IT 硬件及电子产品方面的支持[84]。2015 年,印度总理莫迪提出的"数字印度"也将电子化服务、全面信息化、IT 就业岗位等作为重点方向,推动印度社会数字化转型[85]。除了政策保障,英语基础、人才培养储备、重视管理,以及行政支援等都为印度 IT 业的腾飞提供了强大支撑。

印度对于电子商务的税收管制起步较早。1999 年,印度政府发布规定,将由印度公司向外国公司支付款项的情形视为来源于印度的特许权使用费,并对其征收预提税。2015 年,印度政府下令所有网络零售商须登录贸易和税务部门的网站进行注册与缴纳税费,并提交所有交易信息。2017 年 7 月 1 日,印度征收实施商品和服务税(Good and Service Tax,GST),缴税税率分为:免税、5%、12%、18%、28% 等。针对不同的邦域,印度引入了中央消费税(Centre GST,CGST)、本邦消费税(State GST,SGST)和跨境消费税(Integrated GST,IGST),打造出良好的电子商务税收发展蓝本[86]。

此外,跨境业务始终是印度电子商务发展的重要内容之一,印度政府连续出台多项政策对其进行监管。一是强制注册,2011 年印度企业事务部规定提供网络购物相关业务服务的国外电子商务公司必须在印度企业监管局注册。二是提供网络购物服务须有制造基地。三是投资限制,2016 年,印度允许外商对印度的平台型电商公司进行 100% 的直接投资,但仍限制外商对自营型电商公司的投资,总体上为跨境电商的发展塑造了公平竞争的环境。

印度电子商务的发展伴随着现有立法的更新完善。1998年,印度颁布了《电子商务支持法》,对印度现存多部法律进行修正,并对电子记录、电子签名相关情形进行补充。2000年,印度国会参考联合国《电子商务示范法》制定了《信息技术法案》,并在2008年定名为《2008年信息技术法案(修正案)》[87]。2019年,印度政府对其1986年颁布的《消费者保护法》进行了全面修订,推出了《2019年消费者保护法》,对在数字经济时代实现现代化和保障消费者权益至关重要[88]。在此基础上,印度政府于2020年颁布了《2020年消费者保护(电子商务)规则》,与英国和欧盟等许多发达国家的做法一致,印度政府已开始尝试通过电子商务规则来保护数字经济中的消费者,具体规则如图1-12所示。

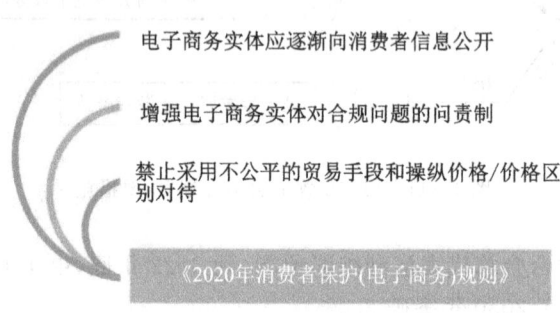

图1-12 印度《2020年消费者保护(电子商务)规则》

2021年以来,印度政府正在敲定数字商务开放网络(ONDC)的测试版。ONDC作为印度政府支持的最新开放网络倡议,在实现国家经济数字化的同时,确保数字经济不被来自其他国家的大型跨国企业所主导,力争实现电子商务的全价值链数字化[89]。

1.1.1.9 加拿大

20世纪90年代,加拿大政府便开始重视电子商务的发展,并将电子商务作为加强全球经济合作、顺应全球化趋势并实现经济平稳可持续增长的重要举措之一。

加强信息基础设施建设是加拿大发展经济的首要目标。1998年,"加拿大电子商务战略"正式颁布,在增强网络经济意识和信心、确立电子商务市场规则、加强信息基础设施建设等方向持续发力[90],如图1-13所示。同时,加拿大政府成立了电子商务委员会,负责相关试点工作开展、法律框架制定、政府与研究机构关系协调等事务。此外,加拿大国内电信网络建设的速度发展相当迅速,"信息高速公路"建设紧随美国之后,为电子商务的普及打下了坚实的前期

图1-13 加拿大"电子商务战略"四项内容

基础[91]。1998年联邦政府颁布电子商务加密政策,并起草《保护消费者利益指导纲要》,在保护消费者网络购物合法权益方面做出了初步探索;此外,加拿大政府还通过《保护隐私权法案》《电子签名法律纲要》进一步保护了消费者的信息安全线,并正式认可数字化签名和电子文件的合法性,初步形成了加拿大电子商务法律保障体系[92]。

加拿大电子商务的飞速发展与跨境贸易业务紧密相关。加拿大积极参与经济合作与发展组织(OECD)和亚太经济合作组织(APEC)召开的国际论坛,支持推动全球电子商务规则的制定完善。针对跨境电商的发展,加拿大政府推出了"快递低价值货物(CLVS)计划"及"邮政计划",推动了加拿大边境服务局(Canada Border Service Agency,简称CBSA)与行业合作制定电子商务战略,为有效管理风险评估、审计和放行快递货物提供更多选择。同时,加拿大实行差异化的进口税,比如针对关贸总协定成员国以及与加拿大有双边贸易协定的国家采取最惠国待遇(MFN),对更大范围实施普遍优惠制(GSP)等。加拿大在跨境业务上的努力推动了跨境电商良好生态的加速形成。

为进一步促进经济快速发展,加拿大政府于2010年建立了全国磋商机制,提出了"改进加拿大数码优势:可持续繁荣战略",计划从信息通信技术创新、人才培养管理等方面持续提升自身竞争力;并于2018年颁布了《加拿大国家数据战略:关键因素与政策考量》,对未来的数字政策发展重点以及数字战略国内国际接轨指明了方向[93]。2019年,加拿大颁布了《建设创新型国家》[94]以及《数字化运营战略规划:2018—2022年》[95],以推动数字化创新发展,赋能电子商务升级。此外,2022年3月,加拿大宣布启动"加拿大数字采用计划(CDAP)"[96],以帮助小企业适应数字经济和COVID-19疫情的持久影响,为电子商务的发展提供更多的机会,加快数字化转型以重塑加拿大的国际竞争力。

1.1.1.10 俄罗斯

由于经济大幅衰退和政局动荡的影响,俄罗斯的电子商务起步较晚,但在全球电子商务加速演进的推动下,俄罗斯电子商务发展水平和市场规模显著提升,具有强大的发展潜力。

20世纪90年代初,俄罗斯推出了《俄罗斯信息化和建设信息市场纲要》与《俄罗斯信息化(1993—1995年)国家纲要》,旨在解决信息化与市场经济发展的矛盾。1998年,俄罗斯成立了俄联邦信息政策委员会,颁布《国家信息政策纲要》,并以此作为俄罗斯信息建设的初步行动指南,其为俄罗斯电子商务发展奠定了初步基础。

21世纪初,俄罗斯信息化建设迎来了高速成长的重要时期,密集出台的政策规划促使其互联网实现飞跃式发展。此阶段,《至2010年俄罗斯信息化发展目标纲要》《2002—2010年电子俄罗斯专项纲要》《2010年前俄联邦政府机构信息技术使用构想》对俄罗斯在新世纪第一个10年的信息化道路做出了总体部署[97-98]。随着互联网发展环境的持续优化,俄罗斯电子商务发展布局进程加快。2001年颁布的《俄联邦电子商务法》首次明确了电子商务领域的法律调整关系。同年,《2001—2006年俄罗斯联邦电子商务发展目标纲要》正式出台,其聚焦于电子商务试点、教学、咨询等方面,具有开创性的指导意义[99]。此外,俄罗斯陆续出台了《2002—2010年信息化建设目标纲要》《2011—2020年俄信息发展纲要》《2020年前俄罗斯联邦国际信息安全领域国家政策框架》《俄联邦信息安全学说》《〈俄联邦"数字经济"国家纲要〉在信息安全领域的实施计划》,进一步满足了发展国内电子通信、电子政务、电子商务并尽快与国际接轨的需要[100]。2003年,俄罗斯成立全国电子商务协会,为电子商务的发展引入了强大的非商业性社会组织力量，在完善法律政策环境、制定统一安全标准、举行电子商务发展研讨会等方面承担了重要的角色。

除了为电子商务发展打造良好的信息基础设施环境，俄罗斯还十分注重电子商务相关法律保障，《俄罗斯联邦发展和使用因特网国家政策的联邦法》《电子商务法》《电子数字签名法》《电子合同法》《电子文件法》《俄联邦因特网商务领域主体活动组织的建议》《电子商务组织和法律标准》对电子文件、远程通信、电子支付等方面进行了法律规范调节。虽然俄罗斯互联网络和电子商务起步稍晚，但立法工作已经取得了重要成果[101]。

在数字经济发展的浪潮下，俄罗斯紧抓历史机遇，在强化基础设施建设、深化新兴技术应用、加强数字环境监管的同时，重点聚焦电子商务、电子政务、数字金融等重点领域，努力探索数字化转型。2017年，俄罗斯签署发布《2017—2030年俄联邦信息社会发展战略》[102]，以及《俄联邦数字经济国家规划》[103]，并在2019年对《俄联邦数字经济国家规划》进行更新完善，重点聚焦数字环境监管、信息基础设施、数字经济人力资源、信息安全、数字技术和数字化国家管理六大方向，为电子商务服务领域的应用提供了更加优质的数字技术和平台解决方案。俄罗斯21世纪以来重要发展纲要如图1-14所示。

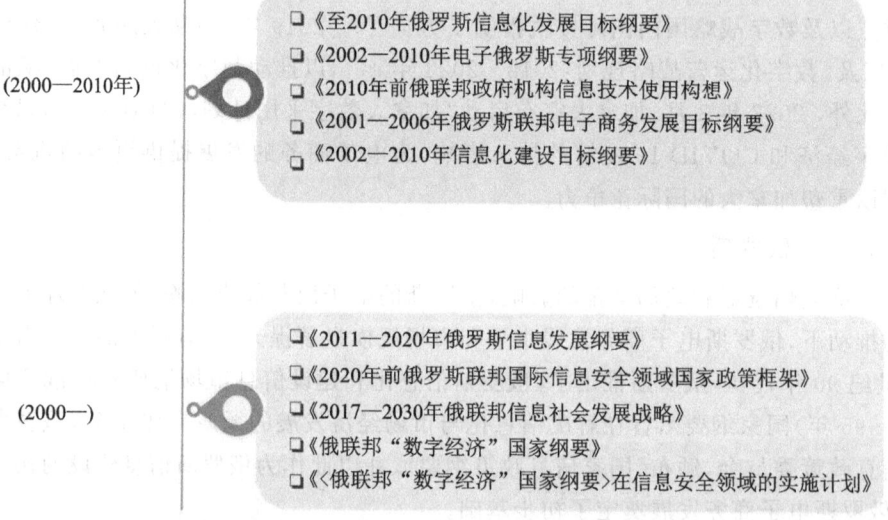

图1-14　俄罗斯21世纪以来重要发展纲要

俄罗斯正在从互联网发展滞后的环境中逐渐脱离出来，并在"一带一路"沿线国家和金砖国家中彰显出重要的地位[104]。近年的经济衰退对于俄罗斯电子商务发展的影响逐渐减小，俄罗斯电子商务应用已深入到社会生活各个领域。俄罗斯电子商务的地位正持续提升，不断发挥出更大的国际影响力。

1.1.2　社会生态

电子商务作为时代不断发展的新产物，是一种全新的商务活动方式，其形成的新型商务文化必然会与传统商务文化产生冲突，从而在一定程度上冲击人们原有的世界观、方法论、认知思维、社会行为，以及生产生活方式。目前，电子商务所带来的变革性影响随处可见。同时，现代社会文化观已经超越了仅仅把文化简单看作是社会意识形态的阶段,文化已经成为人类社会持久性活动及其成果的灵魂和精髓,社会文化创新能力对电子商务发展将会产生强烈的反作用。由此看来,电子商务新理论、新发展、新格局与社会生态演进相互交映、共同繁荣。

不同国家在历史传承和文明演绎上的差异导致了社会文化的差别,促使不同国家形成了具有自身特色的电子商务社会生态,具体可以表现在管理机制、价值观念等方面。准确把握、适应不同国家的社会生态也逐渐成为电子商务深化普及、发展壮大的关键。

1.1.2.1 管理机制生态

在电子商务管理的具体机制上,由于各国的政治制度、经济形态、历史文化、社会现状具有明显的差异,因此,不同国家往往会基于以上综合因素,采取不同的适合本国电子商务发展的管理模式。其中,市场导向型和政府指导型两种模式最为典型。

整体来看,以美国为代表的西方国家提倡自由放任主义,即采取市场导向型管理模式,主张"让市场自由发展,只有当其必要性非常清楚时才采取必要的行动"[105]。自由放任的经济理论被认为是纯粹的、经济上的自由意志主义的市场观点,认为政府对民间经济干预越少,经济运作越有效率[106]。自由放任的经济体制主要存在三大特征:一是自由竞争,企业是经济的运行主体,生产经营决策由私人资本家根据供求变化制定,企业之间可以相互竞争;二是消费者主权,消费者也是经济运行的主体,消费者的偏好会影响市场的供求变化并指导经济活动;三是政府是"守夜人",经济活动和资源配置完全由市场机制来推动,国家或政府的经济职能仅限于保护自由竞争、保障私有财产,以及建立必要的公共事业和设施[107]。因此,西方国家政府将主要精力集中在推动信息化基础设施建设、制定电子商务市场框架,以及保护消费者权益、隐私和自由竞争等方面,为市场提供良好的发展环境和信心。以美国为代表的西方国家政府始终强调,电子商务的发展无法与市场隔离开来,无法脱离企业这一主导力量,政府不应对市场中电子商务企业的发展进行过多干预,即使干预,也应将干预降到最低限度。

不同于西方国家的市场导向型管理模式,中国社会主义市场经济体制强调有效市场和有为政府相结合,同时用好"看不见的手"和"看得见的手",形成市场作用和政府作用的有机统一[108]。市场机制能够充分集中、聚合、利用分散在人民群众中的资源、知识、信息和创造力,并将其转化为生产力发展的重要源泉[109]。同时,与西方国家的贫富差距日益增大不同,中国政府积极推进共同富裕,确保人民群众创造财富、分享财富,在一定程度上也扩大了集聚创新能力,真正实现了合作共赢[110]。因此,在对电子商务管理机制上,"政府引导,市场推进"的综合管理模式成为中国电子商务的重要特色。在中国电子商务的管理模式下,电子商务相关业务的参与主体范围不断扩大,不再局限于传统的买卖交易双方,而是向工商行政管理、海关、财税、银行等众多政府部门延伸,各参与主体共同参与电子商务行为治理。因此,这一模式导致了跨部门、跨地区的协调工作,虽然会在一定程度上导致机会成本的产生,但能够对电子商务交易各个环节进行有效监管,促进资源要素的高效流动和公平分配。

1.1.2.2 价值观念生态

价值观念是指整个社会或某一部分人对客观事物的评价标准。价值观念会影响人们的生产生活方式,并间接影响人们对产品和服务的需求。在电子商务发展过程中,应特别注意不同国家或地区对电子商务这一新型商务方式所形成的价值观念。不同国家或地区所形成的共性价值观念又可追溯到其社会制度背景及历史文化起源[111]。

古希腊哲学创造了西方文明最初始的思维模式,受形而上学思想的影响,西方传统的政治思想发展出"修昔底德陷阱"式的政治博弈思维和"非此即彼"的价值选择原则。随着现代化和全球化的进一步发展,西方价值观念受西方资本主义世界的影响愈加明显[112]。西方现代民主制度源自地中海区域海洋文化的结晶。地中海沿岸起始的经贸活动高度繁荣,因而导致契约制的出现;风险收益共担、经营与投资制衡等制度的出现与完善又促进了社会观念的进步,平等观念、法治思想逐渐深入人心[113]。此外,西方突出个人本位主义,尤其强调个人价值[114]。另一方面,西方社会更加重视物质合理性而非社会个人情感,在交易式关系中,"契约"的作用最为突出,其重视确定性法则和法律的文化特征与电子商务高度自动化的处理方式具有较强的兼容性[115]。

反观中国,自古以来,受地理环境影响演变出的陆地文明不同于海洋文明。中国极具特色的自然条件也造就了高度发达的农耕文明,农业社会集体工作化的特点孕育出的儒家文化也具有群体性特征,强调集体主义,这也导致中国人民将群体作为价值判断的重要标准[116]。一方面,中国人奉行中庸之道,要求人们按照中庸之道行事做人,这导致中国社会群体形成了内省保守、气质平和、谨慎善思的性格特征[117-118]。因此,在电子商务的推广和应用上,中国消费群体的交易或消费习惯较为保守,更倾向于实物型、体验式的消费。另一方面,与西方建立在契约制度上的社会文明有很大差别,中国社会人与人之间的交往中"关系"发挥着重要作用。随着中国经济、政治等领域的高速发展以及对中西方文化中优秀价值理念的批判性吸收,马克思主义中国化的价值取向超越了中国传统文化以伦理道德为主导的文化价值,实现了变革、重塑与创新,形成了"富强、民主、文明、和谐,自由、平等、公正、法治,爱国、敬业、诚信、友善"的社会主义核心价值观,不断坚定"四个自信",塑造了敢为人先、艰苦奋斗、勇于创新、深入钻研的价值理念,为电子商务的创新发展营造了良好的社会氛围[119]。

1.1.3 技术生态

国家生态的演进、社会生态的变迁决定了新的需求。各项新技术持续演进、加速革新、融汇应用,形成技术生态,不断推动电子商务领域新场景的出现,在平台建设、交易模式、互联互通、数据共享等方面取得了诸多创新。技术生态主要包含五大要素,即大数据、云计算、物联网、人工智能,以及元宇宙。

1.1.3.1 大数据生态

数字经济时代,生产活动不再仅限于传统的物理世界,开始转向比特世界,数据作为生产要素的价值日益凸显,海量数据的产生也带来了新的机遇和挑战。

1. 大数据相关概念

早在2012年,英国学者维克托·迈尔·舍恩伯格(Viktor Mayer-Schönberger)在《大数据时代》一书中指出:大数据是指需要新处理模式才能具有更强的决策力、洞察力和流程优化能力的海量、高增长率和多样化的信息资产[120]。

对于大数据的研究,维克托·迈尔·舍恩伯格提出大数据具有"4V"特性,如图1-15所示。

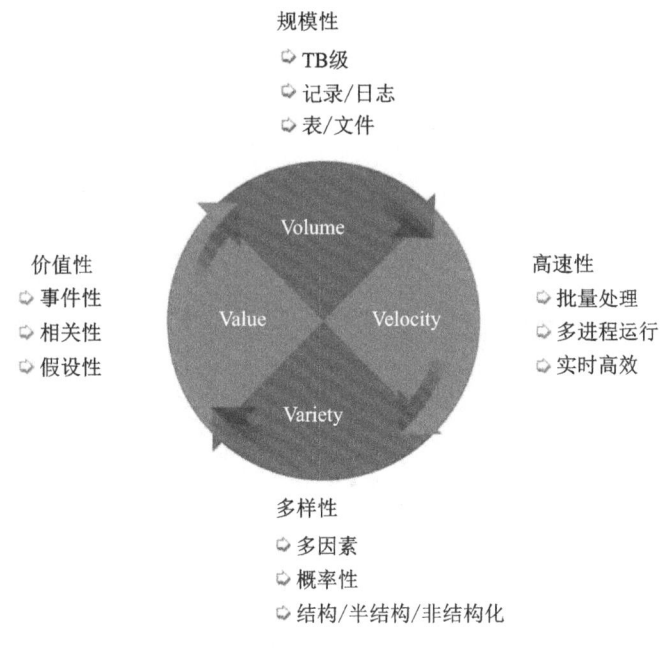

图1-15 大数据"4V"特性

(1) Volume：规模性，即大数据所采集、存储和计算的数据规模非常大。信息时代，一切皆被记录，一切皆是数据。随着互联网用户和企业数量增多，数据创造者增多，数据体量则呈现指数级增长。大数据中的数据量开始以 PB、EB 甚至 ZB 来计量。

(2) Velocity：高速性，即大数据具有极强的处理速度和时效性。在信息时代，人成为网络的核心，每个人每时每刻都在创造新的数据，经过不断汇集，这些数据构成了庞大的数据体系。

(3) Variety：多样性，即大数据的种类、来源，以及关联具有多样性。基于数据结构可分为结构化、半结构化，以及非结构化数据；基于具体形式可分为文字、图像、音视频等。来源不同、形式各异的数据将对生产生活效率提升产生极大的影响力，这赋予了大数据强大的威力。此外，数据之间具有极强的关联性。

(4) Value：价值性，即大数据的价值密度相对较低。数据的价值密度与数据规模呈反相关。大数据包含了更多有效信息但也包含了大量无价值、错误的信息。因此，大数据的应用十分复杂，从大量低价值密度的数据中精准挖掘出对分析和预测有价值的信息，才能有效发挥大数据的最大价值。

从大数据的底层架构来看，大致可以分为数据源层、数据采集层、数据整合层、数据中心层、数据分析层、数据应用层及数据可视化层。数据源层产生数据；数据采集层通过多种方式收集数据源层的数据；数据整合层对数据进行清洗、转换、加工、关联等工作后，由数据中心层进行存储；数据分析层实现对数据的深加工，集中挖掘数据内在的价值；数据应用层基于行业数据特点按照不同要求进行数据应用；数据可视化层则通过智能报表、专题报告等形式进行数据展示和数据共享。具体架构如图 1-16 所示。

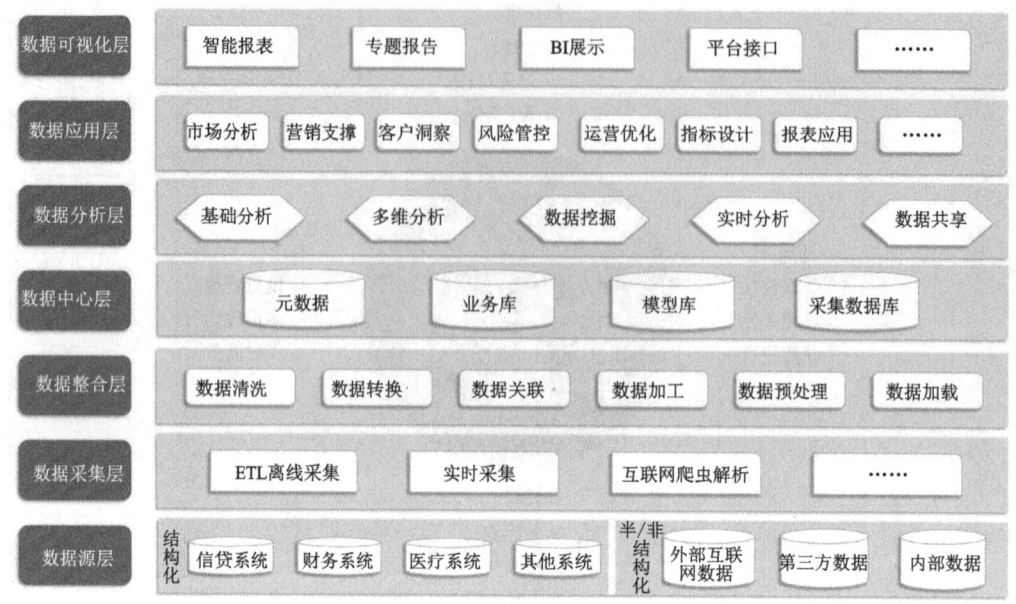

图 1-16 大数据架构图

2. 大数据与电子商务

电子商务与互联网紧密集成,电子商务运作过程中将产生大量消费数据、运营管理数据和商品数据。基于深厚的数据积累基础和天然的数据收集优势,电子商务相关企业可以充分利用大数据计算技术提炼出新的数据价值,并将分析结果运用于具体业务环节,实现理论分析与实践应用的高效对接,加快推动形成全新的商业模式。大数据电商下的数据获取如图 1-17 所示。

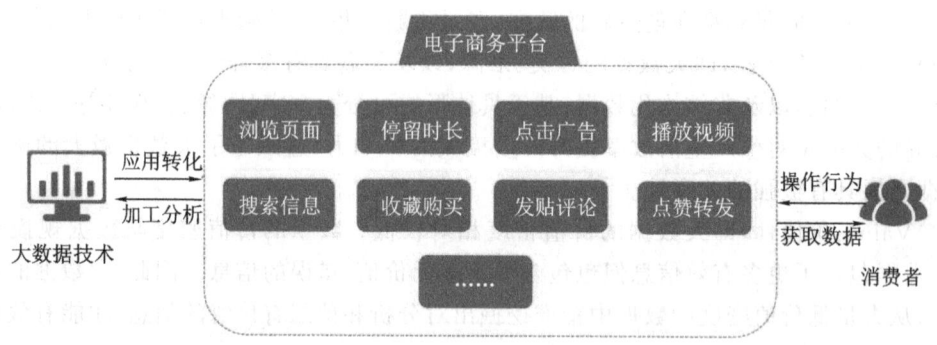

图 1-17 大数据电商下的数据获取

从"三流"(即信息流、物流、资金流)的视角来看,大数据技术将对信息流的传递模式带来极大创新,主要体现在以下方面:一是提升信息检索服务精准度。电子商务平台上的信息呈爆发式增长,消费者很难在有限的时间内筛选出目标商品。依托大数据技术,电子商务企业可以将海量商品进行整合归类、高效细分,实现消费者搜索关键词与产品信息快速准确匹配,使消费者获得符合自己需求的产品。在此基础上,电子商务能够进一步提升优质信息汇总效率,以实现个性化营销。二是优化资源配置,细化服务领域。依托消费大数据,电子商务企业可以预测未来市场方向,规划调整商品生产类型和数据,优化营销策略,优化资源配置,快速响应以实现提质增效。同时,电子商务企业通过对数据的分析挖掘,找准营销目标,实现精细化管理,形成新的竞争方式[121-122]。电子商务与大数据的融合如图 1-18 所示。

电子商务领域代表了经济产业结构转型的未来,全方位、多角度加强和改进大数据处理应用,将促进电子商务在精准营销、产品创新、价值链协同、服务模式创新等方面实现创新,实现价值深耕[123]。

1.1.3.2 云计算生态

2006 年 8 月 9 日举办的搜索引擎大会(SES San Jose 2006)上,埃里克·施密特提出了"云计算(Cloud Computing)"的概念[124]。但需要注意的是,云计算的概念并非凭空出现,而是 IT 软硬件技术持续变革、网络带宽快速提升、互联网及移动互联网应用爆发性增长的共同结果。云计算时代演进过程如图 1-19 所示。

图 1-18 电子商务与大数据融合

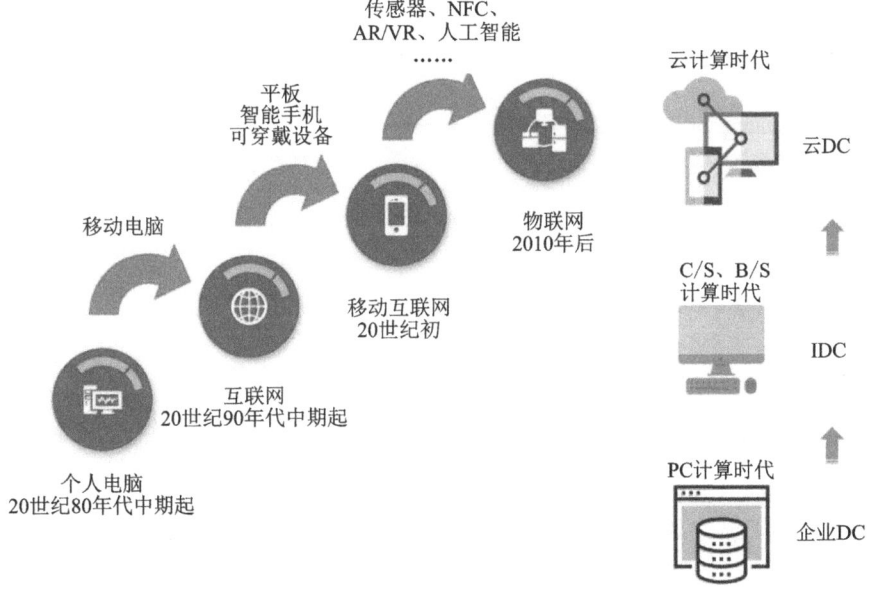

图 1-19 云计算时代演进过程

1. 云计算相关概念

美国国家标准和技术研究院(National Institute of Standards and Technology,简称 NIST)对云计算进行了严格定义:云计算是一种能够通过网络以便利的、按需付费的方式获取计算资源并提高其可用性的模式,这些资源来自一个共享的、可配置的资源池,并能够快速地供应及释放,使管理资源的工作量和与服务提供商的交互减小到最低限度[125]。基于以上定义,云计算技术基本架构如图 1-20 所示。

此外,NIST 还提出云计算模式的 5 个基本特征、3 种服务模式,以及 4 种部署方式[126],如图 1-21 所示。现阶段,云计算服务结合了分布式计算、效用计算、负载均衡、并行计算等计算

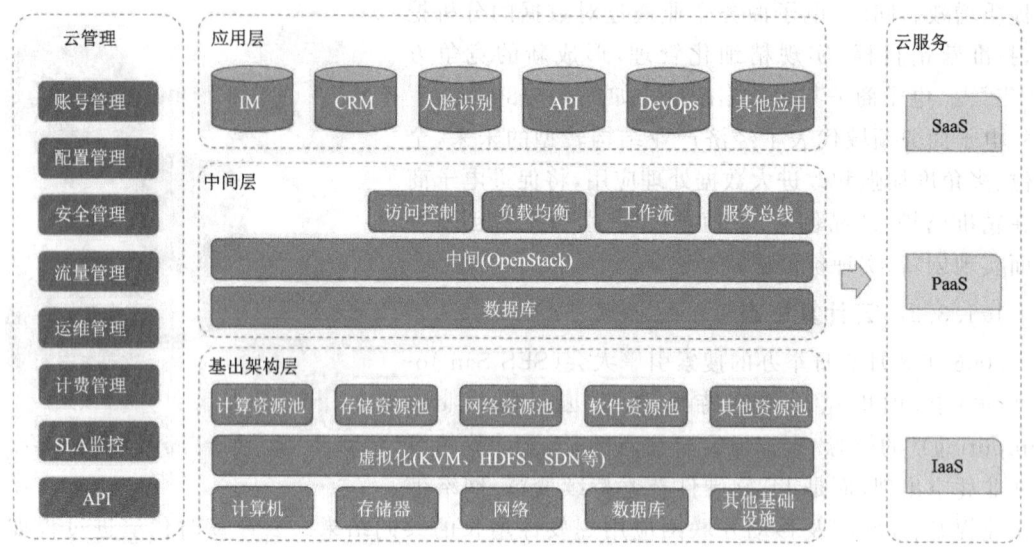

图 1-20 云计算架构图

机技术,实现了 IT 资源池化、性能提升和管理简化等[127-128]。

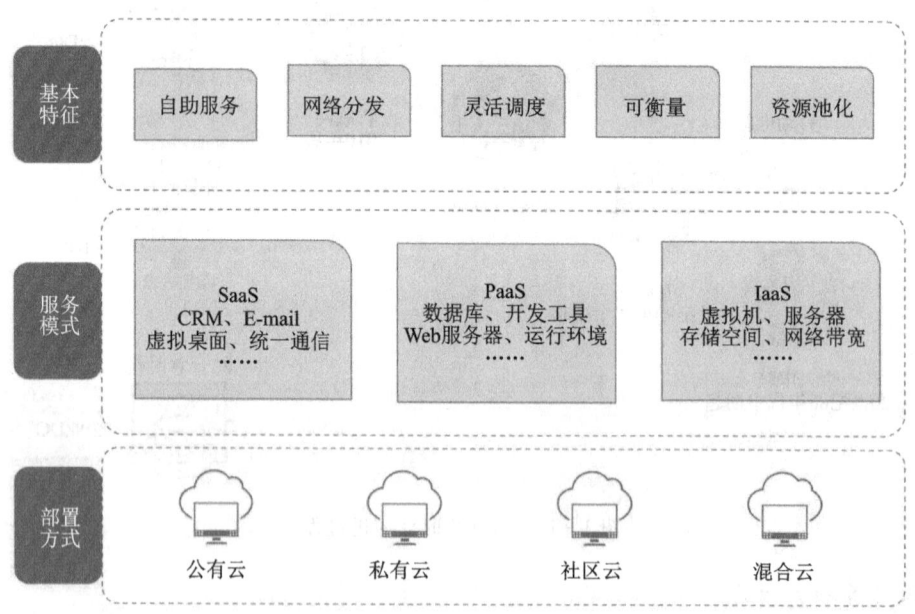

图 1-21 云计算基本特征、服务模式及部署方式

2. 云计算与电子商务

发展环境的变化导致消费需求等级不断提升,用户对现代电子商务要求不再是标准化、固定化的,而是以用户为主导,可扩展、可挖掘,以及可定制的。云计算具有高效率、低成本、资源共享等优点,在统一管理海量资源、快速响应用户需求等方面具有重要优势,在一定程度上使

得电子商务的服务效率更高、成本更低,应用更加稳定、便捷[129],具体如下。

(1)提升服务效率。云计算能够实现资源动态化配置,基于不同需求动态划分物理和虚拟资源,实现资源的快速弹性提供,并在需求结束后进行资源释放。因此,云计算能够基于电子商务企业的访问流量实现弹性部署操作,如图1-22所示。云计算的动态转换性对于各大电商平台、电商企业的促销活动十分适用,它能够有效应对访问的强突发性,预防因突发的集中访问而导致服务器堵塞甚至崩溃等现象发生。

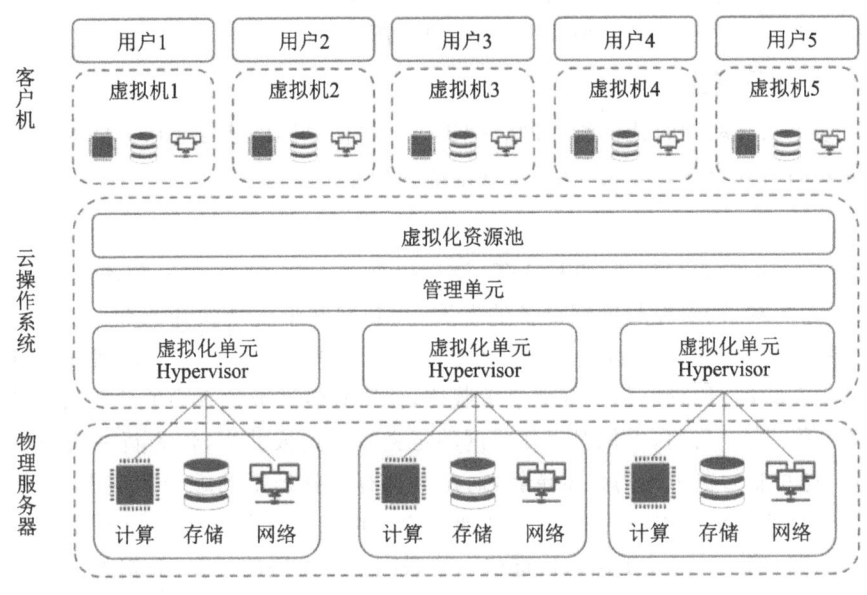

图1-22 云计算资源配置

(2)降低系统成本。云计算技术出现前,搭建电子商务系统成本极高,计算机设备和网络设施的搭建,以及日常开发维护费用带来极大的资金压力,电子商务系统承载能力与网络服务和商务应用要求的匹配性也将面临挑战。基于云计算服务模式,电子商务企业成本将大大降低,只需将联网的终端设备接入互联网,便可以开展商务活动。同时,云计算技术能够帮助企业实现"云"端存储,企业无须花费大量成本去购置高性能服务,如图1-23所示。

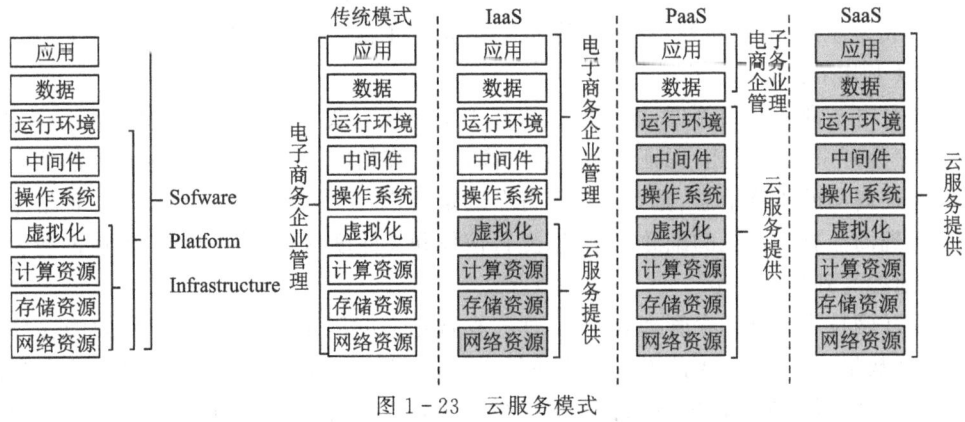

图1-23 云服务模式

(3)增强数据安全。云计算能够通过互联网将数据上传至"云"端,可以有效避免因设备损坏、操作失误等原因造成的存储安全风险。同时,云计算采用分布式存储方式,实现了数据分别在多台服务器上进行存储,既能分散存储负荷,又能保证数据可靠[130]。在实际应用中,云计算服务供应商为电子商务企业提供信息统一管理、实时监测、负载均衡等服务,最大限度保障数据安全[131]。

云计算技术在现代电子商务中的应用是必然趋势,也是传统电子商务模式变革创新的必然要求。在大数据背景下,云计算的特性使电子商务交易的实时性和准确性得以高效满足,同时支持着直播电商等电子商务新模式带来的密集流量。

1.1.3.3 物联网生态

信息社会正从互联网时代向物联网时代迈进。将信息网络连接和服务的对象从人扩展到物已成为重要的研究方向,"万物互联"正逐渐成为现实。

1. 物联网相关概念

物联网(Internet of Things,简称 IoT)最早出现于 1995 年比尔·盖茨的《未来之路》书中,但受限于无线网络、硬件及传感设备的发展,物联网并未实现快速兴起。直到 2005 年 11 月 27 日,国际电信联盟(ITU)在突尼斯举行的信息社会峰会上正式提出物联网的概念:物联网是一个基于互联网、传统电信网等信息承载体,让所有能够被独立寻址的普通物理对象实现互联互通的网络[132]。目前,人们对于物联网的定义基本达成共识,作为新一代信息技术的重要组成部分,它并非颠覆传统的技术革新,而是对现有多种技术的综合和运用,是基于互联网技术所进行的延伸和扩展[133]。中国正不断加大物联网布局,《信息通信行业发展规划物联网分册(2016—2020 年)》及《关于深入推进移动物联网全面发展的通知》等相关文件的政策导向进一步推动了中国物联网产业的发展[134]。

物联网的技术思想是"按需求连接万物",其系统架构主要可以分为感知层、网络层、平台层及应用层,如图 1-24 所示。其中,感知层实现信息感知;网络层负责信息传递和处理;平台层负责底层终端设备的"管、控、营"一体化,并提供应用开发和统一接口,构建设备和业务通道;应用层则是基于现实需要建立的具体应用[135]。

2. 物联网与电子商务

电子商务的核心是交易,交易又与"物"的转移紧密联系。从"人、货、场"三要素来看,物联网技术对电子商务的创新主要集中在"货",允许联网设备共享数据,为电子商务运营商提供了联网平台,成为连接"电子商务"线上线下的桥梁,是电子商务交易闭环形成的重要技术保障,具体包括以下几个方面。

(1)针对电子商务商品管理,物联网技术基于编码技术或 IP 技术,完成商品唯一标识,实现商品追踪溯源系统的搭建,保证商品运转的高效率、高精度。一是能够实现对商品状态的合理监控,保证商品的规格信息、基本质量等符合既定要求;二是能够帮助消费者对商品进行准确辨别,实现商品真实情况的细致展示,以赢得信任和关注度,强化消费信心,促使消费者更加积极主动地参与到消费环节。

(2)物联网技术提高库存管理效率,实现库存数据实时同步。比如,智能货架能够分析货架实时商品数量变化,并基于此完成快速补货,从而减少货架缺货情况,避免引起消费者的不满情绪;同时,物联网芯片能够自动在系统中存储产品类型、制造商名称和批次标识等信息,进

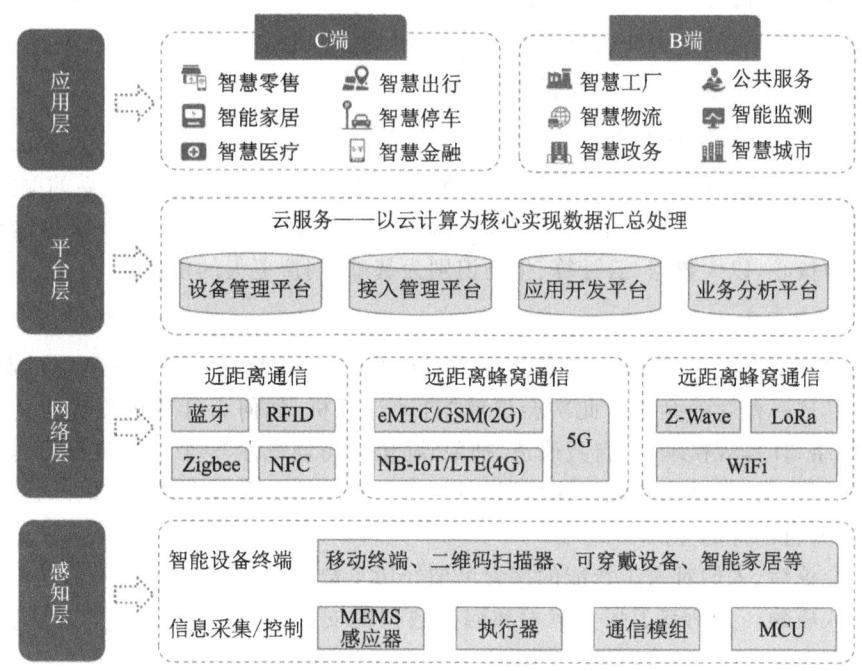

图 1-24 物联网系统架构

行销售数量跟踪分析,并预测未来销售趋势[136]。

(3)物联网技术提升电子商务物流效率。基于在线系统定位,电子商务平台售出相应的商品时,系统能够发出定位,反映商品库存情况,通知最近仓库完成商品出库;基于 RFID 技术,仓库出货也将实现智能化;基于传感器技术和远距离无线技术,能够实现商品运输过程中对商品状态的实时监控[137]。物联网技术下的物流过程如图 1-25 所示。

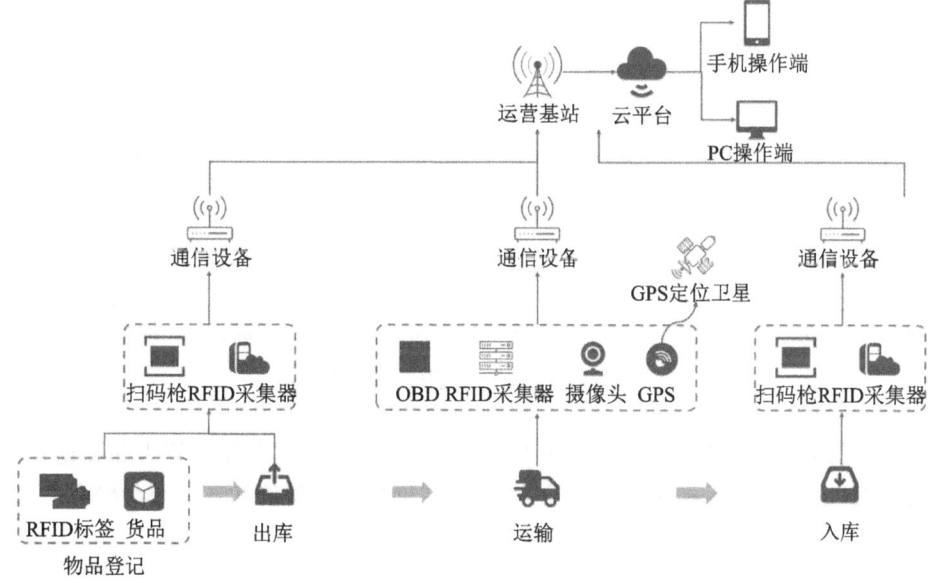

图 1-25 物联网技术下的物流过程

物联网的出现解决了"物—物连接"的问题,保障了交易的顺利进行,为电子商务的繁荣起到有效的推动作用,是新时代背景下的重要产物。未来,物联网将会凭借其智能性、信息系统化等多种优势,加快电子商务交易智能化演进。

1.1.3.4 人工智能生态

人工智能作为第四次科技革命的核心动力,带来了生产结构与生产关系的颠覆性变革,世界正在由"互联网+"向"AI+垂直细分领域"转变。在"AI+"时代,人工智能将继续以深度学习等技术为核心,以大数据、云计算、生物识别为基础,创造更大的价值。

1. 人工智能相关概念

1956年的美国达特茅斯"人工智能夏季研讨会"被学术界认为是人工智能的起源,标志着"人工智能"这一概念的诞生。此次会议就"自动计算机、如何为计算机编程使其能够使用语言、神经网络、计算规模理论、自我改造、抽象、随机性与创造性"7个议题进行了讨论,并对"人工智能"进行定义:尝试找到如何让机器使用语言、形成抽象和概念、解决现在人类还不能解决的问题、提升自己等的方法[138]。

此次会议后,人们对人工智能的探索可谓经历了数次波折,由于系统和算法的计算力受限而不断陷入瓶颈。直到有了强大算力和海量数据的支撑,人工智能开始呈现爆发态势,如图1-26所示。

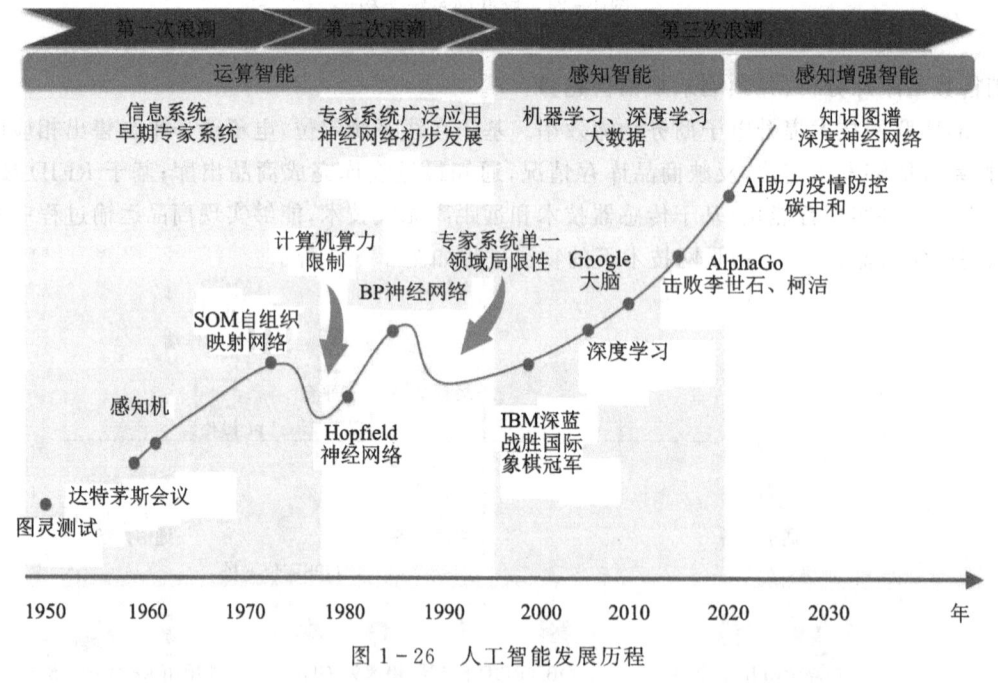

图1-26 人工智能发展历程

人工智能的架构主要分为三层,如图1-27所示。基础层提供基本算力和数据资源;技术层则搭建框架,进行算法运算和模型开发;应用层则聚焦人工智能和各领域的融合应用[139]。

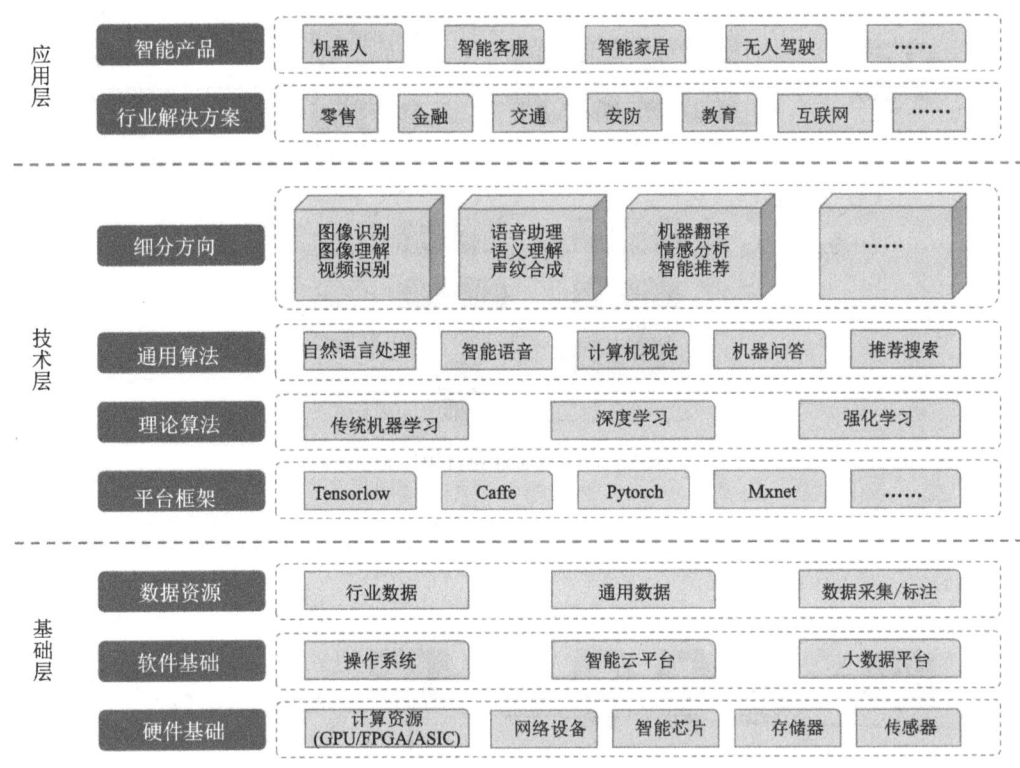

图 1-27 人工智能架构图

2. 人工智能与电子商务

随着人工智能理论、技术的成熟,以及应用领域的拓展,人工智能已经成为世界各国提升国际竞争力的主要驱动力之一[140]。人工智能技术的出现也为电子商务的发展打开了新思路,在助力电子商务模式向着更加智能化、个性化、多元化的商贸模式转变,推动电子商务业务活动全方位升级等方面意义深远。目前人工智能与电子商务的结合主要体现在以下场景。

(1)智能推荐营销。推荐引擎是建立在算法框架基础上的完整推荐系统,在商品推荐、消息资讯推荐等方面具有广泛的应用。其原理是在电子商务交易过程中,基于深度学习算法,对海量数据集进行分析,挖掘学习消费者搜索、浏览、收藏、加购,及购买等行为,并提炼出共性特征进行消费者行为预测,最终形成购买建议并推送至个人,帮助消费者快速找到个性化的产品,为消费者提供个性化推荐与服务[141]。智能推荐营销路径如图 1-28 所示。

(2)智能分拣配送。电子商务行业的快速发展带动了物流业的拓展延伸。目前,传统物流中的人工分拣货物无法适应快速、准确分拣任务的需要,物流配送效率与服务质量要求不断提升。在此背景下,智能机器人的高灵活性、高适应性优势逐渐凸显。发挥智能机器人优势进行智能分拣,将极大提升货物分拣的及时性与准确性。同时,智能分拣通过降低货物搬运次数,将间接提升货物的完整性,减少破损率。此外,人工智能可以对订单波峰波谷、拣货效率、配送效率、交通信息等数据进行深度分析,并生成合理高效的拣货和配送派单建议。智能分拣配送路径如图 1-29 所示。

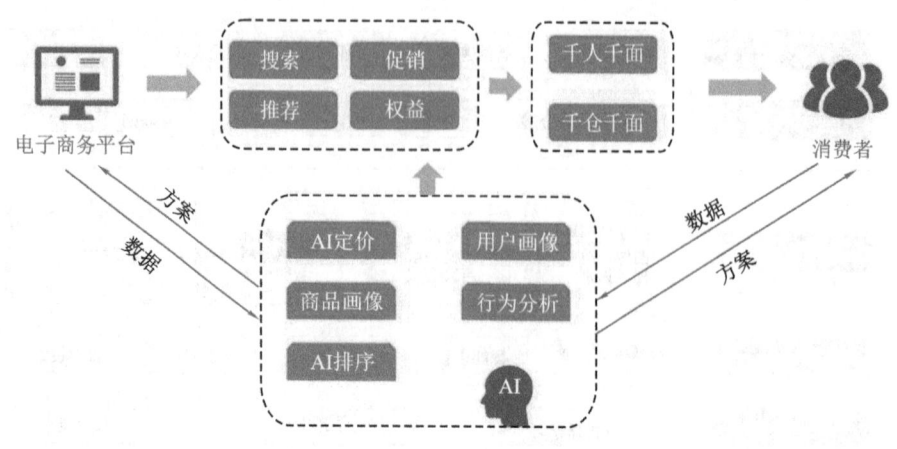

图1-28 智能推荐营销路径

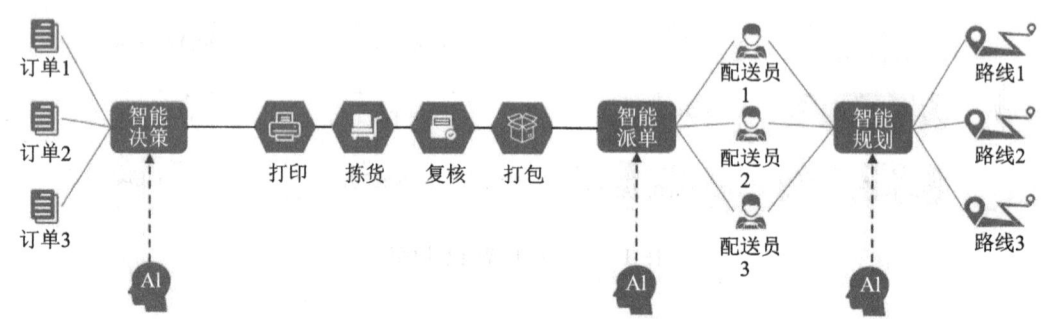

图1-29 智能分拣配送路径

(3)智能供应链。多渠道库存管理是电子商务行业不可忽略的问题,准确预测库存对商家的经营至关重要。库存不足会影响销售业务,延迟货物交付时间,降低消费者信任并最终导致客户流失;库存过多则会产生积压风险,降低资金流转效率。基于人工智能技术的智能供应链能够进行模型构建,对订单周转因素进行有效识别和分析,进一步提升库存预测准确性。这项应用在生鲜电商前置仓进销存管理领域应用尤为广泛。智能供应链路径如图1-30所示。

除了以上典型应用,人工智能与电子商务的结合还涉及智能客服机器人、图片智能搜索、情感 AI 辅助购买决策、虚假评论信息过滤等。未来,人工智能将持续推动电子商务交易方式走向智能化。

1.1.3.5 区块链生态

2008年11月,中本聪在《比特币:一种点对点的电子现金系统》中对基于 P2P 网络技术、加密技术、时间戳技术、区块链技术等电子现金系统的构架理念进行了阐述,标志着比特币的诞生[142]。2009年1月,序号为 0 的创世区块与序号为 1 的区块相连接形成链,区块链正式诞生。十多年的发展历程中,区块链技术给政治、经济甚至是文化都带来了巨大影响。总体来看,区块链的发展经过了从1.0到3.0的变革过程,应用的主要领域也逐步从数字货币过渡到智能合约,最终导向社会治理,如图1-31所示。

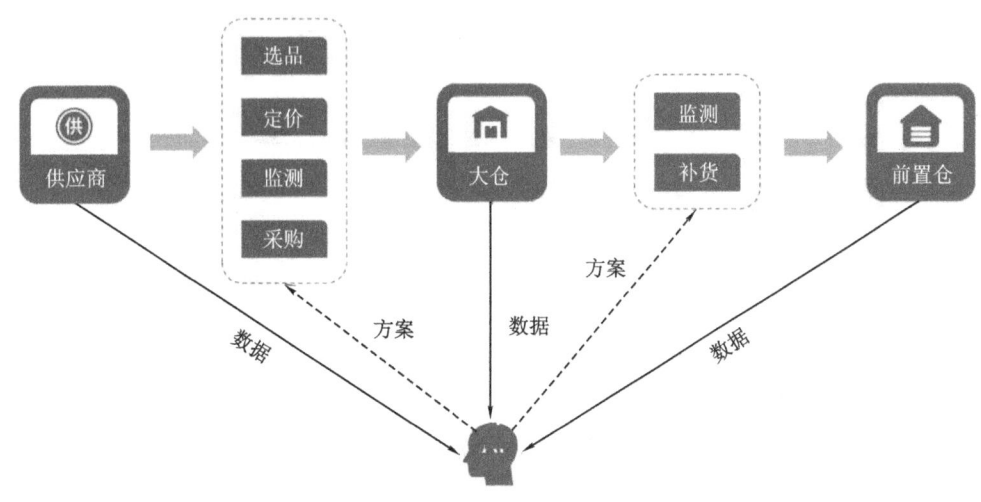

图 1-30 智能供应链路径

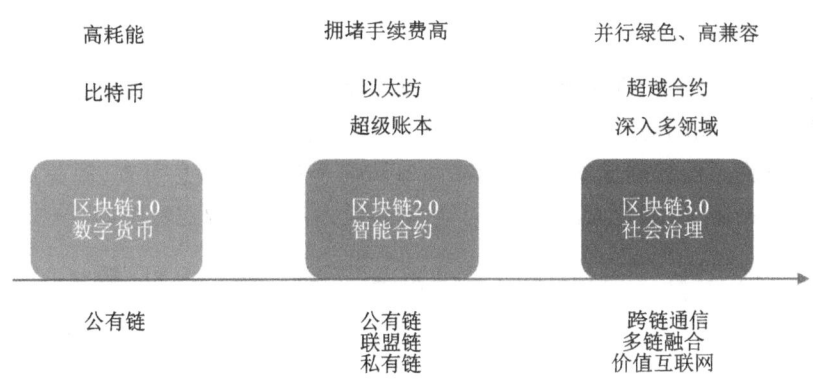

图 1-31 区块链发展历程

1. 区块链相关概念

区块链(Block Chain)是用分布式数据库识别、传播和记载信息的智能化对等网络,也称价值互联网。2021 年 5 月 27 日,中国发布的《关于加快推动区块链技术应用和产业发展的指导意见》对区块链进行定义:区块链是分布式网络、加密技术、智能合约等多种技术集成的新型数据库软件[143]。

区块链技术最突出的特点是去中心化,通过数据加密、时间戳、分布式共识和经济激励等手段在分布式系统中实现基于去中心化信用的点对点交易、协调与协作。这一特性很好地解决了传统中心化存在的高成本、低效率和低安全性等问题。

区块链系统架构主要有五层,各层互相作用以达成去中心化的信任机制,使其具备去中心化、透明性、信息不可篡改性、隐私匿名性,以及高度自治性等特征,如图 1-32 所示。这也是区块链技术能够在金融、物联网、物流、支付等领域得到广泛应用的重要原因[144-145]。

图1-32 区块链架构图

2.区块链与电子商务

(1)商品溯源。商品的真伪性是电子商务交易活动中消费者重点关注的内容。区块链技术在"防伪溯源"方面具有强大的能力,基于一物一码(芯)锚定商品提供完整的溯源服务。该方式既能够降低商家的管理成本,保障商品在流转的全过程中信息可查、源头可溯,也全面提升了消费者对于品牌、商家及商品的信任。区块链技术产品溯源逻辑图如1-33所示。

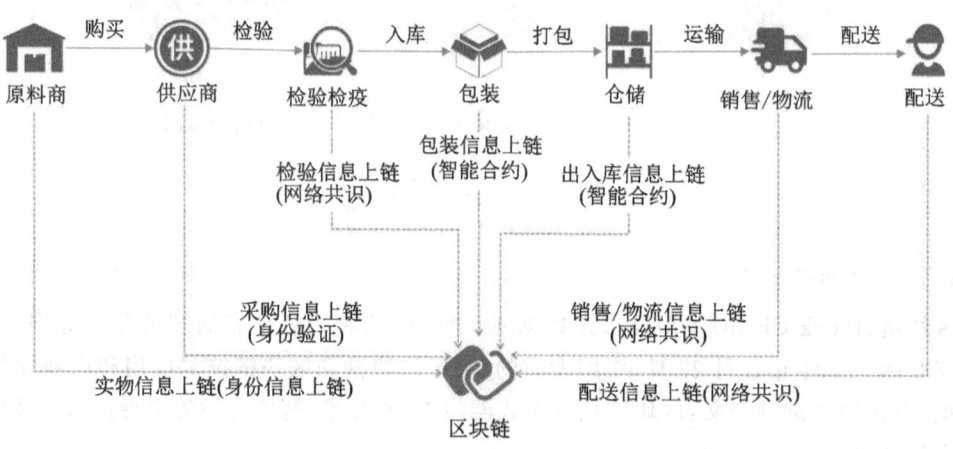

图1-33 区块链技术产品溯源逻辑图

(2)数字身份ID。在传统高度中心化的电子商务交易模式中,各个平台、商家或多或少都会存在刷单、刷评行为。因此,该模式缺乏完善有效的信用机制,买卖双方都无法验证对方的真实信息,从而导致双方的信任缺失,形成交易壁垒。区块链技术则可以为买方提供唯一、可信、可追踪的数字身份ID,以产品为枢纽,以去中心化网络结构不可篡改的特性,杜绝"一号多用、一人多号"现象的发生,最大程度禁止刷单、刷评行为。同时,区块链技术可以打造用户身份数据库,从多维度对用户进行可信度评价。

(3)智能合约。智能合约是一种无须中介、自我验证、自动执行合约条款的计算机交易协议。区块链上的智能合约可灵活嵌入各种数据和资产,帮助实现安全高效的信息交换、价值转移和资产管理[146-147]。在电子商务交易系统中,智能合约基于可信的、不可篡改的数据,自动执行预先设定好的规则和条款,自动化开展电子商务相关流程,大大降低了电子商务系统运作维护成本。此外,通过智能合约制定交易规则,能够极大程度解决买卖双方的信任问题,实现价值点对点流转,从而减少中间环节,降低交易成本。

随着发展区块链技术上升为国家战略,市场将更加重视数据共享、隐私保护,以及业务协同。区块链与电子商务的结合,也将在提升电子支付安全性与便捷性,降低运营成本、实现透明化经营、优化交易双方关系、解除信任危机等方面带来更多机会。

1.1.3.6 元宇宙生态

随着网络技术和区块链、人工智能等新兴技术的快速发展(图1-34),元宇宙日益从科幻小说的想象演变为一种客观现象,逐渐成为人们数字行为与社会生活的崭新融合,新技术条件下人类精神空间与社会空间的深度重组,人类社会正在呈现的新形态。

1. 元宇宙相关概念

元宇宙英译为"Metaverse","Meta"代表超越,"Verse"代表宇宙,二者结合后意为"超越于现实宇宙的另外一个宇宙"。元宇宙概念最早出现于1992年的科幻小说《雪崩》。"戴上耳机和目镜,找到连接终端,就能够以虚拟分身的方式进入由计算机模拟、与真实世界平行的虚拟空间。"这是《雪崩》中对元宇宙的描述[148]。

元宇宙目前尚无公认定义。准确地说,元宇宙像是经典概念的重生,是在扩展现实(XR)、区块链、云计算、数字孪生等新技术下的概念具化。回归概念本质,元宇宙被认为是在传统网络空间基础上,伴随多种数字技术成熟度的提升,构建形成的既映射于、又独立于现实世界的虚拟世界。元宇宙也被称为"后互联网时代",意味着虚拟世界即将成为现实世界的"平行宇宙"。

目前,Roblox认为元宇宙具有八大要素,即身份、社交、沉浸感、低延迟、文明、经济系统、随地和多元化[149],元宇宙八大要素及基本含义如表1-2所示。其他学者所提出的元宇宙基

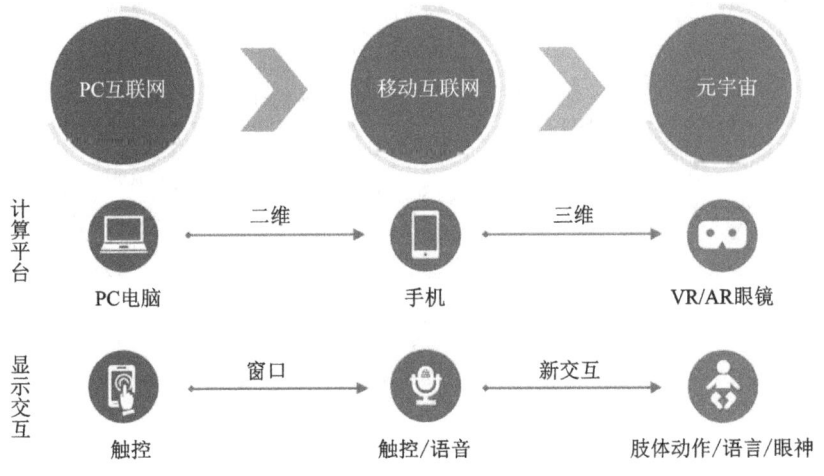

图1-34 互联网的迭代历程

本特征也与这八大要素具有共通之处。

表 1-2　元宇宙八大要素及基本含义

要素	基本含义
身份	人们将拥有一个或多个全新的、任意的、虚拟的身份，与现实身份无关
社交	可以拥有朋友，进行社交；可以是陌生人，也可以是身边好友
沉浸感	可以沉浸在元宇宙中，忽略其他的一切
低延迟	元宇宙中的一切同步发生，没有异步性或延迟性
文明	成熟的元宇宙可以发展出自身独特的文明，给予人们启示
经济系统	元宇宙拥有比现有大型游戏更为完善的经济系统，自成一系
随地	可以通过任何设备进入元宇宙，随时随地沉浸其中
多元化	在元宇宙中能体验到丰富多彩的内容和世界

正如快速发展的互联网经济架构在 IT 技术基础之上，完善的技术体系为元宇宙的发展提供了重要支撑。《元宇宙通行证》中指出区块链技术（Blockchain）、交互技术（Interactivity）、电子游戏技术（Game）、人工智能技术（AI）、智能网络技术（Network），以及物联网技术（Internet of Things）是元宇宙的六大技术支柱，简称为"BIGANT"[150]，如图 1-35 所示。

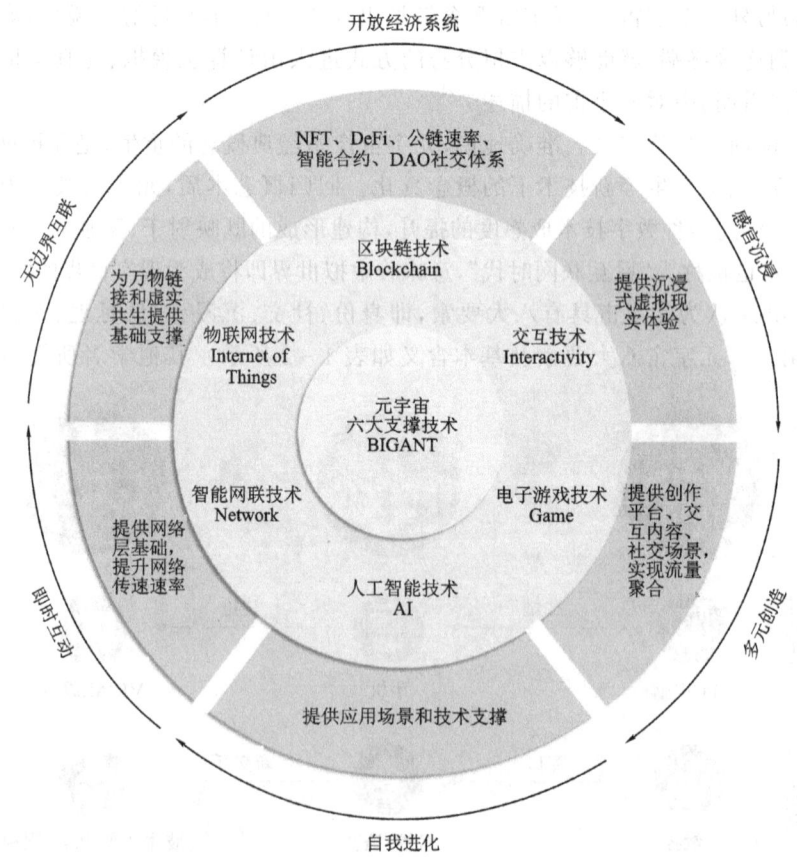

图 1-35　元宇宙六大支撑技术"BIGANT"

2. 元宇宙与电子商务

"元宇宙"概念为人类社会的数字化转型带来了新思路。元宇宙与电子商务的结合也将形成全新的交互式购物环境,消费者在网络上购物的体验也将更加生动。

(1)沉浸式购物。不同于传统的物质世界,元宇宙依托增强现实技术可以实现物质世界和虚拟世界的融合,为商家提供更广泛地触达消费者的渠道。商家能够将商品从虚拟世界中展示给消费者,解决了传统物质世界中因诸多障碍导致的连接渠道断层。同时,元宇宙技术将加速产品发布和个性化定制,使品牌能够为消费者提供高度个性化的数字体验;基于AR、VR、MR等新技术实现视听触觉多感官交互的购物体验,消费者也可以自由选择他们想要的体验,使得在购买之前对产品的质量就充满信心。元宇宙世界中,消费者的购买场景可能是虚拟商场、数字展馆等,线上线下的快速融合已成为未来趋势。

(2)虚拟IP代言人。元宇宙对于电商最重要的作用之一是能够以低成本创造虚拟IP,通过打造长期可控的IP虚拟人物来实现"内容+产品+渠道"的私域闭环。如今,各大直播平台纷纷开始打造自有虚拟主播、虚拟偶像[151]。相较于真人,虚拟人同时兼顾社交、娱乐、服务三类角色。社交方面,虚拟人通过全天不间断直播,与用户产生高频率交互,从而强化感情连接,如宜家与日本新晋虚拟模特——Imma[152]。娱乐方面,虚拟人具有更多重的玩法,能为品牌和直播吸引更多的流量,虚拟美妆博主柳夜熙尤为典型[153]。服务方面,虚拟人通过AI等技术优势实现功能附加,降低重复性工作导致的人力浪费,从而达到提质增效。此外,虚拟人资产是可累计的,形象和内容可以进行反复使用和延展,为品牌的长期运营提供重要支点。

(3)虚拟资产。"货"是驱动电子商务增长的三大要素之一。传统电商主要通过高品质、多种类、低价格与物流优势吸引消费者;在元宇宙世界,"货"从实体商品拓展至虚拟商品,如数字藏品。在NFT(全称为Non-Fungible Token,指非同质化代币)概念兴起的背景下,NFT作为数字资产在区块链上的标识具有唯一性和不可篡改性,符合消费者对于收藏品独一无二的特征需求,从而被赋予数字藏品的属性[154]。天猫曾推出数字藏品频道,通过虚拟人AYAYI展现实体商品的数字化再设计,吸引超过2万人参与限量数字藏品抽签。数字藏品、实物藏品与传统数字作品对比如图1-36所示。

图1-36 数字藏品、实物藏品与传统数字作品对比

(4) 数字美妆。美妆行业的数字化进程尤为迅速,在疫情防控期间,美妆巨头纷纷推出美妆黑科技产品,如人工智能"美妆顾问"、眉形分析智能设备、妆容自动生成等。美妆领域不再是发展传统线下导购试妆,而是开始布局未来 AI 人工智能引擎,从"数字化"走向"数智化"。ModiFace 的 AI 虚拟试妆功能、虚拟空间 3D 互动游乐屋等实践,都是元宇宙与美妆的深度融合[155]。这一转型也将进一步推动线上美妆电商的变革,以往线上无法试妆的障碍将被打破,美妆电商将迎来全新发展。

借势元宇宙世界中虚拟偶像、数字藏品等领先概念,未来电商品牌将更易触达自己的核心客群——Z 世代,关于"元宇宙"的探讨也将持续不断。

1.1.4 创新生态

在技术生态的推动下,科技赋能持续加强,新旧动能不断转换,产业智能化、品牌高端化加速形成。在电子商务领域,新消费重塑商贸流通和生产供给,去中间化、"短链"成为新的发展趋势,"人、货、场"数字化闭环得以重塑。基于此背景,创新动态平衡生态链形成,多要素创新联动和多领域创新互动持续深入,为电子商务的发展带来了良好的创新生态,推动电子商务从信息资讯服务、交易撮合服务向个性化、集成化服务不断演进。

创新生态下,电商新业态产生并得到快速发展。电商新业态以用户为中心,实现了"人、货、场"链路重构,体验式消费成为主流,多场景融合成为趋势。

1.1.4.1 社交生态

经过多年发展,电子商务逐渐陷入流量红利殆尽的发展困境,亟须实现新的模式创新以拉动新增长。随着社交生态的发展演变,人们的社交范围不断延伸,社交要素开始与消费行为产生关联。社交生态与电子商务的交融也成就了社交电商,带来了新的发展活力。

1. 社交生态与电子商务的融合

后流量时代,互联网渗透率触及天花板,社交生态将提升用户黏性和实现用户触达作为核心。在此背景下,社交不再受时间、空间限制,弱关系网络逐渐取代熟人关系网络成为主流。同时,社交行为充分渗透到消费者的生活中,对消费决策产生了多维影响,社交也刺激了购买行为大规模爆发[156]。

(1) 社交电商的基本概念。

社交的本质是分享和共享。社交电商是电子商务和社交媒介的融合。因此,社交电商的本质包括社交流量的商业化与电子商务的社交化两个层面。具体来说,社交电商就是依托人际关系网络,发挥互联网社交工具突破时空限制的优势进行的交易活动[157]。社交电商的核心在于用户,通过流量引入、用户留存,从而实现价值变现,因此,用户是取得成功的关键[158]。社会电商核心价值如图 1-37 所示。

基于社交电商的定义,社交电商的价值实现路径可以分为两大步骤。

一是依托社交裂变关系和内容标签实现用户结构化和高效低成本引流。通过对社交流量进行深度全方位运营,基于不同的社群标签对不同用户进行结构化分类,社交电商触达用户的效率将实现显著提升;基于社区内容输出,用户依靠社交裂变实现快速增长,从而塑造流量价格洼地。在此过程中,用户具有了购买和推广的双重身份。传统电商和社交电商网络对比如图 1-38 所示。

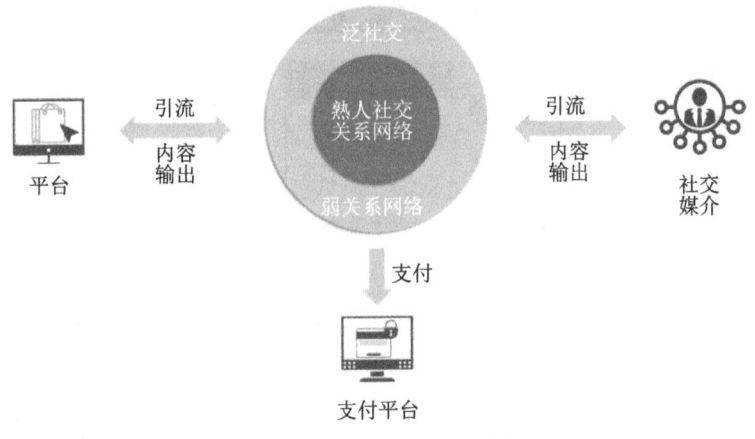

图1-37 社交电商核心价值

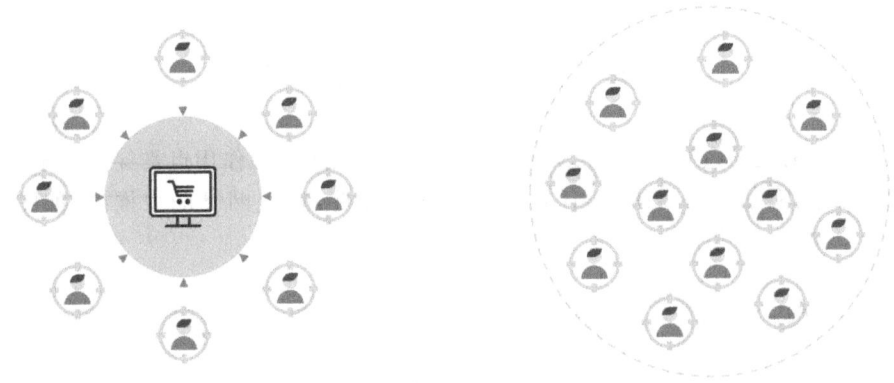

传统电商:中心式购物网络　　　社交电商:以社交网络为支撑的去中心化购物网络

图1-38 社交网络对比

二是实现内容、产品,以及供应链协同,打造商业闭环并实现商业价值。社交电商基于结构化分类为不同类型、不同兴趣的用户提供了不同的圈子,通过持续输出优质内容留住用户,抢占用户时间。同时,社交电商通过产品供应链和内容供应链的协同,将传统电子商务模式中的搜索式购物变为发现式购物,实现精准营销,完成商业转化变现,如图1-39所示。

(2)社交电商的优势及作用机制。

区别于传统电商模式信任度低、获客成本高、竞争能力较弱等特点,社交电商作为传统电商发展瓶颈的解决方案之一,其优势主要体现在以下方面:一是具有良好的社群基础,低成本、高黏性;社群内成员主要基于相似的兴趣、爱好或是相同的身份连接在一起,因此具有一定的共性吸引力,从而能够极大降低客户关系维护、市场拓展及获客的难度。二是需求驱动反向C2M;社交电商链条内的用户和生产商将建立直接的沟通渠道,用户需求获取将更加便捷。三是行业门槛低,迭代速度快;社交电商平台正向全服务提供商转变,从业门槛低促成了社交电商的快速繁荣。四是信息技术基础设施先进;先进的IT基础设施是社交电商快速处理订单、准确预测销售、全方位管理产品的关键[159]。

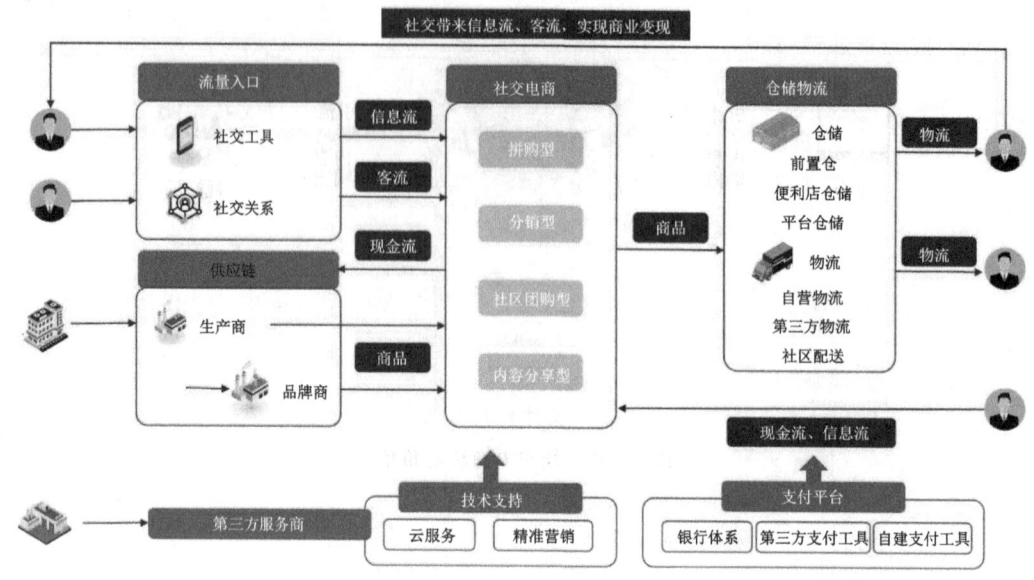

图 1-39 社交电商商业闭环

对比传统电商的交易过程,社交推动电子商务发展的三大关键作用点贯穿交易全流程,主要体现在:社交行为唤醒购买需求,信任机制增强购买意愿,社交网络助力推广,如图 1-40 所示。

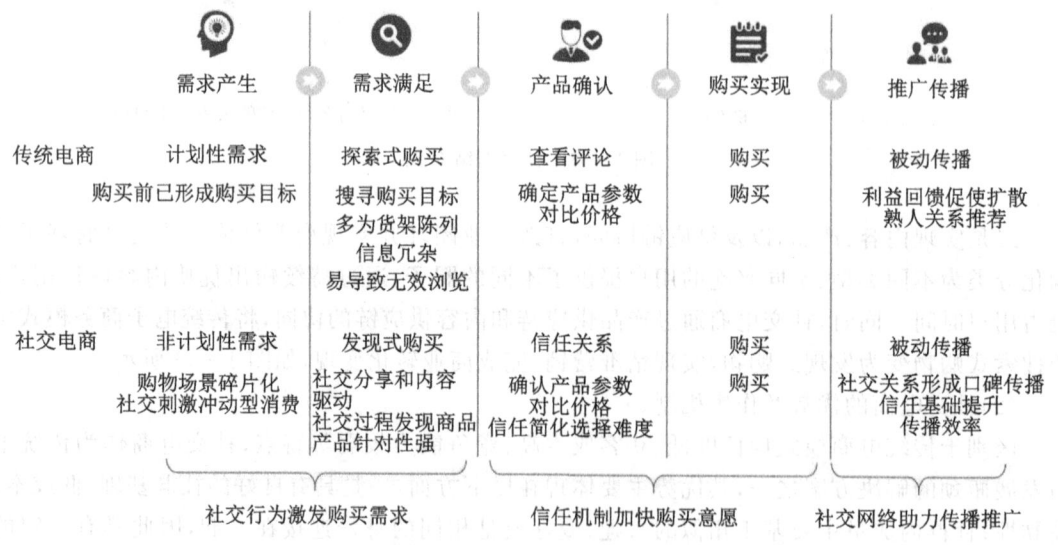

图 1-40 社交推动电子商务发展的三大关键作用点

2. 社交电商未来趋势

虽然社交电商在一定程度上是对传统电商的变革与创新,但随着竞争的加剧与需求的升级,社交电商也面临着新的挑战:一是同行业竞争激烈,拉新留存成本上升;二是商户运营专业性和营销有效性不足;三是品控能力不足;四是缺乏强大物流支撑和后台技术支持。

基于以上新的挑战,未来社区电商将从以下方面实现破局。

(1)市场持续放量。从社交电商的整体发展来看,社交领域仍有巨大潜力,社交电商模式正与新兴技术实现融合,各大企业不断转型调整商业策略,以期形成新的竞争优势。在市场持续放量的阶段中,基于当前较为离散的社交电商市场,激烈竞争势必会淘汰部分参与者。但经历行业洗牌后,社交电商市场的集中度将显著提升,头部参与者商业模式将趋于稳定。

(2)模式加速变革。目前社交电商主要分为拼购型、分销型、内容分享型及社区团购型。拼购型社交电商模式在未来将更加侧重于社交玩法,而非商业模式;分销型社交电商中分销行为是为了充分激发社交裂变,带动流量增长,未来的重点将转向用户侧,致力提升用户复购率与活跃度;内容分享型社交电商的发展逻辑以内容和社交平台为基础,当前该类平台与电商业务的结合仍处于初级阶段,未来将实现更紧密融合;社区团购模式未来则会更加侧重于供应链升级。

(3)多重局面交融。一是电商社交化,未来电子商务企业将进一步挖掘社交流量红利和社交用户价值。二是竞争趋于零售本质,供应链能力、服务水平、用户活跃度等成为社交电商成败的关键因素。三是细分赛道多强共存,社交关系在一定程度上具有封闭性,因此社交电商行业无法形成像传统电商那样高集中度,不同赛道将涌入不同领域的参与者,整体竞争格局呈现多强并存的局面。

1.1.4.2 直播生态

直播是继图文、短视频之后产生的一类全新内容。随着互联网的加速渗透以及信息技术的迭代创新,直播的概念出现新的延伸,网络直播成为主要研究方向,"直播+"成为热词,直播内容也不再局限于传统的秀场直播,而是向体育、电竞等领域加速渗透[160]。

1. 直播生态与电子商务的融合

与传统的图文、短视频不同,直播具有高同步性、高互动性、强现场感等特点,内容电商特性尤为突出[161],如表1-3所示。同时,直播过程中的实时互动也充分具备社交属性,具有社交电商的特性。在内容电商与社交电商的双重叠加效应下,直播与电商的结合成为必然趋势。

表1-3 图文、视频以及直播的特性对比

类型	社交特性	信息特性	带货特性	交互特性
图文	较弱,与社区氛围及机制相关	静态展示,信息容量大、接受时间长	电商导购标配	弱体验,仅限于信息获得感
短视频	一般,与内容相关	动态展示、延迟互动	易引发情感共鸣、常用于品宣上新	弱体验,限于主观感受、难衡量、追溯
直播	最强,KOL效应明显,信任机制发挥作用	动态展示、冲击力强、实物呈现、实时答疑	主动推荐、易诱发冲动消费	强体验,全流程交互,满足购物、社交、娱乐、价值观认同等多层次需求

在直播电商中,直播是连接的工具,电商是转化的基础。整体来说,直播电商是一个打通

线上线下的过程,有效地实现新零售"人""货""场"要素重构,是新零售的重要切入点之一[162]。直播电商可以看作是内容电商在直播、社交领域的延伸物,其底层逻辑是基于网络直播工具和社交思维对传统线下导购和线上图文零售流程进行优化和升级,提升商业变现效率[163],如图1-41所示。自2016年萌芽开始,中国直播电商市场至今已超过1.2万亿元的营业规模,淘宝直播、抖音直播、快手直播等平台更是在农村电商领域发挥了强大作用,成为赋能中国乡村振兴战略的重要推动力[164]。

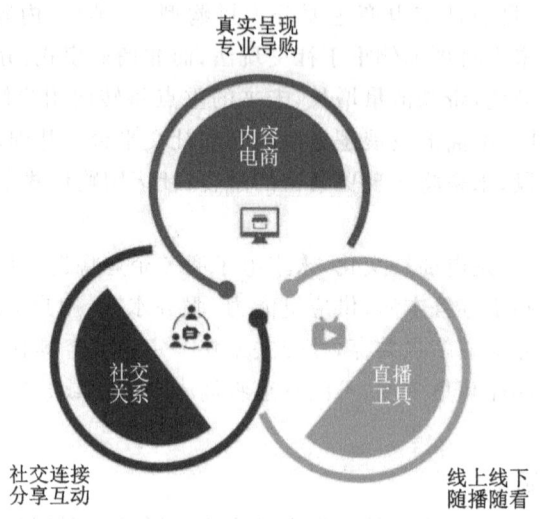

图1-41 直播电商的外延逻辑

整体来看,早在2016年,直播与电子商务的融合就初现雏形。直到2020年初,突如其来的新型冠状病毒(简称新冠)疫情导致线下门店遭受冲击,带动"宅经济"快速发展,彻底引爆直播带货。在此背景下,各行各业主动或被动入局,探索自救之路,从而将直播电商推向繁荣,呈现出用户激增、边界扩张、工具升级三大典型特征。直播电商发展历程如图1-42所示。

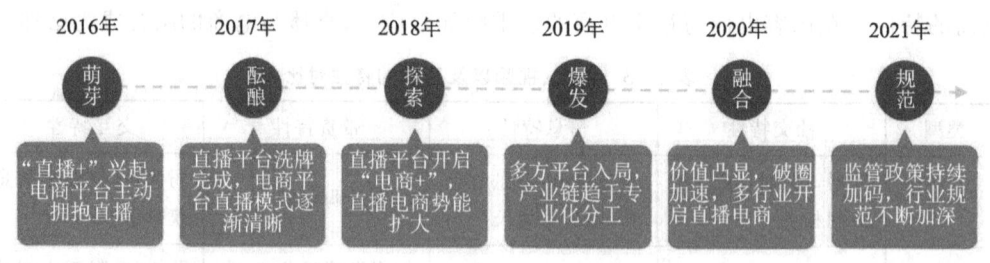

图1-42 直播电商发展历程

2. 直播电商内在逻辑

(1)平台逻辑。

平台作为直播电商价值链资源的所有者,对行业发展具有重要的引领作用。直播电商相关的平台包括流量平台与电商平台,二者处于供需两侧,二者所拥有的不同资源决定了其商业模式的不同,也决定了二者间形成的竞合关系,如图1-43所示。2020年以来,电商平台开始进行直播业务,流量平台开始聚焦主播体系搭建和商业转化链路升级。由于流量平台天然具备流量资源优势,可自由选择流量变现方式,因此对于直播电商的发展策略会随红利趋势、战略重心的转变而变化。而位于交易端的电商平台则具备最佳变现场景,扩大流量池、提升交易效率是其最终价值导向;因此,在传统电商业务中嵌入直播板块是当前电商平台转型的重要方向。

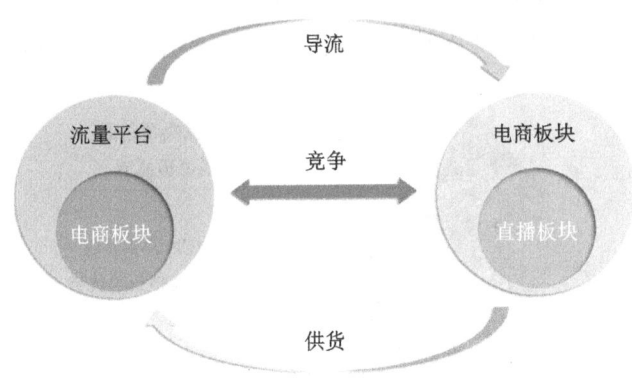

图1-43 流量平台与电商平台逻辑

(2)商家逻辑。

与传统电商相同,商家亦是直播电商活动中的重要一环。直播电商的价值不单纯是帮助商家提升商品销量,而且能够从整体业务战略布局的层面出发,帮助电子商务商家完成销售模式的转型升级。基于多样化的渠道资源,商家能够依据自身需求及特色,采用不同的直播策略。当前主要有合作主播带货以及商家店铺自播两种模式,如图1-44所示。

图1-44 商家直播流程及模式对比

(3)主播逻辑。

在直播电商价值链条上,主播连接了供应商和消费者两端,是不可忽视的重要节点,可分为流量型主播和销售型主播两类。流量型主播包括明星、网红、达人等,主要特征是他们自带流量，能够通过自身影响力、号召力来影响粉丝的消费意愿和行为，从而完成转化变现。而销售型主播直接建立的是"商家-客户"关系，通过专业的表达能力、销售技巧赢得信任，从而实现销售转化，本质上与传统电商相似，可以看作线下销售体验的线上化[165]。

整体来看，直播电商主播马太效应明显，头部稀缺，中腰部难以出圈，长尾生存艰难，如图1-45所示。价值扩容（包括创造服务增量、建立有效对话，以及发挥节点功能）与持续增长（包括可规模复制、可共享协同，以及可激励创新）将是未来直播电商主播群体最稳定的增量。

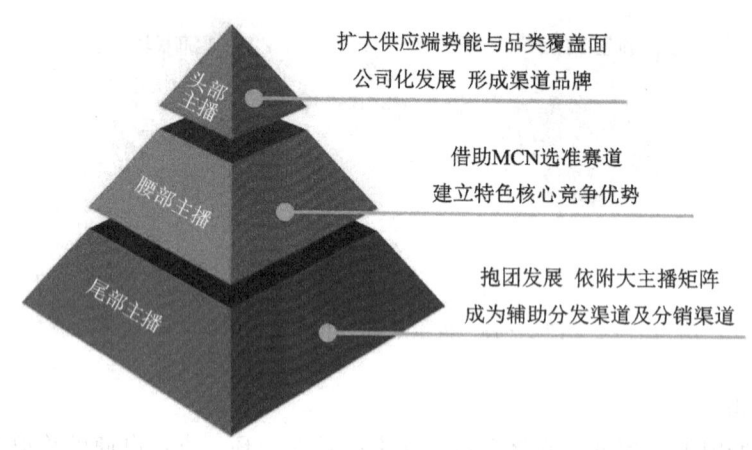

图1-45 直播电商主播生态

（4）消费者逻辑。

传统电商销售链路中，消费者需要自行寻找商品进行比价，观看图文进行分析，寻找入口完成下单等，决策链条长、影响因素多，极易导致消费者流失，如图1-46所示。而直播电商在用户交互、产品连接等多方面进行了完善，能够在需求阶段、决策阶段，以及购买阶段全方位增强对消费者决策过程的把控，从而实现更高的销售转化。

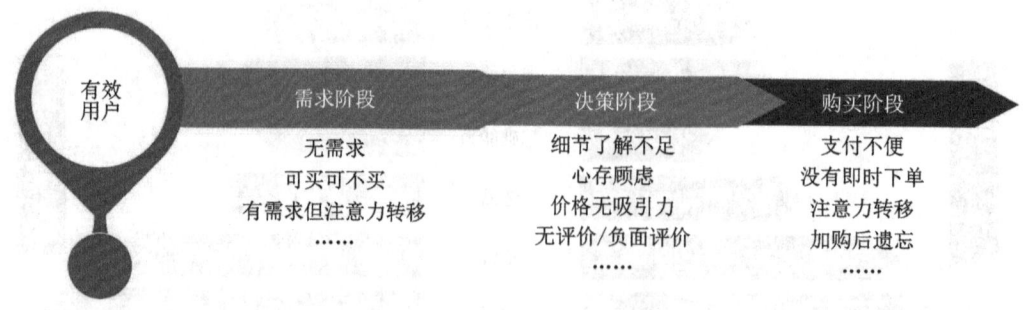

图1-46 消费者决策链路

（5）参与方及产业链。

除了平台、商家、主播及消费者，直播电商链路中还包括诸多参与者。直播电商流程串联了供应商、品牌商、直播平台或电商平台、MCN机构、主播、消费者等角色，各个角色之间均具有复杂的交互关系，各条关系链路相互串通，形成了完整的直播电商产业链。

3. 直播电商未来趋势

(1) 短期红利明显,长期回归理性。

短期内,受到流量及政策红利的驱动,直播电商呈现蓬勃发展态势,"全民皆主播、万物皆可播"已成现实。同时,头部平台、MCN机构、网红搜取了主要收益,中部及尾部参与者只能陷入长尾竞争。

从长远来看,在流量及政策红利消失后,直播电商发展格局将趋于稳定,技术红利成为新的驱动力,迫使各参与主体谋求差异化发展,建立新的竞争优势。同时,各参与方也将更加关注精细化运营,注重效率提升和结构优化,行业边界也会实现新拓展。

(2) 多方主体寻求价值突围。

未来,直播电商相关参与方将重点聚焦产业价值升级。其中,MCN机构将超越平台做标准、超越单点做直播,提升在供应链管理、电商运营、广告影响等综合方面的能力;主播将进一步强化基本能力结构,培养壁垒性能力,谋求差异化突围;平台则会深度参与到产业带中,吸引边缘人群,深挖下沉市场,构建细分赛道;品牌商则需要精准把握自身产品定位,按需匹配资源。

综上,直播电商价值链的关键要素包括供应链价值、流量价值和服务及数据价值。各参与方将基于自身能力与战略布局,选择合适的价值突围路径,如图1-47所示。

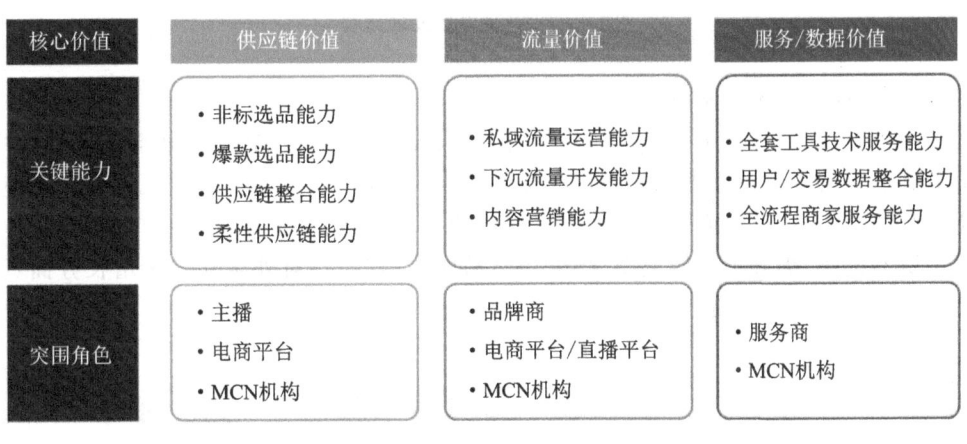

图1-47 直播电商未来价值突围方向

1.1.4.3 跨境贸易生态

1. 跨境贸易生态与电子商务的融合

随着国际分工的日益深化和世界市场的加快形成,跨境贸易已经成为各国开展国际经济合作、参与全球资源配置、提高国际地位与实力的重要途径之一,全球跨境贸易逐渐形成平等互惠、创新共享、包容合作的良好生态。随着全球消费需求的迭代升级,传统跨境贸易流程烦琐、成本高昂、品类单一、品牌效应不足等缺点逐渐显露,亟待新的转型升级。

在数字技术高速发展的背景下,以传统贸易为基础的数字贸易提供了全球经济合作的新方向。跨境贸易生态与电子商务结合所形成的跨境电商不断发展壮大。以中国为例,自2014年起,"跨境电商"一词首次出现在政府工作报告中[166],如今又进入两会中"加快发展新业态新模式"的行列,体现着传统业态朝着更多元的贸易方向转型升级[167]。自"一带一路"倡议提出以来,中国跨境电商发展持续加快[168]。

(1)跨境电商的基本概念。

广义的跨境电商又称外贸电商,是指不同国境的交易主体利用网络技术、现代通信技术和计算机技术,通过电子商务平台达成交易、进行电子支付结算,并通过跨境电商物流及异地仓储送达商品,从而完成交易的一种国际商业活动[169]。狭义的跨境电商又称跨境零售,是指不同关境的交易主体在线上完成交易、支付等贸易流程,并采用快件、邮政小包等方式通过跨境物流运送商品,最终送达消费者手中,从而完成交易的一种国际商业活动。总体来看,跨境电商的发展经历了以下几个阶段,如图1-48所示。

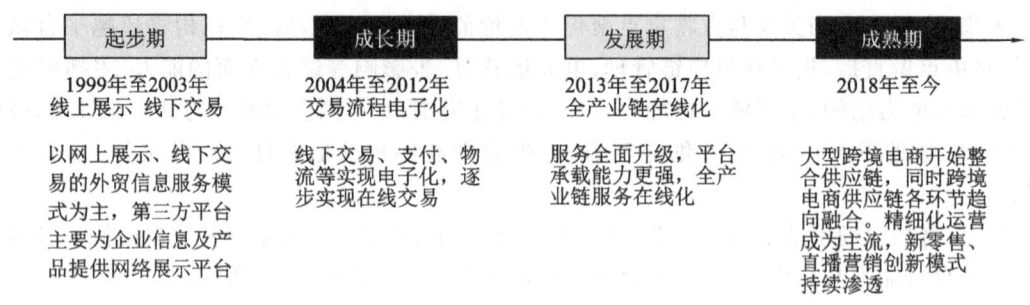

图1-48 跨境电商发展历程

(2)跨境电商与传统外贸。

在传统外贸模式下,整个贸易链条极长,商品需要经过多轮流转才能送至消费者手中,中间商充分赚取差价导致消费者面临较高的交易成本,不利于外贸的持续发展。而在跨境电商模式下,制造商通过跨境电商平台实时触达境外消费者,与消费者建立了直接便捷的途径,极大缩短了贸易链条,提升了流转速率,降低了交易成本,在维持对外贸易稳定增长方面具有深远的意义[170],如图1-49所示。

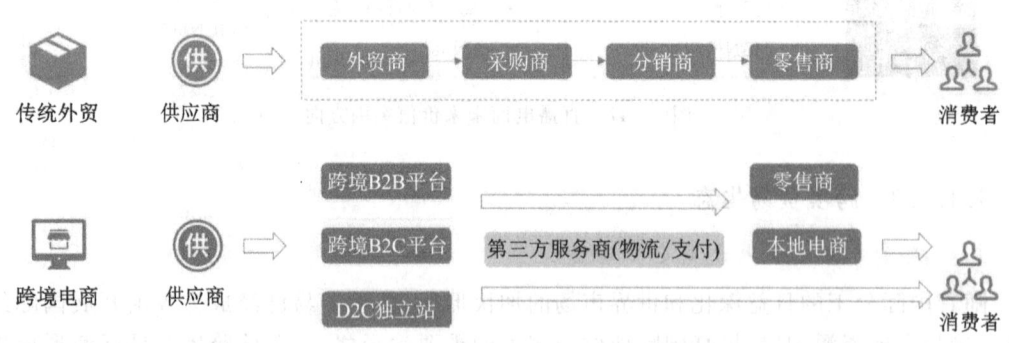

图1-49 跨境电商缩短贸易链条

(3)疫情前后的跨境电商。

疫情来袭之时,跨境电商率先发挥全球采集作用,为全球防疫物资供应作出了巨大的贡献。但同时,作为全球性贸易活动,跨境电商在疫情下也面临着巨大的考验,如停工停产、物流受阻、成本激增、入仓受限、消费能力陡降等。有"危"即有"机",尽管跨境电商行业面临着多重不确定性,但仍然存在破局之道。特定商品机遇、时间差机遇、未来消费模式机遇等,都是跨境电商新的确定性,是破局的关键所在。总体来看,后疫情时期的跨境电商发展机遇主要集中在以下三个方面:一是跨境电商线上消费习惯形成,电商渗透率有望提升;二是"宅经济"商品需求得到释放,性价比消费有望快速增长;三是企业优胜劣汰提升跨境电商整体水平,加快行业洗牌与变革[171]。

2. 跨境电商未来趋势

尽管目前跨境电商仍然面临市场不确定性的风险,且物流、订单、营销等方面仍然是跨境电商企业的难题。但随着跨境贸易生态不断治理完善以及电子商务业态持续深化创新,跨境电商未来将实现更好、更快发展。

(1)从"产品出海"跨入"品牌出海"。

目前,低水平同质化竞争已难以维持新增长,品牌化成为公认的新方向。过去十年,跨境电商主打性价比输出,通过低廉的价格换取庞大的成交数据,以期获得竞争优势。如今,海外流量开始向社交端转移,品牌价值成为连接制造商和海外消费者的关系纽带。尤其是随着DTC模式的兴起,跨境原生品牌、新消费品牌,以及传统品牌纷纷展开全球化布局,将跨境电商带入"品牌出海"时代,如图1-50所示。

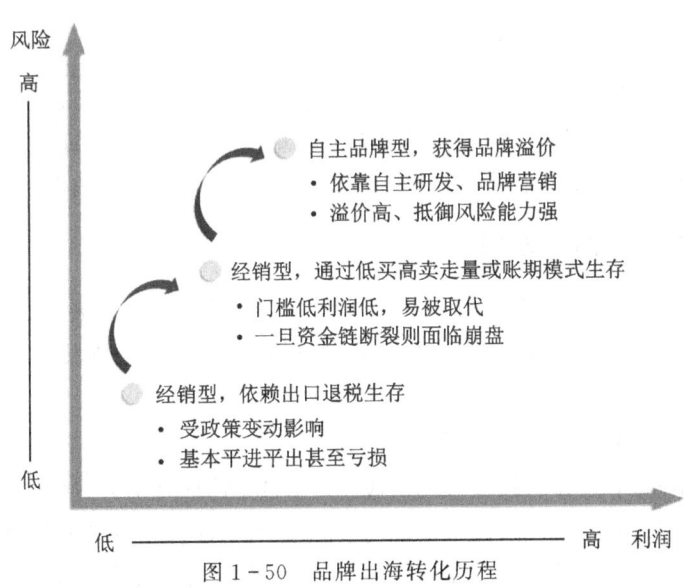

图1-50 品牌出海转化历程

(2)数字化重塑垂直行业出口供应链。

数字化是现代企业质量发展的必备要素。过去,跨境电商主要集中在B2C领域,跨境B2B模式一直以信息服务为主,未能实现在线交易。近年来,随着数字化贸易技术的成熟和各环节企业数字化水平的提升,整个链条的数字化协作成为可能。一大批垂直跨境出口平台在国内向上连接工厂,在国外连接终端企业用户,对出口供应链进行重塑,极大提升了行业整体利润空间和运行效率[172]。垂直类跨境电商平台的数字化模式如图1-51所示。

综上,多种创新生态的形成与发展遵循了"平台支撑+供应链升级+资本助力"的内外生态驱动发展路径,颠覆了传统经济流通方式,以消费需求牵引供应链升级,以资本助力平台创新发展,由"链"到"网"畅通商产融合渠道,强"实"扩"虚"促进要素资源融通,用"数"启"智"赋

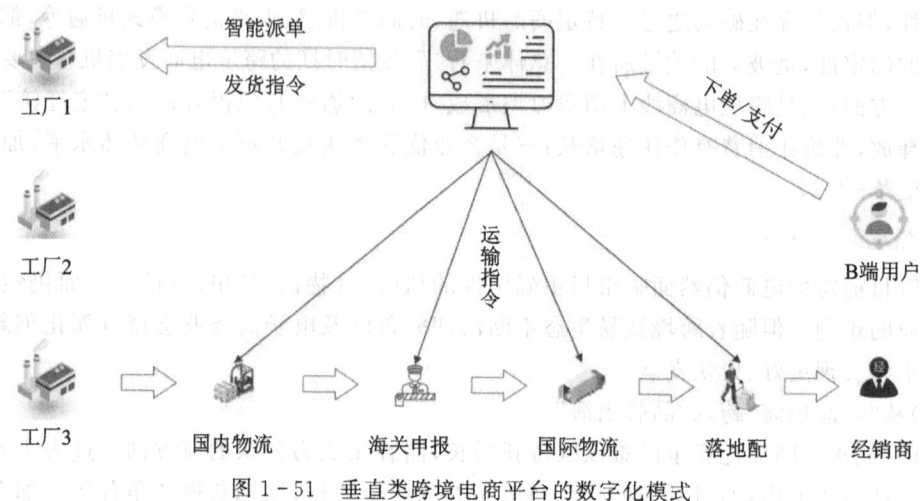

图 1-51　垂直类跨境电商平台的数字化模式

能电商企业转型,脱"单"抱"团"构建产业服务生态。

1.2　中外电子商务发展

在国家生态、社会生态、技术生态,以及创新生态的交融下,世界电子商务整体发展格局从野蛮生长逐渐走向繁荣多样,已成为全球性的具有战略意义的交易方式。同时,由于生态演进水平的差异,中外电子商务的发展历程亦有区别,分别走出了具有不同特色的电子商务繁荣之路。

1.2.1　中国电子商务发展

中国互联网发展经历了四次浪潮,分别是萌芽探索时期、动荡发展时期、万物互联时期与人工智能时期。中国电子商务演进历程与互联网发展密不可分,整体发展可分为五大阶段,如图 1-52 所示。

1.2.1.1　萌芽期(1996—2002 年)

目前,关于中国电子商务的起源暂未达成统一共识,但业内认为,1999 年是中国电子商务元年。其实在此之前,中国电子商务早已萌芽。1996 年,加拿大驻华大使贝祥通过实华开公司网点购进一只景泰蓝"龙凤牡丹",是采用电子商务的方式进行商品交易。1997 年,中国化工网开始提供服务[173],12 月正式上线英文版网站,国内首家垂直 B2B 电子商务网站诞生。随后,中国制造网(英文版)于 1998 年 2 月上线[174]。值得注意的是,两者均为英文界面,此时国内市场并未成熟。直到 1999 年,互联网进入发展的高潮阶段,8848、携程网、阿里巴巴等电商网站先后成立,中国电子商务进入了实质化的商业阶段。同年 9 月,招商银行开通"一网通"业务,率先提供"网上银行"服务[175]。至此,中国电子商务迷雾逐渐散开。

2000 年,国际互联网格局发生巨变,互联网泡沫快速破灭,全球电子商务发展陷入停滞。在此背景下,中国电子商务也进入了寒冬期,一大批电子商务企业倒闭,虽有少数企业吸引到充足的风险投资,但缺乏自身造血功能[176]。即便是开展实质性电子商务业务的 8848 和中国商品交易中心等企业,也仍然没有真正实现盈利。因此,人们逐渐对互联网失去了耐心和信心。

第1章 中外电子商务发展

2002年
- 百度打败谷歌
- QQ甩开MSN
- 百度开心网、新浪微博、优酷、土豆崛起

1999年
- 8848、携程网、易趣网、阿里巴巴、当当网先后创立
- 招商银行率先启动"一网通"网上银行服务

1998年
- 阿里巴巴正式在开曼群岛注册成立
- eBay资收购易趣网
- 亚马逊收购卓越进入中国
- 慧聪国际香港创业板上市

1997年
- 中国化工信息网上线

1996年
- 中国第一宗网络购物

2007年
- 首部电子商务发展规划《电子商务发展"十一五"规划》发布

2005年
- 百度在美国纳斯达克上市
- 《关于加快电子商务发展的若干意见》发布

2004年
- 京东多媒体网正式上线，线上出售3C产品
- 《中华人民共和国电子签名法》审议通过

2004年
- 第三方支付平台支付宝上线

2012年
- 淘宝商城更名"天猫"独立运营
- 召开中国互联网大会

2010年
- 阿里巴巴"淘宝大物流计划"，建立菜鸟驿站前身
- 陈欧创立了团美网(聚美优品)

2009年
- 携程收购艺龙股份
- 阿里与苏宁互相参股
- 美团和大众点评合并
- 携程与百度、去哪儿网合作
- 世纪佳缘与百合网合并
- 女性服装电商美丽说和蘑菇街合并

2009年
- "百度有啊"上线
- 淘宝商城平台上线
- 互联网用户数首次超过美国，跃居世界第一位

2018年
- 拼多多崛起，用户数突破3亿，商品交易总额突破4700亿元
- 邻邻壹、十荟团等社区团购企业先后获得融资

2015年
- 滴滴与快的宣布合并
- 赶集网与58同城合并
- 携程收购艺龙股份
- 阿里和苏宁互相参股
- 携程与百度、去哪儿网合作

2013年
- 中国超越美国成为全球第一大网络零售市场
- 阿里巴巴和银泰集团、复星集团、富春集团、顺丰速运等物流企业组建"菜鸟"

2021年
- 淘特、饿了么接入微信支付
- 大厂App矩阵壁垒全破除
- 元宇宙成为热门话题

2020年
- 网络直播成为最大的对外窗口，直播电商发展迅速

2019年
- 拼多多推出"百亿补贴"
- 淘宝直播全年电商品交易总额超过2000亿元
- 快手与拼多多、京东建立直播合作
- 抖音推出精选联盟，与多家电商平台开展开任同盟

时间	1996—2002年	2003—2007年	2008—2012年	2013—2018年	2019年至今
时期	萌芽期	起步期	发展期	高速发展期	变革创新期
背景	国内互联网起步发展，大批门户网站成立	"非典"爆发、外购减少、发展契机，互联网企业做电商	全民入网、政策引导、传统企业互联网化做电商	线上线下融合、互联网企业+传统企业数字化	新技术、数字化、强监管、数字商务

图1-52 中国电子商务发展五大阶段

直到 2002 年,百度打败了在欧美流行的谷歌,移植于 ICQ 的腾讯 QQ 甩开了 MSN,中国的互联网又迎来了发展。

1.2.1.2 起步期(2003—2007 年)

2003 年,"非典"的肆虐使得线下各行业遭受重创,但却间接促进了电子商务的快速普及。人们在"非典"期间无法前往商场、超市等线下购物场所,因此减少了线下交易,从而使得电子商务自发地进入人们的日常生活,网购快递数量大幅增长,电子商务界也经历了一系列的重大事件[177]。2003 年 5 月,淘宝网正式成立,并布局 C2C 市场[178];6 月,eBay 收购易趣网,更名为 eBay 易趣;8 月,亚马逊斥资 7500 万美元收购卓越,进入中国市场;10 月,第三方支付平台支付宝上线[179]。2003 年 12 月,慧聪网在香港创业板上市[180]。2004 年京东正式开展电子商务业务[181]。2005 年 6 月,首届互联网营销大赛在北京召开;同年 8 月,百度正式在美国纳斯达克上市;同一时期,电子商务相关会议论坛空前活跃,"国家电子商务标准化研讨会"在京举办[182];2006 年 3 月,"第一届中小企业电子商务应用发展大会"在京拉开帷幕。2007 年 11 月,阿里巴巴在香港上市。

同时,国家层面的政策法律支持也对电子商务的发展具有重要的支撑作用。2004 年 8 月,《中华人民共和国电子签名法》正式颁布[183];2005 年 1 月,《关于加快电子商务发展的若干意见》对电子商务未来的发展方向作出明确指示。2007 年 6 月,中国首部电子商务发展规划——《电子商务发展"十一五"规划》正式出炉[184]。2007 年,《关于网上交易的指导意见(暂行)》[185]《关于促进电子商务规范发展的意见》先后发布[186],构筑了中国电子商务发展的政策生态。

此外,随着电子商务交易理念逐渐深入人心,传统商超、传统企业开始开辟线上渠道。电子商务链条也在不断延伸,由单一的交易环节拓展至供应链环节,同时带动了物流、支付、通信等其他支撑行业的蓬勃发展。

1.2.1.3 发展期(2008—2012 年)

2008—2009 年,金融危机的爆发使得电子商务的发展也逐渐停滞。但危机中孕育着新机,中国电子商务成功地利用金融危机带来的机会实现了多角度突围,发展势头愈加强劲,并实现了逆势增长。在此期间,中国电子商务通过增加投入、细化服务,交易额连续突破新高,发展环境逐步改善[187]。

随着易趣的沉沦,百度、阿里、腾讯三巨头开始共同争夺 C2C 市场;2008 年 4 月,淘宝商城平台上线,开始发展 B2C 模式;据中国互联网络信息中心统计,截至 2008 年 6 月底,中国互联网用户数首次超过美国,达到 2.53 亿,跃居世界第一位[188]。2009 年,淘宝推出"双十一"促销活动,当天交易额突破 5200 万元,"双十一"逐渐成为全国网民的网购节[189]。2010 年,阿里对外宣布"淘宝大物流计划",建立菜鸟驿站前身[190]。同年两会期间,2010 年《政府工作报告》中首次明确提出要积极发展电子商务[191]。2011 年,团购网站上演"千团大战",中国团购用户数超 4220 万[192]。2012 年,淘宝商城更名"天猫"独立运营,淘宝和天猫的交易额突破 10000 亿元大关[193]。

1.2.1.4 高速发展期(2013—2018 年)

2013 年,中国电子商务交易规模突破 10 万亿元大关[194]。同年,阿里巴巴联合众多物流企业组建"菜鸟"网络[195]。2014 年 5 月京东集团在美国纳斯达克挂牌上市[196];9 月,阿里巴巴正式在纽交所挂牌交易,发行价每股68美元,成为截至当时美国历史上融资额规模最大的IPO[197]。2014年,中国快递业务量接近140亿件,跃居世界第一;自2011年3月以来,中国快递业务量已连续46个月累计同比平均增幅超过50%[198]。2015年5月,《关于大力发展电子商务 加快培育经济新动力的意见》进一步促进了电子商务在中国的创新发展[199]。

2015年以后,电子商务企业共谋合作、稳步发展成为主旋律。2015年2月"滴滴"与"快的"两家公司进行合并[200];4月赶集网与58同城合并[201];5月携程收购艺龙股份[202];8月阿里与苏宁互相参股,实现战略合作[203];10月美团和大众点评合并[204],携程与百度合作[205],携程与去哪儿网合作[206];12月,世纪佳缘与百合网合并[207]。因此,2015年也被称为"合并年"。各大电商的合并合作可以避免恶性竞争,降低运营成本,提高经营效率,增强企业核心竞争力,提升企业整体价值,行业内领头羊的合并则更加巩固了垄断地位。2018年,拼多多崛起,成立仅2年的拼多多的用户数突破3亿,商品交易总额突破4700亿元,电子商务下沉市场迅速拓展[208]。与此同时,基于微信的社区团购组建了新的阵营,邻邻壹、十荟团等社区团购企业先后获得融资,同时,腾讯、京东、盒马等也先后向社区团购伸出了自己的触角。在此阶段,电子商务的蓬勃发展促进了第三方支付、网络营销、网店运营、咨询服务等生产性服务业的发展,形成庞大的电子商务生态系统。同时,这一阶段电商龙头企业纷纷出海(跨境电商)下乡(农村电商),中国电子商务进入相对稳定的发展阶段。

1.2.1.5 变革创新期(2019年至今)

2019年底新冠疫情暴发,迅速推动中国电子商务发展进入迭代创新的新阶段,在国家、技术,以及消费者三个层面呈现出新的发展格局。

国家层面,以国内大循环为主体,国内国际双循环的发展格局是在疫情下中国经济应对不确定性、复杂化、多变性国际环境的审时度势。中国政府加大政策支持与补贴,加快培育发展新动能,并持续提升"一带一路"协同建设质量,深化国际贸易合作,力争引领电商创新发展[209-210]。

技术层面,线上线下快速融合,新业态新模式持续涌现。中国电子商务基于5G、人工智能、大数据等新兴技术,实现万物互联、人机交互,把居民消费需求转化为切切实实的购买力。同时,后疫情时代"宅经济"盛行,电子商务核心由"货"转向"人",且"场"实现了迭代升级,直播电商、社交电商等新业态新模式快速涌现[211]。2019年,淘宝直播全年商品交易总额超过2000亿元[212],快手与拼多多、京东建立直播合作[213],抖音推出精选联盟,与多家电商平台建立信任同盟。

消费者层面,无接触要求使得网络消费成为主流。中国各大电子商务平台借助历史消费数据、行为数据对用户进行深度分析,持续加深电子商务平台和外部平台合作,提升电子商务营销精准度,缩短消费者寻找商品的时间成本。拼多多在2019年推出的"百亿补贴"成为电商发展历史上具有重要意义且持续时间最长的优惠营销活动,截至2022年已实行四年,至此拉开了新一轮竞争[214]。

1.2.2 中国电子商务特点

在政府鼎力支持、企业积极参与和平台加速融合的背景下,中国电子商务渗透率不断提升,市场规模持续扩大,应用影响和带动作用日益增强,呈现出以下特点。

1.2.2.1 政府引导优势凸显,治理环境优化

与国外电子商务发展不同,中国电子商务更加强调有为政府与有效市场的双向作用,中国

政府将促进电子商务健康发展作为重要抓手,始终坚持在发展中规范,在规范中发展的原则。在环境建设方面,中国政府深入研究电子商务法律纠纷问题,持续出台修订电子商务法律法规,完善电子商务标准建设,规范市场主体行为,并推动部门协同以加强监管统计;在促进应用方面,中国政府大力推进示范工程建设,发挥产业聚集效应,目前已初步构成了由示范城市、示范基地、示范企业,以及人才培训组成的相应的促进体系[215]。

1.2.2.2 线上线下加速融合,竞合关系调整

线上线下融合使中国电子商务与传统产业摆脱了曾经的激烈竞争关系,开始走向融合发展。在数字经济的不断推动下,传统企业开始将数字化转型作为发展目标,电商企业则更加注重线下资源的利用与整合,开展数字商务企业创建成为主旋律[216]。尤其是疫情发生以来,多家电商龙头企业积极提出智能化解决方案,研发数字化工具载体,在帮助企业复工复产、保障商流正常流转等方面发挥了巨大作用。

1.2.2.3 跨境电商成为蓝海,外贸转型升级

随着经济全球化的不断加深,跨境电商成为外贸发展新引擎。2021年,中国跨境电商市场规模达14.2万亿元,跨境电商进出口额达1.98万亿元。截至2022年,跨境电商综合试验区已达132个,呈现出蓬勃发展的态势[217]。传统外贸企业与电子商务企业加速融合,更多的电子商务企业开始布局跨界经营。随着"一带一路"倡议的深入推进,中国跨境电商效益不断提升,同各国共建良好跨境电商生态的宏伟目标正逐渐成为现实。

1.2.2.4 农村电商异军突起,下沉市场扩张

在助力脱贫攻坚和推进"三农"发展的背景下,农村电商走过了"主流化、全局化、多样化、多极化、规范化"的历程,成为拉动农村消费、引导农业生产、保障农民增收的有效手段[218]。2021年,全国农村网络零售额已达2.05万亿元,农产品网络零售额已达4221亿元[219],农产品物流额首次达到5万亿元,农村快递包裹规模持续增长,进一步畅通了工业品下乡、农产品进城渠道。从脱贫攻坚衔接过渡到乡村振兴,农村电商也迈入了发展新阶段,主动聚焦于战略性、引领性、广域性、纵深性及长效性领域。

1.2.2.5 业态创新加速演进,电商模式升级

新一轮科技革命和产业变革进一步丰富了电子商务的内涵,电子商务的核心不再是传统的简单"卖货",而是更加关注产品创造及场景构建,并基于此主动满足消费者的真实需求和潜在需求。一方面,数字技术改变了创新过程与方式,产品创新、过程创新和商业模式创新呈现出全新内容[220];无人零售、共享消费、体验消费等新业态新模式快速涌现。此外,新兴技术的发展应用进一步满足了消费多样化、个性化的需求,带动了传统的大规模生产转型升级。

1.2.3 国外电子商务发展

强大的信息化建设基础与广泛的互联网技术应用是国外电子商务发展的重要基础,各国基于自身基础设施建设特点均走出了不一样的电子商务演进道路。世界各国电子商务发展过程中的不均衡性使得无法从某一国家层面出发进行整体的阶段划分说明。因此,该部分采用常用的研究方法,即从世界历史发展进程的视角,从世界大事件对社会影响力的视角,从电子商务经典案例对创新影响力的视角分析国外电子商务发展,如图1-53所示。

第1章 中外电子商务发展

1968年
- 美国运输协调委员会先在铁路运输系统使用EDI

1978年
- 美国国家标准学会（ANSI）特许X12开发统一标准

1986年
- 正式提出UNIEDIFACT为国际通用的EDI标准

1993年
- 因特网迅速普及

1994年
- 日本制订信息高速公路建设计划
- 欧共体建立高速信息高速公路

1995年
- 雅虎正式成立
- 杰夫·贝佐斯创立亚马逊公司
- 皮埃尔·奥米迪亚创立eBay

1996年
- IBM公司提出"电子商务"
- 印度B2B平台IndiaMart成立
- 戴尔、思科进军网络销售
- 联合国颁布《贸易法委员会电子商业示范法及其颁布指南》
- 即时通讯软件ICQ出现

1997年
- 美国颁布《全球电子商务框架》，立上下发展范本
- 日本成立乐天株式会社

1999年
- eCompanies以750万美元收购域名Business.com
- P2P共享软件Napster启用
- ATG商店网上销售装修物品

2000年
- 美国纳斯达克指数暴跌
- 欧盟提出"欧洲网络指导框架"设想，发起e-Europpe行动方案

2001年
- ebXML标准正式确立
- 日本出台"全国宽带构想计划"，提出E-Japan战略
- 韩国提出主要信息基础设施条例

2004年
- 日本制定U-Japan战略
- Facebook成立
- 谷歌成功登陆纳斯达克

2005年
- 尤瓦尔·塔尔创建Payoneer，开始通过预付卡实现全球支付
- 视频输出平台YouTube成立
- eBay收购尚未盈利的Skype

2008年
- 金融危机爆发，电子商务企业危中有机
- 团购网站Groupon正式成立，团购模式兴起

2009年
- 亚马逊收购Zappos

2012年
- Facebook收购Instagram
- 东南亚电商平台Lazada成立

2015年
- 电商平台Shopee成立

2018年
- PayPal收购iZettle和Hyperwallet
- Worldline收购SIX Payment Services
- 全球互联网用户规模达43.88亿人，全球电子商务销售额达到25.6万亿美元

2019年
- 2019年，世界电子商务大会在浙江义乌举办，中国、美国、俄罗斯、德国、巴西、智利、日本、澳大利亚、韩国等国家共同探讨电子商务未来发展

2020年
- 疫情暴发，线下消费需求缩减，线上需求激增
- 亚马逊、Instacart和沃尔玛等公司当日达和次日达货服务遭遇延误，购物者囤积商品导致部分产品脱销
- 多国关闭部分航空、海运物流通道，跨境电商受冲击

2021年
- 2021年全球电子商务的用户数量同比增了约9.5%，超过34亿人
- "宅经济"为电子商务逆势增长提供了催化剂

时间	20世纪60年代至1994年	1995—1999年	2000—2007年	2008—2018年	2019年至今
时期	酝酿期	萌芽期	调整发展期	高速发展期	变革创新期
背景	电子数据交换成为主流，EDI转向因特网	因特网普及，电商概念逐渐清晰，大量互联网企业成立发展电商	互联网经济遭重创，政府引导调整基础设施升级，政策支持加码	金融危机后迎来新契机，线上线下融合，模式持续深化	技术、模式创新，数字经济、数字商务火热

图1-53 国外电子商务发展五大阶段

1.2.3.1 酝酿期(20世纪60年代至1994年)

从全球范围来看,国外电子商务的发展可以追溯到20世纪60年代。电子商务的出现基于EDI(Electronic Data Interchange,电子数据交换)业务深厚的发展基础。早期的电子商务是基于EDI标准进行,EDI可以说是电子商务的前身,通过将商业文件如订单、发票、货运单、报关单和进出口许可证,按统一的标准编制成计算机能识别和处理的数据格式,在计算机之间进行传输[221]。自20世纪60年代末EDI技术在美国产生后,人们开始采用EDI作为企业间商务活动的应用技术。从技术上讲,EDI包括硬件与软件两大部分,硬件主要是计算机网络,软件包括计算机软件和EDI标准[222]。1979年,美国国家标准学会(ANSI)特许公认美国标准委员会(ASC)X12为行业间电子交换商业交易开发统一的标准[223]。欧洲地区于1980年初提出TDI(Trade Data Interchange,贸易数据互换)及GTDI(Guideline for Trade Data Interchange,贸易数据交换指南)[224]。随后,联合国欧洲经济理事会负责国际贸易程度简化的工作小组(UN/ECE/WP.4)承办了国际性EDI标准发展,并于1986年正式提出UN/EDIFACT为国际性通用的EDI标准[225]。EDI取代了传统贸易单证和文件的手工处理,大大提高了贸易效率。在此阶段,沃尔玛等诸多大型公司选择EDI作为一种安全快速的方式来传送订单、发票、运货通知和其他各种常用的商业文件。1993年9月美国政府率先提出建立"全国信息高速公路",日本、英国、法国等紧随其后,全球出现网络建设热潮,并在1994年相继落实[226]。同时,随着通信和信息技术的突破性进展,因特网凭借费用低廉、覆盖面更广、服务功能更好等优势迅速普及。以Web技术为代表的信息发布系统成为因特网的主要应用[227]。

1.2.3.2 萌芽期(1995—1999年)

1995年以后,大量网络公司成立,并通过互联网提供信息服务来获取收入。1995年3月,雅虎成立[228];同年7月15日,杰夫·贝佐斯(Jeff Bezos)成立亚马逊公司[229]。同年9月4日,皮埃尔·密米迪亚(Pierre Omidyar)创立了拍卖网(Auctionweb),该网站为eBay的早期形态。但至此,电子商务的概念尚未普及。直到1996年,IBM公司喊出"电子商务"的口号,开始推广电子商务的计划和策略,电子商务活动逐渐丰富[230]。这一时期,印度在线B2B平台IndiaMart正式成立,戴尔和思科开始进军在线销售。同年12月6日,联合国第85次全体会议正式颁布了《贸易法委员会电子商业示范法及其颁布指南》,规范了电子商务活动中的各种行为,并为各国电子商务立法提供了一个范本[231]。1996年11月16日,以色列公司Mirabilis正式推出ICQ,开启了即时通信新时代[232]。1997年美国颁布的《全球电子商务框架》更是为其乃至世界电子商务发展指明了方向;同一时期,日本最大的电子商务网站乐天成立。1998年9月4日,谷歌正式成立。1999年,eCompanies以750万美元收购域名Business.com,P2P文件共享软件Napster启用,ATG商店开始推出网上销售装修物品业务。至此,以互联网为依托进行商品和服务交易极大地提高了经济运行效率,人们的生产生活方式发生巨变。

1.2.3.3 调整发展期(2000—2007年)

进入21世纪,美国纳斯达克指数暴跌,互联网经济遭受重创,网络股价价值大幅缩水[233],美国有近150家网络公司倒闭,人们对电子商务的恐惧心理加剧。

在此形势下,联合国有关组织开始加大对电子商务发展工作的支持力度。2001年5月10日,联合国促进贸易和电子商务中心与结构化信息标准发展组织正式批准了ebXML标准,为拓展一个统一的全球性电子商务交易市场奠定了基础[234]。与此同时,各国政府也相继推出支持政策。2000年，欧盟委员会提出建设"欧洲网络指导框架"设想，并发起e-Europe行动方案。日本政府同样注重加强网络基础设施建设，于2001年出台了"全国宽带构想计划"，并于2001年和2004年分别提出了E-Japan战略及U-Japan战略。韩国政府于2000年、2001年分别颁布《数字内容管理条例》《保护主要信息基础设施条例》，在2003年确定了"电子商务技术蓝图和电子商务技术中长期发展计划"。俄罗斯通过2002年颁布的《2002—2010年信息化建设目标纲要》，持续促进其国内电子商务的发展。此阶段，国外电子商务在支付方式、诚信体系、物流配送、互联网金融等方面涌现出一系列创新措施，成为全球经济的重要增长点。

同时，调整、创新与融合也是这一阶段的发展主题。2002年，eBay以15亿美元收购PayPal[235]。基于针对性领域销售产品的新理念，利基零售公司Wayfair正式成立[236]。2003年亚马逊宣布取得第一个年度利润。2004年Facebook成立[237]；同年8月，随着互联网搜索巨人谷歌成功登陆纳斯达克，投资人恢复了对互联网公司的关注[238]。2005年，尤瓦尔·塔尔（Yuval Tal）创建派安盈公司（Payoneer），开始通过预付卡实现全球支付[239]；2005年2月15日，由美国华裔陈士骏等人创立，让用户下载、观看及分享影片或短片。2006年11月，Goodle公司以16.5亿美元收购了YouTube，并把其当作一家子公司来经营。全球使用人数较多的视频输出平台YouTube成立[240]；互联网电子商务巨头eBay收购尚未盈利的Skype，此举表明了互联网行业及资本市场对VoIP（Voice over IP，即IP电话）的强烈信心和厚望[241]。2006年，Twitter正式成立，致力于服务公众对话。各大平台的调整推动了电子商务的快速变革。

1.2.3.4　高速发展期（2008—2018年）

2008年的金融危机造成了全球性经济衰退。生产成本上升、产业链条断裂、产品市场急剧萎缩，传统商业模式面临巨大困境。企业为求生存，不得不进行模式创新、技术改进和管理提升。因此，电子商务也成为诸多企业转型升级的首要选择[242]。

2008年团购网站Groupon正式成立，团购模式快速兴起。2009年，亚马逊完成对服装鞋类在线零售商捷步（Zappos）的收购，进一步丰富了自己的业务。2010年，Instagram正式推出，一周内拥有超过10万名用户；推出3个月后，照片墙（Instagram）用户数达到100万。2012年10月25日，Facebook以总值7.15亿美元收购Instagram[243]。在此时期，全球范围内跨境电商增长迅速，诸多跨境电商平台纷纷加快布局成为重要的标志。2011年，美国电子商务公司Wish成立，并于2013年成功转型跨境电商，服务于欧美发达地区，并且成为第一个以移动端为主的电商平台。2012年，东南亚最大的电商平台Lazada正式成立。2015年，电商平台Shopee正式成立，业务范围辐射多国。此外，这一时期全球支付大融合同样助推了电子商务的演进。2016年蚂蚁金服成功收购眼纹识别（EyeVerify），并于2017年尝试收购美国国际汇款公司速汇金（MoneyGram）[244]。2017年，美国收单机构凡帝（Vantiv）以99亿美元收购英国支付市场领导者环球支付公司（Worldpay）[245]。PayPal在2018年分别收购了北欧移动支付服务商iZettle[246]和全球工资发放平台超级钱包账户（Hyperwallet）[247]。法国支付巨头Worldline在2018年收购了瑞士的SIX Payment Services[248]，推动了欧洲支付市场的整合。截至2018年，全球互联网用户规模达43.88亿人，全球电子商务销售额达25.6万亿美元。

1.2.3.5　变革创新期（2019年至今）

电子商务的发展已走向创新、合作与共赢的深入发展阶段。2019年，世界电子商务大会在浙江义乌举办，多国政府官员、电商企业及行业组织代表集聚一堂，共同探讨电子商务发展趋势。

2020年新冠疫情暴发,疫情造成的全球性破坏和世界经济不确定性抑制了电子商务整体发展,主要呈现如下趋势:一是线上需求激增,物流配送压力大;二是线上消费品类转变,日常生活类用品占主导;三是跨境电商面临困境,全球疫情导致跨境物流渠道受阻。

为应对疫情的影响,电子商务在技术的推动下加速创新,线上购物的便利性与安全性逐渐替代线下购物成为电子商务的主流方式,疫情暴发也给国外电子商务带来了新的变革机遇,在线商务活动在全球经济中的重要性日益显现,在线商务信息获取成为后疫情时期发展经济的重要推动力。疫情派生的"宅经济"极大激发了线上消费的潜力,数字经济背景下对人工智能、大数据等新兴技术的应用,实现了对消费者的快速响应,持续强化了数字化供给优势。

1.2.4 国外电子商务特点

1.2.4.1 市场规模持续扩大,生态系统渐显

从电子商务的酝酿、萌芽再到发展、变革,各国对电子商务的支持不断推动全球电子商务市场扩大。2021年,全球电商市场交易规模已超5.3万亿美元,同比增长14%,移动设备交易额占所有电商消费额的52%[249]。全球电子商务市场在规模扩大的同时也带动了世界范围内生产性服务业发展,各国IT外包、第三方支付、网络营销、网店运营、物流、快递、咨询等大量服务融入电子商务中,逐渐形成巨大的全球电子商务生态系统。

1.2.4.2 地区差距逐渐缩小,市场重心转移

电子商务起源于欧美地区,但随着地区差异的缩小,中国电子商务市场于2015年正式超过美国[250]。同时,由于欧美的电子商务市场已非常成熟,电子商务市场率先成为红海,电子商务的绝对增长率正逐渐放缓;但东南亚、中东、印度、俄罗斯等新兴电子商务市场正开始迅速崛起,成为电子商务创业的热点。在此背景下,全球电子商务布局和工作重点面临调整,全球电商市场重心开始向亚太转移,并呈现出从粗放式扩张到精细化发展、从资源驱动到技术赋能的趋势[251]。

1.2.4.3 企业并购趋于频繁,产业链条延伸

互联网经济具有天然的规模效应,各大电子商务平台趋向于与竞争对手进行有动力、有条件的合并,构建以平台为核心的生态体系成为主流趋势。亚马逊以电商交易平台为核心,向上下游产业延伸构建云服务体系;谷歌以搜索平台为核心,专注互联网广告业务,并布局人工智能的应用与创新;脸书以社交平台为核心,推广数字产品,发展在线生活服务;苹果以智能手机为核心,开拓手机应用软件市场,开展近场支付业务。以平台为核心的生态体系将加快跨界融合,推动应用创新[252]。同时,这一现象也会使"马太效应"更加明显。

1.2.4.4 智能场景运用增多,数据价值凸显

数字经济背景下的新领域技术的发展为简化电子商务流程、改善消费者购物体验提供了多重选择。过去几年中,语音技术在电子商务领域的应用逐渐演变成一套完善的交互生态系统。过去短时间中,对话式商务进步尤为明显,沃尔玛、开市客(Costco)、沃尔格式(Walgreens)等多家大型零售商通过谷歌快递(Google Express)开拓基于语音的购物。随着增强现实(AR)、虚拟现实(VR)等技术的进步,以及元宇宙概念的提出,未来一段时间的电子商务交互将进一步全方位地覆盖听觉、视觉、触觉、味觉等,并基于人工智能、大数据、云计算等技术优势挖掘消费者的需求数据、消费数据价值,为消费者带来全新的个性化体验,满足全球电子商

务市场的弹性变化。

1.3 本章小结

本章从宏观视角出发，采用了横向对比分析及纵向大事件分析等研究方法，立足国家生态、社会生态、技术生态及创新生态四个维度，对电子商务发展生态进行了深入剖析。我们发现：在国家生态维度上，不同国家均十分重视电子商务领域的基础设施建设、政策规划出台，以及相关立法保障，并将电子商务作为进行多边贸易、发展数字经济的重要内容之一；在社会生态维度上，受地缘、文化等因素影响，中国和以美国为代表的西方国家形成了不同的管理机制和价值观念，这也是导致二者电子商务社会发展环境不同的深层原因；在技术生态维度上，大数据、云计算、物联网、人工智能、区块链及元宇宙六大新兴技术与电子商务的融合极大地推动了交易效率、安全和体验的提升，以及商业模式的改变；在创新生态维度上，新形势下快速发展完善的社交生态、直播生态，以及跨境贸易生态与电子商务具有极高的契合点与结合面，在融合过程中不断创造出新业态新模式。

此外，本章从世界历史发展进程、世界大事件，以及电子商务经典案例的视角出发，基于时间逻辑对中外电子商务发展情况进行了深入梳理、研究与总结，多视角、高格局、全方位对中外电子商务的发展规律及内在机制进行了详细介绍。在中国电子商务的发展过程中，政府引导作用以及对农村电商、跨境电商的支持力度持续彰显了中国特色，业态模式创新持续孕育了巨大潜力；从整个国外电子商务的发展来看，世界电子商务市场中心正不断转移，差距缩小、并购融合、智能创新逐渐成为主流趋势。

在电子商务活动中，"人、货、场"三大要素始终是整个商业体系的核心价值体现。但在传统微观视角下，"人"是核心，定义为流量方；"货"是供应链，定义为供给方；"场"是驱动，定义为内容方和服务方。当三要素同时齐备时，交易可达成，即"人"在"场"内获得相匹配的"货"。此外，三要素间的两两作用也将推动完整电子商务活动的进行，如图1-54所示。

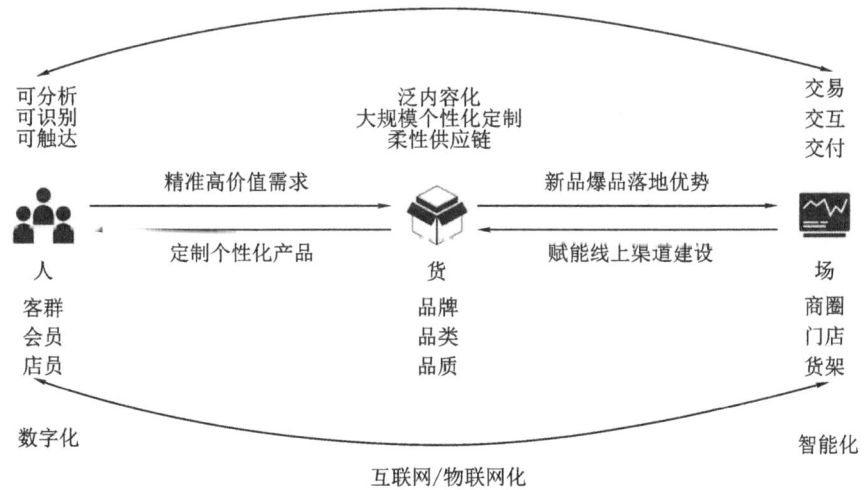

图1-54 传统微观视角下"人、货、场"三要素关系图

本章通过梳理电子商务的发展生态、发展规律及发展趋势,将微观视角拓展至宏观视角。随着电子商务的变革、创新,"人、货、场"三大核心要素的外延也逐渐扩大:"人"不再局限于传统消费者或流量方,而是将在电子商务交易活动中发挥作用的相关从业人员、人才甚至是元宇宙中的虚拟数字人也纳入考虑范围;"货"由传统商品诉求向多元消费需求持续演进;"场"实现从线下到线上、从国内到国外的消费场景的延伸,数字产品通过虚拟场即可完成交易,统一场概念也使得虚拟与现实融合更加深入,如图1-55所示。在此背景下,国家生态和社会生态营造了良好的电子商务创新发展氛围,技术生态、创新生态则持续推动"货""场"加速升级。此时,"人"升级的重要性、紧迫性日益凸显。加快培养适应社会变化需要的创新型电子商务人才成为未来电子商务发展重要的方向之一。

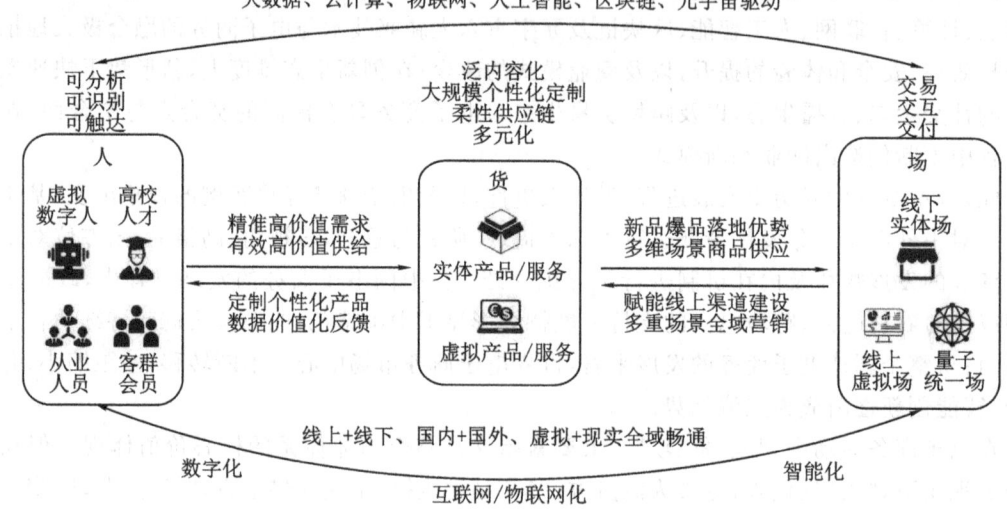

图1-55 宏观视角下"人、货、场"三要素关系图

第 2 章　中外电子商务人才发展

知识架构

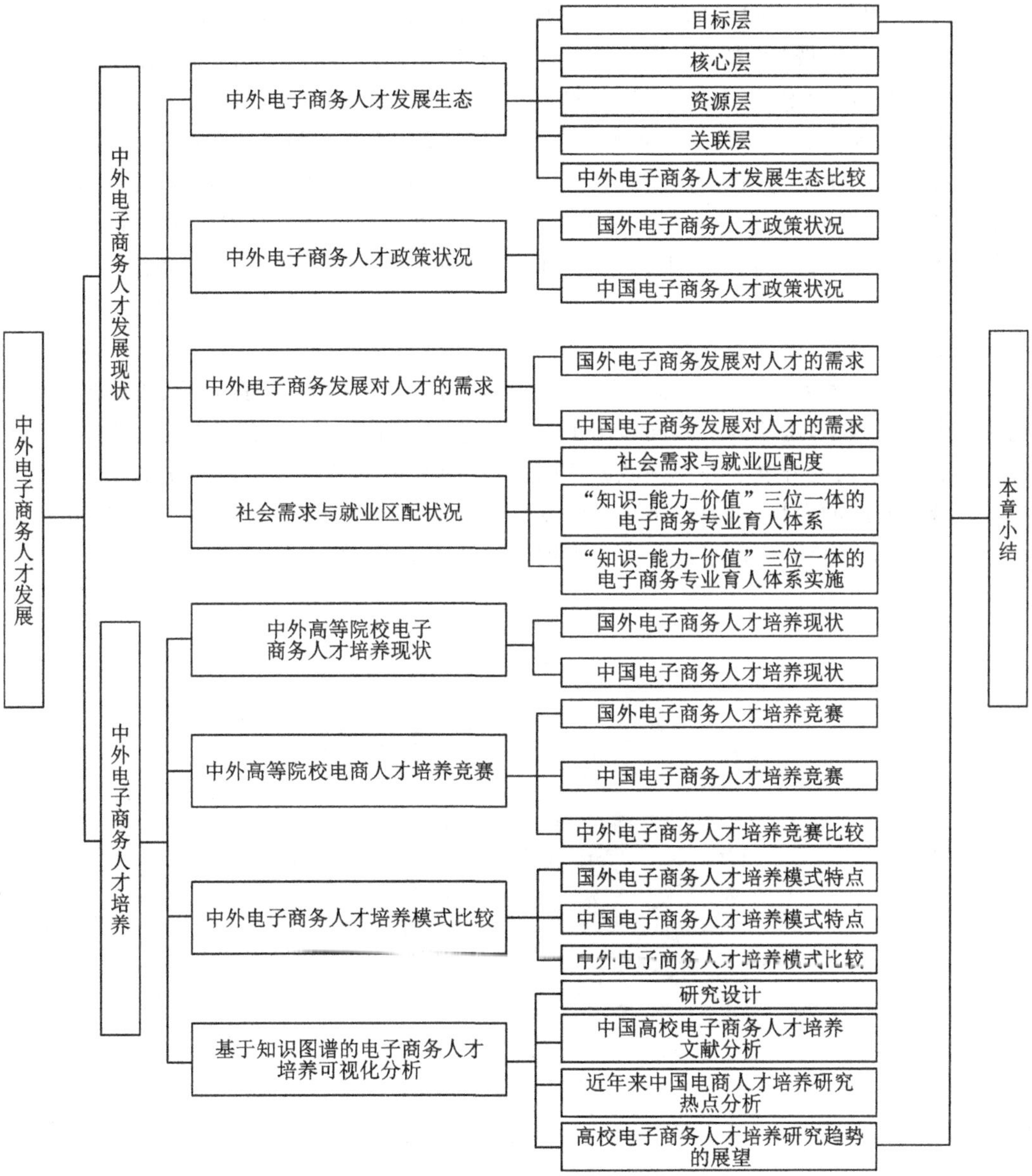

```
                                                        ┌─ 目标层 ─────────────────┐
                                                        ├─ 核心层                   │
                                 ┌─ 中外电子商务人才发展生态 ─┼─ 资源层                   │
                                 │                      ├─ 关联层                   │
                                 │                      └─ 中外电子商务人才发展生态比较 │
                                 │
                                 │                      ┌─ 国外电子商务人才政策状况      │
                                 ├─ 中外电子商务人才政策状况 ┤                           │
                                 │                      └─ 中国电子商务人才政策状况      │
          中外电子商务                                                                │
          人才发展现状                                    ┌─ 国外电子商务发展对人才的需求  │
                                 ├─ 中外电子商务发展对人才的需求┤                        │
                                 │                      └─ 中国电子商务发展对人才的需求  │
                                 │
                                 │                      ┌─ 社会需求与就业匹配度         │
                                 └─ 社会需求与就业区配状况 ─┼─ "知识-能力-价值"三位一体的   │
中外电子                                                 │  电子商务专业育人体系         │
商务人才                                                 └─ "知识-能力-价值"三位一体的   │  本
发展                                                       电子商务专业育人体系实施      │  章
                                                                                    │  小
                                 ┌─ 中外高等院校电子      ┌─ 国外电子商务人才培养现状     │  结
                                 │  商务人才培养现状   ───┤                           │
                                 │                      └─ 中国电子商务人才培养现状     │
                                 │
                                 │                      ┌─ 国外电子商务人才培养竞赛     │
                                 ├─ 中外高等院校电商人才培养竞赛┼─ 中国电子商务人才培养竞赛│
          中外电子商务              │                      └─ 中外电子商务人才培养竞赛比较 │
          人才培养                 │
                                 │                      ┌─ 国外电子商务人才培养模式特点  │
                                 ├─ 中外电子商务人才培养模式比较┼─ 中国电子商务人才培养模式特点│
                                 │                      └─ 中外电子商务人才培养模式比较 │
                                 │
                                 │                      ┌─ 研究设计                  │
                                 │                      ├─ 中国高校电子商务人才培养     │
                                 └─ 基于知识图谱的电子商务人才 │  文献分析                │
                                    培养可视化分析   ──────┼─ 近年来中国电商人才培养研究   │
                                                        │  热点分析                  │
                                                        └─ 高校电子商务人才培养研究趋势 │
                                                           的展望                    │
```

2.1 中外电子商务人才发展现状

2.1.1 中外电子商务人才发展生态

创新的事业呼唤创新的人才[253]。人才是引领区域发展的重要资源,也是衡量区域核心竞争力的关键指标。在电商领域,实施人才制度改革攻坚,坚持以"人才链"引领"产业链",创新打造引得进、留得住、干得好的"全生命周期"电商人才服务模式,筑牢电商人才引进"蓄水池",放大电商人才发展"磁力场",优化电商人才服务"生态圈",打造电商人才振兴"新高地",力争走出一条"以产聚才、以人促产"的高质量发展之路。

电子商务人才发展生态是指由多个生态因子构成的,兼具完整性、层次性、结构性和相对稳定性等特点的一个生态系统,该生态系统中的各个因子相互作用、相互影响、协同进化,最终使得生态系统达到均衡状态。本书总结电子商务人才培养生态环境的结构和属性,对影响电子商务人才培养质量的生态因子进行分类,并分析不同生态因子的作用方式和作用原理,以教材研究为核心,从教师、课程、教材等多角度优化生态环境,实现电子商务人才自身需求和社会需求的高度一致,切实提高人才培养质量[254]。

本书将电子商务人才发展生态分为四个层次,即**目标层**、**核心层**、**资源层**、**关联层**,每个层级包含多个生态因子,这些因子共同作用于电子商务人才生态系统,不断优化内部结构、有效配置教育资源,进而提升电子商务领域教育内涵,共同维护电子商务生态系统的平衡,维护电子商务可持续发展的态势,培养出满足经济发展需要的优秀复合型电子商务人才,以此实现适应社会、服务社会的目标。电子商务人才发展生态如图2-1所示。

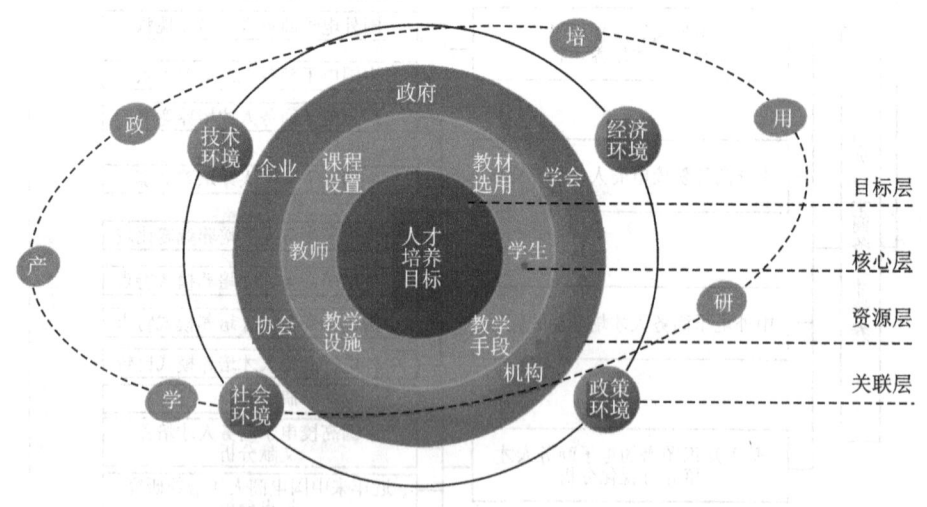

图2-1 电子商务人才发展生态

2.1.1.1 目标层

电子商务专业是融经济学、管理学、计算机科学、法学和现代物流于一体的交叉学科专业[255]。电子商务专业主要研究电子商务的基本理论、电子商务技术及其发展、电子商务应用与创新等[256]。在数字经济背景下,高校电子商务专业旨在培养德智体美全面发展,具有良好道德修养、社会责任感和健全的心理素质,具有经济贸易、金融、管理、电子商务及互联网基础理论和较高外语水平,掌握电子商务应用、规划及电子商务系统设计和技术管理等技能,具备扎实的现代服务应用及大数据分析方法,具有实践能力和创新精神,精通现代服务业的国际化、复合型、高素质专门人才[257]。培养目标可以分为**素质教育**、**专业教育和就业教育**三个维度(图2-2),涵盖**社会责任感**、**创新精神**、**身心素质**、**实践能力**、**国际视野**五个层面,具体培养目标如下:

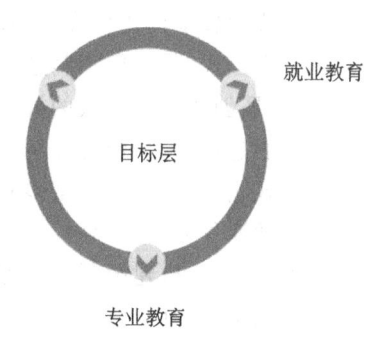

图 2-2 目标层

目标1:具有优良的政治思想素质,高尚的职业道德,在重大挑战面前,具备强烈的社会责任感与积极进取的创新精神。

目标2:具有优秀的自我管理、自主学习能力,具有较强的创新能力,在不断变化与发展的社会中表现出良好的适应能力。

目标3:具有扎实的专业基础知识和技能,具有较强的实践业务能力,能够把握本专业领域的发展前沿,并能熟练运用于实际的工作学习当中。

目标4:具有高度的国际化视野和国际化理念,具备参与和管理国际化项目的能力,具有优秀的国际沟通交流能力。

目标5:具有完善的职业规划,能够根据自己的兴趣、能力、特长等进行综合分析,较为准确地完成自身职业规划及定位。

2.1.1.2 核心层

高校教育环境是对电子商务人才培养质量直接产生作用的生态环境,核心层包含**教材选用**、**课程设置**、**教师**、**学生**、**教学设施**、**教学手段**等多个生态因子,如图2-3所示,这些因子直接作用于人才培养过程和质量形成本身。

高校作为电子商务人才培养的主力军,开展目标性与前瞻性人才培养[258]。据统计,目前,中国约600所本科院校开办电子商务专业,专业布点634个。电子商务专业人才的培养应与时俱进,与产业发展共鸣,发挥其在"十四五"时期电子商务发展中的突出作用。

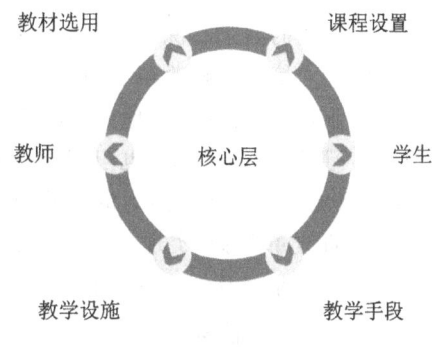

图 2-3 核心层

在教材选用方面,高校一般选用教指委规划教材,为贯彻落实习近平总书记"坚守为党育人、为国育才"的重要讲话精神,本书以吸收国外教材之精华为出发点,以提供"十四五"电子商务教材的编写新思路为着力点,以输出中国的优秀电商教材为落脚点,探讨为新时代电子商务领域培养政治过硬、能力过硬、作风过硬的人才队伍[259]。

在提高师资水平方面,高校利用"请进来"和"走出去"等多种方式,形成以教师为教学主导,以学生为教学中心的课堂教学模式。同时一改传统教育形式,以启发式、引导式、问答式、师生互动式的教学模式替代以"教"为中心的灌输式教学形式。强化课堂讨论、案例教学、情景模拟等教学形式，采取导师制进一步指导学生的理论学习与社会实践。最终实现知识传承、融通应用、拓展创新三个层次的提升与升华[260]。

在教学过程中，高校充分利用多媒体技术和计算机网络资源，将现代教学手段与活泼多样的教学形式相融合，通过丰富多彩的内容吸引学生的注意力，从而进一步提高其学习的兴趣。在优化教学课程方面，各高校应依据自己的行业背景和发展现状，制定科学合理的特色课程和核心课程。同时，搭建国际化学习交流平台以培养、拓展学生的国际视野和国际思维，在部分专业课的教学工作中进行英文教学，开展丰富的中外合作人才培养项目，为学生的国际化培养、科研领域前沿的接触和探索、创新能力的锻炼创造良好的条件。

2.1.1.3 资源层

资源层主要包含**政府、企业、学会、协会、机构**等资源（图2-4），多资源协同，鼓励高等院校、研究机构、行业组织、社会培训机构、电商企业，采用订单培养、嵌入式培养、在线培养等多种方式，构建多层次电子商务人才体系，进而实现电子商务人才的多元联动。通过学校制定的战略发展目标夯实基础，寻求与政府、企业、行业组织多方合作，依靠政府搭建平台，企业提供就业实习岗位，行业组织整合资源，切实推进产教融合，为电商人才培养奠定坚实基础，对提升办学水平、打造人才培养特色、服务地方经济具有重要的意义。

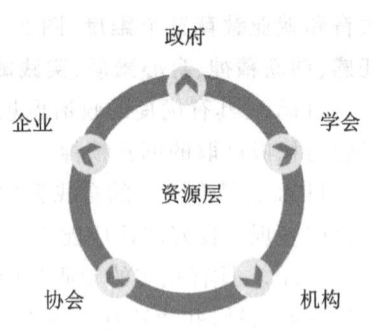

图2-4 资源层

在高校人才培养的实践环节中，积极参与学科竞赛有利于学生的全面发展。现有电商相关学科竞赛具有较强的实践性，竞赛内容也较为新颖前沿，可以反映一定的企业及相关产业对电子商务人才的需求状况。同时，在评估学生学习效果时，高校应把竞赛项目作为形式之一，进而助推人才培养策略改革。对于校企合作模式，根据培养的类型、层次和方向选择不同区域的相关企业，高校可多样化地开展将企业专家请进高校、教师走进企业进行实训、教师带领学生顶岗实习等形式的活动，也可以在校内建立校企合作的联合实验室，通过形成虚拟企业环境、氛围来加强学生实践能力的培养，从而进行分层次培养。坚持产教融合、校企合作，着力深化教学科研改革创新，实现学科专业、人才培养与产业发展、企业需求的深度融合，促进教育链、人才链、产业链及创新链"四链"的有机衔接。

2.1.1.4 关联层

关联层主要包含**技术环境、经济环境、社会环境及政策环境**四个部分（图2-5）。以人才实际需求为导向，不断优化升级人才政策、平台与服务，聚焦人才发展全生命周期，为人才创新创业提供"全周期"链式服务，全力打造优质电子商务人才发展生态。通过强化人才培养模式，建立多元联动的电子商务人才培养机制，实现用事业造就人才、用环境凝聚人才、用机制激励人才、用法制保障人才，为电子商务人才的发展提供更多的机遇和更大的空

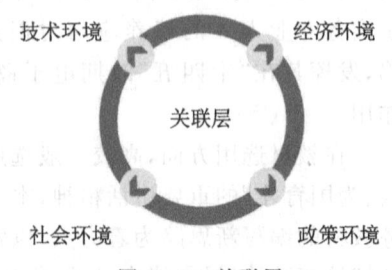

图2-5 关联层

间[261],具体可从以下两方面着手。

一是顶层设计。进一步强化电子商务高质量人才培养顶层设计、高端引领的发展理念,完善电子商务职业分类,探索开发职业标准和开展能力评价,从政策制定、责任到位,到育人用人机制逐步完善,推动电子商务高质量人才培养工作取得丰硕成果。

二是政策优化。进一步加强部门协作,形成政策合力,探索出台相应的电子商务人才扶持政策,营造积极的人才政策环境,鼓励发展灵活多样的人才使用和就业方式,加强灵活就业人员的权益保障,并进一步精准施策,释放效能,将电子商务高质量人才培养的条块激励政策向统筹激励政策转向,使激励政策的效用最大化。

电子商务高质量人才的培养,需要全社会协作,需要进一步强化"政、产、学、研、用、培"六位一体的资源整合思路,需要将电子商务人才培养的协同化、一体化教育格局进一步深化,着力解决电子商务产业发展中人才需求与传统教育模式之间的矛盾,重塑电子商务人才培养体系,通过政策优化调整,整合各方资源,加强横向和纵向联结,开展多层次、多梯度的电子商务人才培养,以满足电子商务高质量发展的人才需求。

2.1.1.5 中外电子商务人才发展生态比较

1. 国外电子商务人才发展生态

在美国、欧盟、日本、韩国等国家和地区,电子商务比较普及,特别是在欧盟,有一定规模的企业几乎都开设了电子商务交易平台。在美国,由于企业的国际化程度比较高,企业没有对电子商务人才进行区分。国外电子商务人才环境良好的局面与国外高校、企业、政府的共同努力密不可分。

1990年后,国外的电子商务在全球迅速展开,国外高校逐渐重视电子商务人才的发展。美国哈佛大学在电子商务专业方面认为要明确办学目的,重视能力培养。一是调整和修订教学教材,教材中要突出创意教学,提升学生在教材学习过程中的获得感和满足感,减少学生不重视,甚至放弃该专业的现象。二是开设小班教学,更多地促进学生和老师的交流,增加每位学生参与课堂讨论的机会。三是设立科研项目,让学生积极参与研究,从而加深对电子商务的理解。四是实行校企合作,推动成果转化,政府鼓励将高校知识转化为经济增长的引擎,支持高校与企业合作,帮助企业发展。此外,美国不少高校之间已经自主建立起合作发展的关系。如斯坦福大学、哥伦比亚大学、纽约大学与曼哈顿电子商务经济的兴起和繁荣紧密相连,其中斯坦福大学利用闲置的土地建立了电子商务创业园,专门用来研究电子商务和科研项目。在英国,牛津大学和剑桥大学对电子商务人才的选拔非常严格,不仅注重学生的学科成绩,更注重学生的人文素养,提倡精选教学内容,学生通过自主学习与参加各种电商活动来提升自己。

2. 中国电子商务人才发展生态

习近平总书记在2021年9月27日的重要讲话中,提出了新时期人才工作的指导思想、战略目标、重点任务和政策举措,也发出了加快建设人才强国的动员令。这次会议充分反映了党中央高度重视人才工作,突出了党管人才的方针,同时为新时代人才工作指明了方向[262]。

电子商务人才是支撑电子商务产业蓬勃发展的核心动力。近年来,中国通过各相关层面,开展了电子商务人才的培养,本科教育等各种人才培养模式百花齐放,为国家输送了大批不同层次的电子商务人才。2020年中国电子商务相关从业人数达6015万人,为中国电子商务产业的高速发展贡献了巨大的力量[263]。

商务部、中央网信办、发展改革委发布的《"十四五"电子商务发展规划》(以下简称《规划》)中[264],明确提出要"梯度发展电子商务人才市场",通过完善电子商务人才培养体系,强化"政、产、学、研、用、培"六位一体人才培养模式,建立多元联动的电子商务人才培养机制,培养高质量的电子商务人才,到2025年,实现电子商务相关从业人数7000万人,为"十四五"时期电子商务产业高质量发展保驾护航。电子商务的高质量发展,一定程度上是建立在电子商务人才的高质量发展的基础上。《规划》部署的"十四五"时期中国电子商务发展的7大任务和23个专项行动,都需要相应的人才支持和人才政策扶持。

电子商务人才市场是电子商务人才就业的重要渠道,中国通过多种灵活手段,搭建高效能电子商务人才市场[265]。推动政府、高校、培训机构等的电子商务优质教育资源数字化[266]、在线化,加大面向社会的开放力度,鼓励通过网络直播等多种方式实现全天候电子商务教育。同时,面向中西部、农村等开展在线公益课堂,赋能下沉市场的电子商务发展。

一是区域协作。依托东部省份电子商务产业及人才优势,面向中西部及其他电子商务产业相对薄弱的地区,展开东西合作、南北合作等多区域协作,加大产业助力及人才支持,加大中西部、"地市县"及农村电子商务人才市场培育,强化电商人才创业培育孵化、就业供需对接等服务[267]。

二是双线互动。充分利用线上电子商务人才市场资源,快捷对接校企资源,提供全天候的电子商务人才就业服务。线下方面,各级电子商务协会与学会、各地人才交流市场,熟悉电子商务企业需求,在电子商务人才对接方面,应进一步发挥其巨大作用。同时,高校作为人才输出的重要平台,定期举办多场次人才双选会,协同解决电子商务人才的输出问题。

为进一步提升电子商务发达城市的人才层次,发挥电子商务龙头企业的示范带动作用,提高对全球电子商务科技研发及高端管理人才的吸引能力,中国通过政策引导,面向返乡农民工、大学生、退伍军人等各类返乡人员,开展分层次培育,培养出一批农村电子商务带头人,带动农村电子商务发展[268]。

同时,创新创业对电子商务人才综合能力的提升,起到了有目共睹的作用。在"十四五"时期,电子商务发展应进一步强化创新驱动战略,鼓励务实创业,提升高素质电子商务人才能力[269]。从发展趋势上看,中国政府需要进一步强化创新创业在电子商务人才培养中的引领作用,需要社会各方积极协调资源,在电子商务的各个领域与环节,有效融入创新创业的理论、方法、技术与手段,强化创新驱动,强调创业带动,并融入思政教育,有效提升电子商务人才的综合能力。

2.1.2 中外电子商务人才政策状况

为全面应对新一轮科技革命和产业变革的急剧变化和深远影响,美国、英国、德国、日本、俄罗斯、新加坡、韩国等国家陆续制定并公布了各自最新的科技创新战略规划、产业技术发展规划等政策制度,其中科技人才发展政策是重点关注的核心内容[270]。俄罗斯于2019年4月出台《国家科学技术发展计划》,将"发展国家智力资本""保障高等教育国际竞争力"分别放在第一、二部分,并作为首位战略;美国国家科学委员会于2020年5月发布的《2030愿景》报告也将"STEM人才发展"作为四个战略领域之一进行重点部署;日本于2021年3月发布第6期《科学技术创新基本计划(2021—2025)》,从构建多样化卓越研究环境、建立新型研究体系、扩展大学战略性经营机能、增强探究能力和持续学习能力等方面对深化教育和人才培养体系改革进行全面谋划。

2.1.2.1 国外电子商务人才政策状况

目前,国外人才培养相关政策的统计模式存在差异,无具体官方发布的电子商务人才政策信息。本章采取市场培育等政策策略,以美国、英国、德国为代表性国家来说明各国电子商务人才培养的状况。

1. 美国

美国重视吸收其他国家的杰出人才,倡导并坚持全球开放的用人观念[271]。具体实施了以下几种政策机制:一是放宽技术人员入境的限制;二是为专业人员提供更多的工作机会;三是以留美大学生为基础,建设科技人才队伍;四是聘请外国专家和学者,以补充研究队伍;五是充分发挥国际合作的优势及外资优势。

美国"硅谷"是现代高技术产业如电子商务的发源地,其依托斯坦福大学雄厚的知识、技术、人才资源,现已形成了世界上最强大的产业人才集群、模块化技术专利集群、数万家中小企业集群、数十个相关产业集群分工协作的中小城市集群[272]。

2. 英国

英国在人才引进方面的主要政策有:加大对科技的支持;继续改进大学的待遇;制订符合当前国情、适用于技术移民的政策,进一步合理放宽技术移民的法律限制。英国贸易和工业部建立了一个特殊的"企业奖学金",旨在吸引和招募更多想在英国发展的优秀的外国学生,尤其是英国相对缺乏的高技术人才;而对于像电子商务这样的高科技行业,英国政府也准许英国大学的毕业未就业留学生在英国滞留一年。英国的精英教育体制经过二十多年的改革,已经发生了很大的改变。英国政府相继出台了相应的政策和措施,以有效地解决人才需求的转变所带来的挑战,从而使英国的人才体系更加具有弹性和多元化。

3. 德国

德国政府大力支持应用科学大学的教学改革及技术研发,为此设立了多项资助项目,以鼓励企业与应用科学大学的合作。比如,启动"高校研究项目""应用科学大学应用性科学和研发"等项目,增进了应用科学大学与校外企业和机构的合作,扩大了资金来源,提升了教学实践动力,也在一定程度上提高了科研能力,促进了技术创新。应用科学大学的资助项目为进行科学研发的专家及教授提供了政策和资金援助,提高了大学的学术和科研能力,在应用科学大学的研究资助领域具有重大影响力。资助项目以资金稳定、领域广泛、跨学科流动性强等优势成为应用科学大学科研的主要动力[273]。从2010年至2020年,德国有130多所应用科学大学受益于此,有1300多个研究项目和超过4.75亿欧元被使用到科学研究和技术创新上。另外,针对应用科学大学的资助项目为大学课程的扩展及改革提供了更多的资金支持。课程改革旨在通过技术研究促进技术创新、应对社会挑战。近年来,在应用科学大学的课程框架内,德国各地的大学与区域性商业伙伴之间建立了10余个战略伙伴关系,建立和运营了创新研究室,并为有兴趣创建公司的毕业生提供资金和技术支持。

2.1.2.2 中国电子商务人才政策状况

2005年,国务院办公厅发布了《关于加快电子商务发展的若干意见》[274],首次通过官方文件确认了中国电子商务在国民经济中的地位,指出了中国发展电子商务的指导思想和基本原则,指出要进一步完善中国的有关法律、法规,促进中国电子商务的发展。

2007年,国家发改委发布《电子商务发展"十一五"规划》,明确了中国发展电子商务的战略地位,提出了发展电子商务是发展新经济的必然要求和必然选择[275]。

2012年工业和信息化部发布的《电子商务"十二五"发展规划》[276]指出,"十二五"时期中国发展电子商务的总体目标是:进一步促进电子商务的普及,使其在国民经济和社会发展中的地位得到明显的提升。此外,该规划还将提高大型企业的电子商务水平,促进中小企业电子商务普及、重点行业电子商务发展、网络零售规模化发展,提高政府采购电子商务水平,促进跨境电商协同发展[277],推动移动电子商务持续发展,提高电子商务的安全和技术支持能力。

2016年,商务部、中央网信办、发展改革委三部门联合发布《电子商务"十三五"发展规划》[278]。对"十二五"时期中国电子商务的发展情况进行了全面的总结,对"十三五"时期中国电子商务发展的机遇与挑战进行了分析,阐明了中国电子商务的指导思想、基本原则和发展目标。

2017年,十九大报告提出了新时期人才发展的宏伟蓝图:"人才是实现民族振兴、赢得国际竞争主动权的战略资源。要坚持党管人才原则,聚天下英才而用之,加快建设人才强国。"这为今后的人才工作指明了方向,对进一步深化人才工作提出了更高的要求[279]。

目前,中国已全面建成小康社会,正在加快推进社会主义现代化强国建设。中国社会主要矛盾中的"不平衡不充分发展"也包括高层次人才短缺、人才结构不合理等问题。从国际层面看,人才资源也逐渐成为深刻影响国家竞争力强弱的基础性、核心性、战略性资源。若要稳固中国的大国地位、紧握话语权,就要直面中国对人才的紧迫需求,并采取措施有效填补人才缺口[280]。

2019年4月,教育部"六卓越一拔尖"计划2.0启动仪式在天津大学举行,旨在按照习近平新时代中国特色社会主义思想的新理念,全面调整高校专业结构,深化专业教学改革,全面振兴本科教育,进一步提高高校人才培养质量。

2019年9月,《对十三届全国人大二次会议第5718号建议的答复》中,针对"关于推进跨境电商人才培养的建议"给出相关答复。下一步,教育部将进一步优化电子商务类专业结构,鼓励和支持高校科学设置跨境电商相关专业,引导高校切实加强相关专业内涵建设,提高人才培养质量;会同商务部、中国工商联深入推进电子商务领域校企合作,推进全流程协同育人。中国工商联将引导所属商会在行业规划、行业标准制定、技能培训,以及资质考核等方面发挥作用,树立良好的商会形象,争取更多的行业话语权,共同为推动电子商务特别是跨境电商的健康持续发展提供强大的人才智力支撑。

由商务部、中央网信办、国家发展改革委于2021年印发实施的《"十四五"电子商务发展规划》[281]是为深入贯彻落实党中央、国务院关于发展数字经济、建设数字中国的总体要求,进一步推动"十四五"时期电子商务高质量发展而制定的。中国电子商务人才相关政策见表2-1。

表2-1 中国电子商务人才相关政策

名称	发文机构	内容概述	时间
《"十四五"电子商务发展规划》	商务部、中央网信办、发展改革委	梯度发展电子商务人才市场	2021年10月

续表

名称	发文机构	内容概述	时间
《对十三届全国人大二次会议第5718号建议的答复》	教育部	加强跨境电商人才培养,为促进跨境电商等新业态发展提供人才智力支持	2019年9月
《"六卓越一拔尖"计划2.0启动大会召开》	教育部	引导高校全面优化专业结构,深化高等教育专业教学改革,打赢全面振兴本科教育攻坚战,全面提高高校人才培养质量	2019年4月
《电子商务"十三五"发展规划》	商务部、中央网信办、发展改革委	加强电子商务专业人才培养,支持建立多种形式的电子商务研究与培训基地	2016年12月
《电子商务"十二五"发展规划》	工业和信息化部	加强电子商务学科专业建设和人才培养,为电子商务发展提供更多的高素质专门人才	2012年3月
《推进"创新、创业、创客"行动加快培养适应"互联网+"要求的电子商务人才》	教育部	围绕"互联网+"要求,谋划电子商务人才培养方向。	2015年10月
《国务院办公厅关于加快电子商务发展的若干意见》	国务院办公厅	加快电子商务发展的指导思想和基本原则,完善政策法规环境,规范电子商务发展等	2008年3月
《教育部、商务部关于推动有关高等学校进一步加强电子商务理论与实践研究的通知》	教育部、商务部	发挥高校在促进中国电子商务发展中的作用	2005年6月

2.1.3 中外电子商务发展对人才的需求

作为高等教育中与社会发展、市场需求结合最紧密的领域,传统的商科人才培养方式已无法满足社会对人才的需求,有别于传统商科的新商科教育应运而生。在新的经济条件下,必须加强产教深度融合,深化育人机制,重组课程体系,更新课程内容,改革教育方法,推动人才培养供给侧和产业需求侧结构要素全方位融合,共同培养出符合时代需求的新人才。

2.1.3.1 国外电子商务发展对人才的需求

近几年,电商领域的业务和岗位正在爆发式增长。本章将以科技电商在美国各州的就业增长情况为例来阐释国外电子商务发展对人才的需求。美国劳工统计局(BLS)提供的数据显示,科技-电子商务生态系统在2017年9月至2021年9月期间增加了140万个就业机会。之前创造就业的领导者——医疗保健行业则只增加了50万个工作,大约是科技-电子商务总数的1/3,而其他行业则失去了90万个工作。

在州一级,科技-电子商务生态系统取代了医疗保健行业,提供了全国大部分地区的主要就业机会。分析结果显示,从2017年第1季度到2021年第1季度,有40个州从科技-电子商务领域中获得的工作机会多于医疗保健和社会援助。

排名第一的是加州,4年中增加了31万个科技-电子商务领域的工作。紧随其后的4个州按科技-电子商务领域创造的就业机会排名,为得克萨斯、佛罗里达、华盛顿和纽约。特别是纽约,在这4年里增加了7.3万个科技-电子商务领域的工作岗位。与此同时,纽约重要的金融和保险业的工作岗位数量持平或略有下降。从这一点可以看出,在全球化和信息技术高速发展、疫情防控常态化、全球经济步入后疫情时代的今天[282],全球电子商务迅猛发展,但面临人才供求失衡的困境。随着电子商务公司的迅速崛起,其对人才的需求与日俱增,"用人难"和"招工难"已经成为一种常态,而隐藏在其快速发展的外表下,国内外的电子商务公司都出现了人才紧缺的局面。

2.1.3.2 中国电子商务发展对人才的需求

中国电子商务发展的过程中一直面临着电商人才稀缺的问题和现有电商从业人员的能力与需求之间的不平衡、不充分问题。众所周知,促进发展的关键是人才,在电子商务领域,培养一批掌握现代信息技术,能够将数字经济理论与现代商贸活动相结合的复合型电子商务人才是重中之重,而教材与教学将直接影响教育方针是否能够落实和教育目标能否实现,它们深刻反映了培养什么人、怎样培养人和为谁培养人这一根本问题[283]。

基于需求端视角,本节从国家政策、经济发展需要、网络基础的宏观层面探析中国电子商务人才需求情况。在了解当今电子商务人才需求出现多元化、需求缺口大等现状的基础上,通过分析微观层面的企业电子商务人才知识、能力、素养要求,以及岗位需求情况,为供给端提供人才培养相关建议,深度结合"四新"建设,助力高校电商人才培养改革,贯彻落实习近平总书记"为党育人、为国育才"的重要讲话精神,为新时代电子商务领域培养政治过硬、能力过硬、专业过硬的人才队伍。

1. 基于宏观层面的电子商务人才需求

(1)国家政策。

从宏观上讲,中国已经进入了高质量发展的时代,新型工业化、信息化、城镇化、农业现代化快速发展,中等收入人群不断扩大,对电子商务的提质扩容需求日益旺盛,与相关产业的融合创新空间更加广阔。

电子商务可以促进中国高质量发展,在乡村振兴方面,电子商务能够作为扶贫助农的抓手,有效助力精准扶贫,做到帮扶常态化,带动地方产业快速发展,实现农民增收,在"三农"工作上发挥了举足轻重的作用。同时,电子商务也能促进中国同世界经济的合作,通过"丝路电商"加快中国电子商务的全球布局,电子商务企业加快"出海",带动物流、移动支付等领域实现全球发展,可以加速世界经济数字化转型,加强双边、区域经济合作势头,跨境电商正成为新的爆发点[284]。

(2)经济发展需要。

从经济发展的需求来看,电子商务是数字经济中的一个重要内容,它对拉动内需、促进消费、打通国内国际双循环具有十分重要的作用。

中国《"十四五"电子商务发展规划》提出,中国电子商务将迎来一场巨大的变革。综合型和区域性专业化的竞争并存,平台型和直销型协同发展;线下服务系统日趋完善,线上和线下的壁垒逐渐消除;以大数据为基础的电商已成为趋势,将与金融服务进行深入的整合;"扁平化"的传统商业机构为广大人民群众提供了更大的"创新创业"空间。

《规划》首次建立电子商务发展主要指标体系,由此可以看出国家对电子商务领域的重视和期待,电子商务产业未来可期。"十四五"期间,电子商务将充分发挥其线上线下、生产消费、城市乡村、国内国际的独特优势,以新发展理念推动新发展,成为促进强大国内市场、推动更高水平对外开放、抢占国际竞争制高点、服务构建新发展格局的关键力量。电子商务产业的快速发展,必会产生巨大的人才缺口,急需专业的电子商务人才。

国家《"十四五"电子商务发展规划》指出人才需求非常旺盛:至 2025 年中国电子商务领域相关从业人数将达到 7000 万;跨境电商交易额将增长至 2.5 万亿元(海关数据)。如表 2-2 所示。未来 5 年,预计中国电商人才缺口将达 985 万人。

表 2-2 "十四五"电子商务发展总规模指标

指标名称	2020 年	2025 年
电子商务交易额/万亿元	37.2	46
全国网上零售额/万亿元	11.8	17
相关从业人数(万人)	6015	7000

综上所述,电子商务能够促进中国高质量发展,拉动内需、促进消费,能够带动社会经济的转型发展,国家对电子商务产业的发展报以重视和期待,电子商务的市场空间更加宽阔,电子商务的未来必定辉煌。随着电子商务产业的茁壮成长,其对电商人才的需求必然也会日益增长。

2. 基于微观层面的电子商务人才需求

当前中国电子商务人才需求方主要是电子商务服务提供商、个人创业者、B2B 企业、B2C 企业和 C2C 卖家,相比其他需求方而言,电子商务业务企业有强烈的人才需求。电商企业常常面临人才缺口大的问题,对人才的综合能力也有所要求。

首先,电子商务运行过程涉及产品制作、营销推广、产品策划、设计研发、物流运送、数据处理、供应链管理等各方面,需要不同方向、不同种类的人才共同努力才能完成一个完整的运营流程,所以电子商务企业对人才的需求量非常大。其次,这些不同种类的人需要相互配合、对接才能完成工作,如果不同方向的工作人员对对接的工作没有了解,就容易出现电子贸易阶段的漏洞,所以很多电子商务企业急需复合型高级人才。此外,电子商务领域是一个新领域,技术的发展日新月异,大部分电子商务企业节奏很快,需要员工有敏锐的应变能力、强大的执行能力、一定的创新能力、良好的团队协作能力和终身学习的能力,因此其对人才的质量要求也比较高。

现状一:企业对人才需求强烈。目前,无论是中小规模的传统企业,还是快速发展的网络营销公司,都迫切需要大批的电子商务人才。国际贸易与电子商务对人才的综合素质要求较高,目前中国较为单一的专业培训还不能适应"通才"的需要,企业难以直接招聘到符合要求的复合型人才,从而在一定程度上制约了电子商务的发展。

现状二:人才培养高度依赖社会教育力量。由于电子商务具有学科新、变化快、综合实践能力强等特点,目前大学以理论为主的教学方法还不能完全适应市场的需要,中国电子商务人才的培养仍然在很大程度上依靠着社会的力量。随着社会对网络技术人才的需求越来越高,尤其是在政府大力发展电子商务之后,网络教育等应运而生。

电子商务企业中缺少可以将不同领域的"理论+实践"结合起来的综合型人才。解决人才短缺问题需要政府、机构、学校、企业等多方面的支持。换言之,政府要为企业发展提供更多的专门的人才和资金,而大学要为企业提供优质的教材、课程、师资和人才,最终把一批高素质的人才输送到企业。

本书分别从教师、专业和学校三个层面展开了问卷调研,采用问卷星 App 的方式向 195 所学校定向投放,实名填写,共收到问卷 298 份,有效问卷 298 份。根据课题研究的需要对样本数据进行清洗,将一个学校多名教师反馈的问卷,按照职务、职称及教师的专业和教龄的先后顺序进行筛选,选择教龄更长的电子商务专业一线教师,为每个学校保留一份问卷,得到有效样本数据 195 条。从数据中可以得出,**各高校电子商务人才就业情况**按学术型、管理型、技术型、技能型划分,**技能型人才最多,管理型次之,学术型第三,技术型最少**,如图 2-6 所示。

图 2-6 各高校电子商务人才就业情况

经调查统计可知,中国各高校电子商务专业授予的学位中,授予的管理学学位最多,少数授予工学学位、经济学学位等,结果符合当前人才培养的基本需求。

2.1.3.3 中国电商人才发展策略

1. 电商人才发展中的矛盾

目前,中国电商人才发展存在三大矛盾(图2-7):即电商行业发展与企业转型升级之间的矛盾、行业人才能力要求与高校教育之间的矛盾、人力成本与人力资源价值开发之间的矛盾,具体如下。

(1)电商行业发展与企业转型升级之间的矛盾。

毋庸置疑,随着经济的放缓和疫情的反复,电商行业传统的高速发展之路已经不可持续,企业转型升级不可避免。虽然公域流量仍然是电商企业的主要流量来源,但也拉高了企业的运营成本。近两年来,直播、短视频已经成为电商企业的风口,也成为流量的巨大入口,但电商企业在这方面投入不足。

(2)电商行业人才能力要求与高校教育之间的矛盾。

持续学习能力、工作执行能力、责任心与敬业度是企业最看重的人才三大基本素质,但大多数高校对

图 2-7 中国电商人才发展三大矛盾

学生在这方面的培养是不足的。除了职业素养外,加强实践性教学环节,更新教学体系与产业同步,是企业最希望高校改进教学的方向,但通过走访调研及高校实际运营效果来看,高校对学生的培养整体是滞后的,离企业要求还比较远。

(3)人力成本的上升与人力资源价值开发之间的矛盾。

一是人才招聘方面。电商企业普通员工的招聘成本整体是上升的。企业需要从建立合适的招聘渠道、建立人才库、建立测评题库、培训面试官等方面来提高招聘的信度和效度,从而降低企业的人才招聘成本。

二是人才使用方面。通过培育良好的企业文化,搭建清晰的员工发展通道,建立有效的激励机制,最大限度地进行能岗匹配来全方位提高员工的工作效能,从而降低企业的人才使用成本。

三是人才开发方面。完善的培训开发机制一直是电商企业留人的重要举措,企业可以从精准化的需求分析、多样化的培训方式、师资队伍建设、精细化的培训管控等方面降低人才开发成本,提高培训成果的转化率。

四是薪酬福利方面。电商企业的薪酬成本是逐年提升的,应届生或实习生的起薪提升幅度更大,这给企业造成较大的人力成本压力。但是,对企业来说,有竞争力的薪酬既是企业招人的重要砝码,又是留人的重要保障。所以,企业一方面要进行科学的薪酬设计与绩效管理,另一方面要积极转变思维,不断提高运营水平,从而提高企业的盈利能力。

2. 人才发展策略

高等院校和企业处于人才供需的两端,为应对上述电子商务人才供需之间的矛盾,需要升级高校的人才培养模式和企业的人才管理系统。

(1)升级高校人才培养模式。

一是校企合作办学。电商专家与大学电商教师结合电商运营、商务数据分析、新媒体、视觉设计、直播、短视频、商业文案、现代物流等方面的课程内容和教学方式进行研讨,切实打造出符合实际、跟得上形势的课程体系。

二是要打造"双创"基地。在大学建设"双创"平台,开展项目运营、实验室共建等,实现"创业支持、人才培养、成果转化"等。

三是实行顶岗实习。学习是提高员工素质最有效的途径,高校应根据企业的实际情况,将学生送往适合的企业进行顶岗实习或跟岗实习,从而提高其专业技术水平。

(2)升级企业人才管理系统。

一是转变观念。首先是结合时代和企业需要,进行人才价值体系的重构,倡导创新创造精神;其次对人才浪费现象要多关注总结,比如人才闲置、人才配置错位、人才内耗、排斥竞争、人才隐形、人才流失等浪费现象。

二是准确用人。这是人力资源管理的核心所在,直接关系到人才的工作积极性及使用效率,也直接关系着企业绩效的达成。要把人才的测评、考核、选拔作为一项长期战略工作来抓。

三是激发潜能。激发员工潜能是人力资源管理精益化的基本任务。其中,全面调动其工作积极性是关键,这要求企业必须有科学的物质和精神激励体系相配套。同时,有效培训、持续辅导,不断提高其工作能力也是激发潜能的有效手段。

四是文化建设。企业文化影响着员工的思想价值,是人力资源管理的思想基础。同时,积极有效的企业文化可以在很大程度上防止人才的流失。

五是夯实基础。很多电商企业不重视人力资源基础工作,比如工作分析及能力模型、任职体系、晋升体系、业绩考评体系的建立等。

2.1.4 社会需求与就业匹配状况

2.1.4.1 社会需求与就业匹配度

各高校电子商务人才就业情况按学术型、管理型、技术型、技能型划分,毕业后从事技能型岗位人才数量最多,管理型岗位人才数量次之,选择继续深造的学术型人才数量排在第三,技术型岗位人才数量最少。如图2-8所示。其中,除了电子商务相关管理类岗位外,还存在大量高校电子商务人才从事政府、国企等行政管理岗位工作。

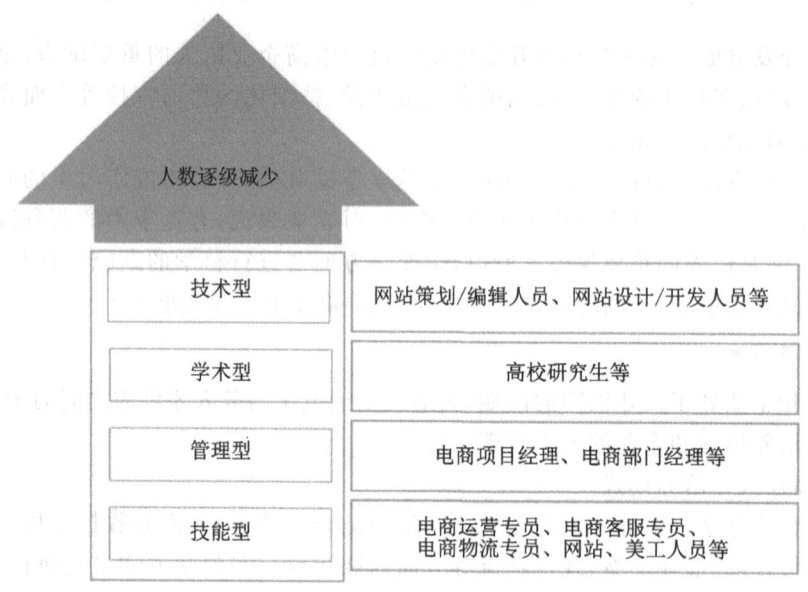

图2-8 典型电子商务就业岗位

表2-3、2-4、2-5为电子商务技能型岗位、管理型岗位以及技术型岗位的典型岗位需求和岗位职责。

表2-3 典型电子商务技能型岗位需求和岗位职责

需求岗位	岗位职责
企业网络营销业务(代表性岗位:电商运营专员)	主要是利用网站为企业开拓网上业务、网络品牌管理、客户服务等工作
企业服务业务(代表性岗位:电商客服专员)	主要职责是与客户进行良好沟通;妥善解决纠纷,提高客户满意度及账户好评率,搜集和统计客户相关数据,参与客户服务满意提升的策划和推广
企业物流业务(代表性岗位:电商物流专员)	通常负责处理平台订单,能够组合最优物流渠道,跟进物流数据,调拨仓储
电子商务平台美术设计(代表性岗位:网站美工人员)	主要从事平台颜色处理、文字处理、图像处理、视频处理等工作

表 2-4 典型电子商务管理型岗位需求和岗位职责

需求岗位	岗位职责
电子商务平台综合管理（代表性岗位：电子商务项目经理）	这类人才既要对计算机、网络和社会经济有深刻的认识，又要具备项目管理能力
企业电子商务综合管理（代表性岗位：电子商务部门经理）	主要从事企业电子商务整体规划、建设、运营和管理等工作

表 2-5 典型电子商务技术型岗位需求和岗位职责

需求岗位	岗位职责
电子商务平台设计（代表性岗位：网站策划/编辑人员）	主要从事电子商务平台规划、网络编程、电子商务平台安全设计等工作
电子商务网站设计（代表性岗位：网站设计/开发人员）	电子商务网页设计、数据库建设、程序设计、站点管理与技术维护等工作

从**就业行业**来看，随着数字经济与实体经济的深度融合，电子商务就业的行业既包括互联网和电子商务行业，也包括由电子商务衍生出的物流、营销、支付等电子商务相关服务行业，还包括金融、制造业、零售业、农业、教育等各种传统行业的信息技术和电子商务相关部门。

从**就业地点**来看，学生具体就业行业与区域产业环境有一定的关系，比如长三角、珠三角和京津冀等区域，互联网和电子商务企业聚集，学生毕业后在互联网和电商企业就职的比较多，像苏浙沪和东南沿海区域对外贸易发达，跨境电商人才需求旺盛，学生去外贸等行业从事跨境电商相关工作的非常多，再比如中西部区域主要借助电子商务进行产业升级改造，传统行业对电子商务人才的需求量大，国家的支持政策多，很多学生毕业后去制造业、农业等行业从事电子商务相关工作。

从**就业方向**来看，本书主要按学术型、管理型、技术型、技能型四个方向进行了划分。有的学校电子商务专业开设在计算机或信息学院，课程内容偏重技术，学生从事电商技术类工作会比较多，典型的技术类岗位如网站建设、电商系统开发、数据分析挖掘等，技术类岗位需要学生掌握数据库、编程语言和数据分析等技能，技术类岗位也需要掌握管理、营销等电商相关的商务知识。有的学校电子商务专业开设在经管学院，课程内容偏重商务管理，学生从事运营管理类的工作会比较多，典型的非技术类岗位如电商运营、网络营销、互联网产品经理、数据运营等，非技术类岗位也需要了解电商相关的技术，并具备比较强的执行能力、学习能力、创新思维和综合素质。

从**岗位类型**来看，不同企业对职位的命名不同，互联网产品设计、电子商务系统开发、电子商务运营管理、电子商务数据分析等是与电子商务专业匹配度较高的四类岗位。

同时，由 220 所高校中从事电子商务学科教学相关的教师参与问卷调查得出：关于电子商务课程体系建设与电商人才需求的匹配度情况,如图2-9所示,各高校教师中有47.3%的人认为十分匹配,40.4%的人认为一般匹配,6.7%的人认为完全匹配,5.6%的人认为不怎么匹配。

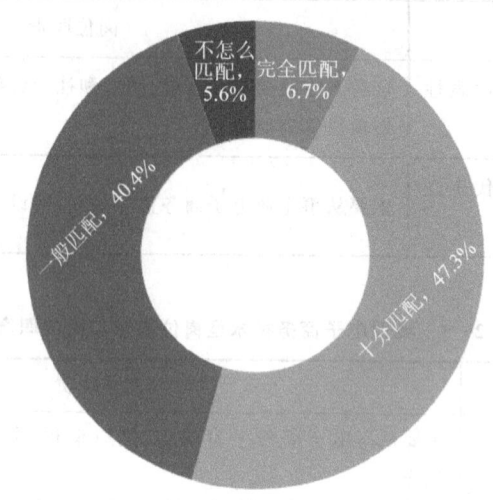

图2-9　电子商务课程体系建设与电商人才需求的匹配度情况

通过岗位分类及问卷调研了解了当下电子商务课程体系建设与电商人才需求的匹配度情况,目前,电子商务课程体系建设与电商人才需求的匹配度仍有待提升。此外,科技创新、突破和发展日益需要跨学科交叉和融合,这就需要培养复合型的电子商务人才。

在新的经济发展形势下,中国高校培养的电子商务人才与社会、企业需求之间缺乏衔接,匹配度有待提升,必须对传统的专业课程进行升级,打造出具有中国特色的电子商务系列教材,培养符合时代发展潮流的急需人才,是目前高校电子商务领域急需解决的一个重要问题。接下来,本书将从宏观层面的"知识—能力—价值"三位一体的电子商务专业育人体系进一步分析。

2.1.4.2　"知识—能力—价值"三位一体的电子商务专业育人体系

打造"知识—能力—价值"三位一体的电子商务专业育人体系,目前面临的突出问题包括:①对开展电子商务教育的育人内涵认识不清,知识及能力的培养教育没有落在价值塑造上,没有将"知识—能力—价值"作为教育的核心;②电子商务教育和现有人才培养体系并未有机融合,存在彼此独立的问题,迫切需要探索与现有人才培养体系全面融入的新模式;③达成电子商务人才培养模式路径不明确,如何提升社会需求与学生毕业后就业的匹配度?怎样打通高校与产业界限?

针对以上问题,电子商务专业本科教育需要不断整合资源,优化治理,采取"三位一体"的育人理念,构建"知识体系+能力培养+价值塑造"的教育体系。该体系通过以社会、企业模块课程及竞教结合等培养模式,将科研资源、学生创新及企业需求相融合,以多元互动的协同治理为保障,形成电子商务创新创业教育的全链条,打造"科研训练+科技创新+创业平台+创业精神"为主线的创新创业人才培养路径。

2.1.4.3　"知识—能力—价值"三位一体的电子商务专业育人体系实施

1. 课程思政,明晰电子商务专业教育育人本质

首要明晰"为什么做"才能"做得更好"。电子商务专业通过开展覆盖本科基础课程的课程思政建设工作,凸显育人本质,梳理了价值塑造、能力培养、知识体系"三位一体"的创新创业人才培养目标和以独立、首创、勇气、包容、责任、家国情怀为核心的价值塑造[285]。

2. 能力塑造,探索"竞教结合"的育人新模式

在制定人才培养计划的同时,还应建立专业基础课、创业创新通识课、训练项目、比赛等课程,使创新创业教育能够涵盖整个教学过程;以专业课程为导向,努力构建具有时代特色的高品质教材,以具有挑战性的问题为中心,开设以专业为基础的创新创业课程,以及以竞争为基础的专业基础课,实现课赛合一,以赛促创;通过与知名企业联合开设企业模块课,以企业及社会需求的视角进行电子商务特色人才培养,实现创新驱动创业的链条;强化创业者商科知识与专业技能的互融,形成互融互合、师生协同、校友共创、开放式共同育人的生态体系。

为培养学生创新能力,解决学生课堂学习与实际应用脱节等问题,电子商务专业教育提出"竞教结合"的育人新模式。设立的竞教结合课程将专业核心课程与"互联网+"大学生创新创业大赛等知名竞赛进行结合,将创新教育涉及的商业计划书、项目管理、商业模式、知识产权保护等引入课程设计和创新实践课程中,实现打通"比赛"与"课程"的全新教育模式。

3. 因地制宜,建设校企协同育人平台

根据专业特点,建设一批校企教育平台,与高校所在地著名企业建立实习基地、联合实验室和创新基地,培养学生的创新、创造能力。明晰由创新驱动创业的途径,坚持"科教融合、产学一体",利用地缘经济优势,汇聚校友、企业资源,驱动校企协同育人由创新到创业的质的飞跃。

2.2 中外电子商务人才培养

2.2.1 中外高等院校电子商务人才培养现状

英国《金融时报》(Financial Times,以下简称FT)公布的2022年全日制MBA课程排行榜中,榜单前三的院校为:美国宾夕法尼亚大学沃顿商学院、美国哥伦比亚大学商学院欧洲工商管理学院、美国哈佛大学商学院。中国共有9所商学院上榜,分别为:中欧国际工商学院(连续六年跻身第一阵营并蝉联亚洲第一)、复旦大学管理学院(薪酬增长率全球第二)、香港科技大学商学院、北京大学光华管理学院(全新进入排行榜)、香港中文大学商学院、上海交通大学安泰经济与管理学院、香港大学商学院、清华大学经济与管理学院、同济大学经济与管理学院。其中,中国大陆有6所,香港地区有3所。在百强总榜单中,美国共有50所院校上榜,英国共有9所院校上榜,澳洲共有2所院校上榜,新加坡共有3所院校上榜。

2.2.1.1 国外电子商务人才培养现状

目前,国外电子商务发展环境较为成熟,人才状况比较乐观,基本上都是从高校培养和职业教育这两方面实施人才培养。国外的人才培养体系较为成熟,值得学习与借鉴。国外电子商务人才发展生态主要围绕美国、英国、德国、日本四个国家展开分析。

美国大学商学院非常重视电子商务教育，在培养过程中以技术素养为重点。各著名院校均开设了 E-Commerce 相关研究专题，高校特别是重点高校，往往把培养对象作为研究对象，注重对电子商务的基本理论和定量的研究。美国开设的电子商务专业，不仅可以灵活地适应市场，还可以结合自身的优势，形成自己的特色。以市场为导向，培养与市场需要相适应的人才，在用人市场上提出了用人单位、高校和学生的要求，并根据自己的实际情况做出相应的调整。三方之间的交流与合作，最终将满足市场需求的学生推向市场。

美国电子商务专业在课程选择上，不但根据市场灵活调整，而且结合各自的优势形成专属特色。以市场为导向，培养符合市场需求的人才，人才需求的标准由就业市场提出后，被教育管理机构、高校和学生及时捕捉，并针对自身做出调整，三者再通过彼此间的沟通和协调，最终将符合市场需求的学生推向最需要他们的市场。从美国的经验可以看出，高校应从行业、企业、地区服务出发确定培养方向。

总体来看，美国的电子商务人才培养呈现出如下特征：第一，主要是计算机、管理学等学科的教师共同开设；二是注重信息产业的协同发展，在技术和经济上得到有力的支撑；第三，注重技术背景，注重培养具有科技和商业知识的综合型电子商务人才；第四，以社会为导向，使正规培养和继续教育相结合。

在商科人才培育上，英国的牛津大学、伦敦政治经济学院等高等学校拥有较多的包括商界精英在内的各类人才，这些院校被国际社会广泛认可。英国高校的商科专业分类严谨，在课程设置上，学校主要的课程是关于贸易的课程，同时也提供了许多 E-business 的课程，其课程设置呈现出多元化的特点，学生就业范围广，如：贸易分析师、计算机技术专家等。

德国的"双元制"教学模式是人才素质为基本标准，以操作技能为核心，以学校和企业的合作为基本[286]。也就是说，学校和公司都要承担起培养人才的责任，企业要制定专门的人才需求和标准，而教育活动和需要的工作技能则要通过校企合作来完成。表 2-6 是德国"双元制"人才培养模式的特征。

表 2-6 德国"双元制"人才培养模式特点

特点	内容
培训机构双元化	学校与企业培训相结合
学生身份双元化	既是学校学生，又是企业实习生
教学内容双元化	学生既具备专业理论基础知识，又不缺乏实践技能
教师类别双元化	专业理论教师与实践指导教师各司其职
教材类别双元化	专业理论教材与实践技能教材共同为学生所用
评估/考试双元化	采用学校考试与行业协会考试相结合的手段
证书类别双元化	学生毕业既持有学校的毕业证书，又具备从事相关职业的职业资格证书

德国"双元"的鲜明特点，既是学校、公司、企业之间的密切配合，又是教学与生产的密切联

系,注重实践能力的培养,具有很强的针对性。

日本高校的国际化商业培训重点是培养高端商业精英[287]。日本企业的教育思想强调"务实"的企业管理思想,注重培养学生的专业技能和解决问题的能力。另外,一些大学还倡导对"社会责任""奉献精神""前瞻性"的教育。综上所述,日本高校的国际商务人才培养目标是:培养具有社会责任、勇于奉献、具有全球性视野和前瞻性眼光的国际化企业管理人才[288]。日本高校的国际商务培训有三种模式:第一类是独立设置国际商务或与之相适应的专业(如国际商务);第二类是在经营、工商管理等领域开设国际贸易专业;第三类是不开设国际贸易相关专业,而采取宽口径的人才培养模式,也就是说,在管理学、商学、商业管理等学科中增设了一门国际贸易类的课程[289]。

2.2.1.2 中国电子商务人才培养现状

如前文所述,近年来,中国电子商务人才培养模式百花齐放,为国家输送了大批不同层次的电子商务人才。2020年中国电子商务相关从业人数达6015万人,为中国电子商务产业的高速发展,贡献了巨大的力量。到2025年,预计实现电子商务相关从业人数7000万人,为"十四五"时期电子商务产业高质量发展保驾护航。《"十四五"电子商务发展规划》中明确提出要"梯度发展电子商务人才市场",通过完善电子商务人才培养体系,强化"政、产、学、研、用、培"六位一体的人才培养模式,建立多元联动的电子商务人才培养机制,培养高质量的电子商务人才。

中国的电子商务专业建设主要集中在本科阶段,从低级到高级,从技术到素质。2001年,中国高校电子商务专业建设协作组成立,其在学科建设、师资培养、教材建设、实验室建设、实习基地建设等一系列重要问题上取得了一致意见,推动了我国电子商务教育的标准化发展。从专业方向的角度来看,电子商务是一门新兴的交叉学科,涉及计算机技术、管理学、经济学、法学等多个领域,教育界普遍认为,电子商务应培养具备一定的计算机技术、经济管理、适应现代信息化环境下的商业行为规律、具备一定的专业技术和创造能力的"复合型"人才。然而,中国大多数高校在建立电子商务专业时,往往会将现有的教师与学科优势相结合,从而使其发展方向与学院的专业特色有着显著的相关性。例如,有计算机相关的学科,其培养方案中就包含了大量的计算机课程,主要针对的是那些能够直接开发和维护电子商务应用软件的工程师,并获得工程学士学位;具有经管专业背景的学院,在其培训方案中就包含了许多经管专业,主要是为了培养具有电子商务或工大企业管理能力的人才,并颁发经济学或管理学学位证书。

高校作为电子商务人才培养的主力军,针对学生开展目标性与前瞻性培养。据统计,目前,中国约600所本科院校开办了电子商务专业,专业布点634个。电子商务专门人才的培养应与时俱进,与产业发展共鸣,发挥其"十四五"时期电子商务发展中的突出作用。图2-10为中国部分开展电子商务教学与研究工作的高校总结图。

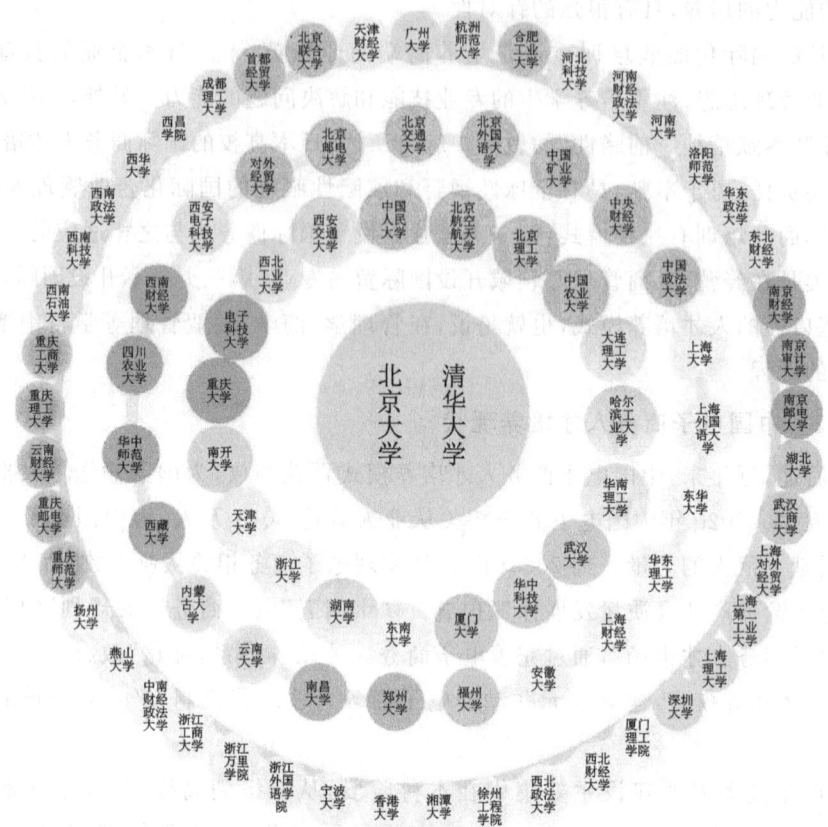

图 2-10　中国部分开展电子商务教学与研究工作的高校

2.2.2　中外高等院校电商人才培养竞赛

创业教育是促进经济发展的主要因素[290]。大学的创业教育项目中,不仅包含多种类型的创业课程,而且还有很多的课外创业教育,其中最流行的就是企业计划竞赛。开展创业教育,提高创业教育成效,开展创业项目竞赛是一种很好的方法。通过各种类型的商务比赛,学生能够更好地提高自己理论与实际相结合的能力。此外,参加比赛的学生亦有机会得到成功企业家的协助和辅导,并由评审专家进行有针对性的商业计划分析。同时,参加企业项目竞争可以有效地提高团队的抗压能力和团队合作能力。所以,对创业大赛的研究,既有利于完善创业大赛的实施,又有利于推动创业教育的发展,提升创业教育的效果。

2.2.2.1　国外电子商务人才培养竞赛

因国外创新创业类竞赛数量众多,本书选取具有代表性的莱斯商业计划竞赛、毕马威创新合作挑战赛、沃顿I4A竞赛,以及国际大学生程序设计竞赛四大竞赛作为国外电子商务人才培养的代表性竞赛。如图 2-11 所示。

1. Rice Business Plan Competition(RBPC)莱斯商业计划竞赛

赛事简介:莱斯商业计划竞赛(RBPC)是全球奖金最多、范围最广的针对大学水平

图 2-11 国外电子商务人才培养竞赛

(graduate-level)学生的创业竞赛。主办方为莱斯科技与企业家精神联盟(由莱斯大学自发建立,旨在支持企业家精神的萌芽),以及莱斯大学的 Jesse H. Jones 商业研究所。来自任何大学、任何学位课程、不同专业的学生创业团队都可以申请 RBPC,并要求团队中有一位研究生。著名的莱斯商业计划大赛每年都会举办一届。该竞赛于 4 月份举行,向 40 余家大学生创业公司发放 200 余万美元的奖金。20 年来,参与者共创造了 27 亿美元的资金,创造了 3000 多个就业岗位。此外,仅在过去十年里,就有 35 位参赛校友登上了《福布斯》30 位 30 岁以下富豪榜(Forbes 30 Under 30);参赛校友获得的资金也从 9000 万美元飙升到 19.1 亿美元。

大赛目的:旨在为大学生创业者提供一次真实的体验,让他们能够对自己的商业计划和一分钟电梯游说(Elevator Pitch)视频内容进行调整,从而获得投资,成功地将他们的产品商业化。参与者可以学习到:在社会上成功创业所需要的技巧、有经验的投资人、有经验的创业者们的辅导、三天与风投公司及其他投资人的沟通、评审们对企业规划的有针对性的反馈[291]。

2. KPMG Innovation and Collaboration Challenge(KICC)毕马威创新合作挑战赛

赛事简介:毕马威创新合作挑战赛(KICC)是毕马威学生活动中的旗舰项目,参赛者需要就多个商业案例提出可行的建议方案。KICC 可展示评委作为世界知名的优秀雇主形象。通过比赛能充分展示参赛同学的创造力、解决问题能力和思维敏锐度,这些卓越领先的才能在工作环境中都是十分重要的。

大赛目的:比赛旨在激励大家从所学专业出发,碰撞思维、密切协作、心怀天下、拓展思路,对全球面临的共同挑战提出创新解决方案,通过沉浸式、协作式、PK 式等思维发散方式,利用数字化创意和创新型科技,或解决复杂的全球性社会问题,或破局各类企业发展难题。

3. Ideas for Action(I4A)沃顿 I4A 竞赛

赛事简介:沃顿 I4A 竞赛(I4A)是由世界银行和宾夕法尼亚大学沃顿商学院斯克林商业伦理研究中心联合举办的项目,是一个关注金融可持续发展的青年竞赛。世界各国的年轻人才每年都会聚集在这里,为世界实现可持续发展的目标提供灵感和设计方案,寻求解决贫困、能源、疾病、饥饿、歧视、教育、科技等问题。Ideas for Action 竞赛始于 2015 年,该组织鼓励全世界的青年通过技术和创造性的方式来应对全球发展进程中的种种挑战,从而使全世界的青年都能参与进来。组委会将严格按照三个阶段的筛选程序,对所有的项目进行创意、意义和可行性评价。

大赛目的：这个比赛的目的是把全世界的年轻人都聚集到一起；在比赛中激发年轻人的创作灵感，提出设计方案，通过科技和创造性的方法，来解决诸如贫穷、能源、疾病、饥饿、歧视、教育和科技等问题，以促进可持续发展。Ideas for Action 大赛的获奖者可以在国际货币基金组织和世界银行的年度会议上发表自己的观点和创意，并得到沃顿商学院的专业创业支持，有机会与资深政策制定者、青年领导人进行沟通。

4．International Collegiate Programming Contest(ICPC) 国际大学生程序设计竞赛

赛事简介：国际大学生程序设计竞赛（ICPC）是由国际计算机协会（ACM）主办的，经过近 40 年的发展，ACM 国际大学生程序设计竞赛已经发展成为全球最具影响力的大学生程序设计竞赛，赛事由 AWS、华为和 Jetbrains 赞助，在北京大学设有 ICPC 北京总部，用于组织东亚区域赛事。比赛分为两个部分，一是分区初赛，二是全球总决赛。决赛的时间定在每年的 3 月到 5 月，而地区预赛则是在前一年的 9 月到 12 月。原则上，一所高校在一场地区预赛中最多可派出三支球队，但仅限一队参赛。

大赛目的：ACM-ICPC 比赛旨在锻炼大学生的创新能力、团队精神，以及在压力下编写程序、分析和解决问题的能力。在 IBM 开展的众多学术活动中，赞助 ACM-ICPC 赛事占有十分重要的位置。这一举措的目的是为了促进开源程序开发技术，培育更有竞争力的 IT 员工，进而推动全球创新与经济发展[292]。

2.2.2.2 中国电子商务人才培养竞赛

本书以中国"互联网＋"大学生创新创业大赛，"挑战杯"系列竞赛为中国电子商务人才培养的代表型竞赛。中国目前的学会作为一种社会组织形式，促进与学科发展和产学研结合。学会公告的竞赛本书不予论述。中国电子商务人才培养竞赛如图 2-12 所示。

图 2-12 中国电子商务人才培养竞赛

1．中国"互联网＋"大学生创新创业大赛

赛事简介：中国"互联网＋"大学生创新创业大赛是教育部、政府和高校联合举办的一项全国技能竞赛。竞赛的目标是进一步深化高校综合改革，激发大学生的创新精神，培育"大众创业、万众创新"的骨干力量；积极推进项目成果的转化，培育"互联网＋"新业态，为经济发展提供有效的支撑；创新引领创业，创业带动就业，促进大学生创业。

大赛目的：以竞赛促进学习，培育具有创新精神的企业家。竞赛的目的是要激发大学生的

创造性,激发广大年轻人扎根中国,了解中国的国情,培养其意志和世界观,让学生在创新中增长才智,让学生的青春梦想成为中国的伟大梦想,让学生成为一个德才兼备的优秀人才。以竞赛促进教学,探索新的素质教育方式。以"创新创业"为契机,积极引导各类学校积极投身于国家战略、地区发展,深化人才培养改革、全面实施素质教育,促进大学生创新创业意识和创新创业能力。促进人才培养模式的深刻变化,使人才质量观念、教学质量观念和素质文化观念得以确立。以竞赛促进创新,搭建创新的新平台。将转化大赛成果与产学研用紧密结合,大力培育"互联网+"新业态,为经济高质量发展提供有力支撑,为大学生提供更好的创业机会。

"挑战杯"分为"大挑"和"小挑",是由共青团中央、中国科协、教育部和中国学联、举办地人民政府共同主办的中国性的大学生课外学术实践竞赛。"大挑"全称"'挑战杯'中国大学生课外学术科技作品竞赛。""小挑"全称"'挑战杯'中国大学生创业计划竞赛"。大小挑每两年举办一次,两项比赛交替进行。本书将针对两个比赛类别展开介绍[293]。

2. "挑战杯"中国大学生课外学术科技作品竞赛

赛事简介:"挑战杯"中国大学生课外学术科技作品竞赛是一项中国性的竞赛活动,该比赛创办于1986年,由教育部、共青团中央、中国科学技术协会、中华中国学生联合会、省级人民政府主办,承办高校为国内著名大学。"挑战杯"系列竞赛被誉为中国大学生学术科技"奥林匹克",是目前国内大学生最关注、最热门的中国性竞赛,也是中国最具代表性、权威性、示范性、导向性的大学生竞赛[294]。该竞赛每两年举办一次。

大赛目的:充分展现大学的教育实践,指导学生崇尚科学、追求真理、努力学习、迎接挑战、培养跨世纪的创新型人才。自1989年起,先后在清华大学、浙江大学、上海交通大学、武汉大学、华南理工大学、重庆大学、西安交通大学举办,挑战杯已经形成了校级、省级和中国三级的比赛,学生们将在校内外进行比赛,优秀的作品提交给中国组委会。

3. "挑战杯"中国大学生创业计划竞赛

赛事简介:"挑战杯"中国大学生创业设计竞赛是由共青团中央、中国科协、教育部和中国学联联合主办的"小挑"大赛,每两年举行一次。按比赛对象划分为普通高校和职业院校。设置五个小组,分别是:科技创新与未来产业、乡村振兴与脱贫、城市治理与社会服务、生态环境与可持续发展、文化创意与地区合作。

大赛目的:要深入学习和贯彻习近平中国特色社会主义思想,突出为党育人的作用,以实践教育的视角,引导和激励大学生弘扬时代精神,把握时代脉搏,将所学知识与经济社会发展紧密结合,培养和提高创新、创造、创业的意识和能力,并在此基础上促进高校学生就业创业教育的蓬勃开展,发现和培养一批具有创新思维和创业潜能的优秀人才。

2.2.2.3 中外电子商务人才培养竞赛比较

大学生创业竞赛是提升高校创业教育成效的重要途径。莱斯商业计划竞赛是美国奖金额度最高、规模最大的大学生创业竞赛,"互联网+"大学生创新创业大赛是中国规模最大、影响范围最广的大学生创业竞赛。从大赛宗旨、组织和发展、具体开展等方面将二者进行深入比较可发现,中外电子商务人才培养竞赛之间具有明显的差异,如表2-7所示。

表 2-7 莱斯商业计划竞赛和中国"互联网+"大学生创新创业大赛比较

比赛名称	莱斯商业计划竞赛	中国"互联网+"大学生创新创业大赛
目的	模拟现实创业情境,帮助参赛团队吸引风险投资人或投资公司的资金;为大学生创业者提供真实体验,让他们能够对自己的商业计划和电梯游说视频内容进行调整,从而获得投资,成功地将产品商业化	深化创新创业教育改革,提高高校学生的创新精神、创业意识和创新创业能力;推动赛事成果转化和产学研用紧密结合,服务经济提质增效升级;创业带动就业,推动高校毕业生更高质量创业就业
组织机构	莱斯大学技术与创业联盟主办	教育部、中央网络安全和信息化领导小组办公室、国家发改委、工信部、人力资源和社会保障部、国家知识产权局、中国科学院、中国工程院、共青团中央和省级人民政府共同主办,每届对应相应的承办大学
协办单位	美国国家航空航天局(NASA)、福布斯、得州鹅协会(the Goose Society of Texas)等超过180家企业和私人赞助商	中国建设银行、中国高校创新创业教育联盟、中国高校创新创业投资服务联盟、中国教育创新校企联盟、中国高校创新创业孵化器联盟、中关村百人会天使投资联盟、中国高校双创教育协作媒体联盟
参赛项目组别和类别	生命科学、信息技术/网络/移动技术、能源/清洁技术/可持续性发展、其他	项目组别:创意组、初创组、成长组、就业创业组 项目类别:"互联网+"现代农业、公共服务、信息技术服务、商务服务、制造业、公益创业、文化创意服务
参赛对象	团队参赛,包括2~5名参赛成员,其中至少1名为在校研究生,所有成员均为目前在校的全日制或非全日制学生	团队参赛,每个团队不少于3名成员;创意组申报人要求为在校生;初创组、成长组、就业创业组申报人为在校生或毕业5年以内的学生。不包括在职生
比赛赛制	大赛评审根据提交的执行摘要和一分钟电梯游说视频,从所有提交的参赛项目中选出42个进入总决赛	大赛采用校级初赛、省级复赛、中国总决赛三级赛制。校级初赛由各高校负责组织,省级复赛由各省(区、市)负责组织,中国总决赛由各省(区、市)按照大赛组委会确定的配额择优遴选并推荐项目。共产生百余个项目入围中国总决赛。通过网上评审,产生相应数量项目进入中国总决赛现场比赛
提交材料	执行摘要、一分钟电梯游说视频、商业计划、团队信息	项目计划书;项目展示PPT;项目展示视频。初创组、成长组、就业创业组(已注册公司项目)参赛团队还需提供组织机构代码证、营业执照复印件及其他佐证材料(专利、著作、政府批文、鉴定材料等)

续表

比赛名称	莱斯商业计划竞赛	中国"互联网+"大学生创新创业大赛
现场比赛流程	第一天:练习环节和电梯展示视频比赛; 第二天:第一轮比赛和反馈; 第三天:半决赛、挑战赛和决赛	第一天:金奖争夺赛和"银奖晋金奖复活赛"; 第二天:四强争夺赛和"银奖晋金奖复活赛"; 第三天:冠军争夺赛
参赛配套指导	联盟与创业未来集团建立合作关系,根据专家所擅长领域和参赛团队需求,为每一组参赛团队提供一位指导专家	大赛不统一为参赛团队配备指导专家
评审专家	由天使投资人、风险投资者、其他投资者、企业家、法律/金融专家、指导/咨询顾问、工业家和其他合作方人员近300人组成的评审团,其中大部分评委为投资者	行业企业、创投风投机构、大学科技园、高校和科研院所专家等近百位决赛现场评审
评审规则	电梯游说视频部分:1～5分(极好-极差);商业计划部分:对执行摘要、产品或服务、市场和市场营销策略、管理、财务摘要、可行性、对商业计划的整体评估打分,1～7分(非常好-非常不好);投资意向:1～6分(最想投资-最不想投资)。 投资意向评分作为晋级最主要的依据	创意组:创新性(40分)、团队情况(30分)、商业性(25分)、带动就业情况(5分); 初创组和成长组:商业性(40分)、团队情况(30分)、创新性(20分)、带动就业情况(10分); 就业创业组:项目团队(20分)、商业性(20分)、创新性(20分)、带动就业情况(40分)。 现场决赛:路演5分钟,评委按投资意向打分(1～10分)
大赛奖励	百万美元现金和非现金奖励	大赛设金奖、银奖、铜奖若干。设最佳创意奖、最具商业价值奖、最佳带动就业奖、最具人气奖各1项。向获奖项目颁发获奖证书,提供投融资对接、落地孵化等服务

(一)共同点(表2-8)

表2-8 莱斯商业计划竞赛和中国"互联网+"大学生创新创业大赛共同点

指标	内容
规模、影响力	均为所在国规模最大、极具影响力的大学生创业类竞赛
大赛宗旨	均涵盖推动参赛团队创业成果商业化
主办单位	均具有较强的知名度和号召力,莱斯大学为美国顶尖私立研究型高校,其研究生创业项目排名全美第11位。中国"互联网+"大学生创新创业大赛的所有主办单位均为政府管理部门和省级政府
承办单位	均为知名高校
大赛赛制	均是从所有参赛团队中选出部分项目进入现场总决赛,所提交材料均涉及商业计划书、一分钟展示视频、团队信息等,现场比赛均为三天

(二)不同点(表2-9)

表2-9 莱斯商业计划竞赛和中国"互联网+"大学生创新创业大赛不同点

指标	内容
大赛宗旨	中国大学生创业大赛关注宏观,而莱斯商业计划竞赛着力微观
主办单位	莱斯商业计划竞赛由莱斯大学技术与创业联盟自主、自发、自下而上组织和发展;中国"互联网+"大学生创新创业大赛由教育部等管理部门主办,一所高校承办,自上而下组织和发展
大赛具体开展	参赛配套指导不同;参赛材料提交相关内容不同

2.2.3 中外电子商务人才培养模式比较

改革开放以来,中国商科课程在起步阶段,引入国外顶尖的商业课程。然而截至目前,高校已经基本建立起以通识课程、核心课程和专业课程为主体的高等商业课程体系。自2016年以来,随着新的商业和市场的发展,国内各大院校纷纷开始实施"新商科"教学,为企业的可持续发展打下了良好的教育基础。

在互联网浪潮下,行业跨界融合,传统企业纷纷向综合型、平台型企业转化,催生出多种新岗位、新职业。新商科是一门交叉学科,它将新时代的互联网、人工智能、大数据、云计算、区块链等新技术与传统商业专业相结合,以行业为导向培养跨学科复合型人才。随着社会的发展,新商科也将不断增加新内涵。中外电子商务人才培养模式特点如图2-13所示。

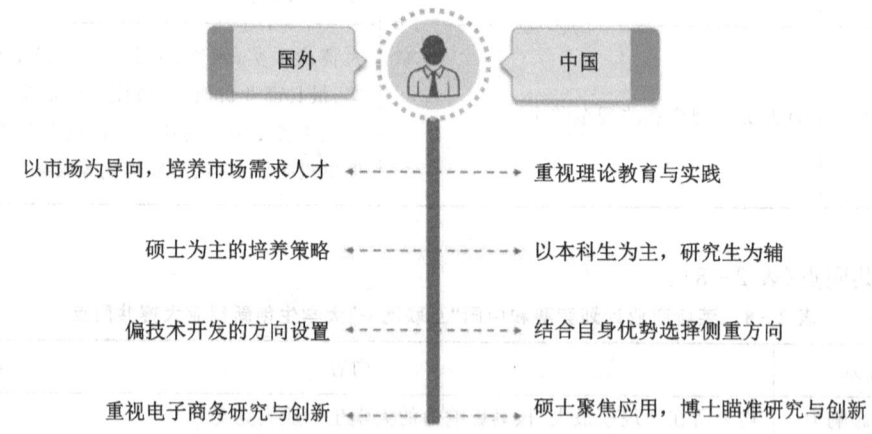

图2-13 中外电子商务人才培养模式特点

2.2.3.1 国外电子商务人才培养模式特点

以美国、英国、德国、法国、日本、韩国、印度、加拿大、俄罗斯为代表的国外电子商务人才培养模式较中国相比,有着自己独特的优势,总体来讲包括以下几个方面。

1. 以市场为导向,培养符合市场需求的人才

国外的电子商务教育是典型的市场导向型教育,首先由就业市场提出相应的人才需求,通过学校及学生明确需求并正确定位和及时调整,三方进一步协调交流后,最终培养并向市场推出满足要求的复合型电商人才。

2. 硕士为主的培养策略

国外高校大多设置电子商务硕士课程,高校充分整合自身教学资源、结合教学优势在强势专业中添加相关课程、同时推行高校合办等方式对电子商务专业学生进行有效培养。在国外学者看来,电子商务学科的教育与教学工作,在本科阶段难以得到充分实践和全面掌握,因此,更应对具有一定知识储备的研究生展开更加深入的教学,进而保证电子商务教学的实用性及有效性。

3. 偏技术开发的方向设置

在不断加强科技教育的大背景下,国外十分注重学生技术应用与实践操作能力的培养。目前,部分具备商科优势的高校在电子商务的教育与教学开展上倾向于管理与营销方向,但大多院校都紧跟时代发展,不断侧重技术开发方向,使电商专业学生能利用自身所学解决实践中的技术难题。

4. 重视电子商务研究与创新

电子商务的商业模式和观念的改变是任何人都无法预料的,因此,为保持其在业界的领导地位,必须加强与大学的合作。国外企业重视科研,科研经费充足,为开展电子商务提供了良好的环境。

2.2.3.2 中国电子商务人才培养模式特点

1. 重视理论教育与实践

从中国各高校电子商务专业的课程体系设置情况来看,目前电子商务专业理论课的开设占据了较多的学分和学时比重。电子商务作为新型交叉学科,需要学生涉猎并掌握多种学科门类知识,因此,重视电子商务专业学生学科理论教育是非常必要的。

2. 结合自身优势选择侧重方向

中国大学的电子商务专业建设大都是建立在良好的学科群和学术资源基础上的。中国大学在近几年的研究和实践中已显示出一些特色,在大学,电子商务类专业主要集中在系统开发上,在仅有电子商务专业的大学,其办学模式也与系统开发密切相关。

3. 电子商务人才培养以本科生为主,研究生为辅

中国学者们普遍认同,电子商务的教育和教学,必须要有一个宽广的理论基础,因此,大部分大学都是以培养优秀的人才为主要目标,四年的学习时间可以帮助学生打下扎实的理论基础。

4. 硕士聚焦应用,博士瞄准研究与创新

我国更注意培养应用型硕士,如工程管理硕士、工程硕士;研究型培养则主要放于博士生培养阶段[295]。

2.2.3.3 中外电子商务人才培养模式比较

基于对中外电子商务人才培养情况的掌握,本书分别从培养层次、培养方向、教学模式三个方面对中外电子商务培养的特点进行归纳。

在培养层次上,中国的电子商务教育主要集中在本科阶段,而国外的电子商务教育则以研究生阶段为主,因为中国教育普遍认为本科四年拥有较为充裕的学习时间来夯实相关理论基础,搭建电子商务专业的理论知识框架,进而形成结合自身优势的理论体系。而国外教育者则认为,电子商务对于理论联系实践的能力要求较高,在研究生阶段能更好地开展深层次的教学工作,确保电子商务教学达到更好的成效。

在培养方向上,中国电子商务专业在传统的学科和教师的基础上,已形成了"信息技术"与"经济管理"两大发展方向,并在此基础上形成了各自不同的教学模式。但是,从教育和就业的总体情况来看,目前的电子商务专业毕业生还不能很好地满足社会需要。而国外的电子商务教学则以商业管理为主,其培养方向是面向市场的,可以及时地适应社会的需要,并具有明确的培养目标。

在教学模式上,中国的电子商务教育普遍采用理论教学,实践实习所获得的学分一般占总学分的30%左右,而当前各高校在制订电子商务培训计划时,对人才市场的需求进行了调查,调查显示,电子商务人才不能完全满足社会需求。国外的电子商务教学以市场为导向,主要是为了培养符合社会需求的专业人士,在校期间学生可以更多地接触企业、研究案例、运用所学来解决实际问题。

2.2.4 基于知识图谱的电子商务人才培养可视化分析

2.2.4.1 研究设计

电子商务人才培养是推动我国电子商务发展的起点,也是促进我国电子商务发展和数字经济生态系统的重要基础。本章运用"Cite Space"软件,对中国知网2000—2022年度的期刊论文进行了可视化分析,旨在寻找中国大学发展的新趋势[296]。

1. 数据来源

本研究以中国知网(CNKI)为检索平台,选择学术期刊 SCIS、CSSCI、CSCD、北大核心为样本来源,检索得到高校电子商务人才培养研究文献。学术期刊作为最新研究成果发表和交流的重要平台,对其刊载的相关文章进行分析可以探寻高校电子商务人才培养研究的热点主题和前沿焦点。

本书数据来源主要分为三步:第一步,数据搜集与筛选。建立样本时检索的字段包括"主题词""关键词",使用检索词为"电子商务类""电商类"和"人才培养"等进行组合检索,时间设定为2000年至2022年,共得到351条论文数据。检索截止日期为2022年5月11日。第二步,数据导出与转换。由于Cite Space软件要求输入的文献格式是美国科学情报研究所数据库(ISI)文献的文本格式,与CNKI数据库自带的文献题录格式并不一致,需要进行转换。首先采用Ref Works软件将CNKI数据库中下载的文献题录格式导出,然后通过Cite Space III自带的格式转化器将Ref Works格式转化为软件识别的ISI文本格式,随后再运用Cite Space完成基于关键词分析的知识图谱绘制。第三步,数据整理与分析。围绕电子商务人才培养这一主题,在Cite Space软件操作运行中,对数据重点关注以下三个方面。

第一,时区分割。在Cite Space中,一定要明确分析对象的时间跨度和单个时间分区的长度。本研究的时间区间为2000年至2022年,即时间跨度为23年。单个时间分区为1年,即23个单个时间分区。

第二，阈限值的设定。阈限值的设定直接关系到节点和连线，进而关系到能否获得合适的图谱。美国雷德赛尔大学图书情报学院教授陈超美认为，模块值（Q 值）和平均轮廓值（S 值）是知识图谱是否科学美观且聚类合理的主要评判标准。Q 值大于 0.3，其统计学意义是指划分出来的社团结构是显著的；S 值大于 0.5，意味着聚类一般认为是合理的；S 值大于 0.7，聚类则是高效率且令人信服的。经过反复调试，本书采用 $C=3$、$CC=3$、$CCV=0.15$ 的阈限值（$Q=0.98$，$S=0.5866$），其统计学意义是指关键词频次大于 3 次、关键词共现频次大于 3 次、共现率大于 0.15。

第三，节点的说明。节点在知识图谱中以年轮的形式呈现，年轮越大意味着频次越高，字体也越大；节点之间连线的粗细表示二者之间共现率的高低。

2. 研究工具和方法

本书采用文献计量学、科学计量学等相关的理论和计量手段，对其进行了实证分析。知识图谱的构建应采取定性和定量相结合的方式，以量化和定性分析相结合。知识图谱的绘制主要采用了陈超美博士在 Java 环境下开发的一种动态、分时、多元的信息可视化应用软件 Cite Space 6，进行相关统计与图谱绘制。本研究主要利用文献计量对文献基本特征进行统计，下载的 351 篇文献以"Ref works"格式导入 Cite Space 软件，再选择时区分割、呈现方式生成机构合作网络图、关键词共现图、关键词聚类图、关键词突现图等，对这些图谱进行详细解读，在此基础上，对高校电子商务专业的人才培养与教育进行了深入的探讨。本章运用共字网络分析的方法，对中国电子商务专业人才培养的现状和发展趋势进行了深入的探讨。

文献计量主要采用数学和统计学方法，对文献载体等计量特征进行统计分析，从而研究和揭示文献的情报规律及学科发展趋势。共词分析（Co-Word Analysis）为内容分析技术，其基本思路是对两两出现在同一篇文献中的一对词的出现次数进行分析，并开展分层聚类，揭示不同词之间的亲疏关系，分析它们所代表的学科内容和主题的结构变化。共词分析包括关键词共现、主题词共现和标题词共现等。本文以关键词共现为主要指标，对研究领域中的共同出现频率进行统计，从而构成共词网络，频率越高，则表示二者关系越密切、距离越近，越能引起更多的注意。

2.2.4.2 中国高校电子商务人才培养文献分析

本文数据来源主要分为三步：第一步，数据搜集与筛选。建立样本时检索字段包括"主题词""关键词"，使用检索词"电子商务类""电商类"和"人才培养"等进行组合检索，时间设定为 2000 年至 2022 年，共得到 351 条论文数据。

研究运用 2000 年至 2022 年中国知网（CNKI）的 351 篇论文绘制出电子商务人才培养发文量折线图（图 2-14），可以直观了解电子商务人才培养在不同年份的发文量，显示近 23 年中国电子商务人才培养发文量总体呈上下浮动状态。2007 年 6 月 26 日，中国《电子商务发展"十一五"规划》由发改委、国务院信息办公室共同印发。这是中国首次在全国范围内提出的关于发展电子商务的总体设想。"十一五"期间，中国发展电子商务具有重要的战略意义，将会进一步完善我国的电子商务发展。《商务部关于促进电子商务规范发展的意见》于 2007 年 12 月 13 日发布并生效。中国实施"信息化"战略，确立了"电子商务"的战略地位，提出了"发展电子商务"的几点建议，指出了发展的方向和重点。

至此，确立了电子商务的发展在国家经济建设中取得了前所未有的地位，2007 年中国电子商务市场整体交易额达2万亿元,较2006年的230亿元增长了8595.65%,实现了飞跃式增长,这也使电子商务人才培养的相关研究成果激增,在2007年发文量达26篇,达到高校电子商务人才培养研究以来的发文量高峰。

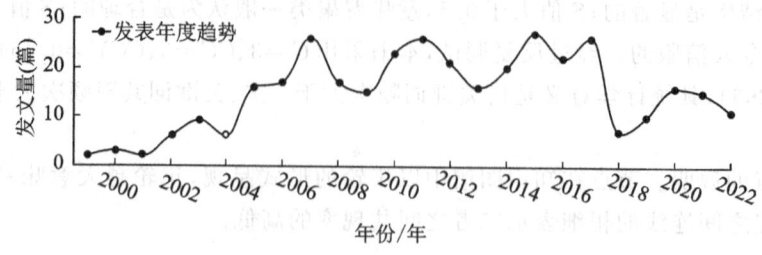

图2-14 高校电子商务人才培养发文量年代分布

2011年10月18日晚间商务部发布新闻稿称,其在2011中国(北京)电子商务大会暨电子商务博览会上正式发布了《商务部"十二五"电子商务发展指导意见》,2011年也是电子商务国家层面相关法律法规出台数量最多的一年(图2-15),高校电子商务人才培养研究再掀高潮,发文量再次达到高峰时的26篇。这在一定程度上说明中国高校电子商务人才培养研究情况与政府出台的政策紧密相关,学者的研究热度与国家对高校电子商务人才培养研究的重视度呈正相关[297]。

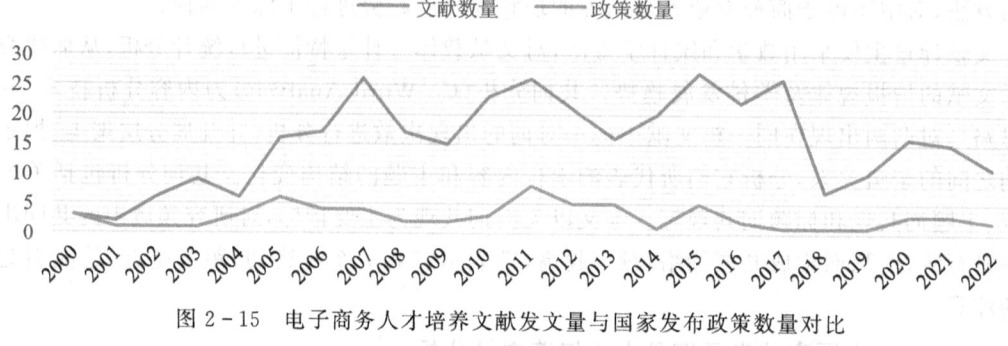

图2-15 电子商务人才培养文献发文量与国家发布政策数量对比

2.2.4.3 近年来中国电商人才培养研究热点分析

本研究通过深入挖掘文献资料的关键词信息,探索当前高校电子商务人才培养的研究热点,了解高校电子商务人才培养领域的热门话题[298]。

总体来说,高频关键词共现代表近年来中国高校电子商务人才培养研究领域中的研究热点。因此,由图2-16可知,高频关键词聚焦电子商务、人才培养、培养模式、实践教学、中小企业、电商人才、校企合作、课程体系等,而且,不同的学者运用不同的视角对高校电子商务人才培养进行研究,研究思路也逐步从宏观层面的探索过渡到微观层面的挖掘。

1.电子商务、问题、人才培养、电商人才

大量的文献调查表明,目前中国高校对早期电子商务人才的培养还存在着大量的不足,而国内许多大学对此问题的研究主要集中在以下3个方面。

(1)培养方向模糊,课程设置欠佳。

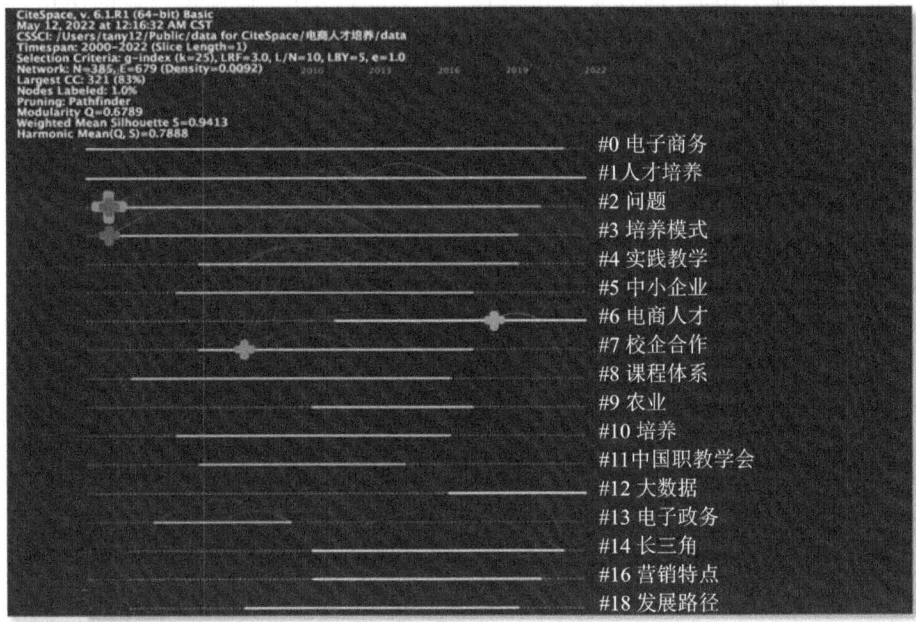

图 2-16 关键词时区突现网络图

尽管中国已经开办了 20 多年的电子商务专业,但是在人才培养方面,仍然存在着定位不明确、岗位不够细等问题。通过对不同院校的培训方案和课程安排进行分析可以看出,目前我国电子商务专业所学的课程种类繁多,且缺乏系统、深度的系统学习,缺少核心竞争能力,无法充分适应企业的需要。

(2) 实践教学有待提升。

作为基础学科跨学科,电子商务包含了商务、管理的内容和技术的内容,理论和实际操作能力要求高。虽然国内的大学都有自己的电子商务测试系统,但是大部分的学生都是通过模拟的方式进行的,因为这些测试的内容都是虚拟的,所以很少有老师真正地参与到企业的经营中,所以在实习和创业的过程中,学生都会受到很大的限制。

(3) 师资较为缺乏。

现阶段,电子商务专业的教师大多较为缺乏电子商务实战经验,仅能依托专业教材展开理论教学,无法帮助学生构建完整的知识体系。

2. 实践教学、中小企业、校企合作

当下,高校电子商务专业多为理论性教学,对于实践应用技能培养较为薄弱,校企合作机制在一定程度上能助力应用型人才培养质量的提升。校企合作中,企业提出人才需求标准,高校即可开展针对性的培养工作,校方的培养目标与企业的发展目标达成一致,才能高效地完成从培养到运用的对接,形成学校知名度提升、企业影响力增大的双赢局面[299]。

3. 课程体系、培养模式

目前已有的文献资料显示,许多学者对电子商务专业的课程体系和人才培养模式的研究主要集中在 3 个方面。

(1)建立"以就业为中心"的校企合作模式。在教学改革中,以满足企业的岗位需求为中心,通过建立校企合作机制,实现教学与实习的有效结合,密切联系市场最新动态,主动调整适应市场变化,针对性地开展教学工作,探索和建立以企业用人为导向的人才培养机制。

(2)实施灵活的教学方式,以学生为中心。在课程体系、学习内容、组织和评价等内容上,建立开放型课程体系,采取灵活模块化的课程结构,实施个性化教学、一体化教学和学分制管理,以满足学生的不同需求。

(3)坚持以能力为导向,突出人才培养的特点;以提高教师的专业素质为切入点,强化实习与教学的互动。对人才市场、行业、组织等进行调查,并对岗位能力展开分析,建立专业领域课程,使课程与工作岗位相衔接,学历证书与职业资格证书相结合,增强专业教学的针对性和适用性。

2.2.4.4 高校电子商务人才培养研究趋势的展望

人才培养的研究将不断从宏观层面过渡到中微观层面,研究内容也逐渐拓展和深入。未来的高校电子商务人才培养研究将围绕以下三个方面展开。

第一,深入电子商务学科发展与人才培养的研究路径。电子商务人才培养教育是从高校各学科人才培养中分化演变而来的概念,对于培养优秀电商人才,使人才培养现代化具有举足轻重的作用。但本研究的知识图谱显示"电子商务、人才培养教育"的频次较高,但是高质量文献数量并不多,这说明在目前的高校电子商务人才培养研究中,这一概念的影响力不足,学界对其重视也不够。因此,应该深度进入电子商务人才培养教育的路径,研究如何以电子商务人才培养教育引领高校学科建设,探索电子商务学科发展与人才培养教育双向发展的方法与模式。

第二,扩大网络实训的应用范围。通过对知识图谱的解析可以发现,校企合作的频率和中心度都很高,需要进一步探讨校企合作对学生和学校的影响,探索校企合作的新模式,使企业、学校、社会、政府等多种形式的合作形成互惠互利的新局面。当前我国大学的电子商务专业教学与人才培养存在着严重的不平衡性,各方必须对其进行再认识。

第三,构建电子商务人才培养的研究体系。如何构建科学化、专业化、全面化的高校电子商务人才培养研究体系,是学界的一个重要任务。高校电子商务人才培养研究体系的构建包含多方面内容;既要推动人才培养的立法建设,也要建设人才培养的社会支持系统。但是,目前多数学者的研究是碎片化的,对人才培养的体系化建设用力不够,这启示我们应该在树立全局意识和整体观念的基础上建立高校电子商务人才培养研究体系。

2.3 本章小结

近年来,全球电子商务发展迅速,社会对电子商务人才的需求也呈现出显著增长态势。为尽快改善电子商务发展与人才培养不相适应的现状,培养社会急需的电子商务人才成为现在高等教育的一个新趋势。培养一批高层次、适应市场需求的电子商务人才对促进中国电子商务发展,推动中国外贸型经济增长具有重要意义。

本章内容以发展现状和人才培养为落脚点,首先构建了具备四个层次(即目标层、核心层、资源层、关联层四层)的电子商务人才发展生态圈,分别对中外电子商务的人才政策状况、中外电子商务人才的需求进行归纳分析,并针对社会需求与就业匹配状况展开分析。本章将中国各高校电子商务人才就业情况按学术型、管理型、技术型、技能型划分,研究结果表明:毕业后从事技能型岗位的人才数量最多,管理型岗位人才数量次之,选择继续深造的学术型人才数量排在第三,技术型岗位人才数量最少。

同时,以人才培养现状、人才培养重要手段(竞赛)、人才培养模式为切入点,探析中外电子商务人才培养状况,研究发现:在培养层次上,中国的电子商务教育主要集中在本科层次,而国外的电子商务教育则以研究生阶段为主。在培养方向上,中国的电子商务专业形成了以信息技术为主和以经济管理为主的两大培养方向,而国外的电子商务教育主要侧重于商务管理,并以市场为导向。在教学模式上,中国的电子商务教育总体以理论教学为主,而国外的电子商务教育具有显著的市场导向性,即培养社会需要的人才。

最后,为了进一步研究高校电子商务人才培养发展规律,本章使用 Cite Space 软件对 2000—2022 年中国知网(CNKI)的期刊论文进行可视化图谱分析,分析可知,电子商务人才培养的研究将不断从宏观层面过渡到中微观层面,研究内容也将逐渐拓展和深入。

第 3 章　中外电子商务教学发展

知识架构

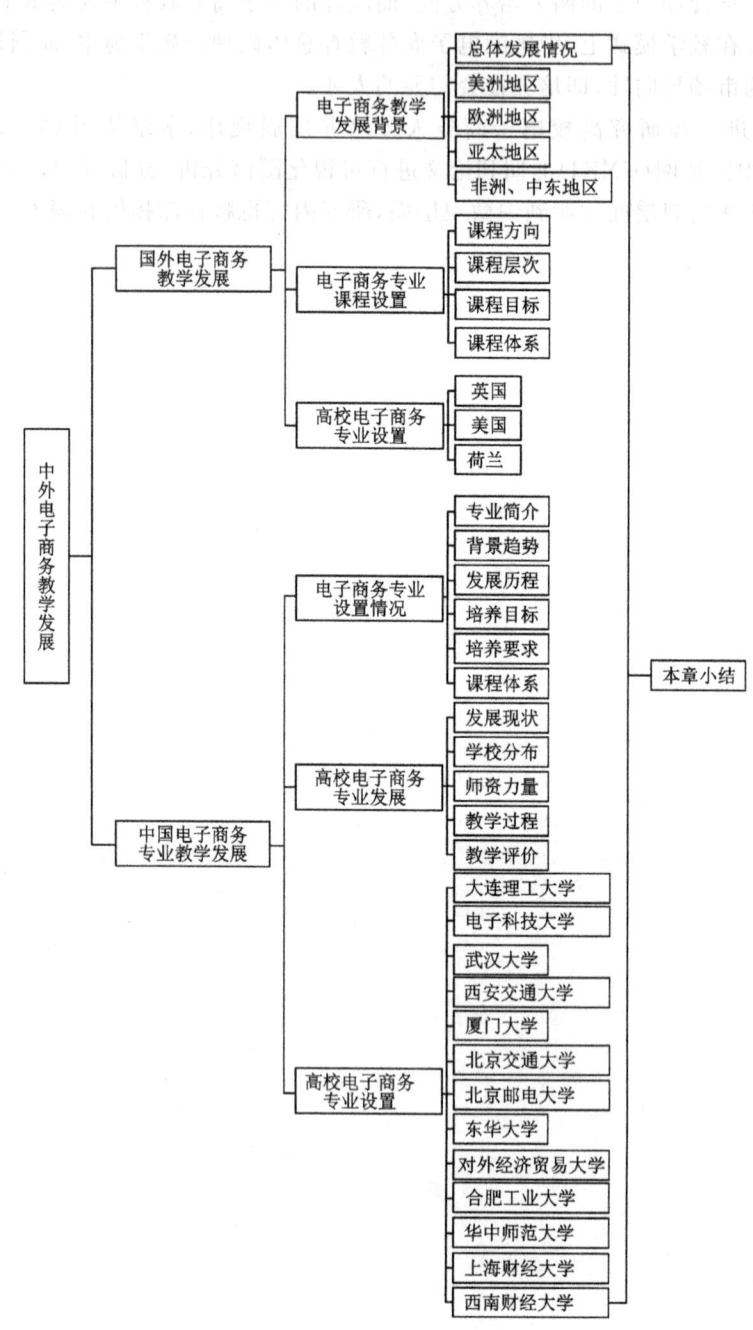

3.1　国外电子商务教学发展

3.1.1　电子商务教学发展背景

3.1.1.1　总体发展情况

互联网经济具有天然的规模效应,随着竞争加剧及投资人的撮合,竞争对手有动力、有条件进行合并,市场集中度不断提高。美国政府从基础设施、税收政策等方面为电子商务早期快速成长创造了宽松有利的环境。

根据 Worldpay[301] 发布的统计报告以及对国外电子商务发展的概况进行分析可知,国外电子商务教学发展有以下几个特点。

1. 欧美地区电子商务发展时间早、范围广

在美国,80%的制造商拥有自己的官方网站,90%的大型企业、80%的中型企业,以及60%的小企业,已经开始应用电子商务。在欧洲,电子商务市场份额最大的五个国家分别为英国、法国、德国、西班牙、意大利,在整个欧盟电子商务市场总量中占比高达77.5%,而在英国、丹麦、卢森堡、德国和荷兰五个国家中,网购用户渗透率均超过70%,排名前列。

2. 美洲、中东及非洲地区电子商务发展规模小、潜力大

拉丁美洲的 B2C 电子商务发展速度较快,是全球 B2C 电子商务发展最快的区域之一,近10年交易额增速均保持在两位数以上。其发展状态良好的原因主要是网民增长红利大、互联网普及度提升快,以及本土技术创新快。

在非洲,因为地域广阔,人口分布不均,实体店数量少,居民购物不便,因此电子商务发展存在刚性需求。近几年,非洲地区的各个国家更加注重电子商务的发展,加强建设电子商务基础设施,增大研究力度。在研究报告中显示,非洲地区主要国家的电子商务交易额在 2025 年将占到其总零售额的 10%。

3. 欧洲地区电子商务发展晚、速度快

欧洲地区的电子商务发展起步较晚,晚于美国,开始起步是 1995 年,且发展形势不同于北美。欧洲地区是在电子行业产业链上以 B2B 形式为主要模式逐步开始发展电子商务的。电子商务的信息处理也就是企业间的信息管理。1998 年欧盟参照美国 EDI 信息处理规范思想,提出了欧洲 EDI 标准规范,于是电子商务的信息处理上升为以 EDI 为基础的电子商务信息管理。

4. 亚太地区电子商务体量大、发展快

亚太地区的网络零售市场呈现出以下趋势:①网络零售商占主导地位;②大量投资全渠道;③移动零售领域扩大等。此外,澳大利亚、印度、日本和韩国四大市场的消费者越来越受到全球品牌的青睐,成为主要消费群体。亚太地区网络零售交易额在全球市场中占很大比重,逐渐接近美国和英国成熟市场的水平[302]。

根据国际调查数据,2017—2021 年全球电商零售额逐年增加,2021 年全球电商零售额为 4.94 万亿美元,同比增长 16.2%,预计 2025 年,全球电商零售额将达到 7.39 万亿美元,如图 3-1 所示。其中 2020 年增速达到 26.5%,是增长速度最快的一年。未来,随着全球智能手机保

有量不断提升、互联网使用率持续提高、新兴市场快速崛起,全球网络零售仍将保持两位数增长。

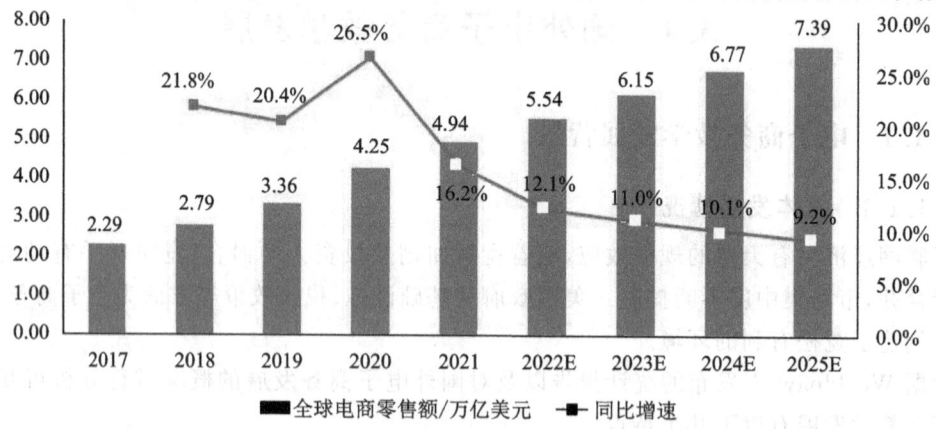

图 3-1 2017—2021 年全球电商零售额及 2022—2025 年增速情况预测

在 2021 年全球电商的销售额中,亚太地区位居首位,创造了 62.6% 的市场份额;北美地区次之,为 19.1%;再次是西欧(12.7%)、中欧和东欧(2.4%)、拉丁美洲(2.1%),以及中东和非洲(1.1%),如图 3-2、3-3 所示。

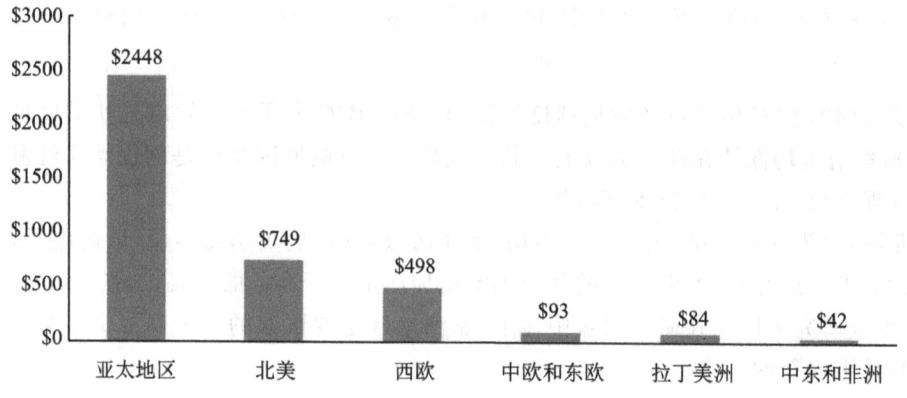

图 3-2 2021 年全球电商销售额(按地区)/十亿美元

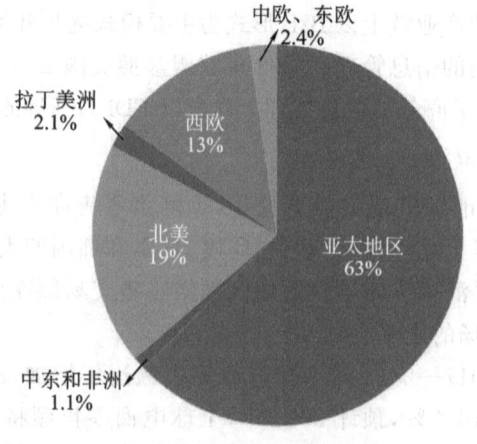

图 3-3 2021 年全球电商销售额占比(按地区)

在国家方面,2021年中国的电商销售额为2.779万亿美元,占全球总额的56%,全球排名第一,之后是美国、英国、日本等国家,如图3-4所示。

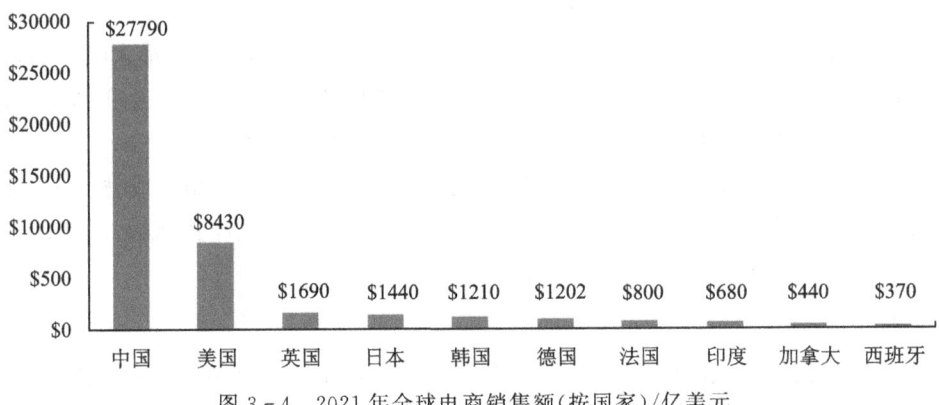

图3-4 2021年全球电商销售额(按国家)/亿美元

3.1.1.2 美洲地区

1. 北美

(1)美国。

美国是世界第二大电子商务市场,2021年的电子商务销售额为8430亿美元,比上一年的7626.8亿美元相比增长了10.5%,同时与2020年31.8%的增幅相比,这一增长逐渐恢复到疫情前的水平,领先于英国、日本,落后于中国,同时也是最受中国跨境卖家欢迎的海外市场。

Statista数字市场发布,预计未来几年美国的电商市场扩张将继续。2017—2021年美国电子商务B2C行业收入及预测如图3-5所示。据预测,未来四年的复合年增长率将为7%,与2021年14%的增长相比明显下降,这表明美国的电商市场已经趋近饱和。

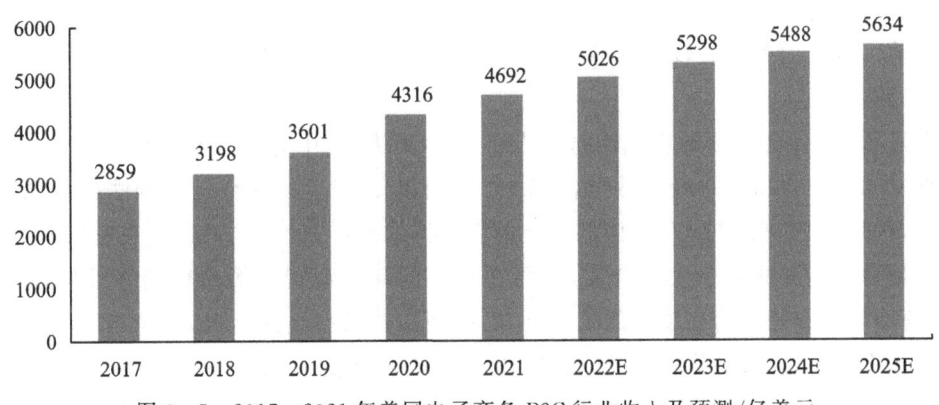

图3-5 2017—2021年美国电子商务B2C行业收入及预测/亿美元

对于在美国市场发展的电商卖家来说,竞争是非常激烈的。虽然美国是世界第二大电商市场,但是仅有3.26亿消费者。

美国电商市场体系成熟,规则完善,网购者消费能力强。未来,美国市场的电商收入将持续增长,同时也将涌现出一些新的市场,现有市场也有进一步发展的潜力,这对跨境卖家来说仍有一定的进步空间[303]。

(2)加拿大。

Group M 的数据显示,2021 年,加拿大在电子商务方面的支出和收入都大幅增加,其中支出增加了 14%,远超其他国家。加拿大发展迅速的主要原因为其是世界上互联网用户最多的国家之一,因此电子商务得以蓬勃发展,且未来发展的潜力依旧巨大。

通过这些年的发展,加拿大的电子商务市场已经处于中等规模且相对成熟。由于疫情的影响,加拿大的电子商务也有了新的发展。根据 Statista 的数据,预计到 2022 年底,加拿大的网购用户将增至 2830 万,占总人口的 76.36%。

2. 拉丁美洲

拉丁美洲总人口为 6.5 亿,与东南亚类似,拉丁美洲也正处于电子商务的高速发展期。据拉美地区经济委员会称,拉美是全球互联网用户渗透率第三高的地区,其渗透率高达 75.6%,仅次于北美(93.9%)和欧洲(88.2%)。2021 年全球各地区互联网普及率如图 3-6 所示。

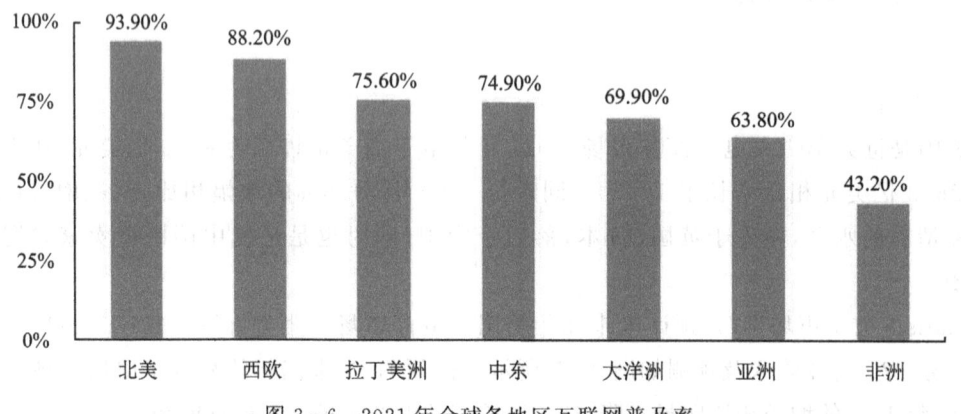

图 3-6 2021 年全球各地区互联网普及率

拉美地区电子商务发展较好的前三个国家分别是巴西、墨西哥和阿根廷。

(1)巴西。

数据显示,2021 年巴西的在线购物者达到 8770 万人,其中有 68% 的人购买了跨境电商产品。根据 Coupon Valido 的最新数据,2022 年巴西以 22.2% 的在线销售额涨幅排名领先多国。同时,预计 2022—2025 年,巴西的线上销售额将以每年 20.73% 的速度快速增长。

巴西是拉丁美洲的第一大经济体,巴西在拉美的跨境消费市场份额始终维持在 43% 以上,其电商增长迅速是因为在疫情的推动下,巴西网购普及率迅速上升,大量巴西消费者增加了网购的频率,以及在线购物的渗透率在巴西仍然较低,因此涨幅较快。

从线上支出来看,2021 年巴西电商市场平均每人的客单价比 2020 年高出 4%,而且超过一半以上的订单都在移动端进行,整体市场需求非常可观。预计到 2022 年底,移动电商的销售收入将达到 180 亿美元,且随着互联网的全面覆盖,巴西电商的发展潜力仍然有较大的可挖掘空间。

调查数据显示，2021年，英国84%的消费者在过去12个月中至少网购过一次，美国和日本这两个国家的网购渗透率也高达77%，德国这一比例为74%。而巴西这一比重仅有49%，因此巴西的电商市场仍有大量的增长空间。2021年全球网购渗透率TOP10国家如图3-7所示。

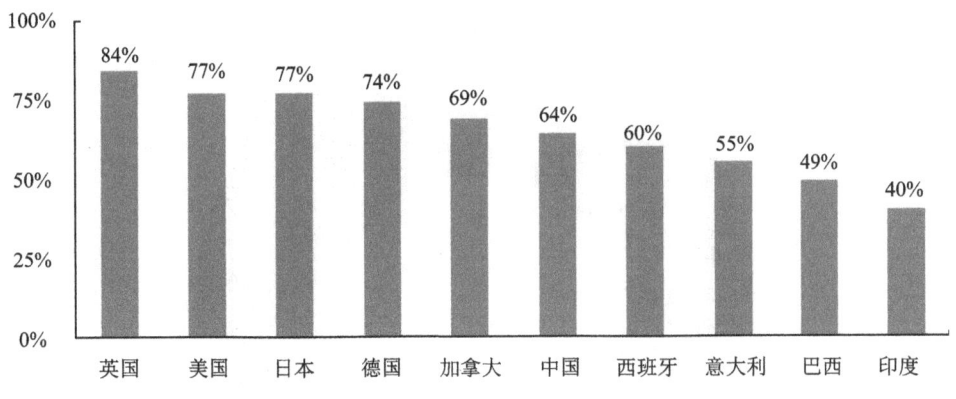

图3-7　2021年全球网购渗透率TOP10国家

(2)墨西哥。

EcommerceDB网站日前发布的最新统计数据显示，2021年，墨西哥电子商务营业额达到230亿美元，环比增长18%，对世界电商市场增长的贡献是29%，在全球最大的电子商务市场中排名第16位，居于欧洲荷兰之前，但排在拉美最大的经济体巴西之后。

Statista电商展望报告预计，未来几年，电商市场份额在墨西哥仍有望继续增长。在接下来的4年，年度复合增长率将达到4%。但与2021年年度18%的环比增速相比，未来几年，墨西哥电商增速可能会下降，主要是因为电商市场的饱和度在一定程度上的增加。这从墨西哥目前36%的网络渗透率也能窥见一斑。换句话说，在过去的2021年，36%的墨西哥民众至少通过网购下单购买了一件商品。

(3)阿根廷。

相比巴西和墨西哥，阿根廷电商发展略显逊色。但2021年阿根廷的电子商务销售额超过171亿美元，2022年有望超过225亿美元。可见，阿根廷电商在近两年取得飞速发展，市场前景也十分广阔。

由于疫情对拉丁美洲消费者线下购物活动的限制，购物方式的改变也带动了电商销售的增长。尽管拉丁美洲经济形势不稳定，但2021年电子商务销售仍增长了38%，是当之无愧的全球增速最快的电商市场之一。

作为拉美前三大经济体的巴西、墨西哥和阿根廷，其在2022年的电子商务发展均或将有较大收获。新冠肺炎疫情的持续蔓延，加速了民众消费习惯的改变。预测2020—2025年，拉美和加勒比地区许多国家的电子商务年度复合增长率均有望实现较大幅度增长。

3.1.1.3　欧洲地区

欧洲地区由于经济发展步伐不一致，各地的电商市场情况也不一样，按照自然地理来划分,可将其分为西欧、东欧、南欧、北欧和中欧。

西欧在整个欧洲电商销售额中的占比最高,为64%;排在第二的是南欧,占比为16%;中欧为8%,东欧和北欧均为6%。2021年欧洲各地区在电子商务总营业额分布情况如图3-8所示。

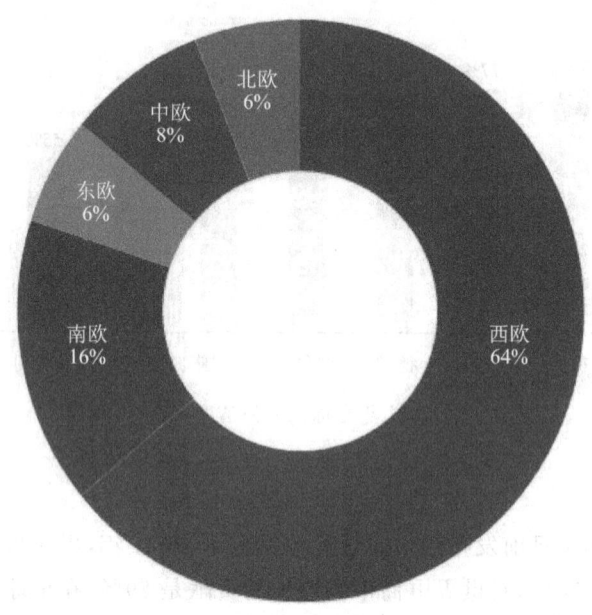

图3-8 2021年欧洲各地区在电子商务总营业额分布

2021年欧盟网民占比约有91%,网购人数占比为75%;而GDP将达到12.987万亿欧元,电子商务对GDP的贡献率接近4%。欧盟是欧洲的经济核心,其GDP占总量的七成,而且欧盟国家之间的互联互通使得欧盟成为卖家重点关注的市场。

据统计,88%的欧盟人会选择在国内购物,31%的人会选择其他欧盟国家,22%的人会选择非欧盟国家,40%的人会选择其他国家(包括欧盟及非欧盟国家)。

1. 英国——网络使用人口达99%

英国属于互联网使用率相对较高的发达国家,据有关数据显示,有99%的人会使用互联网。虽然与2020年相比,2021年的互联网使用增长率从2.26%下降到1%,但这也表明英国的互联网使用人口趋于饱和,并且有93%的互联网用户会通过网购消费,也说明英国是发展电商产品的优质国家。根据Worldpay的预测,2024年英国超过20%的购物将在网上完成,在线消费金额将达2640亿英镑。

而在社交媒体盛行的时期,不少商家会通过社交媒体来宣传和营销自己的商品。这个时候,了解当地受欢迎的社交媒体应用,"对症下药",就是获取流量密码的关键。

在英国,Facebook是最受当地人们欢迎的社交媒体,有52%的使用比例;而Pinterest则以25%的比例排在第二位;相对来说,Twitter、Instagram和YouTube的受欢迎程度就没有那么高,分别占13%、5%和2%的比例。

亚马逊平台在英国日常购物方面拥有"霸主地位",4.17亿的月活量足以说明英国消费者对其的喜爱程度。英国人在线上购物最常买的商品是服装和鞋类,比例达68%。

比起美国、中国和日本,英国消费者市场体量小,但人们却很愿意消费,因此市场发展的机会还是很大的;英国的市场需求量仍然很大,作为贸易大国,英国许多物资都依赖贸易进口。

2. 德国——可持续发展是未来发展的主旋律

2021年德国互联网使用率为96%,从2018年开始就一直保持着平稳的增长。Facebook是当地最受欢迎的社交媒体,有67%的使用者;Pinterest以18%的使用率排在第二位。德国专家马丁·格罗·阿尔本豪森(Martin Gro Albenhausen)表示,在疫情期间,食品杂货和药房是网购商品中增长最快的类别。并且,老年人网上购物的比例也增长得很快。

疫情让企业也被迫做出改变,许多企业从传统的线下商业模式转向线上。即使他们之前从来没有在网上销售过商品,在封锁期间也开始通过网络宣传自己的公司信息。在线市场也为他们提供了必要的基础设施,帮助他们尽快适应电商市场。

可持续发展是德国零售卖家们要关注的问题。据有关调查发现,虽然消费者愿意为可持续发展付费,但是如果将一种产品列为"有机产品",然后再收取更高的费用,消费者就不会为此买单。有些商家会减少包装,以此实现可持续,这种做法反而令退货率增加了。因为消费者看到所购买的商品没有原始包装就会选择退货。所以如何在实现可持续的同时,还能被消费者所接受,这是商家接下来应该思考的问题。

3. 法国——追求实际的消费特点

2021年法国互联网使用率为94%。Facebook则是最受法国人欢迎的社交媒体,有72%的使用者。其次是Pinterest,有16%的人使用。Twitter、Instagram和YouTube的使用率相对较低,分别有6%、3%和2%的比例。根据专业人士马构·洛里维尔(Marc Lolivier)的分析,在疫情之前,法国的电商发展是平稳上升的状态,2020年开始飙升,仅在第四季度就增长了近41%。他还表示,法国消费者的网购特点是追求实际,对于产品的多样性也有要求,并且每次封锁期,消费者购买的商品类型也有所不同。

第一次封锁期间,电脑和文化产品是消费者网购的重点;第二次封锁期间,消费者将更多的预算放在家具和家庭用品上。而2021年,健康和美容类、在线食品类商品则是一直保持着高销量。

4. 俄罗斯——非接触式配送和当日送达成为流行

2021年俄罗斯的互联网使用人口占81%,与2019年的83%相比呈现小幅度波动。在社交媒体使用方面,俄罗斯本土的社交网站Vkontakte则最受当地人们欢迎,有24%的使用比例。Facebook、Pinterest、YouTube、Twitter和Instagram的使用比例不分伯仲,分别为18%、18%、15%、13%和10%。

专业数据分析人士纳德齐达·维诺格拉多娃(Nadezhda Vinogradova)指出疫情成了网购增长的驱动力。2020年,俄罗斯电商增长了44%,新增约1000万用户,其在疫情期间网上采购的物品,主要集中在运动服饰、化妆品、鞋子和一些办公室用品。

疫情期间大约有10.5万名卖家通过Instagram来销售自己的产品。俄罗斯政府也有相关的举措和资金补助,培养这些新入门的卖家。并且很多网店都开始提供非接触式送达和当日送达的服务,这种服务帮助卖家提高了销量,从而成为一种趋势。

但是,俄罗斯的卖家在跨境电商中面临着物流和海关方面的困难,不同种类的商品要找不同的物流公司,例如冰箱和手机,就要找不一样的物流公司。因此,对于多种类卖家来说,物流成本是一个很大的问题。

3.1.1.4 亚太地区

1. 日本——亚太地区最成熟的电子商务市场之一

日本拥有成熟电子商务市场的特征如下:互联网和宽带用户普及率高,在线购物者比例高,人均在线支出高。日本在线零售市场 2018 年的销售额为 965 亿美元,是亚洲第二大电子商务市场,超过欧洲最大的电子商务市场英国,后者的销售额为 935 亿美元。

此外,日本的经济增长速度(13.1%的复合年增长率)快于英国(10.9%)。到 2022 年,日本的网络零售额预计将近 1600 亿美元。日本 2017—2022 年网络零售额发展情况如图 3-9 所示。

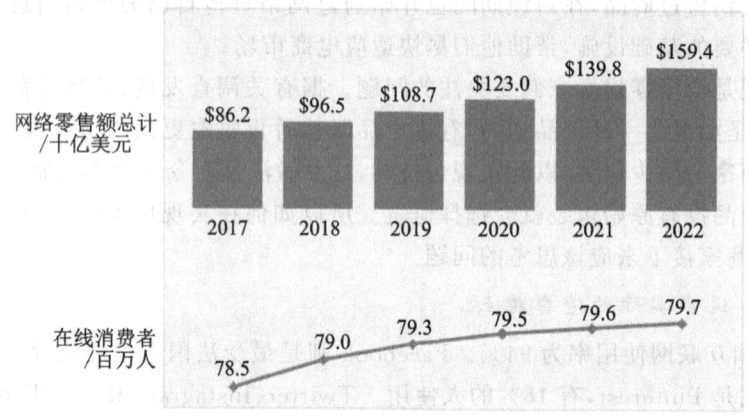

图 3-9　日本 2017—2022 年网络零售额发展

2. 澳大利亚——线上人均消费最高

澳大利亚电子商务将从 2018 年的 313 亿美元增长到 2022 年的 436 亿美元,复合年增长率为 9.0%,而在线买家的数量将从 2018 年的 1340 万人增长到 2022 年的 1510 万人(预计)。澳大利亚 2017—2022 年网络零售额发展情况如图 3-10 所示。

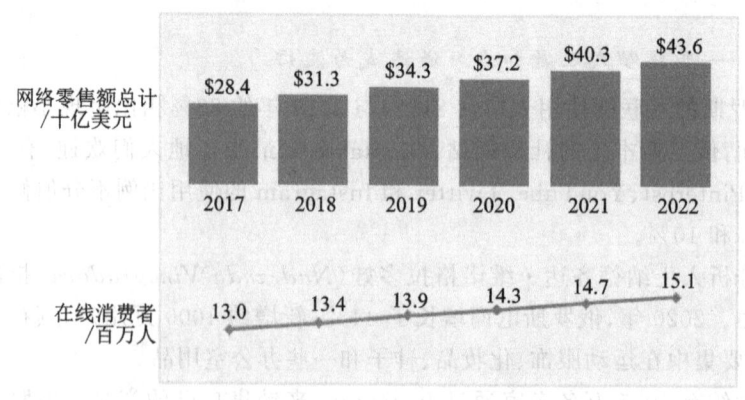

图 3-10　澳大利亚 2017—2022 年网络零售额发展

3. 韩国——电子商务市场仍相对平静

韩国的电子商务市场相对成熟,鉴于城市人口和强大的电子商务基础设施,2022年电子商务市场规模将达到1132亿美元,网上购物者的总数将达到3360万人,占据网民总数的71.0%。韩国2017—2022年网络零售额发展情况如图3-11所示。

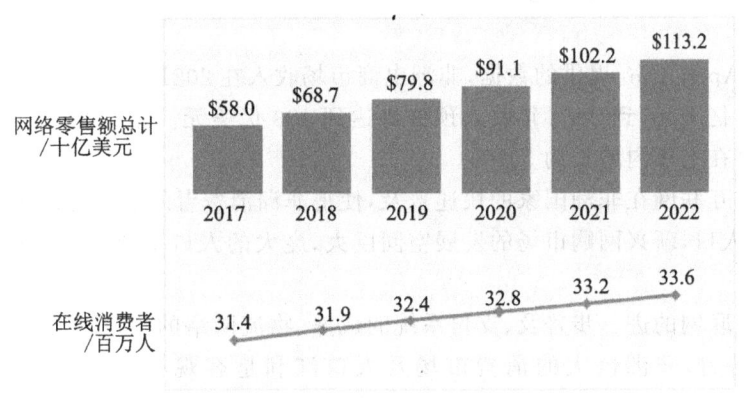

图3-11 韩国2017—2022年网络零售额发展

4. 印度——电子商务仍在快速增长

从2017年到2022年,印度预计的复合年增长率为29.2%,是Forrester所追踪的增长最快的在线零售市场。2018年印度271亿美元的在线零售市场预计到2022年将翻一番,达到730亿美元。印度2017—2022年网络零售额发展情况如图3-12所示。

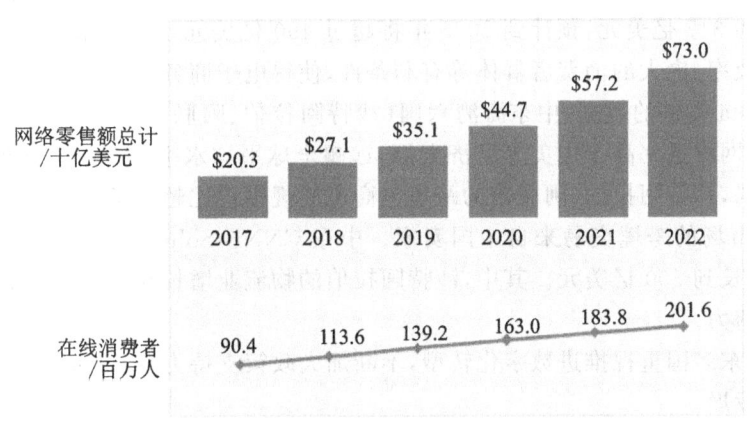

图3-12 印度2017—2022年网络零售额发展

3.1.1.5 非洲、中东地区

1. 非洲地区

世界银行发布的《2021年全球营商环境报告》使用10大综合指标评估了190个经济体的营商环境,以评估在这些经济体中营商的便利程度。这些指标着眼于企业"开始创业—正常经营—倒闭"的整个企业经营过程中会影响企业的多项规则:创业、建筑许可办理、电力获取、财

产登记、信贷获得、投资者保护、纳税、跨境交易、合同执行和解决破产问题。多哥和尼日利亚都被评为进步较快的国家,中东和北非地区国家在开展对企业友好的改革方面实力最强,撒哈拉以南的非洲地区有两个经济体在营商便利度上排名前50位。

根据统计机构Statista提供的数据,非洲电商用户数在2020年已经突破2.8亿,2021年为3.34亿,到2025年将超过5亿。非洲作为新兴市场,其电商用户正在以年均超过10%的增长率增长。

根据StockApps.com提供的数据,非洲电商市场收入在2021年达到280亿美元,2022年收入预计为333亿美元,到2024年收入预估将达到423亿美元。相比2017年的77亿美元,行业市场规模将在七年内增长约500%。

智能手机和互联网在非洲国家的快速普及,使得非洲消费者的消费习惯逐渐向线上转移。非洲有近14亿人口,新兴网购市场的发展空间巨大,庞大的人口基数孕育了迅猛发展的电子商务市场。

随着移动互联网的进一步普及、支付系统的成熟、物流网络的建设,非洲这片新兴市场有实现大增长的潜力,非洲巨大的消费市场及人口红利是客观存在的事实。根据IMARC Group提供的数据,2015—2021年间,非洲电子商务市场的年复合增长率约为40%,预计市场将在接下来的几年内继续强劲增长。同时,非洲国家政府也在大力建设有利环境,帮助企业利用这些机会发展电子商务。

2. 中东地区

近年来,中东地区电子商务呈现强劲的发展势头,表现为在销售、物流、支付等方面取得了明显进展。地区内各国家纷纷出台相关政策和举措,加大力度推动数字经济发展。迪拜南部电子商务区与全球市场调研机构欧睿国际近期联合发布的报告显示,2021年中东地区电子商务市场规模约为317亿美元,预计到2025年将超过490亿美元。报告指出,中东地区拥有较高的互联网普及率、庞大的消费者群体等有利条件,使得电子商务发展潜力巨大。

根据Statista提供的数据,中东海湾六国(沙特阿拉伯、阿联酋、巴林、科威特、阿曼、卡塔尔)的整体互联网渗透率高于中美等经济大国,远超全球平均水平(57%)。此外,根据Paypal消费者调研结果,沙特阿拉伯、阿联酋的跨境电商市场规模占比超过了美国、墨西哥。其中,近乎一半的沙特市场的跨境交易来自中国卖家。中东CNNB Solutions预测,中东电商市场将在2022年度增长到500亿美元。其中,沙特阿拉伯的物流业增长和电子商务空间需求在该地区具有最大的潜力。

近年来,中东多国重视推进数字化转型,不断加大政策支持力度,改善数字经济营商环境,助推电子商务发展。

阿联酋市场是中东地区最具活力的电子商务市场之一。2018年,迪拜自由贸易区理事会推出电子商务相关条例,加大吸引外国直接投资力度。2020年,迪拜海关推出跨境电商平台,通过简化申报、自动退税等方式,使电子商务运营成本降低了20%。2021年,中东地区首个电子商务自贸区——迪拜商业城启动第一阶段开发运营,将为区域电子商务贸易提供基础设施和包括战略咨询、地区电子商务法规指导,以及物流解决方案等在内的综合服务。

埃及政府于2017年与联合国贸易发展会议、世界银行等国际组织合作推出埃及国家电子商务战略,为该国电子商务发展制定框架和路线。作为埃及"2030愿景"的一部分,埃及制定了"信息和通信技术战略2030",重点发展信息和通信技术基础设施、鼓励数字创新、改革数字政府服务、提高数字和金融包容性、保障网络信息安全等。近日,埃及政府正式启动"数字埃及平台",推动政府数字化转型,促进电子商务、远程医疗、数字教育等数字服务的发展。

沙特于2019年成立电子商务委员会,推出39个行动倡议来支持电子商务发展,并于同年通过了沙特第一部电子商务法,以防止在线零售欺诈、数据泄露等违法行为。2021年,沙特中央银行首次批准针对电商快递的保险服务,支持电子商务的发展。

3.1.2 电子商务专业课程设置

3.1.2.1 课程方向

电子商务专业课程设置方向见图3-13。

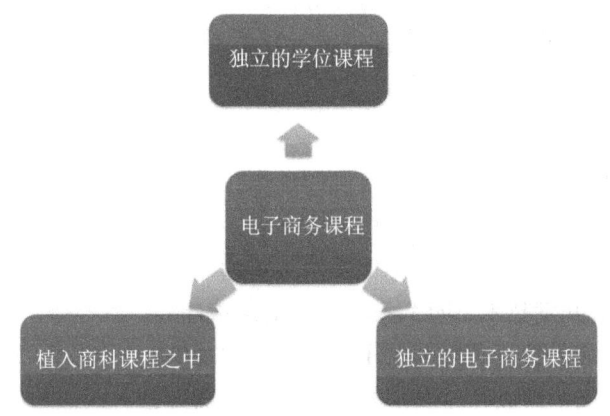

图3-13 电子商务专业课程设置方向

具体有以下三种途径:

第一种途径是把电子商务设计成独立的学位课程。 可以提供电子商务独立学位课程的分别有电子商务学士学位、电子商务硕士学位、主修电子商务的硕士学位、电子商务证书项目等。目前提供电子商务学位教育的大学分别有杜伦大学、华威大学、兰卡斯特大学、卡内基梅隆大学等。这些学校提供非常专业的电子商务教育,注重电子商务相关技术的知识培养。

第二种途径是把电子商务内容植入商科课程之中。 电子商务之所以能够实现如此快速的发展,是由于受到了诸多技术发展的影响,因此很多学校将电子商务课程与其他商科如会计、经济、金融、市场营销、管理等课程相融合,将学生引入电子商务教育和电子商务专题的学习中。

第三种途径是提供独立的电子商务课程。 很多学校为了给学生提供高质量的电子商务教学内容,在商学院和会计专业设置了主修或辅修的电子商务课程。

3.1.2.2 课程层次

电子商务专业课程的教学层次见图3-14。

据不完全统计,54%的大学只为研究生提供电子商务课程,18%的大学提供本科生、研究生两个层次的课程,28%的学校将电子商务作为本科生的课程。

绝大部分学校在研究生层次提供电子商务课程,这就需要学生在真正进入电子商务学习

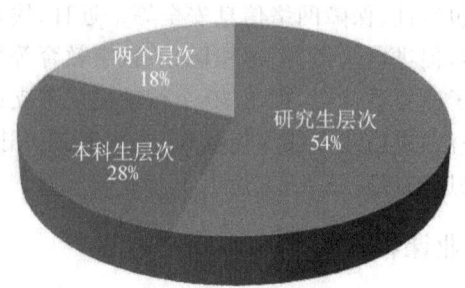

图 3-14 电子商务专业课程教学层次

阶段前,在本科阶段就应对各种商业理念有充分的理解,这也说明新的课程内容往往优先放在研究生课程当中。部分学校只向本科生提供电子商务课程,不论是否能提供研究生层次课程,都可以看出被提供的本科电子商务课程被定位在较高层次。

3.1.2.3 课程目标

通过分析各个高校的教学大纲,可以将其归纳为以下几种情况:
(1)让学生对因特网和相关技术包括电子商务有一般的理解;
(2)识别商业机会和分析因特网技术能带给组织的盈利能力;
(3)引导商业需求,开发技术、应用,发展电子商务战略;
(4)培养学生对目前各行业实践和电子商务机会的理解;
(5)培养学生理解电子商务技术和识别技术战略的能力。

3.1.2.4 课程体系

电子商务专业(E-commerce)是一个融合计算机科学、市场营销学、管理、经济学、法学和现代物流于一体的新兴交叉学科,各国大学电子商务专业的课程会因学校特色和研究方向有所差异。

据不完全统计汇总,电子商务专业主要课程见表 3-1。

表 3-1 电子商务专业知识体系与建议课程对应表

知识领域	建议课程
电子商务基础	Introduction to E-Business
	Mobile Commerce
	E-Negotiation
电子商务经济管理	Venture Capital
	Business Transformation/Reengineering
	Management Information Systems
	E-commerce Marketing
	Strategic Management
	Entrepreneurial Management
	New Venture Initiation

续表

知识领域	建议课程
电子商务支付	E-Payment
	Finance for E-Business
	Finance & Financial Management
电子商务技术	Business Application Development (Programming)
	Internet Technology
	Computer Networking and Communications
	Data Mining
	Big Data
	Systems Analysis and Design
电子商务法律与法规	Law of Electronic Commerce
电子商务实践课程	E-commerce Strategy
	Worldwide Web Design
	Practicum Project
	Dissertation

3.1.3 高校电子商务专业设置

世界上国家众多,各个国家电子商务及专业教学发展情况不平衡,选择美国、英国、日本、荷兰等发展较好的国家,并对其典型高校的电子商务专业情况进行具体分析。

3.1.3.1 英国

在英国,电子商务专业被称为 E-Business,下面以杜伦大学(Durham University)、华威大学(University of Warwick)、兰卡斯特大学(Lancaster University)、雷丁大学(University of Reading)和纽卡斯尔大学(Newcastle University)为例,对相应电子商务专业、核心课程及考核方式进行介绍。

1. 杜伦大学(Durham University)

杜伦大学 2010 年取消互联网系统与电子商务硕士专业(MSc Internet Systems and E-Business),由商务分析硕士专业(MSc Business Analytics)取而代之,该专业由 Durham 计算机科学系和商学院共同开设。旨在让学生对数据的复杂性,包括商务相关的数据来源及分析技术进行深入、系统地理解,并且能够批判性地审查,将商务分析知识应用到实际情况中去,培养学生对商务分析中当代议题的批判性意识,学生有机会在第三个学期进行硅谷实地考察旅行,接触全球商业挑战。

开设的必修课有:计算机科学概论/管理概论、数据分析、学习数据、增强客户需求、自然语言分析、零售科学、用于战略决策的数据分析、硅谷实地考察、商业分析项目等。

2. 华威大学(University of Warwick)

华威大学电子商务管理硕士专业[MSc E-Business Management(E-BM)]开设在WMG制造系,分为四个专业方向:数字营销[E-Business Management (Digital Marketing)]、数字与数据科学[E-Business Management (Digital and Data Science)]、数字创业[E-Business Management (Digital Entrepreneurship)]、数字运营[E-Business Management (Digital Operations)]。旨在培养学生管理电商企业战略发展技术及电商技能,掌握评估、管理及改进企业运营职能的技能和知识,通过市场分析将系统集成的概念应用到产品、服务的设计与开发中去。

四个专业方向开设的必修课一样,具体为:电子商务基础,数字营销、软件与技术,电子商务,其他学分根据学生所选方向在指定的课程中选择。

3. 兰卡斯特大学(Lancaster University)

兰卡斯特大学电子商务与创新硕士专业(MSc E-Business and Innovation),由Lancaster管理学院和计算与通信学院共同授课,旨在为学生提供以最大限度发挥数字技术在商务创新方面潜力的知识和实践技能,该专业和其他大学电子商务硕士最大的区别在于,其侧重于三个领域:创业、电子商务和数字技术,以及他们之间的相互作用是如何推动商业创新的。

学生将学习如何利用这些获得竞争优势,开拓新的市场,加强与客户及供应商的管理,精简公司众多核心流程和系统。学生也有机会通过10周咨询项目获得实践技能。

开设的必修课有:情景管理,技术背景,电子商务,创新、数字创新,商业策划与金融,管理复杂性,电子商务技术,网络营销,信息管理与策略,管理IT体系结构,商务分析与企业系统、项目等。

4. 雷丁大学(University of Reading)

雷丁大学信息管理与电子商务-数字创新硕士专业(MSc Information Management & Digital Business-Digital Innovation),旨在为学生提供知识、技能和工具,以领导、管理、开发及实施创新数字商务的解决方案,侧重于商务方面的内容,通过探索如何利用数字技术创新性、领导性才能,在数字环境中战略性地组织并管理人员和技术。

开设的必修课有:商务信息、研究方法、商业领域与需求分析、数字领导力、数字创新、毕业论文(信息管理)等。

还有信息管理与电子商务商业中的大数据硕士专业(MSc Information Management & Digital Business:Big Data in Business),如果学生不确定是否适合这个专业方向,可以在开学前几周进行更换。该专业侧重于研究大数据在商业和企业中的战略使用,利用分析商业问题,促使建立有用的商业情报,增强企业的竞争优势。

开设的必修课有:商业信息、研究方法、商业领域与需求分析、商业情报与数据挖掘、商业中的大数据、毕业论文(信息管理)。

5. 纽卡斯尔大学(Newcastle University)

纽卡斯尔大学电子商务硕士专业(MSc E-Business)结合了商务策略、领先的技术、创业及组织行为方面的内容,学生将了解企业如何在内部及外部规划、实施电子商务。

开设的必修课有:创业与创业管理/重要探索,IT竞争,战略、管理与信息系统,电子商务,电子商务创业、研究方法、技术、变革与创新管理、项目管理、供应链竞争优势、E物流管理、数字营销、论文等。

还有电子商务-电子营销硕士专业[MSc E-Business (E-Marketing)]，侧重于如何充分利用互联网吸引并留住客户，内容涉及市场营销、销售与服务。

开设的必修课有：创业与创业管理/重要探索，IT竞争，战略、管理与信息系统，电子商务，电子商务创业，客户关系管理，数字营销，市场营销原则，研究方法，论文等。

电子商务-信息系统硕士专业[MSc E-Business (Information Systems)]需要一定的专业背景，相对于上面两个专业来说，该专业更侧重于云计算、信息安全等当代技术的战略应用。

开设的必修课有：创业与创业管理/重要探索，IT竞争，战略、管理与信息系统，电子商务，电子商务创业，Java高等编程/面对对象编程，网络与Web技术，云计算，信息安全与信任，电子商务与信息系统研究方法，电子商务项目与论文等。

3.1.3.2 美国

在美国，电子商务专业又被称为Digital Business Strategy，主要研究如何利用市场营销观念、商业策略、经济学理论和计算机技术来开发新的商业，以及如何通过运用互联网和相关信息技术转化目前存在的商业模式。学生可以学习电子商务是如何创造新的商业机会以及如何提高现有商务的表现的，从而可以了解利用互联网进行商务活动的整个过程以及各个环节，并把握商务活动的模式以及营销手法。同时，学生们还会去提出解决传统商业问题的技术方案，比如，研究如何利用计算机来使客户定制产品的运送变得更有效率等。

美国少有开设电商专业的学校，在排名前30的学校中，下面以卡内基梅隆大学（Carnegie Mellon University）为例简要介绍电子商务专业的设置情况。

当前，互联网业务正高速发展，构建电子商务系统需要将技术应用于真实的商业环境。电子商务技术课程要求学生必须在项目中解决电子商务问题并参加研究企业赞助商提供的实际项目。项目结束后，学生不仅能学习新技术，还能在实践过程中培养自己团队协作、时间管理、产品相关研究等方面的能力。

如何教授一门不断发展的学科一直是个问题，因为在学位课程结束前或完成后不久，技术内容可能会过时。卡内基梅隆大学的理念是：专业人士不应只学习技术，而应学习如何跟上技术。因此课程中一条同样重要的规则是：技能不能教，但必须通过实践来学习。

卡内基梅隆大学不提供传统课程。虽然学生可以在其他系选修数量有限的传统选修课，但信息技术（电子商务技术）硕士项目（MS in Information Technology）并不提供自己的课程。因为只有通过直接和广泛的实践，才能获得在工作场所取得成功所需的元技能，如团队建设、时间管理、解释混乱或模棱两可的任务、专业写作和公共演讲。为此，该计划由16项现实的电子商务任务组成，这些任务非常广泛，必须由团队完成。因此，学生们最初被分成五人小组，每2～3周接受一次新任务，持续10个月。

学生必须提供专业成果，如报告、技术分析、商业计划和系统设计。由于团队在最少的指导下独立运作，学生必须学会关于自身基本情况合理分配工作量，熟悉相关技术，并将重要参考资料与无关参考资料分开，以便按时完成指定的工作。指导学生完成该项目的是4名全职项目教员与其他11名教员，确保每个人都能获得所期望的技能。

3.1.3.3 荷兰

荷兰是全球的电子商务中心，对于需要进入欧洲电子商务市场的投资者来说，荷兰是理想的目的地。荷兰拥有1300万消费者在网上购物，庞大的线上购物群体使得荷兰线上购物业务得到快速发展。

荷兰电子商务市场具有很高的增长潜力。自2020以来，跨境电商支出从5亿6400万欧元增长到2021欧元7亿3600万欧元。Statista展示了这些结果。此外，94%的荷兰顾客在网上购物——这是欧洲国家中网上购物数量最多的国家之一。

商业分析（Business Analysis）是一个结合了business、statistics、computer science 三个领域的专业，不同学校提供的专业侧重会不太一样，有偏向计算机的数据分析，也有偏向计量经济学的数据分析。

荷兰的很多高校都开设商业分析专业，下文将选取鹿特丹伊拉斯慕斯大学（Erasmus University Rotterdam）、阿姆斯特丹大学（Amsterdam Business School）、乌特勒支大学（Utrecht University）、格罗宁根大学（University of Groningen）进行说明。

1. 鹿特丹伊拉斯慕斯大学（Erasmus University Rotterdam）[331]

鹿特丹伊拉斯慕斯大学的鹿特丹管理学院（Rotterdam School of Management）是荷兰商学院的最高学府。依托世界上最大的港口鹿特丹港，它的物流方向是欧洲第一。与欧洲其他商学院不同，鹿特丹管理学院属于鹿特丹大学的组成部分，强调学术研究。虽然它的商学院排名并不是欧洲第一，但是它是欧洲研究排名第一的商学院。

鹿特丹伊拉斯慕斯大学的办学宗旨是：为科学进步和社会发展贡献力量。在恪守学术界的道德规范和国际标准的同时，学校为教师和学生创造一个开展自由培训及研究的空间。

基础理论研究和应用科学研究在学校的工作中占有同等重要的地位。学校一方面致力于将学生培养成为高素质的学者，另一方面也注重将知识发展和应用相融合的学术教育，并采取跨学科的教学模式，使研究兼顾基础性和应用性。

商业分析专业具体包括：

Ⅰ Business Analytics & Management

Ⅱ Business Analytics & Quantitative Marketing

Ⅲ Business Data Science

Ⅳ Data Science and Marketing Analytics

Ⅴ Business Information Management

2. 阿姆斯特丹大学（Amsterdam Business School）

阿姆斯特丹大学下属的商学院（University of Amsterdam）是荷兰乃至欧洲最好的商学院之一，取得了EQUIS、AACSB、AMBA三项世界顶级认证，世界上只有少数商学院同时拥有这三项皇冠认证。

阿姆斯特丹大学是欧洲重要的综合性大学之一。为了辅助和促进知识交流，以英语授课的特殊课程逐渐发展起来。在欧洲，阿姆斯特丹大学是拥有面向全世界学生课程最多的大学之一。学校有来自100多个国家的1200多名学生以及研究人员，学校为他们从国际角度掌握科学知识提供了不可多得的机会。

商业分析专业具体包括：

Ⅰ Business Data Science
Ⅱ Data Analytics
Ⅲ Big Data & Business Analytics

3. 乌特勒支大学(Utrecht University)

乌特勒支大学法律、经济和管理学院主要开设荷兰法、公证法、国际法、管理法、公共管理、工商管理、宏观经济等领域的课程,研究课题有:人权法、社会与经济法、比较法、规划法和环境法等。

商业分析专业具体包括:
Applied Data Science

4. 格罗宁根大学(University of Groningen)

国际化是格罗宁根大学在教学方面取得成功的重要因素之一,长期与其他国家的高等院校合作开展交流项目并享有国际声誉,教授们来自众多不同的国家,在校学生来自全球多个国家,此外还有大批校际交流生。格罗宁根大学一直把开放型、国际化学校作为办学的宗旨,与政府机构、工商企业、学术团体建立广泛的合作关系是该校办学的特色,也是提高学校学术水平和知名度的重要手段。学校经常邀请国内外著名的专家、学者到校授课。一些政府机构的高级政务人员、企业界的高级管理人员也被聘请为客座教授。

商业分析专业具体包括:
Marketing Analytics and Data Science.

3.2 中国电子商务专业教学发展

3.2.1 电子商务专业设置情况

3.2.1.1 专业简介

电子商务是2000年教育部批准设置的普通高等学校本科专业,属于电子商务类专业,基本修业年限为四年,授予管理学或经济学或工学学士学位,是以互联网等信息技术为依托、面向现代经济社会领域商务活动的新兴专业。

电子商务专业可以分为两个基本方向:电子商务经济管理类方向和电子商务工程技术类方向。经济管理类方向要求侧重掌握互联网经济和商务管理相关的知识与技能,工程技术类方向要求侧重掌握互联网技术和商务信息相关知识与技能。

3.2.1.2 背景趋势

中国电子商务可从20世纪90年代初EDI的应用开始,1993—1997年开展的"三金工程"为电子商务的发展打下了基础,1998年则开始进入了基于互联网的发展阶段。随着中国经济活动电子商务化的不断加深,越来越多的行业也加入电子商务的实践中。

同时,电力行业也进行了电子商务化方面的一些尝试与实践。继2002年中国电力行业启动市场化改革后,作为电力行业主导者的国家电力公司在"十五"规划中提出:"依靠科技进步,搞好电力信息化,推进电力企业现代化进程",从而拉开了电力信息化的帷幕,电力行业的电子商务应用渐显端倪。

随着电子商务的快速发展和电子商务人才需求的上升,以学院或高校为单位的电子商务教育陆续展开。起初的尝试性教育多采取公共选修、专业选修课的形式,也有少数学校在本科高年级开设电子商务方向或电子商务专业。

随着技术的渗透、商业模式的演变,以及经济等因素的影响,电子商务未来的发展趋势主要有以下四个方面的特征,如图3-15所示。

一是更广阔的环境。人们不受时间的限制,不受空间的限制,不受传统购物的诸多限制,可以随时随地在网上交易。

二是更广阔的市场。在网上这个世界将会变得很小,一个商家可以面对全球的消费者,而一个消费者可以在全球的任何一个商家购物。

三是更快速的流通和更低廉的价格。电子商务减少商品流通的中间环节,节省大量的开支,从而也大大降低商品流通和交易的成本。

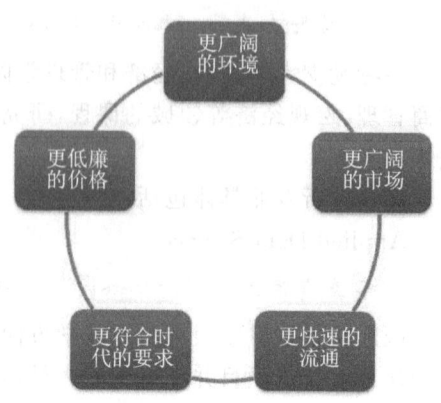

图3-15 电子商务未来的发展趋势

四是更符合时代的要求。如今人们越来越追求时尚、讲究个性,注重购物的环境,网上购物更能体现个性化的购物过程。

2021年全球新型冠状病毒性肺炎新增确诊人数前低后高,下半年疫情态势严峻,导致主要经济体复苏边际放缓。在疫情及国际局势的影响下,全球供应、贸易体系不畅,处于需求复苏通道的主要发达国家供需缺口持续存在,叠加疫情后货币财政政策宽松、劳动力市场供需矛盾,人力成本、国际大宗商品、运输成本快速上涨,推动主要国家通胀飙升,虽然四季度主要国家对大宗商品价格进行干预,但目前通胀仍处于高位。

在疫情防控差距和国外通胀日益高企的影响下,全球对我国稳定的生产供应体系依赖加大,四季度出口业出现延续回升向好的发展态势,但国际环境依然复杂严峻,主要国家生产供应体系正加大恢复力度,可能导致未来我国外贸面临压力;同时,主要发达国家为抑制高通胀,开始加速收紧货币,与我国货币政策周期刚好相反,或将对我国汇率、资本流动、资产价格等领域造成不稳定性和较大波动。

3.2.1.3 发展历程

2000年底,教育部批准设置电子商务本科专业,专业代码为110209W。

2001年3月,教育部公布2000年度备案或批准设置的高等学校本科专业名单,北京交通大学、北京邮电大学、对外经济贸易大学、东北大学、南京理工大学、南京审计学院、浙江大学、厦门大学、华侨大学、华中师范大学、广西大学、云南大学、西安交通大学获批设置电子商务专业,并批准华中师范大学、西安交通大学设立电子商务第二学位。同年底,教育部高教司批准了83所院校开设电子商务本科专业。

2002年底,教育部批准了58所院校开设电子商务本科专业。

2006年4月,教育部正式成立高等学校电子商务专业教学指导委员会。

2008年3月,教育部高等学校电子商务专业教学指导委员会编制的《普通高等学校电子商务本科专业教育知识体系》开始试行。2008年底,全国已有327所高校开设电子商务本科专业。

截至2010年底,教育部共批准339所本科学校开设电子商务专业。

2012年9月,教育部印发的《普通高等学校本科专业目录(2012年)》中:电子商务可授管理学或经济学或工学学士学位,专业类别属电子商务类、专业代码为120801。

截至2022年,全国开设电子商务相关专业的本科院校有634所。我国电子商务教学发展历程如图3-16所示。

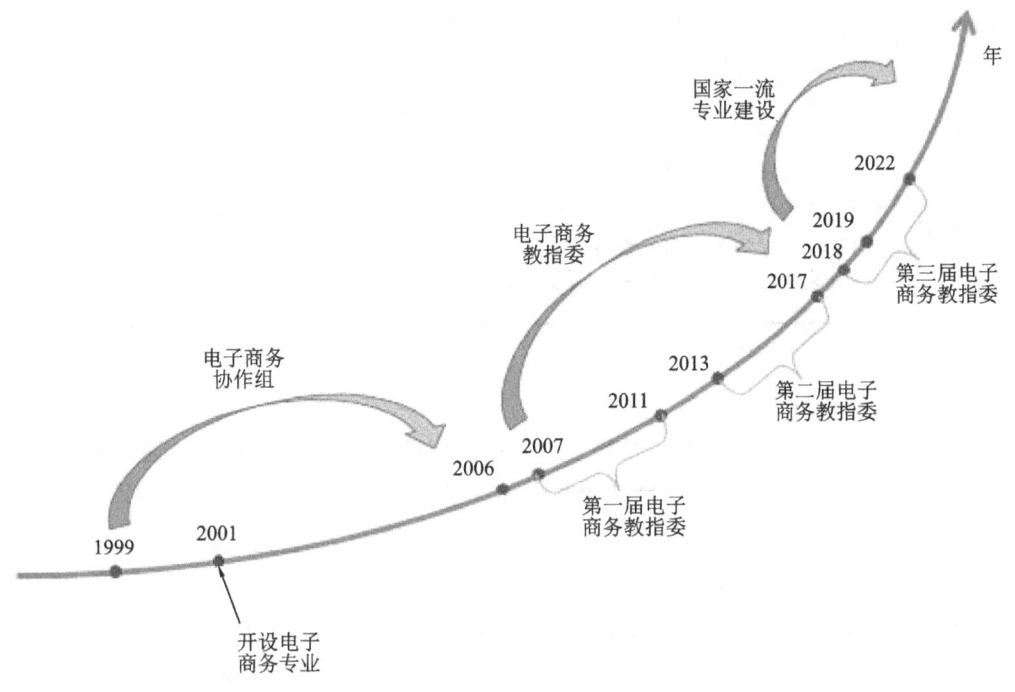

图3-16 中国电子商务教学发展历程

3.2.1.4 培养目标

培养具备现代管理和信息经济理念,掌握信息技术和电子服务综合技能,具有扎实的专业基础和良好的知识结构,具备一定的互联网创新创业素质,能适应现代社会商务运营、专业管理和技术服务需要的复合型、应用型、创新型专业人才。

3.2.1.5 培养要求

电子商务专业的培养要求见表3-2。

表3-2 电子商务专业培养要求

培养要求	培养内容
学制与学位	基本学制为4年。允许实行弹性学制,但修业年限不少于3年。学生完成专业培养方案规定的课程和学分要求,考核合格,准予毕业。各高校可根据专业培养目标与方向授予毕业生管理学、经济学或工学学士学位
知识要求	(1)掌握自然科学、社会科学和人文学科等通识类相关知识。 (2)掌握现代管理、网络经济和信息技术的基础理论和专业知识。 (3)掌握电子商务类专业理论与专门方法,能够将理论与实践紧密结合,解决实际问题。 (4)了解快速发展的电子商务新兴产业动态,注重产业技术创新和商业模式创新并及时掌握相关的理论与技术知识

续表

培养要求	培养内容
能力要求	(1)具备独立自主地获取本专业相关知识的学习能力。 (2)具备将所获取的知识与实践融会贯通并灵活应用于电子商务实务的技能。 (3)初步具备基于多学科知识融合的创意、创新和创业能力。 (4)具备良好的外语听、说、读、写能力。 (5)具备良好的计算机操作与互联网应用能力
素质要求	(1)具备较高的思想政治素质和良好的道德素养、人文素养、科学素养及职业素养。 (2)具备较高的网络文明、电子商务诚信与信用、信息安全与保密等素养。 (3)具备良好的人际沟通素质和团队合作素质。 (4)具备国际化视野和基本的创新精神及创业意识

3.2.1.6 课程体系

电子商务类专业的课程体系包括国家或学校规定的思想政治理论课程、通识课程、基础课程和专业课程。专业课程包括理论教学课程和实践教学课程,其中实践教学课程包括实习环节。

1. 知识体系与课程设置

涵盖电子商务基础、电子商务经济管理、电子商务工程技术和电子商务综合 4 个知识领域。每个知识领域涵盖若干个相关的知识模块,全部共计 16 个知识模块。每个知识模块可根据其内容设置为 1 门或若干门相应的课程,具体见表 3-3。

表 3-3 电子商务专业知识体系与建议课程对应表

知识领域	知识模块	建议课程
电子商务基础	管理学	管理学
		会计学
		统计学
		运筹学
	经济学	经济学
		计量经济学
		信息经济(或网络经济、数字经济)
	信息技术	网络技术
		数据库管理
		程序设计基础

续表

知识领域	知识模块	建议课程
电子商务经济管理	网络营销	市场营销
		网络营销
		消费者行为学
	网络交易与贸易	网络零售
		网络贸易
		国际贸易
	电子商务运营与管理	电子商务管理
		供应链与物流管理
		电子商务组织与运营
		企业资源计划
		客户关系管理
		商务智能
	网络金融与支付	互联网金融
		金融科技
		电子支付
电子商务工程技术	应用开发技术	网页设计与制作
		高级程序设计
		移动开发技术
	系统设计与实施	网站建设与管理
		管理信息系统
		电子商务系统分析与设计
		现代物流技术
	数据处理与分析	数据仓库
		大数据分析
	电子商务安全	电子商务安全
电子商务综合	电子商务概述	电子商务概论（或电子商务原理）
		电子商务案例分析
	电子商务法律与法规	电子商务法律与法规
		电子商务服务
	电子商务服务	网络创业与创业管理
	互联网创新与创业	云计算
	互联网前沿专题	社交化电子商务（或社会化电子商务）
		移动电子商务
		跨境电商
		物联网
		"互联网+"战略与实施

2. 实践教学

实验、实训、实习类教学形式包括课程实验、课程设计、项目实训、专业实习、毕业论文（设计）等相关环节，见表3-4。

表3-4 电子商务专业实践与教学情况

教学内容	相关课程及项目
基础实践教学	包括大学计算机基础、C语言程序设计、网络数据库、计算机网络、面向对象程序设计、办公软件实操等课程的基础实践教学，还利用寒、暑假进行社会实践
专业实践教学	主要包括计算电子商务概论、电子商务网站设计、数据分析、管理信息系统、会计学原理、运筹学、金融学、企业经营实务模拟、会计电算化、网络营销与策划、淘宝店铺装修、电商摄影与图片处理等课程的专业实践教学；结合校外实习基地的企业和单位，进行生产和专业实习、实训，电子商务专业技能训练、电子商务系统实训、电子商务案例分析、电子交易参观实习和毕业实习

3. 核心课程及教材推荐

基于电子商务专业知识体系与建议课程对应表，对电子商务核心课程及教材进行推荐（仅供参考），以培养提升人才的专业综合能力，见表3-5。

表3-5 电子商务专业核心教材推荐

电子商务学（清华大学出版社）
电子商务基础（科学出版社）
电子商务基本原理（清华大学出版社）
电子商务系统设计与分析（高等教育出版社）
电子商务大数据分析（高等教育出版社）
电子商务管理（高等教育出版社）
电子商务金融支付（高等教育出版社）
电子商务体系结构与开发技术（高等教育出版社）
移动电子商务（清华大学出版社）
电子商务现代物流（高等教育出版社）
电子商务与网络营销（高等教育出版社）
电子商务与法律（清华大学出版社）
电子商务文化（清华大学出版社）
电子商务研究——从案例出发（高等教育出版社）
电子商务客户关系管理（重庆大学出版社）

3.2.2 高校电子商务专业发展

3.2.2.1 发展现状

1. 专业类别

在电子商务人才培养上,教育部在《普通高等学校本科专业目录(2020年)》中设置电子商务专业类专业,下设电子商务、跨境电商、电子商务及法律三个本科专业。目前,全国已有634所高校开设电子商务专业,其中536所高校开设电子商务专业,占比85%;78所高校开设跨境电商专业,占比12%;20所高校开设电子商务及法律专业,占比3%。具体分布如图3-17所示。

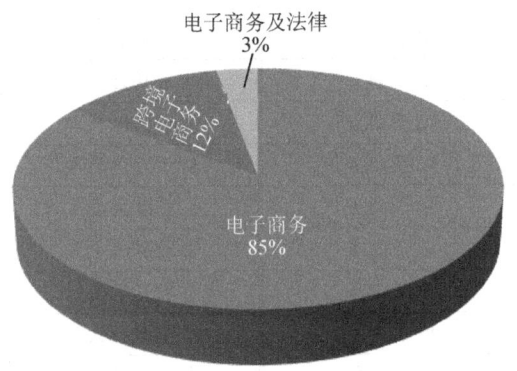

图3-17 电子商务专业类别分布

2. 获得学位

开设电子商务专业的高校可根据专业培养目标与方向授予毕业生管理学、经济学或工学学士学位。在以上的634所高校中,授予毕业生管理学、经济学、工学学士学位的高校分别有539、32、63所,分别占比85%、5%、10%,具体如图3-18所示。

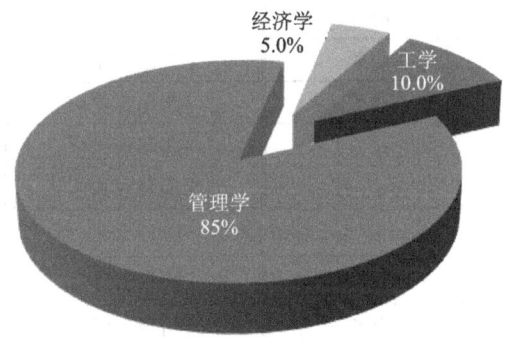

图3-18 电子商务专业获得学位分布

国家级电子商务一流专业院校情况见表3-6。

表 3-6　国家级电子商务一流专业名单（2019—2021）

2019 年		2020 年	
高校名称	专业名称	高校名称	专业名称
北京交通大学	电子商务	南京大学	电子商务
北京邮电大学	电子商务	武汉大学	电子商务
中央财经大学	电子商务	武汉理工大学	电子商务
对外经济贸易大学	电子商务	西安交通大学	电子商务
东华大学	电子商务	大连海事大学	电子商务
上海财经大学	电子商务	南昌大学	电子商务
合肥工业大学	电子商务	郑州大学	电子商务
厦门大学	电子商务	北京工商大学	电子商务
华中师范大学	电子商务	北京联合大学	电子商务
湖南大学	电子商务	南京邮电大学	电子商务
天津商业大学	电子商务	浙江万里学院	电子商务
河北科技大学	电子商务	安徽大学	电子商务
东北财经大学	电子商务	安徽财经大学	电子商务
吉林财经大学	电子商务	阳光学院	电子商务
上海商学院	电子商务	江西财经大学	电子商务
浙江师范大学	电子商务	山东财经大学	电子商务
杭州师范大学	电子商务	河南科技大学	电子商务
浙江工商大学	电子商务	洛阳师范学院	电子商务
闽江学院	电子商务	河南财经政法大学	电子商务
河南工业大学	电子商务	武汉工程大学	电子商务
广东财经大学	电子商务	湖北工业大学	电子商务
成都信息工程大学	电子商务	湖南人文科技学院	电子商务
西昌学院	电子商务	广州大学	电子商务
云南财经大学	电子商务	五邑大学	电子商务
西安科技大学	电子商务	广州南方学院	电子商务
西安邮电大学	电子商务	西北政法大学	电子商务及法律
		西安财经大学	电子商务
2021 年			
高校名称	专业名称	高校名称	专业名称
北京外国语大学	电子商务	厦门理工学院	电子商务
北京物资学院	电子商务	福州外语外贸学院	电子商务
首都经济贸易大学	电子商务	南昌航空大学	电子商务
天津大学	电子商务	山东大学	电子商务
天津财经大学	电子商务	山东工商学院	电子商务

续表

高校名称	专业名称	高校名称	专业名称
燕山大学	电子商务	河南大学	电子商务
山西财经大学	电子商务	中南财经政法大学	电子商务
大连理工大学	电子商务	湖北经济学院	电子商务
大连东软信息学院	电子商务	武汉东湖学院	电子商务
哈尔滨工业大学	电子商务	武汉工商学院	电子商务
上海对外经贸大学	电子商务	湘潭大学	电子商务
东南大学	电子商务	华南理工大学	电子商务
中国矿业大学	电子商务	华南师范大学	电子商务
南京财经大学	电子商务	重庆邮电大学	电子商务
南京审计大学	电子商务	重庆师范大学	电子商务
徐州工程学院	电子商务	重庆工商大学	电子商务
湖州师范学院	电子商务	电子科技大学	电子商务
浙江财经大学	电子商务	成都理工大学	电子商务
宿州学院	电子商务	西南财经大学	电子商务
华侨大学	电子商务	西安电子科技大学	电子商务
福州大学	电子商务	新疆财经大学	电子商务

3.2.2.2 学校分布

1. 学校类别

根据本次统计的 2020 年申报电子商务专业为一流专业的学校的申报材料,筛选出的 189 所高校中,共有 13 所 985 高校,分别为:大连理工大学、电子科技大学、东南大学、哈尔滨工业大学、湖南大学、华南理工大学、南京大学、南开大学、厦门大学、山东大学、天津大学、武汉大学、西安交通大学(按拼音首字母排序),占比约 6.9%。

此外,共有 20 所 211 高校,分别为:北京交通大学、北京外国语大学、北京邮电大学、大连海事大学、东华大学、对外经济贸易大学、福州大学、合肥工业大学、华中师范大学、南昌大学、上海财经大学、四川农业大学、武汉理工大学、西安电子科技大学、西南财经大学、郑州大学、中国传媒大学、中国矿业大学、中南财经政法大学、中央财经大学(按拼音首字母排序),占比约 10.6%。开设电子商务专业高校类别分布如图 3-19 所示。

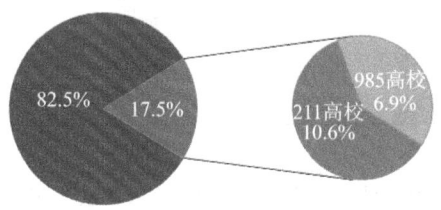

图 3-19 开设电子商务专业高校类别分布

2. 赛道分布

中华人民共和国教育部直属高等学校指由中华人民共和国教育部直属管理的一批高等学校,是中央部门直属高等学校的重要组成部分。中华人民共和国教育部直接管理一批高等院校,目的是在探索改革上先走一步,在提高教学、科研和社会服务等方面发挥示范作用。经过全国高校管理体制的调整,一批实力较强、学科特色鲜明的高校均划归教育部直属管理,中华人民共和国成立以来国家历次所确定的全国重点大学多为教育部直属高校,此处划分为中央赛道高校。

地方所属高校是指隶属各省、自治区、直辖市,由地方行政部门划拨经费的普通高等学校,共有 2550 多所,作为我国高等教育体系的主体部分,以服务区域经济社会发展为目标,着力为地方培养高素质人才,此处划分为地方赛道高校。

经统计,本次统计样本中,中央赛道高校占比为 16.9%,地方赛道高校占比为 83.1%,这说明地方政府越来越注重本区域的高校的发展,以优质教育资源作为推动本地区发展的软实力。如图 3-20 所示。

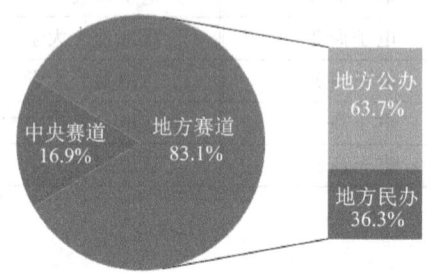

图 3-20 开设电子商务专业高校赛道分布

3. 区域分布

通过统计各省份设立电子商务专业的高校数量,广东省共计 44 所高校设立电子商务专业,其次是江苏省(40 所)、湖北省(39 所)等,其中包含 10 所以上高校的省市共计 25 个。设立电子商务专业的高校数量 TOP6 省份如图 3-21 所示。

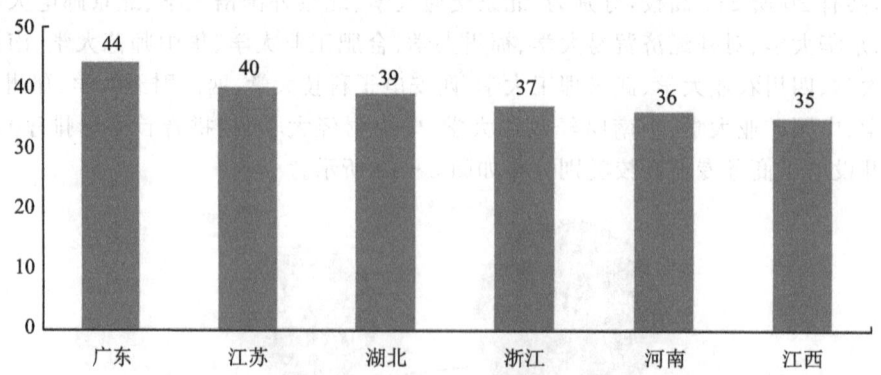

图 3-21 设立电子商务专业的高校数量 TOP6 省份

分布特点：

东部地区相对集中；中部地区逐步增长；西部地区快速发展。

电商在产业升级、扶贫、沿边开放等方面的需求推动教育发展。

3.2.2.3 师资力量

电子商务专业师资团队要求及具体内容见表 3-7。

表 3-7 电子商务专业师资团队要求及具体内容

师资团队要求	具体内容
教师队伍规模和结构	(1) 教师队伍的规模应满足专业发展的需要，专业教师不少于 8 人。 (2) 教师队伍专业结构、学缘结构、年龄结构合理。专业教师中具硕士和博士学位的比例不低于 80%。 (3) 鼓励高校根据教学实践需要聘请适当比例、有实践经验的企事业一线专家兼职承担课程教学或实践教学任务，学校应制定相应的鼓励政策和落实措施
教师背景和水平要求	(1) 要求教师具备管理学、经济学或信息技术等相关学科专业的教育背景。要求一定数量的教师具有工程实践以及从事科学研究的经历。专业带头人应有较高的学术水平。 (2) 教师应具备与所讲授课程相匹配的知识和能力，能够运用先进教学方法与现代教学手段开展教学改革和教学创新。实践性较强的课程的主讲教师应具有实务工作背景或实务经验。 (3) 教师应在承担教学任务的同时能参加专业相关的学术研究和实践活动，不断提升个人的专业能力。 (4) 受聘的企事业一线专家应具备丰富的行业从业经验和相关理论知识

在本次统计的数据中，电子商务专业专任教师数量超过 2000 人的高校有 31 所，占比 16.4%，专任教师数量在 1000~2000 人的高校有 72 所，占比 38.1%，专任教师数量不足 1000 人的高校有 86 所，占比 45.5%。各高校电子商务专业专任教师数量分布情况如图 3-22 所示。

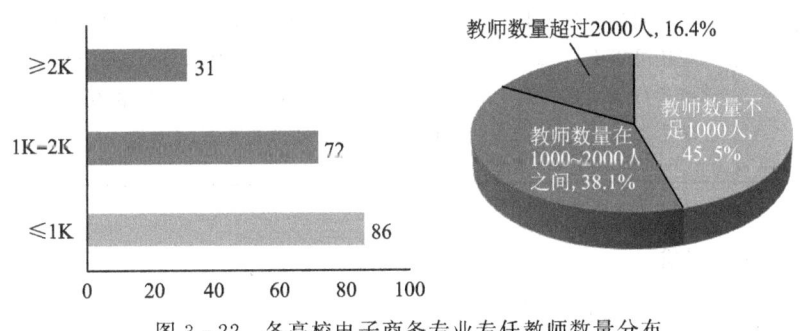

图 3-22 各高校电子商务专业专任教师数量分布

3.2.2.4 教学过程

1. 教学环节

(1) 授课前。

从诱发和激起学生对本专业的求知欲开始，从做好学习的心理准备开始；培养学生产生知与不知的矛盾,使其产生求知的内在动力。

(2)授课中。

引导学生探索知识,培养必要的感性知识,形成清晰的表象,进而理解和掌握知识,并在理解的基础上牢记所学基础知识,以及顺利吸收新知识,并自如运用已有知识。

(3)授课后。

教导学生不仅学习知识,形成技能,培养智慧和能力,更要教给学生独立获得知识的能力,形成一定的技能、技巧,并内化为个人的经验、能力、智慧、态度和意志品质。

2.教学方式

2019年,为贯彻落实《关于加快建设高水平本科教育 全面提高人才培养能力的意见》精神,教育部启动实施了"六卓越一拔尖"计划2.0,大力推进新工科、新文科、新医科和新农科建设,完善协同育人机制,加强理论与实践教学融合的一体化平台建设。理论教学与实践教学深度融合是教育教学的基本规律,是新时代教育改革发展的要求,也是世界格局变化的要求。

电子商务专业教学应以电子商务基本理论为基础,从电子商务发展的实际情况出发,理论联系实际,使学生同时具备坚实的理论基础和应用能力[234]。具体见表3-8。

表3-8 电子商务专业教学方式与教学内容

教学方式	教学内容
理论教学	理论部分包括电子商务概述、电子商务框架与模式、电子商务技术、电子商务安全、网络营销、电子支付与网络银行、电子商务物流管理、电子商务供应链管理、移动电子商务、跨境电商、电子商务数据处理技术、电子商务的法律环境和电子商务发展趋势等知识模块。 通过理论课程的学习,学生应对电子商务有一个全面的了解,从纵向来看,要通过这门课程了解电子商务的过去、现在与未来;从横向来看,要知道电子商务当前所用到的新技术、新理念,电子商务现在需要我们学什么,将来我们可以做什么
实践教学	实践教学主要培养学生的应用能力,包括B2B实验、B2C实验,以及C2C实验等实验模块,让学生将以前学过的技术类课程,通过学习概论找到技术在商务活动中所起的作用,同时也了解电子商务专业的学生还需要掌握一些什么知识,有一些还可以在学校学习,有一些需要今后在工作中学习,让同学们为今后的专业学习和行业工作做好心理上和知识上的准备。理论和实践相互促进,一方面有助于学生加深对基础知识的理解,另一方面使课程更具实践性

3.2.2.5 教学评价

1.教师教学评价体系应遵循的基本原则

(1)实效性原则。

(2)以人为本原则。

(3)整体性原则。

(4)系统性原则。

2.构建教师教学评价体系

教师教学评价体系情况见表3-9。

表3-9 教师教学评价体系

评价标准		评价内容
学生评教（40%）	教学效果	学生是否具备一定的专业基础理论知识和实践技能，是否能运用所学知识解决实际问题，学生毕业论文（设计）内容是否新颖，成绩是否优良，考试方法是否灵活
	教学方法	是否运用启发式教学，是否给予学生创新思维和独立思考问题的空间，实现课上课下有机结合；是否合理运用现代化教学手段做辅助教学
	教学内容	是否向学生介绍本课程（学科）前沿和发展动态；是否运用科研成果转化教学内容；教学内容是否新颖，是否符合人才培养目标的要求；传授知识是否正确，重点是否突出，是否符合社会和经济发展的需要
	实践教学	开设"综合性、设计性"实验，理论联系实际，注重学生能力培养；指导实践教学效果显著；毕业后马上顶岗上任。以获奖证书、毕业论文成绩、用人单位反馈等方面来体现
	教学常规	按时、按教学计划上下课，不调课，不停课，不缺课；教学严谨，爱岗敬业，责任心强；课堂秩序良好，学生出勤率高，耐心辅导，认真解答学生提出的问题；熟悉教材，教案工整，板书规范，字迹清楚；语音标准生动，吐字清晰，使用专业术语；仪表整洁大方，上课情绪饱满
教务部门评价（20%）	教学效果评价	教学专家督导组对授课教师每周至少随机听课1次，根据授课情况，给予公正合理的客观评价
	教学文档评价	教学文档的规范程度，教学进度是否符合教学计划，教案是否清楚、工整、认真。实践教学安排是否合理，计划是否可行，是否有创新
各部及教研室评价（40%）	综合考核	政治表现、专业水平、实践能力、领导评教、同行评教、学生评教等
	能力考核	教师在教学研究中，是否掌握本学科前沿知识，是否出版著作，是否发表高水平的研究论文，是否主持研究院级及以上教学改革课题，是否承担院级及以上精品课程，是否指导学生获省级及以上的各项奖励，是否被授予院级及以上教学骨干、教学名师、教学十星和优秀教学奖等光荣称号
	试卷考核	是否完成本专业试题库建设，是否改革考试或考核方法，效果是否明显
	毕业论文（设计）考核	教师所指导的学生论文是否体现理论联系实际，是否有创新内容，论文是否被评为系级或院级优秀论文

3.2.3 高校电子商务专业设置

由于统计的不完全性，本书选择部分设立电子商务国家级一流专业建设点的高校进行研究，选取其中5所985高校，分别为大连理工大学、电子科技大学、武汉大学、西安交通大学、厦门大学(按首字母排序),以及 8 所 211 高校,分别为北京交通大学、北京邮电大学、东华大学、对外经济贸易大学、合肥工业大学、华中师范大学、上海财经大学、西南财经大学(按首字母排序)。

3.2.3.1 大连理工大学

培养目标	内容
培养目标	本专业培养德、智、体、美、劳全面发展,具有社会主义核心价值观,具备管理、经济、计算机、法律、电子商务等方面知识,具备人文精神、科学素养和诚信品质,具备现代管理和信息经济理念,掌握信息技术和电子服务综合技能,具有扎实的专业基础和良好的知识结构,有较好的外语能力、扎实的理论基础,具备一定的互联网创新创业素质,能适应现代社会商务运营、专业管理和技术服务,同时要求掌握电子商务相关的法律法规知识,并能贯穿应用,能在企事业单位从事网站网页设计、网站建设维护、企业商品和服务的营销策划、客户关系管理、电子商务项目组织与管理、电子商务活动的策划运作与企业信息化建设等工作的创新性应用型高级专门人才。 两个专业培养方向中,电子商务管理与网络营销方向要求侧重掌握互联网经济和商务管理相关的知识与技能;电子商务系统设计与开发方向要求侧重掌握互联网技术和商务信息相关知识与技能

3.2.3.2 电子科技大学

培养目标	内容
培养目标	本专业培养德、智、体、美、劳全面发展,具有社会主义核心价值观,具备管理、经济、计算机、法律、电子商务等方面知识,具备人文精神、科学素养和诚信品质,具备现代管理和信息经济理念,掌握信息技术和电子服务综合技能,具有扎实的专业基础和良好的知识结构,有较好的外语能力、扎实的理论基础,具备一定的互联网创新创业素质,能适应现代社会商务运营、专业管理和技术服务,同时要求掌握电子商务相关的法律法规知识,并能贯穿应用,能在企事业单位从事网站网页设计、网站建设维护、企业商品和服务的营销策划、客户关系管理、电子商务项目组织与管理、电子商务活动的策划运作与企业信息化建设等工作的创新性应用型高级专门人才。 两个专业培养方向中,电子商务管理与网络营销方向要求侧重掌握互联网经济和商务管理相关的知识与技能;电子商务系统设计与开发方向要求侧重掌握互联网技术和商务信息相关知识与技能

3.2.3.3 武汉大学

培养目标及要求	内容
培养目标	本专业培养具有家国情怀、全球视野、创新精神和实践能力的卓越电子商务专业人才。坚实掌握经济管理知识和电子商务和管理理论的专业知识,具备信息技术与商务运营相结合的创新能力,能够综合运用信息技术和商务运营思维解决管理创新和实际商务运营等问题。具备良好的沟通及团队合作精神、严谨细致的科研精神、综合的学习与分析能力和创新性思维。 学生毕业后可到互联网企业、政府机构,以及学校从事电子商务运营管理、市场营销、技术研发、数据分析、人力资源和教学等工作

续表

培养目标及要求	内　容
培养要求	本专业学习电子商务运营管理以及电子商务系统的策划、设计、实施及管理的相关技术和方法。 要求毕业生应具有以下几个方面的知识和能力： (1)熟练掌握电子商务系统开发和运作的基本理论和方法； (2)具有将信息技术与商务运营相结合的创新能力； (3)具有广博的经济管理知识和较高的人文素质； (4)具备经济、管理及商务相关模型的使用和利用信息技术支持决策的能力

3.2.3.4 西安交通大学

培养目标及要求	内　容
培养目标	教育部批准的国内第一批开设此专业的四所高校之一，具有本科、硕士、博士学位授予权。本专业旨在培养数字经济下具有国际视野及竞争力的创新型高级专业人才，使其具备电子商务经济、电子商务管理与电子商务技术的基本理论、基本知识和基本技能，能在国家各级管理部门、各类数字经济企业及工商企业、各类金融机构等从事业务与技术管理工作
培养要求	要求1：品德素质 树立科学的世界观和方法论，有正确的人生观和价值观，具有高尚的人格品德，遵纪守法，热爱祖国，自觉践行社会主义核心价值观。具有较高的网络文化素养和网络行为文明素质，具备电子商务领域相关的诚信与信用素养以及信息安全和保密素养。具有强烈的社会责任感和正确的职业伦理观 要求2：学科素养 具备人文社科底蕴，崇尚科学精神，掌握扎实系统的管理学、经济学、信息技术等基本原理和知识，掌握电子商务专业知识、方法和技术，了解电子商务行业的新兴动态，以及电子商务运营与管理、系统设计与开发、网络营销、商务数据分析等方面的能力，能熟练运用电子商务分析方法和工具设计开发电子商务系统的应用解决方案。 要求3：创新精神 具有创新意识与创新精神，熟悉创新的方法与原理，熟悉商业模式创新、产品创新、流程创新等原理、方法和技巧。具备良好的互联网思维和创造性思维，善于识别与把握创新与创业机会，勇于创新。 要求4：团队意识 具有较强的人际沟通能力与团队协作意识，能够正确认识个人与团队的关系，充分理解沟通的重要性，能够处理好团队内部的竞争与协作关系，互助协作，有效沟通，追求共赢。同时，具备国际视野，了解不同文化的特点，能够做好跨文化交流与协作。 要求5：实践能力 具备探索精神和自主学习的意识，掌握自主学习和终身学习的方法与途径，提升自我控制能力，具备较强的专注力、执行力、良好的体魄和心理素质，能够具体问题具体分析，在多学科融合背景下，运用电子商务理论解决实际问题，持续创新

3.2.3.5　厦门大学

培养目标及要求	内　　容
培养目标	本专业培养适应"21世纪海上丝绸之路"核心区和先行区电子商务产业发展需要,培养践行社会主义核心价值观,德、智、体、美、劳全面发展,具备现代管理和信息经济理念,掌握互联网经济和商务管理相关专业知识、现代信息技术,以及电子商务综合技能,具备互联网创新创业素质,在互联网环境中敢拼善赢,能适应现代社会商务运营和电子商务专业管理需要的复合型、应用型、创新型人才。
培养要求	知识要求: (1)掌握现代管理、网络经济和信息技术相关的基本理论和专业知识; (2)掌握电子商务专业理论与专门方法,能够将理论与实践紧密结合,解决信息技术在现代商务管理中的应用问题; (3)了解电子商务新兴业态,注重产业技术创新和商业模式创新并及时掌握相应的理论与技术知识; (4)了解国内外与电子商务相关的方针、政策、法规和国际惯例。 能力要求: (1)掌握信息检索方法,具备独立自主地获取本专业相关知识的学习能力; (2)具备将所获取的知识与实践融会贯通并灵活应用于电子商务实务的技能; (3)具有科学锻炼身体的基本技能,养成良好的体育锻炼和卫生习惯,受过必要的军事训练,能够履行建设祖国和保卫祖国的神圣义务; (4)初步具备利用创造性思维方法开展科学研究的能力,以及基于多学科知识融合的创意、创新和创业能力。 素质要求: (1)具备良好的道德素养、人文素养、科学素养和职业素养; (2)具备较高的网络文明素养、电子商务诚信与信用素养、信息安全与保密素养; (3)具备健全的人格、理想信念和价值观,良好的人际沟通素质和团队合作素质; (4)具备国际化视野和敢拼会赢的创新精神及创业意识

3.2.3.6　北京交通大学

培养目标及要求	内　　容
培养目标	本专业旨在培养具有扎实的经济学和管理学基础理论,掌握电子商务相关理论与实务,熟练使用互联网信息技术开展商务活动的人才,定位于互联网商务方向创新应用人才培育。本专业毕业生可在管理部门、企事业单位、教育科研部门从事研究、开发、应用、管理、教学工作,或继续深造,在国内外攻读硕士、硕博连读学位

续表

培养目标及要求	内　　容
培养要求	（1）掌握扎实的数学、计算机与网络、经济和管理的基本知识； （2）掌握电子商务的基本原理、技术和方法，具有利用现代信息技术开展商务活动的能力； （3）具备从事电子商务系统规划、设计、开发和实施，以及电子商务运作管理的基本能力； （4）具有较强的学习能力和创新精神，具备进一步从事电子商务研究和创新活动的素质； （5）掌握文献检索、资料查询、收集的基本方法，具有一定的科学研究和实际工作的能力； （6）熟练掌握一门外语，在听、说、读、写、译等方面均达到较高的水平

3.2.3.7　北京邮电大学

培养目标及要求	内　　容
培养目标	本专业面向互联网和大数据环境下北京高精尖产业发展需求，培养德、智、体、美、劳全面发展、科学素养与人文素养并重，具有较强的社会责任感、创新创业精神和可持续发展能力，具备互联网思维、国际视野、商业洞察力、实践能力和终身学习能力，通晓管理、经济、计算机和电子商务等知识，掌握互联网产品策划设计、技术开发、运营管理、数据分析等专业核心能力，能够在电子商务和互联网企业、电子商务服务企业，以及各类企事业单位从事互联网产品设计与运营、数字营销与推广、数据挖掘与分析等工作的高素质复合型、应用型人才
培养要求	毕业要求1：具备扎实的数学、经济学、管理学、统计学和计算机科学等学科基础知识； 毕业要求2：掌握电子商务、Web前端设计、数据库设计和后端开发等相关领域基本知识和技能； 毕业要求3：掌握基本的创新方法，具有较强的创新思维、创业精神和敏锐的商业洞察力，了解快速发展的电子商务新兴产业动态，能够基于多学科知识进行融合创新，分析和解决电子商务领域实际问题； 毕业要求4：能够熟练运用计算机和数据分析等领域的工具和软件，对大数据时代背景下的数据信息进行收集、处理和分析，提出辅助营销和管理决策的方案和建议； 毕业要求5：能够为企业策划设计适应实践发展的网络营销方案，能灵活运用多种方法、技术和手段在多平台、多渠道开展网络营销工作； 毕业要求6：能综合运用相关知识和工具，策划、设计、开发互联网产品和电子商务系统； 毕业要求7：深刻理解大数据、互联网和电子商务对经济和社会可持续发展的影响，具有家国情怀和为国家富强、民族昌盛而奋斗的志向和社会责任感；

续表

培养目标及要求	内容
培养要求	毕业要求8:具有良好的人文修养、科学素养、网络文明素养和商业诚信品质,在专业实践中理解并遵守职业道德和规范,履行责任,践行社会主义核心价值观; 毕业要求9:具有广阔的国际视野、较好的语言与文字表达能力,能够使用中英文书面和口头表达方式与国内外业界同行、合作伙伴、客户和社会公众就电子商务专业领域现象和问题进行有效沟通与交流; 毕业要求10:具有良好的逻辑思维、人际交往、团队合作和组织管理能力,作为团队成员或领导者,在多学科交叉背景下进行电子商务项目的管理; 毕业要求11:具有自主学习和终身学习的正确认识,具有良好的抗压能力和强健的体魄,有不断学习和适应发展的能力

3.2.3.8 东华大学

培养目标	内容
培养目标	本专业培养德、智、体、美、劳全面发展,具有社会主义核心价值观,具备管理、经济、计算机、法律、电子商务等方面知识,具备人文精神、科学素养和诚信品质,具备现代管理和信息经济理念,掌握信息技术和电子服务综合技能,具有扎实的专业基础和良好的知识结构,有较好的外语能力、扎实的理论基础,具备一定的互联网创新创业素质,能适应现代社会商务运营、专业管理和技术服务,同时要求掌握电子商务相关的法律法规知识,并能贯穿应用,能在企事业单位从事网站网页设计、网站建设维护、企业商品和服务的营销策划、客户关系管理、电子商务项目组织与管理、电子商务活动的策划运作与企业信息化建设等工作的创新性应用型高级专门人才。 两个专业培养方向中,电子商务管理与网络营销方向要求侧重掌握互联网经济和商务管理相关的知识与技能;电子商务系统设计与开发方向要求侧重掌握互联网技术和商务信息相关知识与技能

3.2.3.9 对外经济贸易大学

培养目标及要求	内容
培养目标	本专业以面向网络新经济、服务地方经济发展为导向,以互联网思维方式及应用解决能力为特色,培养适应社会主义市场经济建设需要,德、智、体、美、劳全面发展,掌握社会科学、自然科学与现代管理理论基础,具备IT与网络技术知识,熟悉网络环境下商务活动规律,具有将商务需求转化为电子商务应用解决的能力,具备一定的电子商务设计、运营及管理素质,能够在各类企事业单位、金融机构及各级行政管理部门从事电子商务设计与开发、商务数据分析、商务运营管理的应用型、复合型、创新性专业人才

续表

培养目标及要求	内 容
培养要求	1.经济管理知识:能够将社会科学、自然科学、经济管理基础和电子商务专业知识用于解决复杂电子商务及相关经济管理问题。 (1)能将社会科学、自然科学、经济管理科学的语言工具用于电子商务问题的表述; (2)能针对具体的对象建立模型并求解; (3)能够将相关知识和方法用于推演、分析电子商务专业问题; (4)能够将相关知识和模型方法用于电子商务专业问题的求解。 2.问题分析:能够应用社会科学、自然科学、计算机科学、经济管理基本原理,并通过文献研究,识别、表达、分析复杂电子商务及相关经济管理问题,以获得有效结论。 (1)能运用相关科学原理,识别和判断复杂电子商务问题的关键环节; (2)能基于相关科学原理和模型方法正确表达复杂电子商务问题; (3)能认识到解决问题有多种方案可选择,会通过文献研究寻求可替代的解决方案; (4)能运用基本原理,借助文献研究,分析过程的影响因素,获得有效结论。 3.设计/分析解决方案:能够设计针对复杂电子商务问题的解决方案,设计满足特定需求的系统,并能够在设计环节中体现创新意识,考虑法律、健康、安全、文化、社会,以及环境等因素。 (1)掌握电子商务系统设计和开发全周期、全流程的基本设计/分析方法和技术,了解影响设计目标和技术方案的各种因素; (2)能够针对特定需求,完成单元(部件)的设计与分析; (3)能够进行系统或流程设计分析,在设计中体现创新意识; (4)在设计中能够考虑安全、健康、法律、文化及环境等制约因素。 4.研究:能够基于科学原理并采用科学方法对复杂电子商务问题进行研究,包括设计实验、分析与解释数据,并通过信息综合得到合理有效的结论。 (1)能够基于科学原理,通过文献研究或相关方法,调研和分析复杂电子商务问题的解决方案; (2)能够根据电子商务对象特征,选择研究路线,设计电子商务实验方案; (3)能够根据电子商务实验方案构建实验系统,安全地开展实验,正确地采集实验数据; (4)能对电子商务实验结果进行分析和解释,并通过信息综合得到合理有效的结论。 5.使用现代工具:能够针对复杂电子商务问题,开发、选择与使用恰当的技术、资源、现代信息技术工具,包括对复杂电子商务问题的预测与模拟,并能够理解其局限性。 (1)了解专业常用的现代信息技术工具和模拟软件的使用原理和方法,并理解其局限性; (2)能够选择与使用恰当的信息资源和专业模拟软件,对复杂电子商务问题进行分析、计算与设计; (3)能够针对具体的对象,开发或选用满足特定需求的现代工具,模拟和预测专业问题,并能够分析其局限性。 6.电子商务与社会:能够基于电子商务相关背景知识进行合理分析,评价电子商务实践和复杂电子商务问题解决方案对社会、健康、安全、法律,以及文化的影响,并理解应承担的责任。 (1)了解专业相关领域的技术标准体系、知识产权、产业政策和法律法规,理解不同社会文化对电子商务活动的影响;

续表

培养目标及要求	内　　容
培养要求	（2）能分析和评价专业电子商务实践对社会、健康、安全、法律、文化的影响，以及这些制约因素对项目实施的影响，并理解应承担的责任。 7.环境和可持续发展：能够理解和评价针对复杂电子商务问题的实践对环境、社会可持续发展的影响。 （1）知晓和理解环境保护和可持续发展的理念和内涵； （2）能够站在环境保护和可持续发展的角度思考电子商务实践的可持续性，评价电子商务系统中可能对人类和环境造成的损害和隐患。 8.职业规范：具有人文社会科学素养、社会责任感，能够在电子商务实践中理解并遵守职业道德和规范，履行责任。 （1）有正确价值观，理解个人与社会的关系，了解中国国情； （2）理解诚实公正、诚信守则的电子商务职业道德和规范，并能在电子商务实践中自觉遵守； （3）理解设计、运营及管理人员对公众的安全、健康和福祉，以及环境保护的社会责任，能够在电子商务实践中自觉履行责任。 9.个人和团队：能够在多学科背景下的团队中承担个体、团队成员，以及负责人的角色。 （1）能与其他学科的成员有效沟通，合作共事； （2）能够在团队中独立或合作开展工作； （3）能够组织、协调和指挥团队开展工作。 10.沟通：能够就复杂电子商务问题与业界同行及社会公众进行有效沟通和交流，包括撰写报告和设计文稿、陈述发言、清晰表达或回应指令，并具备一定的国际视野，能够在跨文化背景下进行沟通和交流。 （1）能就专业问题，以口头、文稿、图表等方式，准确表达自己的观点，回应质疑，理解与业界同行和社会公众交流的差异性； （2）了解专业领域的国际发展趋势、研究热点，理解和尊重世界不同文化的差异性和多样性； （3）具备跨文化交流的语言和书面表达能力，能就专业问题，在跨文化背景下进行基本沟通和交流。 11.项目管理：理解并掌握电子商务原理与经济管理决策方法，并能在多学科环境中应用。 （1）掌握项目中涉及的管理与经济决策方法； （2）了解电子商务系统全周期、全流程的成本构成，理解其中涉及的经济管理与经济决策问题； （3）能在多学科环境下（包括模拟环境），在设计开发解决方案的过程中，运用经济管理与经济决策方法。 12.终身学习：具有自主学习和终身学习的意识，有不断学习和适应发展的能力。 （1）能在社会发展的大背景下，认识到自主和终身学习的必要性； （2）具有自主学习的能力，包括对技术问题的理解能力、归纳总结的能力和提出问题的能力等。

3.2.3.10 合肥工业大学

培养目标 及要求	内　　容
培养目标	本专业培养能适应社会主义市场经济建设需要,在德、智、体、美、劳等方面全面发展,具备现代管理和信息经济理念,掌握信息技术和电子服务综合技能,具有扎实的专业基础和良好的知识结构,具备人文精神、科学素养和诚信品质,能在企事业单位从事网站网页设计、网站建设维护、店铺运营、企业商品和服务的营销策划、客户关系管理、供应链管理、电子商务项目管理、电子商务活动的策划与运作,具有互联网思维,能从事"互联网+"、移动电子商务、跨境电商,拥有互联网创业思维、创业意识、创业能力的"知识型""技能型""创新型"复合应用人才
培养要求	本专业学生主要学习经济学、计算机和工商管理方面的基本理论和基本知识,接受电子商务系统工程的开发、应用与管理方面的基本训练,掌握分析和解决电子商务问题的基本能力。 本专业人才的知识要求: (1)掌握现代管理、网络经济和信息技术相关的基本理论和专业知识,熟悉有关电子商务问题的定性和定量分析方法,具有电子商务系统开发、应用和管理的技能。 (2)了解与现代物流相关的理论知识和基本技巧,掌握供应链管理、物流管理等相关知识,并具有物流系统设计、规划与开发、物流运作和组织管理的能力。 (3)掌握信息经济、会计学、互联网金融、电子支付等经济金融类知识,具备优化企业商业模式、增加企业收入的能力。 (4)熟悉国内外与电子商务相关的方针、政策和法规与国际惯例,了解快速发展的跨境电商产业动态,注重产业技术创新和商业模式创新并及时掌握相应的理论与技术知识。 本专业人才的能力要求: (1)掌握数据库、网络安全及网页制作和网站优化及推广,熟练掌握网络营销常规手段和运用网络推广工具。 (2)具有独立获取新知识、提出问题、分析和解决问题的基本能力和开拓创新精神。具有较强的语言表达能力,信息采集、信息分析能力及分析和解决电子商务问题的基本能力 (3)具备独立自主地获取本专业相关知识的学习能力,具有一定的科学研究和实际工作能力,具有一定的批判性思维能力。拥有良好的英语听、说、读、写能力,能够顺利地使用本专业的英文资料。 本专业人才的素质要求: (1)重视人文经典教育,强调学生全面人格的养成,要求学生掌握自然科学、社会科学和人文学科等通识类相关知识,关注学生理性、道德、审美、精神、灵性、品质的提升。 (2)具有胸怀世界、敢于承担的责任意识和坚持自主学习、终生学习的观念;具备良好的职业道德情操,拥有严谨的工作态度、务实的工作作风和团队精神。 (3)注重实践,具备良好的"互联网+"应用能力,具有互联网创新意识、创意思维和创业能力,成为互联网领域的创新者

3.2.3.11 华中师范大学

培养目标及要求	内　　容
培养目标	电子商务专业培养具备现代管理和信息经济理念,掌握网络技术和电子服务综合技能,具有扎实的专业基础和良好的知识结构,具备良好的道德修养和一定的互联网创新创业素质,能适应现代社会商务运营、专业管理和技术服务的复合型应用人才
培养要求	结合我校"地经渗透,工管结合"的办学特点,本专业实行1+3人才培养模式,即第一学年按专业大类培养,第二学年开始分专业培养。以马克思列宁主义、毛泽东思想、邓小平理论、"三个代表"重要思想、科学发展观、习近平新时代中国特色社会主义思想为指引,突出网络技术与经济管理结合的特色,培养学生掌握现代管理、网络经济和网络技术的理论知识和专业技能,培养学生的电子商务项目管理、网络营销、商务系统规划设计与开发、互联网环境下决策与创业等方向的能力和素质

3.2.3.12 上海财经大学

培养目标及要求	内　　容
培养目标	本专业培养德、智、体、美等方面全面发展,掌握经济学和管理学的基本理论和电子商务的基本知识与技能,掌握电子商务平台开发、应用与管理的技术,具备网店运营、网站建设、网络营销、数据分析与商务策划等电子商务实践能力,能从事电子商务系统规划、设计、运营、管理、服务等战略性新兴产业的应用技术型、商务型人才
培养要求	1. 素质结构要求 (1)基本素质:热爱祖国,有为国家富强、民族昌盛而奋斗的志向和社会责任感;文明礼貌、遵纪守法;有较好的语言、文字表达能力;有健康的体魄和良好的心理素质。 (2)职业素质:有高度的责任感和敬业精神,忠于职守,诚信廉洁,保守商业机密,工作作风严谨认真;具有较强的团队精神和创新意识;具有较强的社会活动能力和协调组织能力。 2. 知识结构要求 (1)掌握经济学、管理学和计算机科学的基本理论、基本知识。 (2)了解电子商务的理论前沿和发展动态,熟悉通行的国际惯例及相关政策和法规。 (3)掌握电子商务主要专业岗位技能所必需的专业理论知识和实践技能。 3. 能力结构要求 (1)具备网店开设、装修、运营、管理、推广等网上创业能力。 (2)具备在各类企业、事业单位及政府机构从事电子商务网站的规划与设计、运作与管理、安全与维护的能力。 (3)具备在互联网公司、商务网站及各类企业和政府等部门的相关岗位从事网络营销、网站策划/编辑、网站运营及推广等工作的能力。 (4)掌握电子商务网站的后台程序设计、数据库的链接等相关的实用技术,具备网站与信息化建设的规划、实施与管理能力。

续表

培养目标及要求	内　　容
培养要求	（5）具备较好的专业外语实际运用能力、语言交流能力,具备从事跨境电商客户服务、电子商务平台维护、商务策划等经济贸易业务、商务谈判等工作的能力。 4. 专业资格证书要求 本专业要求学生具备考取助理电子商务师、办公自动化工程师、网页设计师、多媒体设计师、网络编辑师、网络营销师等专业资格证书的能力。 5. 技术岗位与对应课程和实践训练 电子商务专业的岗位主要有:网站设计与开发、网络营销与跨境电商和电子商务运营

3.2.3.13　西南财经大学

培养目标及要求	内　　容
培养目标	西南财经大学电子商务专业人才培养遵循党的教育方针,牢牢把握教育必须为社会主义现代化建设服务、为人民服务的宗旨,牢牢把握人才培养必须与生产劳动和社会实践相结合的要求,旨在培养德、智、体、美、劳全面发展的社会主义建设者和接班人。 本专业毕业预期达到以下目标:作为国内最早一批成立的电子商务专业和四川省特色专业,本专业以支付结算为特色,以新兴电子商务模式,特别是互联网金融与共享经济等为研究重点,依托"中国支付体系研究中心"与金融智能与金融工程四川省重点实验室,与阿里巴巴、中国银联、京东等企事业单位,以及全省多个地市州商务部门建立起长期友好的合作关系,拥有明显的学科优势和鲜明的专业特色。本专业致力于培养掌握信息科学知识与技术,具有坚实的经济管理理论基础与数理分析能力,具备使用信息技术,尤其是大数据技术等开展商务分析的能力,能够从事现代电子商务管理与系统开发的高级复合专门人才。 目标1——具有优良的政治思想素质,高尚的职业道德,强烈的社会责任感与积极进取的创新精神。 目标2——具有优秀的自我管理、自主学习能力,具有较强的创新能力,在当今不断变化与发展的社会中表现出良好的适应能力。 目标3——具有扎实的专业基础知识和技能,具有较强的实践业务能力,能够把握本专业领域的发展前沿,并能熟练运用于实际的工作学习当中 目标4——具有高度的国际化视野和国际化理念,具备参与和管理国际化项目的能力,具有优秀的国际沟通交流能力。 目标5——具有完善的职业规划,能够根据自己的兴趣、能力、特长等各方面进行综合分析,较为准确地确定自己的职业奋斗目标,并为之做出行之有效的计划
培养要求	毕业时,本专业学生应具备以下能力: 1. 掌握电子商务相关的基本理论和基础知识,具有电子商务应用的基本能力; 2. 了解电子商务前沿研究的内容和方法;

续表

培养目标及要求	内　　容
培养要求	3. 了解电子商务应用领域的最新发展现状、发展趋势和前沿技术； 4. 掌握电子商务专业的分析方法、设计方法和实现技术； 5. 具有综合运用多学科知识分析和解决电子商务问题的能力，具有一定的科研潜力； 6. 掌握电子商务系统开发、应用与管理的技术和技能；具备从事电子商务业务的一定实践经验，特别是网站建设、开发与管理的实践； 7. 熟练掌握以下技能：口头与书面沟通能力；撰写研究报告的能力；应用数据库管理系统、数据挖掘软件及统计分析软件的能力；团队精神与合作意识

3.3　本章小结

为有效改善电子商务发展面临的不平衡、不充分问题，贯彻落实习近平总书记"为党育人、为国育才"的重要讲话精神，为新时代电子商务领域培养政治过硬、能力过硬、专业过硬的人才队伍，本章通过比较国内外电子商务发展进程及现状，延伸到国内外电子商务教学发展概况研究，并列举部分代表高校进行实例说明，对国内外电子商务教学异同进行分析，同时以电子商务教材的编写新思路为着力点，以输出中国的优秀电商教材为落脚点，把握发展规律，抓住机遇，应对挑战，助推"十四五"电子商务发展目标的实现，进一步满足大国发展之需，努力于变局中开新局，在比较研究中描绘新图景。

本章通过统计分析全球各地区及代表国家的电子商务数据，比较其电子商务发展情况，对研究国内外电子商务教学培养方式的差异，以完善电子商务人才培养体系，强化"政、产、学、研、用、培"六位一体的人才培养模式，建立多元联动的电子商务人才培养机制，培养高质量的电子商务人才，到2025年，实现电子商务相关从业人数达7000万人，为"十四五"时期电子商务产业高质量发展保驾护航。

第4章　中外电子商务教材比较研究

知识架构

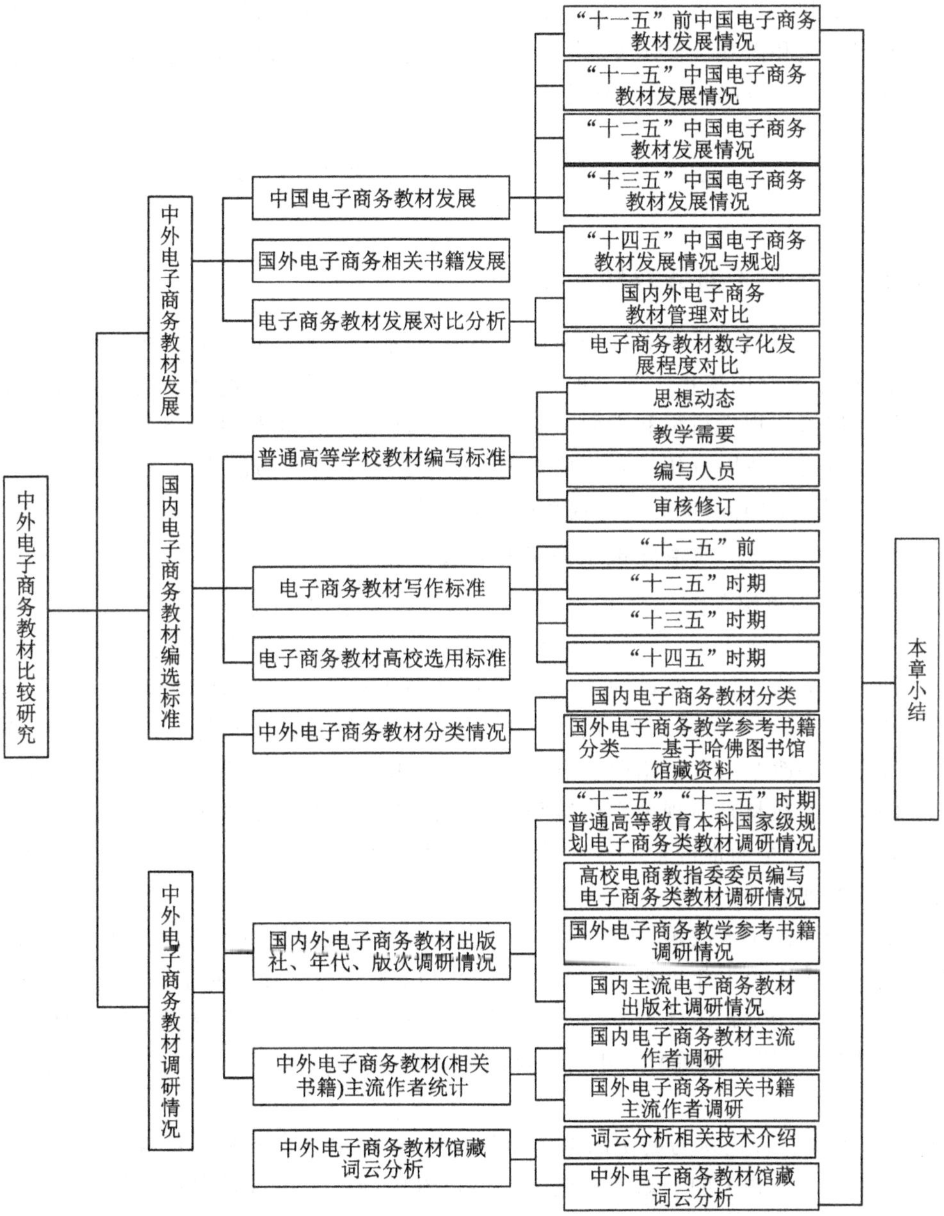

电子商务作为国家战略性新兴产业,对推动商业模式转型、促进行业优化提升、扩大服务市场规模、推动现代服务业与信息经济发展等领域具有深远影响。电子商务为大众创业、万众创新带来的新机遇,将成为中国促进经济增长的重要源动力。电子商务类专业则是以互联网等信息技术为依托、面向现代经济社会领域商务活动的新兴专业。该专业具有较强的知识交叉和实践应用特点,强调管理、经济和信息等多学科的融合。

教育是国之大计、党之大计。在百年未有之大变局的新时代,作为新兴专业、新兴产业的电子商务应当受到足够的重视,电子商务领域的人才培养和教学更是重中之重。要不断提高新时代育人质量和办学水平,就应当重视高校专业教育的一大关键点——教材。源于此,本章将分别从宏观层面和微观层面出发,进行中外电子商务教材比较研究,梳理并对比中外电子商务教材的发展、编选标准以及调研情况。

4.1 中外电子商务教材发展

4.1.1 中国电子商务教材发展

中华人民共和国国民经济和社会发展五年规划纲要,简称"五年规划",是中国国民经济计划的重要部分,主要对国家重大建设项目、生产力分布和国民经济重要比例关系等做出规划,为国民经济发展远景规定目标和方向。"五年规划"涉及各个领域,指导各行各业的发展,是纲领性文件。本节将以我国五年规划为依据划分时间阶段,分别梳理"十一五"前、"十一五"、"十二五"、"十三五"、"十四五"期间中国高校电子商务教材发展情况。

4.1.1.1 "十一五"前中国电子商务教材发展情况

1999年中共中央国务院发布了《中共中央国务院关于深化教育改革,全面推进素质教育的决定》[304]指出:"当今世界,科学技术突飞猛进,知识经济已见端倪,国力竞争日趋激烈。教育在综合国力的形成中处于基础地位,国力的强弱越来越取决于劳动者的素质,取决于各类人才的质量和数量,这对于培养和造就我国21世纪的一代新人提出了更加迫切的要求。"中央的决定为高等教育的改革与发展指明了方向。2001年我国进入第十个五年计划,高等教育呈现快速发展的势头。教材是体现教学内容和教学方法的知识载体,是进行教学的基本工具,也是深化教育教学改革,全面推进素质教育,培养创新人才的重要保证。相应地,高等教育教材建设也得到一个快速发展。

国务院办公厅的重大决策,为中国高等教育的改革和发展提供了方向。随着2001年中国经济社会进入了第十个五年计划,中国高等教育也出现了迅速成长的态势。教材作为反映教学内容与方法的科学知识载体,是学校实施教育的基本工具,也是学校开展教育课程改革、全方位开展素质教育、塑造创新型人才的主要保障。相应地,中国高等学校教材建设水平也得到一个迅速提升。

同时,1999年是界内认为的中国电子商务元年,中国电子商务处于萌芽期(1996—2002),该时期中国电子商务相关的书籍教材极少。但随着中国电子商务经过萌芽期(1996—2002)、起步期(2003—2007)的发展,在"十一五"之前,中国电子商务教材的发展有了起步。

"十五"时期普通高等教育教材建设的指导方针是:以邓小平理论为指导,全面贯彻国家的教育方针和科教兴国战略,面向现代化、面向世界、面向未来,认真贯彻全国第三次教育工作会议精神,深化教材工作改革,全面推进素质教育。加强组织领导,加大资金投入;实施精品战略,抓好重点规划,注重专业配套,促进推广选用。为建立具有中国特色的适应21世纪人才培养需要的高等教育教材体系而努力。中国高校电子商务教材也在这一方针的指导下有了起步。

4.1.1.2 "十一五"中国电子商务教材发展情况

"十一五"期间,中国电子商务教材建设贯彻落实科学发展观,认真落实《中宣部 教育部关于加强和改进高等学校哲学社会科学学科体系与教材体系建设的意见》[305]、教育部《关于进一步加强高等学校本科教学工作的若干意见》[306]和《教育部关于进一步深化本科教学改革全面提高教学质量的若干意见》[307]精神,结合"高等学校本科教学质量与教学改革工程"万种新教材建设项目的全面实施,努力构建反映时代特点、与时俱进的电子商务教材体系,为高等教育本科电子商务相关专业的教学质量和人才培养质量的提高提供了保障。并且在2006年,"十一五"的开端之年,成立了第一届教育部电子商务教学指导委员会。

"十一五"时期,中国电子商务教材建设的基本状况如下:一是电子商务教材出版更加多样化。由于我国电子商务进入发展期,电子商务教材总量大幅增长,能够基本适应教育需要;二是电子商务教材品质提高。教材建设紧密贴合经济建设和科学技术,与我国电子商务的发展现状相适应,紧密联系电子商务学科专业成长与教育教学改革,持续更新教材内容,充实教材表现形式,编撰出版了一大批教材;三是各领域积极参与电子商务教材建设的主动性提高。尤其是充分调动了各地学校和出版社编撰出版教材的主动性;四是电子商务教材管理更加完善。教育行政部门完善了教材评价体系,拓展了教材建设管理、服务的信息化平台,开展了各级精品教材、优秀教材的评审推荐工作,推进了优质教育资源进课堂;五是教材的国际化进一步推进。加强了国外电子商务教材的引进工作。"十一五"期间,国外电子商务发展领先迅速,针对中国电商学科(课程)发展的需求,经过深入调查、专家论证,吸纳了海外的先进教材,注重对引进教材的整体配套,加大了对引进课程的推广,推动了引进教材的应用与普及。引入的一些在国外具有领先地位的先进电商教材,给中国电商教材建设带来了全新的动力。

与此同时,我国电子商务教材建设也存在一些问题:一是教材编写激励机制不完善,部分高水平教师对于电子商务教材编写的精力投入不足;二是电子商务专业属于新兴专业,教材建设仍不完备、不均衡;三是电子商务实践教学教材缺乏;四是电子商务教材质量监管制度不够健全,电子商务教材评价选用机制有待进一步完善,少数学校选用低水平教材的现象仍然存在;五是电子商务数字化教材缺乏。

4.1.1.3 "十二五"中国电子商务教材发展情况

"十二五"期间,中国高校电子商务教材建设,坚持以邓小平理论和"三个代表"重要思想为指导,深入贯彻落实科学发展观,全面贯彻党的教育方针,全面落实《国家中长期教育改革和发展规划纲要(2010—2020年)》[308]、《国家中长期人才发展规划纲要(2010—2020年)》[309],以服务电商人才为目标,以提升电商教材品质为核心,以不断创新教材建设的体制机制为突破口,以推行教材精品战略、强化教材分类辅导、健全教材评估选用机制为着力点,为提升高校电子商务质量和人才培养品质起到了巨大的作用。

"十二五"时期,各高等教育行政部门进一步强化了对电子商务教材建设的宏观指导和管理工作。一是进一步强化了对教材建设的宏观指导。继续健全完善了高等学校本科阶段电子商务教材建设的运行管理机制,以国家、省(区、市)、高等学校三级教材建设为根基,充分调动各领域参与教材建设的积极性。教育部研究完善了"十二五"国家规划教材遴选机制,实行本科教材精品策略。二是强化了政策和资助保证。各高等教育行政部门对"十二五"重点电商教材建设项目,予以一定的政府扶持与资金保证。并支持教学名师、优秀电子商务带头人跨校、跨区域合作编写教材。教育部在本科电子商务教学有关奖项的评审指标体系中增加或强化优秀教材相关指标,激励高水平教师积极参加教材建设。三是形成以提升教育品质为中心的教材建设长效机制。健全教材管理的激励机制,形成了国家、省(区、市)、高等学校三级教材管理监督与评估机制,做好教材宣传工作。

"十二五"时期,充分发挥高校在电子商务教材建设中的主体作用。一是统筹教材建设工作。高等学校根据学校特色,积极推进电子商务教材建设与人才培养相结合,与学校学科建设、专业建设、科研工作、教学方式方法改革,以及基础课程与辅助教学资源构建等相结合,建立良性互动,共同构建高质量电商教材。二是电子商务教材编写团队建设得到完善。高等学校高度重视高质量教材撰写团队的培养,积极鼓励教学名师、优秀学者共同参与教材撰写工作,并将优秀教材作为学校本科教育评奖评优和高校教师专业技术职务评聘的主要依据。引导电子商务领域人员积极参与教材建设,研发适用性和实践性强的精品教材。三是教材的管理体系得以完善。高等学校把电子商务教材建设项目的流程管理工作和目标管理工作紧密结合起来,采取教材立项、阶段检验、目标审核制,强化了教材质量监管。四是抓好教材选用管理工作。高等学校构建了电子商务教材选用机制、质量监测与评估机制、教学使用成效的跟踪调查与信息反馈机制,定期开展教材使用状况的调研、统计分析与评价,正确处理选用优质教材和自编教材的关系,实现了优质教学资源进课程。

"十二五"时期,充分发挥专家学者和行业组织在电子商务教材建设中的作用。一是电子商务教学指导委员会加强了对教材改革与课程体系重大变革情况的调研工作,并向相关教育行政部门提出教学改革与教材建设工作的指导意见与建议,按照学科专业教学基本需求,对高等学校的教材建设分类指导,对出版社的出版选题提出建议,并组织了教材的评估推荐工作。二是各省级教材研究机构和部门起到了参谋、助手和纽带作用,协调和配合各级教育主管部门和高校进行教材共建工作,强化了电子商务教材建设体系、机制等有关理论研讨,增进了教材信息沟通和教材共建经验交流。三是行业协会在电子商务教材建设中的功能得到重视与发展。行业协会也在充分运用其拥有的专业优势和教育资源优势,研发贴合经济社会现实的教材和优秀的实践应用教材。四是充分发挥了出版社在电子商务教材建设上的优势。出版社着眼于社会效益,增强了与高校和专家的密切联系,依靠各自的资源优势,策划课题,编写教材;不断丰富教材种类,不断研发电子商务数字化教材。《关于加快我国数字出版产业发展的若干意见》(新出政发[2010]7号)中指出,到2020年,中国传统出版单位要基本实现数字化转型;做好海外先进电商教材的引进与改编,积极促进本土先进电商教材迈出国门。在提高电商教材出版品质的同时,有力降低了电商教材售价。

同时,教育部开展了"十二五"本科全国规划教材建设工作。"十二五"本科全国规划教材认真贯彻执行《国家中长期教育改革和发展规划纲要(2010—2020年)》,继续转换观念,革新优质教材选拔方式,紧紧围绕提升质量,实施规划教材精选策略,"选""编"结合,以"选"为主。规划教材将采用分批遴选方法,在"十一五""十二五"时期陆续印发的教材中遴选出优质教材供给高校使用。随着教育教学改革的持续深入,还将及时开展符合教改要求的规划教材选题,遴选优秀作者编写教材[310]。

"十二五"期间，伴随着出版社数字化逐步转型，电子商务数字化教材逐渐丰富。一是电子商务静态数字教材，比如电子书已发展较为成熟并得到普及，电子商务电子书以文本、图形等形式存在，强调纸质教材内容的数字化还原。静态媒体数字教材具有可检索、易于传播、更新及时等特点，尤其适合于文章文献的数字化存储、检索与阅读学习。二是电子商务多媒体数字教材逐渐丰富，比如多媒体课件、录像光盘等，能够根据教学需求，将各种媒体资源有效整合，生动、形象地呈现知识内容和创设教学情境，实现传统电子商务纸质教材和教学手段难以实现的教学活动。三是电子商务富媒体数字教材开始应用。富媒体数字教材包括慕课、微课等网络课程。2012年被称为慕课元年，中国慕课建设从2013年开始起步。通过慕课、微课，能创造文本、图像、视频、动画等各种媒介类型的表现形式，从而达到各种媒介类型的有机融合、媒介数据间的直接互动和虚拟现实等；能够创造更为复杂、逼真的教学情景，鼓励学生更加积极、高效地学习；能够实现在学生和媒体资源中间更加自由多样的人机交互，从而增强学生的沉浸感、参与性和信息黏合度。

4.1.1.4 "十三五"中国电子商务教材发展情况

"十三五"时期，教材工作在党和国家教育事业全局中的作用更加突出。中共中央和国务院已确定将课程工作作为国家重要事权，习近平总书记曾多次做出重大指导批示，并强调必须从保障教育系统思想政治稳定、培养社会主义建设者和接班人的战略高度来认识。国家教育部牢固掌握了准确的方向，紧紧围绕以习近平新时代中国特色社会主义思想铸魂教育事业这一重要课题，围绕加速推动教材制度建设与治理水平的现代化这一重要任务，不断创新教材管理体制，教材管理工作局面出现了实质性转变。

中国电子商务教材站在如此的新起点上，也进入了全新发展阶段。深入推进贯彻落实《普通高等学校教材管理办法》[311]，积极推进高校电子商务教材和专业研究、教学的一体化建设和改造，加速形成支撑国际一流、服务我国特色高水平本科教学的电子商务教材框架体系，着力开拓高等学校提质发展教育事业的新格局。

1. 新的教材指导机制和工作体系初步确立

党中央十分重视教材工作，并对国家教材建设领导体系作出了全新的顶层设计调整。经中共中央、国务院同意，2017年7月，国家教材委员会正式成立，由国务院分管领导同志任主任，22名中央和国务院部门的负责同志、26位知名专家学者任委员。国家教材委员会在中央教育工作领导小组的领导下，负责带领和统筹教材建设工作，并进行统筹领导和监督管理。国家教材委员会的成立，从国家层面确立了教材建设的领导体制，是健全国家教材制度的重大举措，是加强党对教材工作领导的重要制度设计。同时，各级教育部门还将完善内部教材管理制度。教育部对下属五个司局的教材管理工作职责加以整合，统一组织设立教材局，具体牵头承担教材建设和管理工作，并承担国家教材委员会办公室工作。教育部有关司局按照我国教材建设的总体要求，具体承担有关学段、学科特点的教材建设任务，在职责范围内与教材局形成建设工作的合力。地方各级教育部门和高校明确了教材管理的职能部门，并具体履行了教材建设和管理的工作职能。

顺应国家教材委员会和教材局的成立，教育部也在"十三五"期间成立了新一届高等学校电子商务类专业教学指导委员会。2018年11月1日，2018—2022年教育部高等学校教学指导委员会成立大会在北京召开,标志着2018—2022年教育部高等学校教学指导委员会正式成立。教育部高等学校电子商务类专业教学指导委员会(以下简称"高校电商教指委")是111个教指委之一,由来自全国高等学校的41名教授组成,刘军教授任主任委员。高校电商教指委是国家层面研究、咨询、指导、推进本科教育的专家组织。这届教指委是在全面贯彻落实国家工作重要会议,是在全力繁荣发展我国高等教育事业的大历史背景下举办的,注定担负了全新的责任,面对着全新的任务,为建好电子商务本科而努力。高校电商教指委下分有教材组,承担起对电子商务教材的调研,适时向相关单位提供教材建设方面的意见与建议,按照专业教育基本特点,对高校的教材建设分类指导,为出版社的出版选择提供意见,负责教材的评估推荐等工作。教材组的全体人员和参会专家本着做好电子商务的编写工作,出版高水平的教材,以满足电子商务专业发展的需求和社会发展的需求这一共识。在国家教材局和相关教育部的领导下,初步确立了新的电子商务教材指导机制和工作体系。

2. 新的教材规划和管理制度体系系统构建

"十三五"时期,国家教材委员会颁布《全国大中小学教材建设规划(2019—2022年)》,明确教材建设的指导思想、基本原则、主要任务和重点举措,整体规划、统筹推进各级各类教材建设。中国电子商务教材的建设也是依此规划进行。

2020年,教育部颁布的《普通高等学校教材管理办法》,确定了国家、地方和学校的管理职责,明确了教材编写、修订、审核、出版发行、选用使用等各环节的管理要求,研制了数字教材管理办法。中国高校电子商务教材遵照该管理办法,进一步织密制度网格,全面提升管理的精细化水平。

"十三五"期间,国家教材委员会建立了教材建设国家奖励制度。设立全国教材建设奖,该奖项由国家教材委员会主办、教育部承办,每四年颁发一次,对各级不同类别的优质教材和做出突出贡献的先进集体、先进个人给予奖励。电商系列教材继续开展评比,着眼于强导向、建机制、促建设,充分调动起各领域的积极作用,推动了电商教材建设水准的提高。2020年,国家教材委员会部署实施了第一次国家教材建设奖励评选。这是中华人民共和国成立后第一个设立的全面涵盖教材建设各方面的专门表彰工作,也是我国教材建设方面的最高奖。

3. 新的教材把关体系有效运行

一是把好教材编写关。严格电子商务教材编写要求、人员条件等,进一步规范了"谁来编、怎么编",进一步提升了教材的编制人员资格门槛,突出了对思想政治素质和学术专业水平的要求,编制规定中强调贯彻正确政治方向和价值导向,全面落实立德树人的根本任务。

二是把好教材审核关。继续对电子商务教材内容进行"凡编必审",完善审批制度,加强评审团队建设,严格审核要求和流程,规范"谁来审、怎么审"的要求。电子商务学科专业通过遴选教材评审专家,规范遴选要求与流程,形成了教材政治审查、专业审定、整合评审、专题审定、对比评估的"五审制度",多角度对教材实施整体评估。

三是把好选用使用关。继续对电商教材"凡选必审",明晰教材选择主体、选择原则、选择程式,严格执行"谁来选、怎么选",并保证所有走进课堂的电商教材均进行了严格选用审查。进一步强化对教材选择使用的抽查力度,会同教育市场监管、出版物监督管理等有关部门,严肃查处违规使用教材的行为,严肃查处在教育价值导向、科学研究方法等方面出现问题的教材。

4. 新的教材保障体系不断完善

一是对电子商务教材建设经费投入的大幅度增长。已形成由国家、地方、高校、出版单位等多方面支持的教材建设经费保障机制。地方和高校按规定将教材建设支出列入本级预算，给予专门保证。积极指导教材编制出版单位加强电子商务教材开发、编著、应用培训、跟踪检测等方面的费用支持。

二是教材团队的基本保障机制不断完善。坚持培养和培训并举，强化教材团队培养。依托重要研发平台、重点研发基地、高水平学科专业建设，培育形成高层次的编审研究队伍和骨干力量。完善鼓励政策，把教材编审作为工作量统计、业绩考核、岗位评聘、职称评定的重点，把优质教材列为组织评比国家重要人才项目的重要内容，体现把优质教材视为关键工作、把参与教材建设视为重大优先工作的评价取向。

三是教材建设的基础支撑持续加强。电子商务学科建立了国家课程教材编审专家信息库，为我国电子商务重点课程建设提供了稳定的人力资源保障。推动教材管理信息化建设，先后建立教材网上评估体系、教材基础数据系统、教材教学质量监控平台、教材信息管理服务平台，教材管理信息化向全域化、全过程发展。

5. 教材价值导向全面树立

一是加强价值引领，促进学科教学和思政教育的相互交融。通过"马工程"专业课教材、思政课程教材的发布，逐步形成有中国特点、中国风貌、中国气派的思想政治社科教育教材体系。进一步推动教材内容和表现手段的变革，全力推动习近平新时代中国特色社会主义思想进教材、进教学，把课程思政教育贯彻到电子商务教材编审工作的全过程，努力实现润物细无声的教育目标。二是考虑我国实际情况，体现我国民情。电子商务教材根据中国特色做了细分，根植于中华大地、总结我国经验、体现我国特点的电子商务教材将逐步问世。三是紧随社会发展，服务于国家需要。与"新工科""新医科""新农科""新文科"发展相匹配，电子商务属于"新文科"与"新工科"的交叉学科，针对我国国家重大战略与学科发展前沿的目标，将陆续展开反映新领域、新学科、新技术的新型交叉学科的教材和教学资源的开发、构建，以支持跨学科人才培养[312]。

6. 高校电子商务教材建设情况

"十三五"期间，全国高等院校的电子商务教材建设坚持科学价值导向、坚持以教学质量为本、推进教育改革创新、加强社会监督保障，与学校专业、课程改革同步，不断推动教材建设的高质量、创新性发展。总结来说，高校电子商务教材建设在此期间具有如下四个方面的特点：

(1) 教材数量持续增长，类型更加丰富。

总体而言，我国高校电子商务教材建设具有两大特点：一是教材数量持续增长，品种增多。不但有电子商务理论课教材，还有实践实训教材，以及理论知识与实践结合的教材等。二是应用性提升。各地各院校不断完善教材建设的顶层设计，以满足人才培养的多元化需要。坚持实施规划教材精品策略，以优质教材、精品教材、规划教材为示范，以适应人才需要为引导，以行业科技进步和专业发展为驱动，以满足高等教育分类发展需要为核心，着重提高教材形式的多样化、普适化，使得满足不同类型院校和学科专业人才培育需求的优秀电子商务教材逐步增加。

(2) 抢抓新技术带来的历史机遇，数字化教材创新发展。

抢抓新一代信息技术发展带来的历史机遇，打造了电子商务"纸质＋数字化"信息教材，以及结合互联网、人工智能等信息技术的虚拟现实、强化现实、配套移动应用软件等内容表现更加充实的多介质教材。中国慕课建设自2013启动,历经发展,共有一千多家院校在"十三五"时期开展了慕课,慕课的总量与应用规模均稳居全球首位。新形态教材突破了纸质教材的限制,增加可视性较强的动态图例,补充创新实验案例,并针对学生个性化发展需求拓展内容,提高了教材表现力与吸引力,强化了教材的育人功能。这不仅在解决传统电子商务教材更新不及时的老大难问题上取得成效,还开展了有效地服务于线上教学、混合式教学等全新的教学方法。在新冠肺炎疫情时期开展的大量在线教学实践中,这些新形态的优质教材都起到了关键作用,从而有效保证了线上教学和线下教学质量的"实质等效"。

(3)融入专业、课程一体化建设与改革,有效保障培养质量。

随着一流专业、一流课程建设的全面推进,专业、课程与教材一体化的建设和改革已经成为"十三五"时期高校进一步推进教学改革、提升教学质量的关键保障。一是将教材建设和选用纳入本科教学质量国家标准。在2018年教育部发布的《普通高等学校本科专业类教学质量国家标准》中,有针对本科高校电子商务专业课程制定教材及参考书目的建设与选用规范,鼓励高校选用规划教材、精品教材等优秀教材。二是将教材编写与选用纳入一流专业和一流课程建设指标。自2019年起,教育部面向全国高校开展一流专业、一流课程遴选,把优秀教材建设作为一流专业、一流课程建设的"硬指标",形成了"一流专业""一流课程"引领"一流教材"建设,"一流教材"建设支撑"一流专业""一流课程"的良性发展局面。三是将教材建设与选用纳入质量监管系统。陆续将教材建设与选用纳入高校本科教学工作合格评估、审核评估以及"双一流"建设高校的考察范围,进一步加强了教学质量跟踪和监管。

教育部高等学校电子商务类专业教学指导委员会(教材组)于2019年5月、2021年6月11日至12日和12月19日展开的教材工作会议,分别对出版的第一、二、三批规划教材进行评审[370]。参加会议的专家和全体与会代表,本着"覆盖电子商务学科标准,覆盖现在已有的承担课程,覆盖未来发展方向"的基本原则,立足于"要经得起历史的检查,要经得起社会的评价、要利于学科的未来发展"这三个要点进行了深入讨论,以务实的态度为国家负责,为未来学科专业发展负责,先后评审了教指委和各大出版社推荐的教材,三次教材工作会议分别评选出15本(第一批)、21本(第二批)和29本(第三批)电子商务规划教材。

归纳总结"十三五"时期中国电子商务教材的发展情况可以看到,搞好教材工作,必须坚定地加强党的全面领导,牢牢把握教材建设的正确政治方向和价值导向,这是搞好教材工作的根本保证;必须旗帜鲜明地用习近平新时代中国特色社会主义思想铸魂育才,这是搞好教育教学工作的核心主线;必须坚持为党育人、为国育才,努力培育社会主义的建设者和接班人,培育肩负中华民族复兴重任的时代新人,这是搞好教材工作的立场初心;必须着力推动教材工作理念、体制机制、途径方法的改革创新,这是做好教材工作的巨大动力;必须加强工作统筹,合理利用好各领域的人才和资源,凝聚起强大合力,这是搞好教材建设的有效途径[313]。

4.1.1.5 "十四五"中国电子商务教材发展情况与规划

在"两个一百年"奋斗目标的历史交汇点上,党的十九届五中全会审议通过了《中共中央关于制定国民经济和社会发展第十四个五年规划和二〇三五年远景目标的建议》,为未来五年乃至十五年中国发展擘画了新蓝图,是夺取全面建设社会主义现代化国家新胜利的纲领性文件。全会明确提出"建设高质量教育体系"的目标,为"十四五"教育发展指明了方向、提供了遵循。课程教材体系是高质量教育体系中的重要内容,是加快推进教育现代化、建设教育强国的关键支撑。中国电子商务教材同样要以党的十九届五中全会精神为指引,加快推进高质量电子商务教材体系建设。

一是要把牢把好中国电子商务教材建设的正确方向。全会着重强调坚持和加强党的全面领导,这是"十四五"时期经济社会发展必须遵循的首要原则。推进新时代中国电子商务教材建设,发挥好教材育人作用,首要任务是加强党的全面领导,夯实各地教育部门的领导职责,牢牢把握党对教材建设的领导权,确保党的教育方针落实到电子商务教材建设的各个方面。

二是要把立德树人贯穿于中国电子商务教材建设的全过程。全会提出,"十四五"时期经济社会发展必须坚持以人民为中心,必须把立德树人贯穿教材建设的全过程。下一步,要建立健全电子商务教材全流程把关机制,抓紧出台教材管理制度,把好学生书包这道大门,努力开创出版让党放心、让人民满意的电子商务教材工作新局面。

三是要坚持新发展理念,不断推出更多经得起历史和实践检验的精品教材。全会提出,"十四五"时期要以推动高质量发展为主题,把新发展理念贯穿发展全过程和各领域。目前,中国电子商务教材体系中高质量的教材数量较少,"十四五"期间还要着重在提高教材品质上下功力。要以组织开展首届全国教材建设奖评选为抓手,以"评建结合、以评促建"为目的,积极吸纳更多的高水平人才编写教材,多创作出经得起历史与实践检验的电子商务精品教材。

四是持续深化改革,努力突破当前中国电子商务教材高质量发展的体制壁垒。当前,教材工作体制建设仍面临着若干亟待解决的问题。比如,地方和高校在电子商务教材工作体系建设上参差不齐、教材出版队伍建设任重而道远。"十四五"时期,学校要以落实电子商务教材建设规划为契机,努力固基础、扬优势、补短板、强弱项,健全相关政策,强化机构、制度和机制建设,切实破除制约教材高质量发展的体制障碍,不断提升教材建设的动力与活力。

五是树立系统观念,推动形成新时代中国电子商务教材建设的巨大凝聚力。全会提出,"十四五"时期经济社会发展必须坚持系统观念,加强全局性谋划、整体性推进。教材建设必须坚持系统观念,加强统筹安排,持之以恒,久久为功。"十四五"时期,要持续加强对电子商务教材战线的统筹领导,继续加强教材编、审、用、管、研队伍的建设和管理,推动建成一支高素质、专业化的电子商务教材工作队伍,为建设中国高质量电子商务教材体系奠定有力基础。

教育部高等学校电子商务类专业教学指导委员会(教材组)于2021年6月11日至12日和12月19日展开的两次教材工作会议,分别对出版的第二、三批规划教材进行了评审。参加会议的专家和全体与会代表,本着"覆盖电子商务学科标准,覆盖现在已有的承担课程,覆盖未来发展方向"的基本原则,立足于"要经得起历史的检查、要经得起社会的评价、要利于学科的未来发展"这三个要点进行了深入讨论,以务实的态度为国家负责,为未来学科专业发展负责,先后评审了教指委和各大出版社推荐的教材,两次教材工作会议分别评选出21本(第二批)和29本(第三批)电子商务规划教材。教材录取工作达到了国际高水平录取标准的要求,为我国电子商务教材建设的高水平、知识的系统化打下了坚实基础。

"十四五"时期,教育部把教材建设与使用列入高等教育教学质量监控体系,先后将教材建设与使用列入高等院校本科教学工作考核合格评定、考核评价和"双一流"建设学校的质量考核等范畴,强化质量跟踪与监管。高等教育专业教材建设与高校人才培养目标紧密联系,与学科专业设置、教学建设紧密联系,跟随教育发展与专业建设进程,努力打造体现新学科、新知识、新方法,富有中国特色、符合社会要求的多种类型、多种形式的高质量电子商务教材[314]。

4.1.2 国外电子商务相关书籍发展

由于无法得到国外官方评定的电子商务教材,本书采用数据调查研究的方法,根据哈佛图书馆的数据,搜集整理了从 1996 年到 2022 年出版的国外电子商务相关书籍,共计 1904 本。本书将按照出版时间,以五年为一个时间跨度,从 1996—2000 年、2001—2005 年、2006—2010 年、2011—2015 年、2016—2022 年这五个阶段对国外电子商务教材的发展进行梳理分析。

如图 4-1 所示,国外电子商务相关书籍于 1996—2000 年出版 89 本、2001—2005 年出版 330 本、2006—2010 年出版 391 本、2011—2015 年出版 481 本、2016—2022 年出版 610 本,国外电子商务相关书籍于 2001—2005 年期间爆发,之后呈稳步增长的态势。

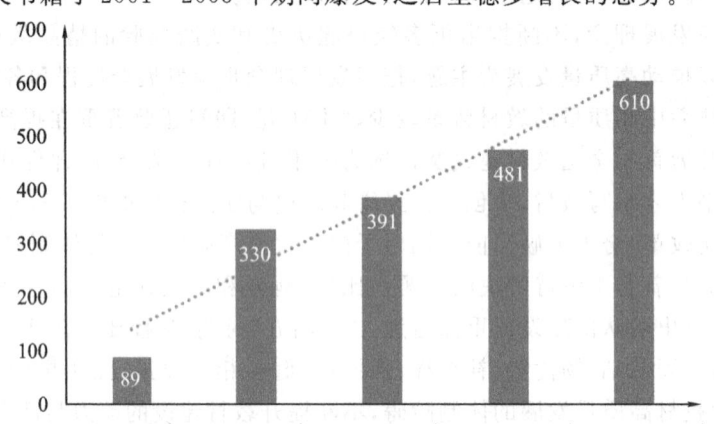

图 4-1 各时间阶段国外电子商务相关书籍数量(单位:本)

接下来分别对各个时间阶段出版的国外电子商务相关书籍进行分析梳理。并且,本书根据国外电子商务专业知识体系对国外电子商务相关书籍进行分类,分别是:电子商务基础、电子商务经济管理、电子商务支付、电子商务技术、电子商务法律法规、电子商务实践。

(1)1996—2000 年。

图 4-2 为 1996—2000 年国外电子商务书籍分类统计。1996—2000 年间,美国电子商务率先发展,而其他国家电子商务大多处于萌芽起步阶段,所以出版的电子商务书籍较少,根据

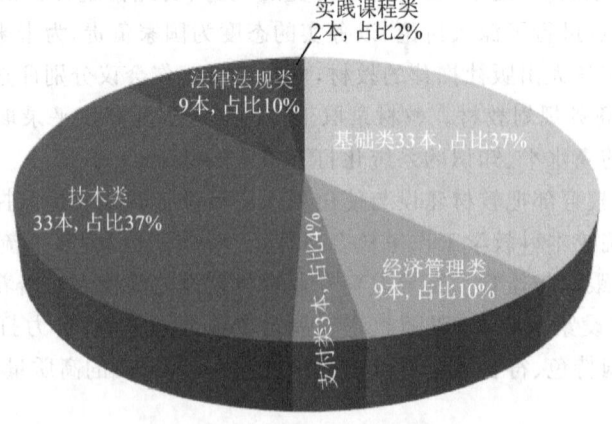

图 4-2 1996—2000 年国外电子商务书籍分类统计

哈佛图书馆的数据,只有 89 本。其中,电子商务基础类与电子商务技术类最多,各出版了 33 本;电子商务经济管理类与电子商务法律法规类其次,各出版了 9 本;最少的是电子商务支付类与电子商务实践课程类,分别为 3 本和 2 本。这种现象的存在具有其现实的原因,在电子商务萌芽期,着重的是对基础和技术的研究与学习,电子商务的应用实践极少。

(2) 2001—2005 年。

2001—2005 年,国外电子商务开始快速发展,国外电子商务书籍迎来了爆发式增长,这期间累计出版 330 本,其分类统计如图 4-3 所示。其中最多的是电子商务基础类,有 133 本;其次为电子商务技术类和电子商务经济管理类,分别有 94 本和 80 本;电子商务法律法规、实践、支付类的相关书籍仍非常少,分别有 10 本、7 本和 6 本。电子商务经济管理类书籍的大幅增加主要是由于当时电子商务快速发展,国外的网络零售也开始兴起。

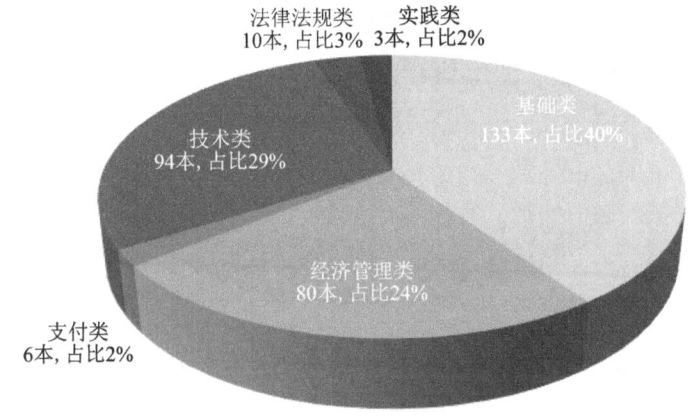

图 4-3 2001—2005 年国外电子商务书籍分类统计

(3) 2006—2010 年。

2006—2010 年,国外电子商务稳步发展。相应地,国外电子商务书籍也稳步增加,较 2001—2005 年增长幅度不大,共 391 本,其分类统计如图 4-4 所示。其中主要的增长在电子商务基础类书籍,增长至 60% 的占比;其他类别的电子商务书籍变化不大,电子商务经济管理

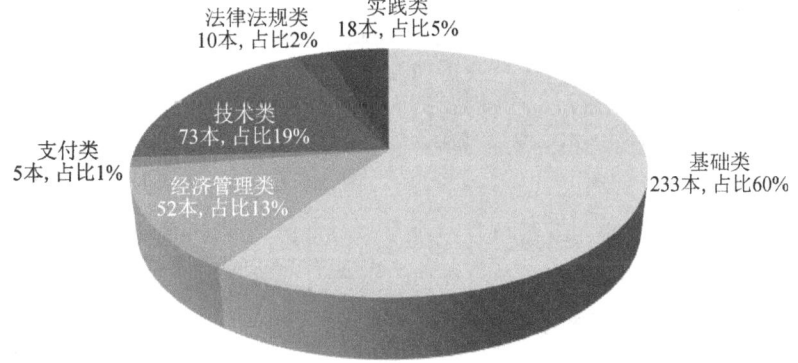

图 4-4 2006—2010 年国外电子商务书籍分类统计

类与电子商务技术类书籍相较上一阶段有所减少,分别为 52 本和 73 本;电子商务实践、法律法规、支付类的书籍分别为 18 本、10 本和 5 本。

(4)2011—2015 年。

2011—2015 年,全球电子商务高速发展,国外电子商务书籍继续稳步增加,其分类统计如图 4-5 所示。其中电子商务基础类书籍占 47%,共出版 226 本;电子商务经济管理类与电子商务技术类大幅增加,分别占 25%、22%,各有 119 本、104 本;电子商务法律法规类书籍有所增加,累计出版 19 本。随着电子商务的高速发展,相关法律法规的建立相应地有所加强,但电子商务支付与实践类书籍仍然很少。

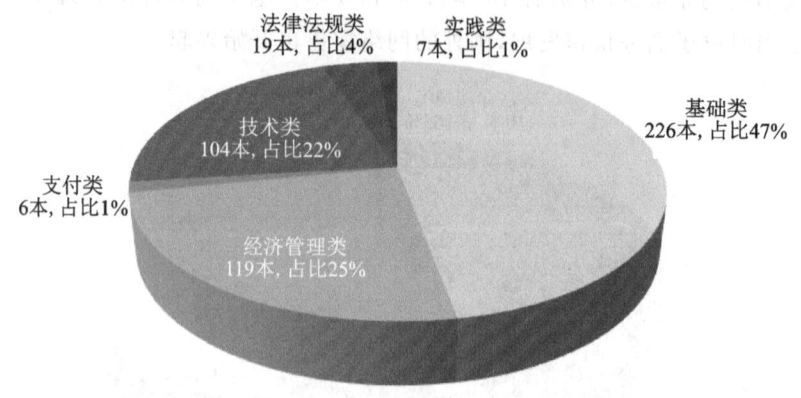

图 4-5 2011—2015 年国外电子商务书籍分类统计

(5)2016—2022 年。

2016—2022 年,全球电子商务蓬勃发展,国外电子商务书籍大幅增加,共出版 610 本,其分类统计如图 4-6 所示。其中电子商务基础类书籍出版量依然高居不下,共 357 本,占 59%;电子商务技术类书籍增加较多,有 122 本,占 20%,数量占比超过电子商务经济管理类书籍,这与此期间电子商务相关技术高速发展相关,VR、AR、元宇宙等新兴技术的研究与应用越来越多、越来越深入;电子商务法律法规类与电子商务支付类分别有 27 本和 11 本。

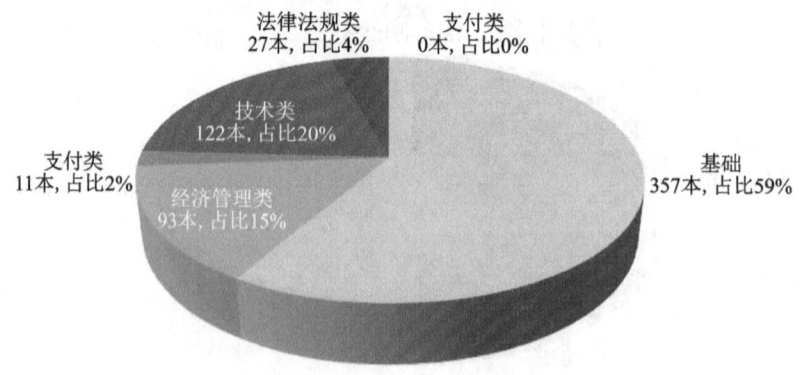

图 4-6 2016—2022 年国外电子商务书籍分类统计

4.1.3 电子商务教材发展对比分析

4.1.3.1 国内外电子商务教材管理对比

1. 国外电子商务教材管理

国外高校电子商务教材属于社会化管理。社会化管理又被称为开放性管理,是一种比较适合完全学分制高校教学的高校教材管理模式。在这一管理方式下高校教材管理部门——教材科将基本消失,教材管理中的教材供应部门将为市场社会所掌握。这一高校教材管理方式标志着高校教材的市场化经营,充分体现了市场的本性,为发达国家的许多院校所采用。例如,美国高校教材采用完全市场化的模式,在这一高校教材管理模式下,学习者具有自由挑选和订购教材的权力,更偏向于挑选知名度大的优秀教材,教材编写者和出版商为了提高销售也会努力提升教材质量,这样就产生了推动高校教材发展的良性循环。社会化市场化的高校教材管理方式也推动了网络书店和教材租赁业务的开展。大学周围有不少出售课本的书店。租赁教材符合高校学生以租代购教材的要求,不但降低了学习者的经济负担,还增加了教材的使用用率。2010年,专营教科书的出版商圣智学可出版公司、美国最大的实体书店——诺邦书店、College Book Renter和亚马逊书店纷纷开展教科书出租业务。由此,在市场化竞争模式下,电子商务教材拥有良好的竞争环境,国外电子商务教材蓬勃发展。

2. 国内电子商务教材管理

2012年至今,我国全面建设新时代中国特色教材制度体系。

首先,健全了国家宏观领导下的国家、地方和学校三级教材管理体制。电子商务教材也在国家、地方和学校三级教材管理体制内。党的十八大以来党和国家的一系列教育改革政策,为教材体系变革提供了方向。2014年教育部将国家教材小组更名为教育部课程教材工作领导小组,承担"基础教育、职业教育和高等教育课程教材建设的领导决策"[315]等职能。2017年全面落实《关于加强和改进新形势下大中小学教材建设的意见》,党和国家成立了国家教材委员会和教育部教材局。国家教材委员会主要负责"指导和统筹全国教材工作,贯彻党和国家关于教材工作的重大方针政策"[316]等;教材局主要"承担国家教材委员会办公室工作,拟订全国教材建设规划和年度工作计划,负责组织专家研制课程设置方案和课程标准,制定完善教材建设基本制度规范"等。这一时期,国家在大中小学教材建设与管理中的主体责任得到全面落实,党对教材建设与管理的领导权和支配权得到加强。

其次,创新了教材管理制度。一是进一步健全了电子商务教材编审体系。一方面,明确要求了电商教材编审人员的能力要求。2016年,有关负责人指出,要"修订完善课程教材编写审查人员资质审查办法,细化资质标准,明确具体要求"[317]。另一方面,要研制电子商务教材编审办法。《教育部关于印发〈教育部2017年工作要点〉的通知》指出,要切实加强课程教材建设,研制教材编写审定管理办法。《教育部关于印发〈教育部2018年工作要点〉的通知》再次强调,要切实加强教材建设,出台"中小学、职业院校、高等学校教材以及引进教材管理办法"等。二是规范电子商务教材选用制度。继续对电商教材进行"凡选必审",明晰教材选择主体、选择原则、选择程序,严格执行"谁来选、怎么选",并保证对凡是走进课堂的电商教材均进行了严格选用审查。进一步强化对教材选择使用的抽查力度,会同教育市场监管、出版物监督管理等有关部门,严肃查处违规使用教材的行为,严肃查处在教育价值导向、科学研究方法等方面出现问题的教材。

最后,建立电子商务教材管理的长效机制。《教育部关于 2013 年深化教育领域综合改革的意见》(简称《综改意见》)[318]指出:"以完善推进教育改革的体制机制为着力点,不失时机深化教育领域综合改革"。一是落实《综改意见》精神,国家推进了教材宏观管理机制改革。2017年,教育部启动全国大中小学教材建设五年规划和管理办法研制工作,旨在系统规划未来五年的教材建设工作,加强教材管理基础性制度建设,落实党中央、国务院新的要求[319]。二是加强电子商务教材监管机制。2016 年国务院第四次修订并颁布《出版管理条例(2016 年修正本)》,该条例指出:"对出版物的出版、印刷、复制、发行、进口单位进行行业监管,实施准入和退出管理"。三是强化电子商务教材监测机制。积极指导教材编制出版单位加强电子商务教材开发、编著、应用培训、跟踪检测等方面的费用支持。推动教材管理信息化建设,先后建立教材网上评估体系、教材基础数据系统、教材教学质量监控平台、教材信息管理服务平台,教材管理信息化向全域化、全过程发展[320]。

总的来说,我国电子商务教材管理更具宏观性、规划性。中国电子商务教材建设项目接受各级教育主管部门的宏观指导和监督管理,有较为健全的高等学校本科电子商务教材建设的运行管理机制,以国家、省(区、市)、高等学校三级教材建设为依据,充分调动各领域参加教材建设项目的积极性,制定了本科教材精品战略。我国的电子商务教材受到充分的政策支持和经费保障。教学名师、优秀电商专业带头人获得政府教育部奖励,主动跨校、跨地域合作编写教材,主动参与教材建设。国家确立了以提升高等教育品质为核心内容的课程建设长效机制。中国高校在电子商务教材建设中也发挥了主体作用。统筹教材建设管理工作,完善了电商教材编写团队建设,进一步加强教材建设管理工作、抓好电商教材选择管理工作,正确处理选择优质教材和自编讲义的关系,实现优秀教学资源走进课程。国内专家和行业机构在电商教材建设中也发挥了重要作用。电子商务教学指导委员会加强了对教材与课程体系改革的研讨,并积极参与教材的评估推荐等工作;各省、市级教材建设研发机构和部门起到了重要参谋、助手和纽带角色,积极协调、配合各级教育主管部门和高校做好教材建设工作;行业协会在电子商务教材建设中的功能受到广泛关注并得以发展;出版社也在电子商务教材建设中发挥了重要作用。

4.1.3.2　电子商务教材数字化发展程度对比

国外高校电子商务教材发展的另一个方向是数字化。随着电子视频在发达国家尤其是在美国的普及,专门出版电子教材的出版商逐渐出现,有的甚至找来专业领域的大师编写教材,而且只发行电子版。电子教材价格低于纸质版本。加拿大最大的独立大专教育集团(Eminata)和国际最大的教育出版集团(Pearson)联合推出了北美最大的电子教材项目。

并且,国外具有维基式数字出版模式。2009 年麦克米伦公司推出在网上租借阅读教材的服务,通过 Dynamic Books 平台下载到 iPad 或 iPhone 上的数字教材,可以进行师生互动学习。这被称为维基式数字出版模式。在这个平台上,教师可以直接对教材进行修改和完善,并且有权在修改的个性化内容前标注自己的姓名,还可以上传自己的教学计划、教学笔记以及相关的文档,这一模式有利于让专业领域的优秀人才广泛参与到高校教材的修订和完善中。这一模式下高校电子商务教材的编写不再单单依靠一己之力,而是集思广益、博采众长,有利于促进高校电子商务教材建设的发展。近些年,教材数字化探索和实验一直是国外对高校教材研究和关注的焦点。大规模的数字教材不断涌现,软件教学不断发展,维基式数字出版模式推动了国外高校电子商务教材建设与管理模式的创新和优化。

而我国电子商务教材电子化起步相对国外较晚,我国电商教材发展主要围绕高校教材建设、精品教材管理建设与服务、高校教材样本库建设等方面展开,教材数字化建设提供个性化服务初期较少,但从"十二五"开始,我国加大了对电子商务数字化教材的开发;2020年教育部颁布了《普通高等学校教材管理办法》,确定国家、地方、学校管理职责,明确教材编写、修订、审核、出版发行、选用使用等各环节管理要求,研制数字教材管理办法。"十三五"期间,我国抢抓新技术带来的历史机遇,推出了电子商务"纸质+数字化"资源教材。在"十四五"期间,我国电子商务数字化教材继续蓬勃发展。

4.2 国内电子商务教材编选标准

根据国务院《关于大力发展电子商务 加快培育经济新动力的意见》、国务院办公厅《关于加快电子商务发展的若干意见》、《关于深化高等学校创新创业教育改革的实施意见》、教育部《关于全面提高高等教育质量的若干意见》《中华人民共和国高等教育法》、《中华人民共和国学位条例》等相关文件的要求,电子商务类专业的重大使命是培养有经济理念、有综合技能、有专业精神、有创新素质的复合型、高质量、现代化人才。

高校电子商务教材的编写和选用工作是我国高校学科专业建设的重要内容、对于提升教学质量和促进人才培养至关重要,电子商务专业的教材建设应当争做"一流",促进学科教学和思想政治教学融会贯通,立足实际、体现国情、紧扣时代精神。这也意味着应进一步推进对高等学校课程建设项目的科学规划与宏观管理,并更加规范审慎地对待高等学校电子商务专业教材的编写、分类和使用。同时按照中华人民共和国教育部的高等教育2020"收官"系列新闻发布会,在编选教材时要逐步推进高等学校课程建设与学科研究和教学的整合建设改革,加速形成支撑世界一流、符合中国特色高层次本科生教育发展的教材体系,并着力开拓高等学校教育提质创新发展的新局面[321]。

4.2.1 普通高等学校教材编写标准

党的十八大以来,习近平总书记强调:"高等教育要做好'四为服务',即高等教育要为人民服务、为中国共产党治国理政服务、为巩固和发展中国特色社会主义制度服务、为改革开放和社会主义现代化建设服务。"总书记还强调:"办好我国高校,办出世界一流大学,必须牢牢抓住全面提高人才培养能力这个核心点,并以此来带动高校其他工作。"新时代青年人才应当做中国特色社会主义事业的建设者和接班人,而高校人才培养的基础则在于专业教育,因此要制订专业类教学质量国家标准,从而对高校的教育和培养加强引导、监管和问责。国务院教育行政部门负责制定全国高等教育教材建设规划工作,除此之外还要担起组织编写和遴选公共基础课程教材、专业核心课程教材,以及适应国家发展战略需求的相关学科紧缺教材的重任。

4.2.1.1 思想动态

思想动态方面,《普通高等学校教材管理办法》表明,高校教材首先应当体现党和国家意志,全面贯彻党的教育方针。具体来说,高校教材应做到"一坚持+五体现",即:坚持马克思主义指导地位,体现马克思主义中国化的要求,体现中国和中华民族风格,体现党和国家对教育的基本要求,体现国家和民族基本价值观,体现人类文化知识积累和创新成果。此外,还应当在教材内容方面加强爱国主义、集体主义、社会主义教育,引导学生坚定"四个自信",即:道路自信、理论自信、制度自信、文化自信。立德树人是教育重任,如此才能培养出能够担当中华民族伟大复兴之大任的时代新人。

1. 指导思想

根据2020年全国人民代表大会常务委员长工作总结,高校的教材应当以马克思列宁主义、毛泽东思想、邓小平理论、"三个代表"重要思想、科学发展观、习近平新时代中国特色社会主义思想为指导[322]。并且还应当体现中国特色,有机融入中华优秀传统文化、革命传统、法治意识和国家安全、民族团结以及生态文明教育,并防范错误政治观点和思潮的影响,将学生培养成拥有正确三观、全面发展的社会主义建设者和接班人[323]。

在中国特色社会主义新时代,更要深入贯彻习近平总书记关于教材工作的重要指示和李克强总理重要批示,落实全国教材工作会议精神,树牢责任意识和阵地意识,加强工作统筹和教材监管,创新建设理念,重视应用实践,力求打造更多培根铸魂、启智增慧、适应时代要求的精品教材,在新起点上进一步开创中国特色高质量教材体系建设新局面[324]。

2. 理论联系实际

高校教材的内容应当充分反映中国特色社会主义实践,教材内容中应当体现我国的政治立场、政治方向和政治标准,不能简单化、"两张皮",而要真正做到"理论联系实际"。

4.2.1.2 **教学需要**

高校教材编写应当依据教材建设规划以及学科专业或课程教学标准,服务高等教育教学改革和人才培养,兼备时代性、专业性和学术性。

高校教材的内容应紧跟时代,要做到全面而准确地阐述学科专业的基本理论、基础知识、基本方法和学术体系。并且要体现具有时代意义的政治立场、政治方向、政治标准,即时反映相关学科教学和科研的最新进展,反映经济社会和科技发展对人才培养提出的新要求。

高校教材应当遵循高等教育教学规律和高等人才培养规律,满足教学需要并体现"专业性"。教材内容应根据学科专业的特色反映教学内容的内在联系和发展规律,做到结构严谨、逻辑自洽、体系完备,以此培养学生学科专业特有的思维方式。此外,为激发学生对专业的学习兴趣及创新潜力,教材还应结合国家战略性新兴产业相关专业和交叉学科的特点,体现创新性和启发性。

高校教材知识结构应当科学合理,符合学术规范。教材内容应当遵守国家和行业的法律法规、摒弃民族、地域、性别、年龄等歧视内容,不包含商业广告,充分保障高校教材的学术性。

4.2.1.3 编写人员

高校教材在编写方面采用的是主编负责制。主编主持编写工作并负责统稿,对教材总体质量负责;参编人员需对所编写内容负责。

教材编写人员应经所在单位党组织审核同意,由所在单位公示。全体编写人员应当符合如下条件。

①政治立场坚定,拥护中国共产党的领导,认同中国特色社会主义,坚定"四个自信",自觉践行社会主义核心价值观,具有正确的世界观、人生观、价值观,坚持正确的国家观、民族观、历史观、文化观、宗教观,没有违背党的理论和路线方针政策的言行。

②学术功底扎实,学术水平高、学风严谨、一般应具有高级专业技术职务。熟悉高等教育教学实际,了解人才培养规律,了解教材编写工作,文字表达能力强。有丰富的教学、科研经验,新兴学科、紧缺专业可适当放宽要求。

③遵纪守法,有良好的思想品德、社会形象和师德师风。

④有足够时间和精力从事教材编写修订工作。

此外,专家学者个人编写的教材,由编写者对教材质量负全责。教材主编须符合上述参编人员的规定外,在学术导向和职务方面另有要求。教材主编应当运用中国特色话语体系,坚持正确的学术导向并抵制错误的政治观点。在职务方面,主编应当是本学科有深入研究和较高造诣的高级专业技术职业工作者,或是在相关教材或学科教学方面取得有影响的研究成果的全国知名专家、学术领军人物。

4.2.1.4 审核修订

在教材审核修订方面,要考虑到教材的思想导向、作者的历史评价及内容先进性。首先教材核心思想内容应当积极向上、导向正确;内容上有政治错误的、导向不正确的不得审核通过。高校教材的审核还应对编写人员进行全面审核,严把政治关、学术关。编写人员的政治立场、价值观和品德作风有问题的,其教材不得审核通过。此外,学术把关要注意审核教材内容的科学性、先进性和适用性。随着党的理论创新取得新成果,科学技术出现新突破、学术研究得以新进展,高校教材须及时修订,充实新的内容并及时淘汰原教材中内容陈旧、缺乏特色的部分。

4.2.2 电子商务教材写作标准

电子商务作为面向现代经济社会领域商务活动的新兴专业,其教材的编写标准要求在普通高校教材编写标准的基础之上更加凸显专业教育的特色。"十二五"前、"十二五"、"十三五"、"十四五"时期,教育部以及专业教学指导委员会为此出台了一系列标准及相关政策。

4.2.2.1 "十二五"前

鉴于"十二五"时期之前的相关政策文件资料在时间分类方面界限不清、有效性不足,此处不对"十一五"时期及其之前做详细划分,统称为"十二五"前。"十二五"时期之前,我国教育部对于高等教育采用的教材作出了一系列的要求。2004年3月3日国务院于正式批转了《2003—2007年教育振兴行动计划》。作为实现全面建设小康社会目标、实施科教兴国和人才强国战略的基础性工程,教育部强调要将更大的精力、更多的财力倾注到教育事业上,将教育放在优先发展的地位。[325] 2004年12月在北京召开的第二次全国普通高等学校本科教学工作会议总结了1998年第一次教学工作会议以来高等学校教学工作取得的成就和经验,并研究制定了《关于进一步加强高等学校本科教学工作的若干意见》。会议还要求,教学内容相对稳定的基础课程精品的教材要经千锤百炼,并将其作为教材选用主体。还要加强教材建设,确保高质量教材进课堂;对发展迅速和应用性强的课程,要不断更新教材内容,让质量高、内容新的教材成为教材主流。

中华人民共和国教育部曾于1998年颁布《普通高等学校本科专业目录》[326],其中,将电子商务专业列为目录外专业,当时的电子商务专业是根据学校自身学科研究方式自主设置的在教育部或者主管部门备案的专业。该版专业目录现已失效。

4.2.2.2 "十二五"时期

"十二五"时期,根据《国家中长期教育改革和发展规划纲要(2010—2020年)》的指示,本科国家级规划教材应对优秀教材遴选机制进行创新改革,紧紧围绕提高人才培养质量来对精品教材进行规划,做到"选""编"结合。该纲要鼓励编写具备专业特色、适应多方需要的教材,并且大力支持教材编写时多方合作(如高校与电子商务行业合作)、形式上采用多种载体(如数字化教材等)。鼓励中外文双语教材、汉语与少数民族语言双语教材,支持语言多样性。在国际化方面,该纲要还鼓励探索与国外或境外合作编写或改编优秀教材。此外,商务部"十二五"电子商务发展指导意见也指出,应充分发挥各级电子商务协会、学会的作用,鼓励支持开展国内外电子商务学术与科研交流,推进电子商务高等教育走向国际化。

2012年9月教育部正式颁布实施《普通高等学校本科专业目录和专业介绍(2012年)》(以下简称《目录》)。《目录》的颁布实施对我国高等教育改革与发展具有深远影响,是具有基础性、全局性、战略性的重大举措,并且关系到教育资源的配置和优化,大大助力了人才培养质量的提高,极大促进了高等教育与经济社会的紧密结合[327]。其中,《目录》对于电子商务专业的培养目标、培养要求、主干学科、核心课程、主要实践性教学环节、主要专业实验、修业年限、授予学位等做了介绍,有利于优化学科专业结构、优化电子商务类教材的知识体系,也有利于促进高校合理定位、办出特色、办出水平。

"十二五"时期,电子商务专业设立仅十年左右,电子商务教材的专业性特点尚不突出。教材内容主要停留在概论以及与其他学科初步交叉(如电子商务管理实务、电子商务营销写作实务等)的较浅层面上,而教学重点为计算机和工商管理方面的基本理论和基本知识,可使本科生接受电子商务系统工程的开发以及应用与管理方面的基本训练。总体来说,"十二五"时期的电子商务教育侧重于实务,而对于教材的要求不够深入和精细、系统化水平不够高。

4.2.2.3 "十三五"时期

"十三五"时期,随着电子商务在经济发展领域的地位越发重要,电子商务的教材标准也进一步详细化。根据教育部高等学校教学指导委员会2018年公布的《普通高等学校本科专业类教学质量国家标准》[328],电子商务类专业知识体系应当涵盖如下四个知识领域:电子商务基础、电子商务经济管理、电子商务工程技术和电子商务综合。每个知识领域涵盖数个知识模块,共计16个知识模块,每个知识模块根据其内容设有一门或若干门相应的课程并相应匹配教材,如表4-1所示。具体知识领域和知识模块如图4-7所示。

表4-1 电子商务专业知识体系与建议课程对应表

知识领域	知识模块	建议课程
电子商务基础	管理学	管理学
		会计学
		统计学
		运筹学
	经济学	经济学
		计量经济学
		信息经济(或网络经济、数字经济)
	信息技术	网络技术
		数据库管理
		程序设计基础
电子商务经济管理	网络营销	市场营销
		网络营销
		消费者行为学
	网络交易与贸易	网络零售
		网络贸易
		国际贸易
	电子商务运营与管理	电子商务管理
		供应链与物流管理
		电子商务组织与运营
		企业资源计划
		客户关系管理
		商务智能
	网络金融与支付	互联网金融
		金融科技
		电子支付
电子商务工程技术	应用开发技术	网页设计与制作
		高级程序设计
		移动开发技术
	系统设计与实施	网站建设与管理
		管理信息系统
		电子商务系统分析与设计
		现代物流技术
	数据处理与分析	数据仓库
		大数据分析
	电子商务安全	电子商务安全

续表

知识领域	知识模块	建议课程
电子商务综合	电子商务概述	电子商务概论（或电子商务原理）
		电子商务案例分析
	电子商务法律与法规	电子商务法律与法规
	电子商务服务	电子商务服务
	互联网创新与创业	网络创业与创业管理
	互联网前沿专题	云计算
		社交化电子商务（或社会化电子商务）
		移动电子商务
		跨境电商
		物联网
		"互联网+"战略与实施

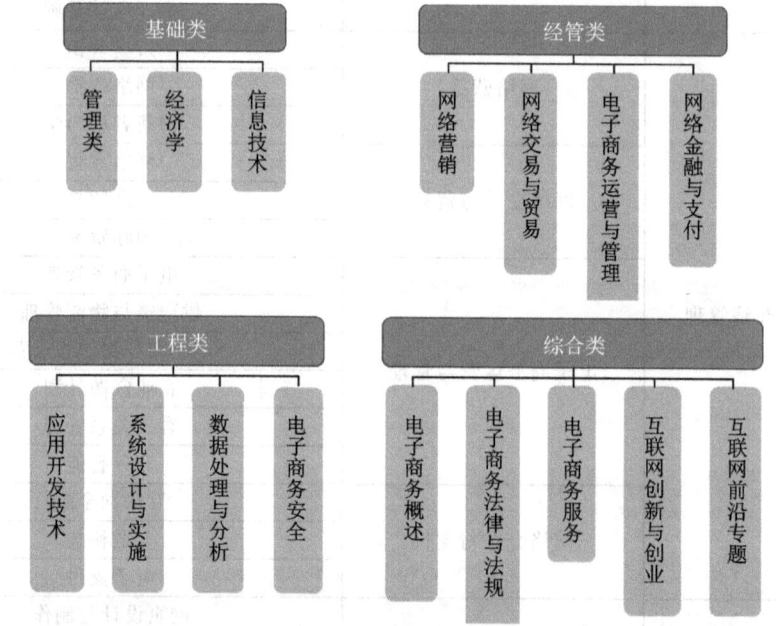

图 4-7　电子商务专业知识领域和知识模块

4.2.2.4 "十四五"时期

2020 年以来，习近平总书记在不同场合多次就发展电子商务作出重要指示，对发展农村电商、跨境电商、丝路电商等提出要求，明确指出电子商务大有可为。在电子商务高等教育教材方面，"十四五"新时期对此有了新的要求和新的标准。

电子商务学科建设与电子商务发展、产业体系过程相似，但仍不够明确，各关键环节不够清晰。电子商务类教材虽能够满足当下的需求，但仍存在着教材众多而水平不够高、系统性科学性不强、国际影响力弱等问题，存在需要提高针对性、重点性、关键性的教材设计。到了"十四五"时期，电子商务专业高校教材应基本满足电商类本科和研究生教学，而本专业核心课程教材建设亟待加强，在教材知识体系化、层次化方面需要进一步提升。此外，电子商务教学在国际上的影响力也应当与我国的大国地位相匹配，而目前我国的电商教材在国际上尚未形成专业影响力,需要建立电子商务的高水平国际会议平台。

根据2020年12月教育部电子商务教学指导委员会教材组的工作报告,"十四五"时期电商教育与教材创新发展有了新规划,高校电子商务教材的编写应当遵循"三个基础""五项原则"以及"三个面向"。"三个基础"是教材编写的基本原则,即高校电商教材应当以现有的电子商务教学国家标准为基础、以已经在大学中开课并收到社会认同的教材为基础、以教育部建设金课(包括文化和"马工程"课)为基础。工作报告还强调,应当注重电商教材的基础教学,并注重知识体系创新。"五项原则"对电子商务专业教材的基本概念、基础知识、基本框架、知识图谱和体系结构提出了要求:教材应当准确定义电商类各种基本概念和基本定义;突出基础知识和基本原理;包含全面的基本框架梳理以及清晰的知识图谱,突出元知识的应用;并且每章要有章结构,全书要有总体结构。此外,教材的编写应当立足当下、展望未来。"三个面向"要求教材应当面向大学教育发展的需求,面向创新创业的发展需要,面向教育金课建设的需求[329]。图4-8为"三个基础""五项原则""三个面向"的具体内容。

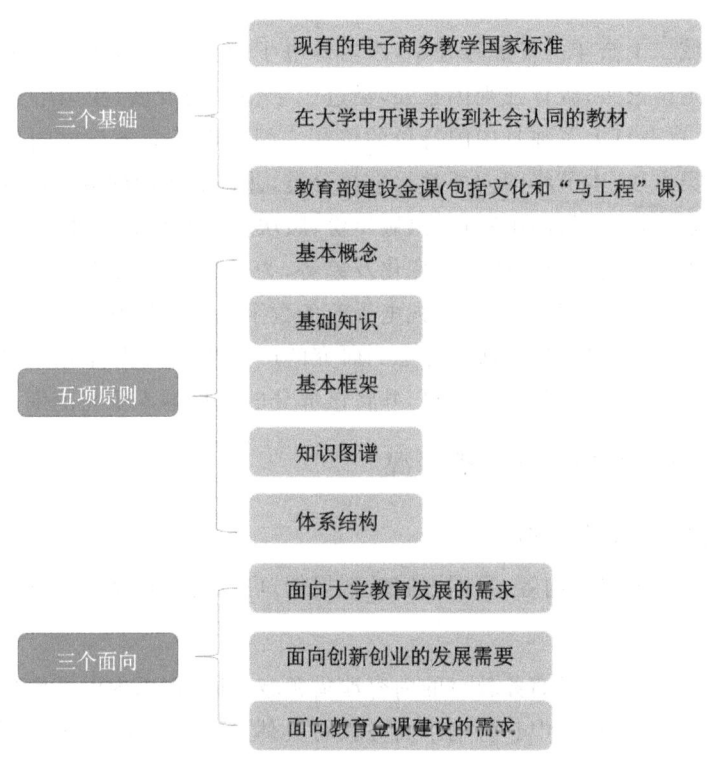

图4-8 "三个基础""五项原则""三个面向"

4.2.3 电子商务教材高校选用标准

高校是教材选用工作的主体,学校教材工作领导应成立教材选用机构,负责制定教材选用管理办法、明确各类教材选用标准和程序,要充分发挥学校有关职能部门和院系在教材选用使用中的重要作用。

根据教育部2019年印发的《普通高等学校教材管理办法》,在教材选取制度上应坚持集体决策制度、结果公示制度和备案制度。高校教材选用机构应组织专家通读备选教材,提出审读意见,并召开审核会议,集体讨论后确定选取结果。此外,教材选用结果应当进行校内公示,无异议后报学校教材工作领导机构进行审批和备案。

具体而言,教材的选用应当做到"凡选必审"、质量第一、适宜教学和公平公正。经过审核的教材中,应当优先选取国家级和省级规划教材、精品教材及获得省部级以上奖励的优秀教材等。同时,这些教材应当符合基本教学规律,适应高校人才培养方案、教学计划和教学大纲要求,并有利于激发学生学习兴趣。选取教材的每个环节应当客观公正、实事求是、纪律严肃。

以上是全国普通高等学校教材选用标准。各高校应在该标准的基础上,根据所开设电子商务专业学科的自身优势、培养方向、专业定位、办学特色和地区需求制定各自的标准,要做到"源于标准、高于标准、办出特色"。

4.3 中外电子商务教材调研情况

在电子商务领域二十余年的发展过程中,国内外电子商务教材由散乱无序逐步走向成熟和体系化。教育兴则国家兴,教育强则国家强,经过二十多年的发展,我国电子商务教材逐步受到重视,其内容也逐渐打上了独具中国特色的烙印。国外电子商务教材则又有不同。基于各具特色的内容分类方法,本节将国内外教材进行分类,并按照我国的教育规划政策和国外电子商务专业知识体系,对于教材的出版社、出版年份、版次及主流作者等做出统计和分析,总结概括出这二十余年来电子商务教材的发展变化及趋势,为日后电子商务的本科教材编写提供参考。此外,自"十二五"开始,我国逐步重视电子商务数字化教材的发展,《普通高等学校教材管理办法》也明确了数字教材管理办法。考虑到研究的严谨性,本节尽量搜集电子商务数字化教材、多媒体教学资料及视频影像教学资料,并将该部分的数据纳入研究范围。

4.3.1 中外电子商务教材分类情况

4.3.1.1 国内电子商务教材分类

根据电子商务专业教材的内容、我国国家教育规划,可以将教材做出如下分类。

1. 根据内容分类

从微观角度出发,根据电子商务教材的内容涉猎领域不同,将国内电子商务教材进行深入的研究,高校电子商务教学教研中心将电子商务教材具体分为如下8类:电子商务基础类、电子商务物流类、电子商务信息技术类、电子商务金融支付类、电子商务法律类、跨境电商类、农村电商务类以及电子商务国际化类。

(1)电子商务基础类。

电子商务基础类教材包含电子商务的基本概念、基本理论和方法以及业务操作流程。从内容方面考虑,基础类教材是电子商务专业教学的基石,起到举足轻重的作用,决定着电子商务这一高等教育专业能够"走多远"。该类电商教材的主要章节应包括电子商务概述、电子商务系统等。

(2)电子商务物流类。

电子商务物流管理应用科学的管理原理和方式是最大效率地对电商物流进行全面的组织规划、协调控制和决策实施,使各项物流活动实现最佳协调配合,从而降低物流成本、提高经济效益。电子商务物流类教材以电子商务与物流之间的关系为切入点,具体阐述电子商务环境下的物流系统、物流技术与设备、物流基本功能和供应链管理等内容。

(3)电子商务信息技术类。

随着人工智能、现代物流等新兴技术的飞速发展,电商企业对信息技术和相应人才的要求也越来越高。目前,我国高校电子商务专业毕业生与企业人力需求之间存在很大程度的不对称,主要原因是高校电商专业学生掌握的知识结构、能力与素质没能跟上电商的发展[330]。因此需要关注电子商务信息技术类专业人才培养课程体系与高等教育教材的发展,该类教材应当包括电子商务信息系统、电子商务安全等内容。

(4)电子商务金融支付类。

电子商务金融支付是在电子商务活动中完成资金划拨的电子支付。这一技术改变了传统的电子商务发展模式,在加快电子商务流通速度的同时降低了电子商务的支付成本,并简化交易流程、提高了电子商务效益,具有较高的经济效益与社会效益。该类课程教材以电子商务中的金融支付为重点,主要介绍网上银行和第三方支付的相关内容,也包括电子商务支付系统的安全技术和安全协议。

(5)电子商务法律类。

电子商务法是指调整平等主体之间通过电子行为设立、变更和消灭财产关系和人身关系的法律规范的总称;是政府调整、企业和个人以数据电文为交易手段,通过信息网络所产生的,因交易形式所引起的各种商事交易关系,以及与这种商事交易关系密切相关的社会关系、政府管理关系的法律规范的总称。

随着电子商务市场的快速发展,相关法律纠纷也相应增多,必须将电子商务和法律二者有机结合起来,按照"电商+法律"的模式培养应用性、复合型的既懂电商又知法律的电子商务工作者或者法律实务工作者。

(6)跨境电商类。

以互联网的运营模式为基础的跨境电商打破传统国际贸易的垄断,从而实现批发商与境外消费者的对接,降低商品流转成本。再加上支付方便、物流速度快和取货方便等优势,跨境电商发展迅速。但也存在着人才与行业不匹配的问题。新时期背景下,若要促进跨境电商产业转型升级、加快外贸产业的格局变更,就要重视人才培养。

(7)农村电子商务类。

农村电子商务的发展需要信息技术基础设施、专业人才和流通体系的支撑,政府已投入大量的资金来建设农村基础网络设施和物流体系,专业人才则成为农村电商进一步发展的重要限制因素。高校毕业生对农业、农产品以及农村电商的发展背景缺乏深刻理解,导致人才对农村电商望而却步。因此,需要从人才培养方面解决农村电商发展的人才问题。

(8)电子商务国际化类。

随着互联网技术的发展和国际交流的增加,我国电子商务也需要走出国门、走向世界。国际贸易的理论与政策、区域经济一体化、中国对外贸易情况等都是电子商务国际化需要考虑和学习的内容。掌握分析国际贸易和相关问题的基本方法,认识当前国际贸易领域的最新发展,才能对电子商务国际化有清晰的认知和独到的见解。

2. 根据国家教育规划分类

为全面提升本科教育和教材质量,充分发挥教材在提高人才培养质量中的基础性作用,教育部先后颁布了《国家中长期教育改革和发展规划纲要(2010—2020 年)》《国家中长期人才发展规划纲要(2010—2020 年)》等[406],致力于从国家宏观管理的角度对各类专业教育做出权威性规划。根据教材的时代性特点,再结合上文按照内容进行的教材分类,可以将 2010—2020 年共计十年的电子商务教材划分成如下两类:"十一五""十二五""十三五"时期普通高等教育本科国家级规划电子商务类教材、高校电商教指委委员编写的电子商务类教材(2007—2011 年、2013—2017 年、2018—2022 年)。

(1)"十一五""十二五""十三五"时期普通高等教育本科国家级规划电子商务类教材。

"十一五"时期,出于提高高等教育质量的目的,教育部颁布文件并决定制订普通高等教育"十一五"国家级教材规划。2006 年 8 月 8 日经出版社申报、专家评审、网上公示,最后确定了 9716 种选题列入"十一五"国家级教材规划。2008 年 1 月 2 日又有 2025 种教材选题被推荐进入"十一五"国家级教材规划(补充)并予以公示[331]。经过研究筛选,其中电子商务相关的教材选题共计 92 种。

"十二五"时期普通高等教育本科国家级规划教材旨在贯彻落实《国家中长期教育改革和发展规划纲要(2010—2020 年)》,全面提升本科教材质量,充分发挥教材在提高人才培养质量中的基础性作用。2012 年 11 月教育部确定 1102 种教材入选第一批"十二五"普通高等教育本科国家级规划教材[332]。2014 年 10 月根据《教育部关于"十二五"普通高等教育本科教材建设的若干意见》,在中央部(委)直属高校、省级教育行政部门推荐以及出版社补充推荐的基础上,经专家评审和网上公示,教育部又确定 1688 种教材入选第二批"十二五"普通高等教育本科国家级规划教材[333]。

"十二五"时期普通高等教育本科教材建设坚持育人为本,充分发挥教材在提高人才培养质量中的基础性作用,充分体现我国改革开放以来在各方面取得的成就,满足不同类型的高校和教学对象的需求,编写诸多符合教育规律和人才成长规律的兼备科学性、先进性、适用性的优秀教材,进一步完善具有中国特色的普通高等教育本科教材体系。[411]

"十三五"期间,我国正式出版的、版权页标注"教材"字样的高校新增教材数量达 4.3 万余种[334]。总体来看,该时期高校教材建设具有品类丰富齐全、适用性大大提升的特征。并且,这一时期高校教材建设与选用被纳入本科教学质量国家标准,教材编写与选用被纳入一流专业和一流课程建设指标。自 2019 年起,教育部面向全国高校开展一流专业和一流课程遴选,把优秀教材建设作为一流专业、一流课程建设的"硬指标",形成了"一流专业""一流课程"引领"一流教材"建设,"一流教材"建设支撑"一流专业""一流课程"的良性发展局面。[413]

根据国家"十二五""十三五"时期普通高等教育教材规划,我们从中筛选出 42 本与电子商务主题相关的普通高等教育教材,并将其按照上述的八大内容版块进行分类。鉴于"十一五"时期教材选题数量和"十二五""十三五"时期十分悬殊,该时期的电子商务教材进行单独列示,如表 4-2、4-3 所示。

表4-2 "十一五"时期普通高等教育本科国家级规划电子商务类教材一览表(按内容分类)

内容分类	教材名称	出版社
电子商务基础类	电子商务案例分析	北京大学出版社
	电子商务与企业管理	北京大学出版社
	电子商务原理	电子工业出版社
	电子商务概论	东南大学出版社
	电子商务概论(2本)	高等教育出版社
	电子商务管理	高等教育出版社
	证券电子商务	高等教育出版社
	电子商务案例分析	高等教育出版社
	电子商务	高等教育出版社
	高等学校电子商务系列教材	高等教育出版社
	企业电子商务管理	高等教育出版社
	电子商务概论(2本)	华南理工大学出版社
	电子商务案例	机械工业出版社
	电子商务基础	清华大学出版社
	电子商务基础教程	清华大学出版社
	电子商务创业实践教材	人民出版社
	电子商务概论	浙江大学出版社
	电子商务实验教程	中国人民大学出版社
	电子商务理论与实践	中国人民大学出版社
	电子商务案例分析	重庆大学出版社
	电子商务模拟实验教程	重庆大学出版社
	电子商务经济学	高等教育出版社
	电子商务设计实务	机械工业出版社
	电子商务案例分析	大连理工大学出版社
	电子商务概论	电子工业出版社
	电子商务项目运作	东南大学出版社
	电子商务实训	高等教育出版社
	电子商务	广东高等教育出版社
	电子商务概论	机械工业出版社
	电子商务	机械工业出版社
	电子商务认证	机械工业出版社
	电子商务基础	科学出版社
	电子商务	清华大学出版社
	电子商务案例	清华大学出版社
	电子商务	中国劳动社会保障出版社
	电子商务概论	中国水利水电出版社
	电子商务概论	东北财经大学出版社
	高等学校"电子商务"专业系列教材	电子工业出版社
	电子商务	科学出版社
	电子商务应用基础	清华大学出版社
	电子商务基础教程	清华大学出版社
	电子商务概论	高等教育出版社
	电子商务概论	湖南大学出版社
	电子商务概论	武汉理工大学出版社

续表

内容分类	教材名称	出版社
电子商务物流类	电子商务物流管理与实施	高等教育出版社
	电子商务物流管理	科学出版社
	电子商务物流管理	重庆大学出版社
	电子商务物流管理	电子工业出版社
	电子商务与现代物流	中国财政经济出版社
	电子商务物流	机械工业出版社
	电子商务与物流	机械工业出版社
电子商务信息技术类	电子商务安全	北京交通大学出版社
	电子商务信息系统分析与设计	北京邮电大学出版社
	电子商务技术基础	电子工业出版社
	电子商务信息系统分析与设计	高等教育出版社
	电子商务系统的分析与设计	高等教育出版社
	电子商务安全与保密	高等教育出版社
	电子商务安全与认证	高等教育出版社
	电子商务网站的规划设计与管理	高等教育出版社
	电子商务安全与管理	高等教育出版社
	电子商务系统建设与管理	高等教育出版社
	电子商务技术	机械工业出版社
	电子商务技术基础	清华大学出版社
	电子商务与企业信息化	清华大学出版社
	电子商务安全与管理	清华大学出版社
	电子商务信息系统分析与设计	清华大学出版社
	电子商务技术基础	中国人民大学出版社
	电子商务网站规划与管理	高等教育出版社
	电子商务网站建设	机械工业出版社
	电子商务系统分析与建设	中国人民大学出版社
	电子商务技术基础	清华大学出版社
	企业信息化与电子商务	清华大学出版社
	电子商务网站典型案例评析	西安电子科技大学出版社
	电子商务安全	重庆大学出版社
	电子商务网站建设与管理实训	清华大学出版社
	电子商务安全	机械工业出版社
	电子商务网站建设与实践	人民邮电出版社
电子商务金融支付类	银行电子商务与网络支付	机械工业出版社
	电子商务支付与安全	电子工业出版社
电子商务法律类	电子商务法	科学出版社
	电子商务法	中国人民大学出版社
	电子商务法教程	高等教育出版社
	电子商务法	电子工业出版社
	简明电子商务法律	重庆大学出版社
	电子商务法教程	清华大学出版社
跨境电子商务类	—	—
农村电子商务类	—	—
电子商务国际化类	—	—

"十一五"时期,共计有91种教材选题被推荐进入电子商务类"十一五"国家级教材规划并公示,如图4-9所示,电子商务基础类教材有50本,占比高达55%;电子商务信息技术类教材有26本,占比28%;电子商务物流类教材有7本,占比8%;电子商务法律类教材有6本,占比7%。这一时期,由于时代和技术的限制,没有跨境电商类、农村电子商务类和电子商务国际化类教材入选。如图4-9所示。

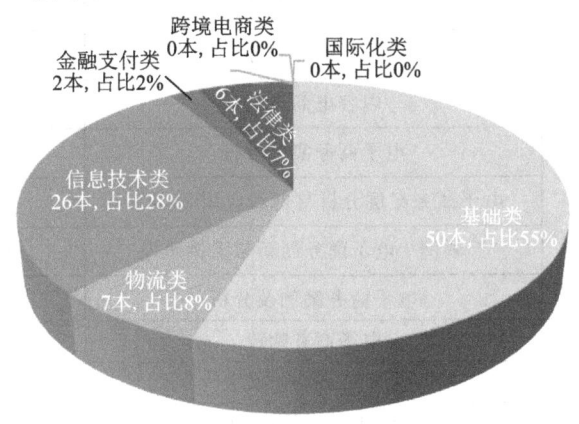

图4-9 "十一五"时期普通高等教育本科国家级规划电子商务类教材饼状图(按内容分类)

表4-3 "十二五""十三五"时期普通高等教育本科国家级规划电子商务类教材一览表
(按内容分类)

内容分类	教材名称	出版社
电子商务基础类	电子商务概论	机械工业出版社
	电子商务概论	清华大学出版社
	电子商务教程	浙江大学出版社
	电子商务概论微课版	人民邮电出版社
	电子商务基础与实务	中国人民大学出版社
	电子商务概论	西安交通大学出版社
	电子商务概论	南京大学出版社
	电子商务概论	北京邮电大学出版社
	电子商务	电子工业出版社
	电子商务概论	清华大学出版社
	电子商务导论	电子工业出版社
	电子商务概论	高等教育出版社

续表

内容分类	教材名称	出版社
电子商务基础类	电子商务概论	东北财经大学出版社
	电子商务概论	东南大学出版社
	旅游电子商务	清华大学出版社
	电子商务服务	清华大学出版社
	内容电商运营	浙江大学出版社
	电子商务实务教程	浙江大学出版社
	电子商务案例分析与创新应用 微课版	人民邮电出版社
	互联网+电子商务创新与案例研究	化学工业出版社
	电子商务案例及分析	高等教育出版社
电子商务物流类	电子商务物流	机械工业出版社
	电子商务物流实务	浙江大学出版社
	电子商务物流管理 微课版	人民邮电出版社
电子商务信息技术类	电子商务系统建设与管理	电子工业出版社
	电子商务系统的分析与设计	高等教育出版社
	电子商务管理	西安交通大学出版社
	电子商务管理	电子工业出版社
	电子商务安全与管理	高等教育出版社
电子商务金融支付类	网络金融与电子支付	西安交通大学出版社
	电子支付与网络银行	中国人民大学出版社
电子商务法律类	电子商务法律法规	清华大学出版社
	电子商务法	浙江大学出版社
	电子商务法	中国人民大学出版社
	电子商务法学	电子工业出版社
跨境电子商务类	跨境电商Amazon立体化实战教程	浙江大学出版社
	跨境电商实务	浙江大学出版社
	跨境电商概论	人民邮电出版社
	跨境电商理论、操作与实务	人民邮电出版社
	跨境电商	中国人民大学出版社
	跨境电商运营与管理	南京大学出版社
农村电子商务类	—	—
电子商务国际化类	国际电子商务	中国商务出版社

如图4-10所示,这42本电子商务教材中,电子商务基础类教材共计25本,占比60%左

右,比重最大,其次是跨境电商类教材,共有6本,占比14%左右。作为新时代的新兴经济领域和高校专业,其基础类教材占比较重在情理之中。随着我国国际地位的提升和国际影响力的提高,跨境电商发展势头迅猛,"十二五""十三五"规划中跨境电商领域教材的比重较大也是理所应当。但是电子商务法律类、电子商务金融支付类、跨境电商类以及电子商务国际化类的教材非常少,其原因是电子商务属于新兴领域,该类犯罪在法律界的实发案例尚且不多,以及电商与其他领域的学科交叉尚处于萌芽期。随着电子商务逐年受重视、发展速度加快、发展前景向好,这些类型的教材应当跟上时代步伐,满足高校电商教育的时代性要求。

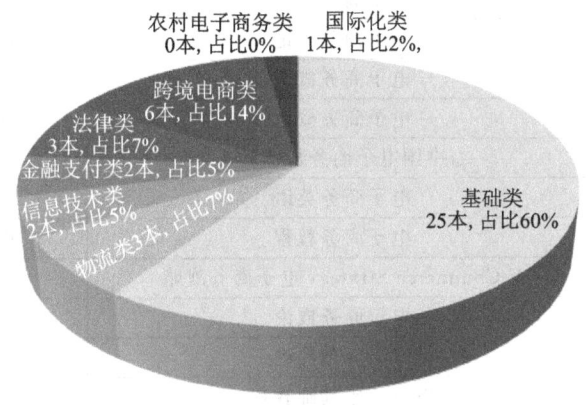

图4-10 "十二五""十三五"时期普通高等教育本科国家级规划电子商务类教材饼状图
(按内容分类)

(2)高校电商教指委委员编写的电子商务类教材(2007—2011年、2013—2017年、2018—2022年)。

在教育部领导下,高等学校教学指导委员会对高等学校教学工作进行研究、咨询、指导、评估和服务,具有非常设学术机构的性质。高校电商教指委作为教育部111个教指委之一,从高层面研究、指导、推进本科电子商务教育,自成立以来共有三届委员,在从事电子商务教学指导工作中积累了大量的教材及其他相关书籍。2018年11月1日,2018—2022年教育部高等学校教学指导委员会成立大会在北京召开,标志着2018—2022年教育部高等学校教学指导委员会正式成立。该届教指委是在全面贯彻落实全国教育大会,全面振兴本科教育的时代背景下召开的,注定承载着新的使命,面临新的任务[335]。

1997年至2020年期间,除高校电商教指委各位作者外,国内现存电子商务类出版物专著与教材超过16000本。高校电商教指委委员所有出版专著或教材共计520余本,约占全部出版物的3%。上述教材中剔除国家"十二五""十三五"时期规划教材后共计90本,再根据上述八大内容版块对其进行分类研究。如表4-4所示。

表 4-4 高校电商教指委委员编写电子商务类教材一览表（按内容分类）

内容分类	教材名称	出版社
电子商务基础类	社会化电子商务	航空工业出版社
	电商研究 20 年	重庆大学出版社
	电子商务概论	机械工业出版社
	电子商务基础与实务	北京交通大学出版社
	电子商务概论	东北财经大学出版社
	电子商务概论	清华大学出版社
	电子商务导论	中国铁道出版社
	电子商务概论	高等教育出版社
	电子商务概论	东北财经大学出版社
	中国电子商务初体验	中译出版社
	电子商务英语	电子工业出版社
	电子商务教程	电子工业出版社
	E-Commerce Strategy 电子商务战略	浙江大学出版社
	电子商务概论	科学出版社
	电子商务导论	机械工业出版社
	电子商务基础教程	清华大学出版社
	电子商务原理	化学工业出版社
	电子商务概论	中国水利水电出版社
	电子商务概论	电子工业出版社
	电子商务	科学出版社
	电子商务概论	中国铁道出版社
	电子商务模式	复旦大学出版社
	电子商务理论与实务	化学工业出版社
	电子商务概论	中国人民大学出版社
	电子商务教程	电子工业出版社
	电子商务研究方法	高等教育出版社
	互联网＋电子商务创新与案例研究	华中科技大学出版社
	互联网＋电子商务创新与案例研究	化学工业出版社
	电子商务案例及分析	北京邮电大学出版社
	电子商务创新与创业案例	中国人民大学出版社
	电子商务优秀设计方案与分析	重庆大学出版社
	电子商务概论与案例分析	人民邮电出版社
	电子商务案例分析（本科）微课版	人民邮电出版社
	电子商务案例分析	东北财经大学出版社
	电子商务基础实验与实践	化学工业出版社
	电子商务项目策划与管理	电子工业出版社
	电子商务教育、学术、生态及网商发展研究	中国铁道出版社
	电子商务实务	高等教育出版社

续表

内容分类	教材名称	出版社
电子商务基础类	移动电子商务	电子工业出版社
	移动电子商务	清华大学出版社
	电子商务案例分析	高等教育出版社
	电子商务第三次浪潮	科学出版社
	电子商务综合实验教程	清华大学出版社
	电子商务综合实验教程	中国物资出版社
	现代服务业中电子商务发展战略研究	科学出版社
	电子商务信用风险形成的系统动力机制研究	中国经济出版社
	电子商务创业	化学工业出版社
	旅游电子商务理论及应用	化学工业出版社
	现代旅游电子商务	电子工业出版社
	电子商务创业	化学工业出版社
	新兴电子商务	清华大学出版社
	电子商务战略	东北财经大学出版社
	电子商务战略与解决方案	机械工业出版社
	电子商务行业顾客忠诚形成机制研究	对外经济贸易大学出版社
	基于服务的动态电子商务交互与应用	南京大学出版社
电子商务物流类	跨境电商背景下物流风险管理研究	科学出版社
	跨境电商物流管理	高等教育出版社
	电子商务物流管理	中国财政经济出版社
	电子商务与快递物流服务	中国财富出版社
	中小型电子商务和物流企业案例集	中国财富出版社
	电子商务物流管理	机械工业出版社
电子商务信息技术类	电子商务安全技术	清华大学出版社
	电子商务大数据分析	高等教育出版社
	电子商务系统建设与管理	电子工业出版社
	电子商务安全	东北财经大学出版社
	电子商务安全	北京师范大学出版社
	电子商务网站建设	电子工业出版社
	电子商务管理	电子工业出版社
	企业电子商务管理	重庆大学出版社
	电子商务管理	重庆大学出版社
	电子商务管理	首都经济贸易大学出版社
	电子商务推荐系统导论	科学出版社
	电子商务安全技术	电子工业出版社

续表

内容分类	教材名称	出版社
电子商务 金融支付类	电子支付与安全	西南财经大学出版社
	电子支付与结算	东北财经大学出版社
	电子支付	重庆大学出版社
	电子商务支付与结算	东北财经大学出版社
	中国移动支付市场机制与效率研究	北京邮电大学出版社
	网上支付与结算	北京师范大学出版社
	电子商务经济发展战略	化学工业出版社
	电子商务支付与结算	东北财经大学出版社
	电子支付与结算	电子工业出版社
	证券电子商务	高等教育出版社
电子商务法律类	网上支付与结算	高等教育出版社
跨境电子商务类	跨境电商	科学出版社
	跨境电商平台服务创新与风险管控	高等教育出版社
	跨境电商基础	科学出版社
	跨境电商	东北财经大学出版社
农村电子商务类	—	—
电子商务国际化类	—	—

在以上 90 本高校电商教指委委员编写的教材中,归为电子商务基础类的教材数量最多,共计 57 本,占比 63% 左右;其次是电子商务信息技术类,共计 12 本,占比 13% 左右;电子商务金融支付类共计 11 本,占比 12%。如图 4-11 所示。与"十二五""十三五"规划教材内容分布相似,基础类教材同样是电商专业培养的重中之重。同时,高校电商教指委委员会非常注重学科的交叉,对电商与数字技术和金融学科的融合有独到见解,会根据技术发展的潮流趋势对电

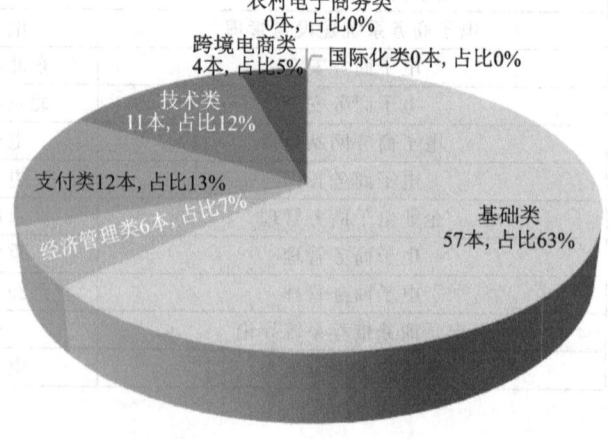

图 4-11 高校电商教指委委员编写电子商务类教材饼状图(按内容分类)

商教育作出长远规划。

4.3.1.2 国外电子商务教学参考书籍分类——基于哈佛图书馆馆藏资料

鉴于国外电子商务教学所使用的参考书与国内的教材体系差异较大,本节中获取了哈佛图书馆 1996 年至 2022 年的电子商务相关书籍(并非国内相应的标准教材)的数据,共计 1904 本,并根据国外电子商务专业知识体系将其分成六大类,分别是:电子商务基础类、电子商务经济管理类、电子商务支付类、电子商务技术类、电子商务法律法规类、电子商务实践课程类,分类情况如图 4-12 所示。

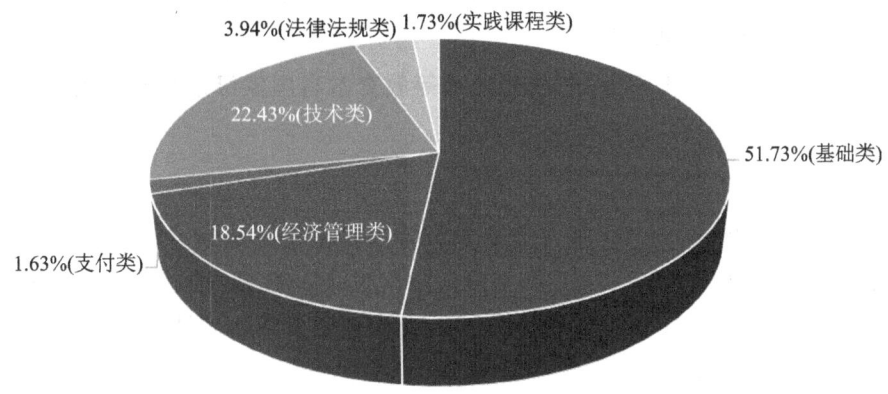

图 4-12 哈佛图书馆电子商务教学参考书籍内容分类饼状图

如图 4-13 所示,与国内电子商务教材内容分类结论相似,根据哈佛图书馆的数据,国外电子商务教材中,电子商务基础类的参考书籍有 985 本,占比较大,约为 51.73%。其次是电子商务技术类书籍,共有 427 本,占比为 22.43%。第三位的是电子商务经济管理类书籍,共有 353 本,占比为 18.54%,可见"技术"都是国内外高校电商教育发展的重点,是电子商务迅猛发展的基础和"起跳板";并且国外的电商教育非常注重与经济管理的结合。电子商务的操作技术基于电子设备和网络技术,实践理论方面也离不开经济管理,由哈佛图书馆的数据可以

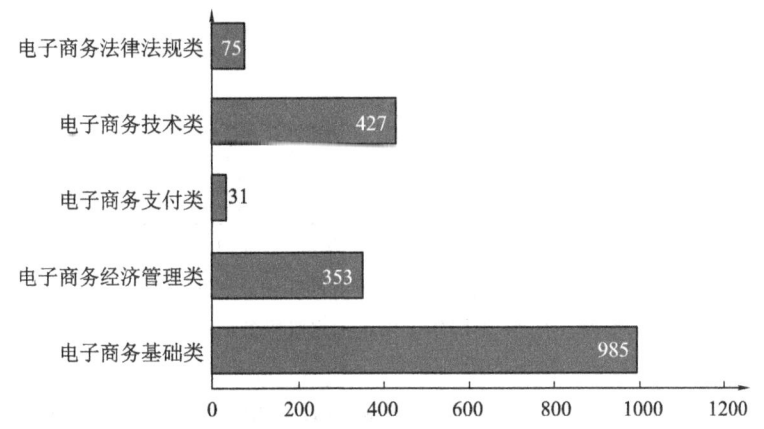

图 4-13 哈佛图书馆电子商务教学参考书籍内容分类数据柱形图(单位:本)

窥得,国外的电子商务教学比起学科交叉,更注重专业的基础。

4.3.2 国内外电子商务教材出版社、年代、版次调研情况

前文中根据内容将国内电子商务教材初步分为电子商务基础类、电子商务物流类、电子商务信息技术类、电子商务金融支付类、电子商务法律类、跨境电商类、农村电子商务类以及电子商务国际化共计八大类。基于以上分类,接下来本节将对我国两种教育规划的电子商务教材就出版社、出版年份和版次进行调研分析。鉴于"十一五"时期国家规划教材的数量和内容与"十二五""十三五"时期悬殊较大,并考虑到政策文件的时间相关性和数据可获得性问题,"十一五"时期教材暂不列入此处的调研。

4.3.2.1 "十二五""十三五"时期普通高等教育本科国家级规划电子商务类教材调研情况

1. 出版社调研情况

据统计,"十二五""十三五"时期普通高等教育本科国家级规划电子商务类教材共计42本,分别由14个出版社负责出版。其中,清华大学出版社和浙江大学出版社各自负责出版了7本规划教材,人民邮电出版社负责出版了5本,西安交通大学出版社负责出版了4本,中国人民大学出版社负责出版了4本。

2. 年份调研情况

由于"十二五"和"十三五"的具体时间为2010—2020年,且该时期内列入规划的教材为特定版次书目,因此规划教材的出版时间应当界定在2010年至2022年较为合适,则42本规划教材出版年份如图4-14所示。

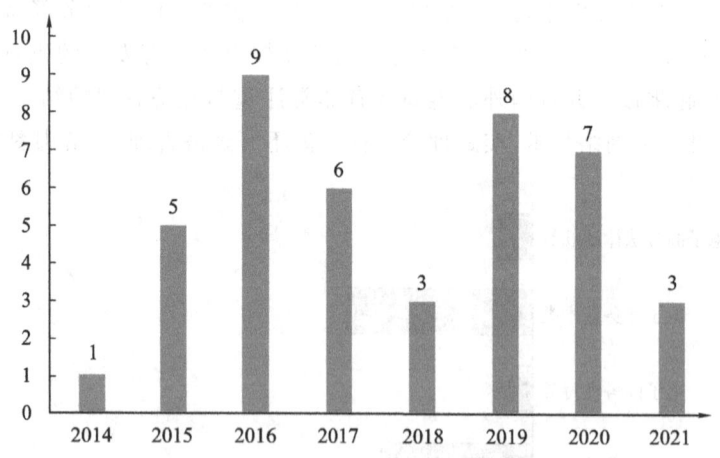

图4-14 "十二五""十三五"时期普通高等教育本科国家级规划电子商务类教材出版
(单位:本;按时间分类,不同年份出版的多版次的同一教材记为1本)

如图4-14所示,"十二五""十三五"时期规划教材出版最多的年份为2016年,其次是2019年和2020年。在2015年,教育部组建了新一届全国电商行业指导委员会,由行业组织、企事业单位125位专家组成,人数大幅增加,这一举措有力推动了行业企业参与电子商务专业

人才的培养。很多高校也主动加强与行业部门的联系,如,厦门大学与福建省商务厅及行业协会联合成立了福建省电子商务标准化委员会,对福建省电子商务人才的标准化培养提出了指导性意见。此外,2015年和2016年教育部还同有关部门连续举办了两届中国"互联网+"大学生创新创业大赛[336],并持续支持高等学校电子商务专业类教学指导委员会举办全国大学生电子商务"创新、创意及创业"挑战赛[337]。其中,2016年举办的第六届挑战赛有1000多所高校、1.6万余支队伍参与[419]。可见2016年以来,电子商务教育更加受重视、教育部也更加关注电子商务专业人才的培养,同年出版的9本规划教材积极响应了国家人才培养政策的号召。

而入选"十二五""十三五"时期国家级规划教材的电子商务教材往往不是一蹴而就的,通常需要经过不断修订、精致打磨而成。因此,考虑到教材存在不同年份出版的多版次情况,本节统计了上述42本规划教材的各版次出版年份,如图4-15所示。

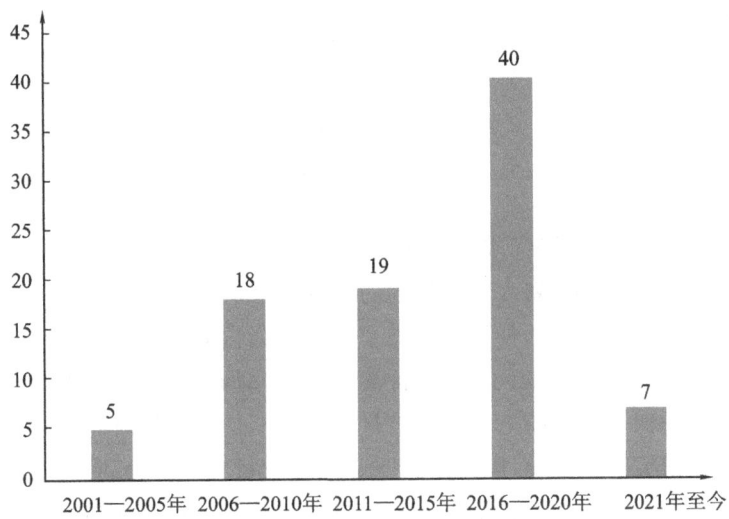

图4-15 "十二五""十三五"时期普通高等教育本科国家级规划电子商务类教材出版数量
（单位:本;按时间分类,考虑不同年份出版的多版次情况）

如图4-15所示,2016—2020年这五年,即"十三五"时期,电子商务规划教材出版量远远高于以往,多达40本,"十一五"和"十二五"时期各出版了仅18本和19本教材。在该时期,教育部相继出台了《国家教育事业发展第十三个五年规划》《普通高等学校本科专业类教学质量国家标准》《普通高等学校教材管理办法》等,对于本科高校的1049门专业基础课和3676门专业核心课,制定了教材及参考书目的建设与选用规范,鼓励高校选用规划教材、精品教材等优秀教材,其中也对电子商务专业的教材做出了要求。可见"十三五"时期的电子商务学教材选取备受重视,优秀教材的修订出版也十分频繁,一定程度上得以确保新增高等教育教学资源的质量。

3. 版次调研情况

在上文中提到,入选国家级规划教材的电子商务教材一般都是经过不断修订而成的,因此规划教材版次在一定程度上代表了教材修订的次数,在一定程度上更反映着教材质量和适用性的高低。

对于教材的不同年份出版的版次情况做出的统计如图 4-16 所示。

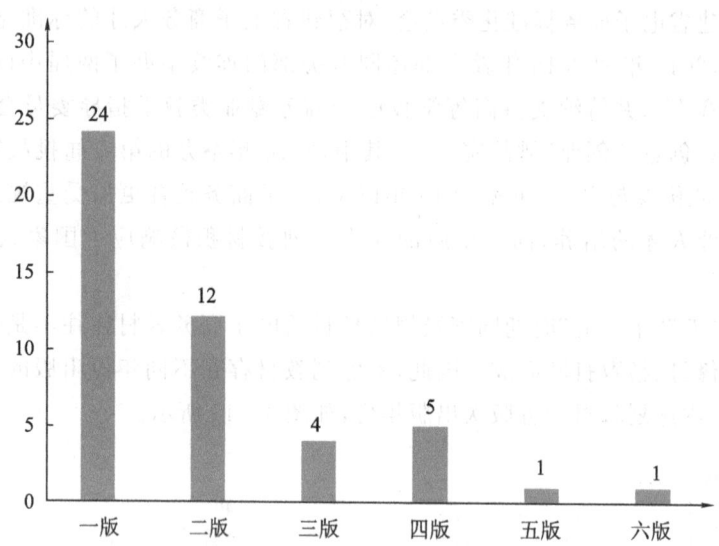

图 4-16 "十二五""十三五"时期普通高等教育本科国家级规划电子商务类教材版次统计
（单位:本;考虑不同年份出版的多版次情况）

由图 4-16 可知,在规划教材(或者规划教材的前身)中,仅出版了第一版的教材有 24 本,最为常见。据统计,第一版即被划入国家规划的这批教材,一半以上都出版于 2016—2020 年,即"十三五"时期;并且这批教材的种类也涵盖了前文所列内容分类中的七类,足以见得,这一时期高校电子商务教材建设表现出了"数量持续增长、类型更加丰富"的特点。

其中,出版数高达四至六版的七本电商教材中有五本是电商基础类教材,基础类教材引领学生入门,并为深入研究奠定基础,版次多表明基础类教材在不断地进行改革创新;并且多版次教材的时间跨度往往较长,如《电子商务概论》(周曙光)第一版距第五版的面世间隔 17 年,电子商务教材的不断修订一方面由于教材使用数量多,另一方面则为教材知识与社会发展同步,不断发展。经过时间的考验和师生的认可历久弥新,更贴近新时代的电商教学要求。

4.3.2.2 高校电商教指委委员编写电子商务类教材(2007—2011 年、2013—2017 年、2018—2022 年)调研情况

1. 出版社调研情况

据不完全统计和筛选剔除,前三届电商教指委委员编写电子商务类教材共计 90 本(不同年份出版的多版次的同一教材记为一本),分别由 28 家出版社负责出版。其中,电子工业出版社、高等教育出版社、东北财经大学出版社、科学出版社和化学工业出版社负责出版的教材分别为 13 本、10 本、9 本、8 本和 8 本,这五家出版社共计出版了 48 本电商教材,占比接近一半。此外,28 家出版社中有 19 家仅负责了 1~2 本教材的出版。

考虑同一教材在不同年份存在多版次的情况,前三届高校电商教指委共计撰写出版了 145 本教材,其中东北财经大学出版社、电子工业出版社、高等教育出版社、科学出版社负责出版的教材最多,分别有 25 本、22 本、21 本和 11 本。

2. 年份调研情况

据统计,前三届(2007—2011年、2013—2017年、2018—2022年)高校电商教指委委员共计37人,所编写电商教材年代跨度为2000年至2020年。考虑不同年份出版的多版次情况,在全部145本教材中,出版教材数量最多的是2011年(20本),其次是2015(13本)和2017年(13本)。随着教育部对于电子商务专业教育的重视,高校电商教指委委员编写出版的教材数量总体呈现上升趋势,由图4-17可知,2011—2015年期间出版的电商教材总量多达66本。

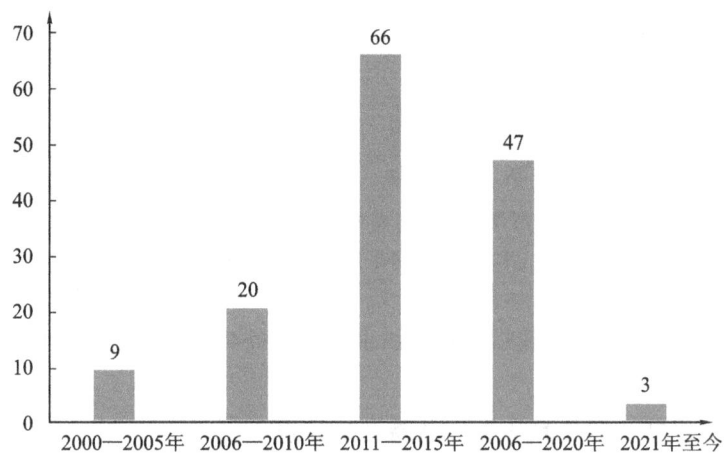

图4-17 前三届电商教指委委员编写电子商务类教材出版数量
(单位:本;按年代分类,考虑不同年份出版的多版次情况)

2011年7月我国教育部和财政部印发了高等学校本科教学质量与教学改革工程(以下简称"本科教学工程")实施意见,以质量标准建设为基础,探索建立中国特色的人才培养国家标准。"本科教学工程"重点在于本科教学的改革,主要目的在于促进高校专业结构合理化、强化教学建设培养、提高大学生实践与创新能力等,从而满足经济社会发展对应用型人才、复合型人才和拔尖创新人才的需要。2011年至2020年这十年间,教育部高等学校电子商务类专业教学指导委员会(高校电商教指委)充分响应了教育部的号召,十年间笔耕不辍,为高校电子商务教学质量的提升和本科生的培养做出重大贡献。电子商务物流类、信息技术类、金融支付类、跨境电商类教材几乎全部出自这十年。电子商务技术的蓬勃发展、教育部的重视以及高校电商教指委的高瞻远瞩共同促进了电商与其他学科的交汇融合,也更满足教育部对于复合型人才和应用型人才的需求。

3. 版次调研情况

考虑到教材在不同年份出版的多版次情况,做出如图4-18所示的统计结果。

据统计,绝大部分前三届高校电商教指委委员编写的教材仅出版了第一版,共计60本,这些教材出版时间均在2011年至2020年之间,其内容有待时代和各高校教学使用的考验。出版了第二至六版的教材则时间跨度更大,其中大部分电子商务信息技术和金融支付类教材出版了两版以上。电子商务金融支付类教材共计11本,其中有2本最高有两个版次、3本最高有三个版次、2本最高有四个版次。可见,随着金融支付技术的日新月异,该类的电商教材也

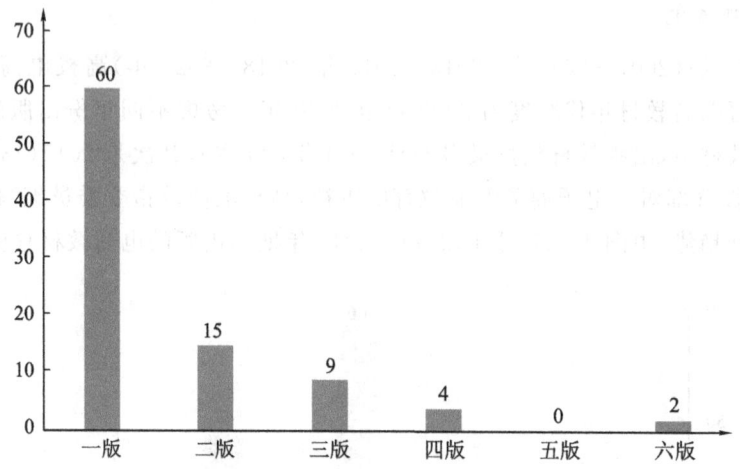

图 4-18　前三届高校电商教指委委员编写电子商务类教材版次统计
（单位：本；考虑不同年份出版的多版次情况）

一直在进行修改和创新，前三届教指委较为注重电子商务与金融支付的学科交叉，充分做到了与时俱进。

4.3.2.3　国外电子商务教学参考书籍调研情况

1. 出版社调研情况

如图 4-19 所示，根据哈佛图书馆的数据，1996 年至 2022 年国外出版电子商务相关书籍较多的出版社是施普林格出版社（Springer）、培生教育集团（Pearson）和麦格劳·希尔教育（McGraw-Hill Education），这是三家世界知名的出版社。施普林格（Springer）出版社作为世界上最有影响力的科技出版社之一，于 1842 年 5 月 10 日在柏林成立。根据哈佛图书馆的书籍数据，施普林格出版社（Springer）在 1996 年至 2022 年间累计出版了 500 本国外电子商务相关书籍，是出版数量最多的出版社，体现出施普林格出版社（Springer）在电子商务领域的书籍出版具有较强的权威性。培生教育集团（Pearson）是全球知名的英国教育集团，已有 150 多年的历史，集团下的出版业务遍布各个领域。根据哈佛图书馆的书籍数据，培生教育集团（Pear-

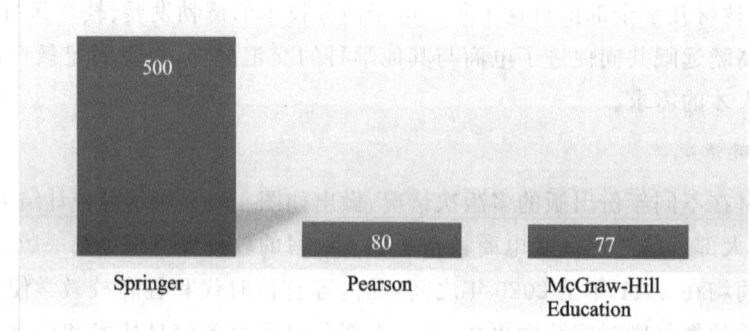

图 4-19　1996—2022 年间三大出版社出版国外电子商务相关书籍数量（单位：本）

son)在1996年至2022年间累计出版了80本国外电子商务相关书籍,是数量第二多的出版社。麦格劳·希尔教育集团成立于1888年,总部设在美国纽约,业务遍及全球30多个国家和地区,其出版物涉及大中小学教材、学术相关书籍以及大众畅销书等各个领域,是跨国界、全球性的出版机构。根据哈佛图书馆的书籍数据,麦格劳·希尔教育(McGraw-Hill Education)在1996年至2022年间累计出版了77本国外电子商务的相关书籍。

2. 年份调研情况

由于本书页"4.1.2 国外电子商务相关书籍发展"的相关内容是按年份进行梳理的,也就是对国外电子商务相关书籍的年份调研,因此本部分内容详见本书页"4.1.2 国外电子商务相关书籍发展"。

4.3.2.4 国内主流电子商务教材出版社调研情况

根据以上分析,总结可得,国内主流的电子商务教材出版社主要有清华大学出版社、电子工业出版社、高等教育出版社、人民邮电出版社、重庆大学出版社、西安交通大学出版社和机械工业出版社(华章分社)。据以上7家出版社提供并分类的数据,统计结果如图4-20所示。

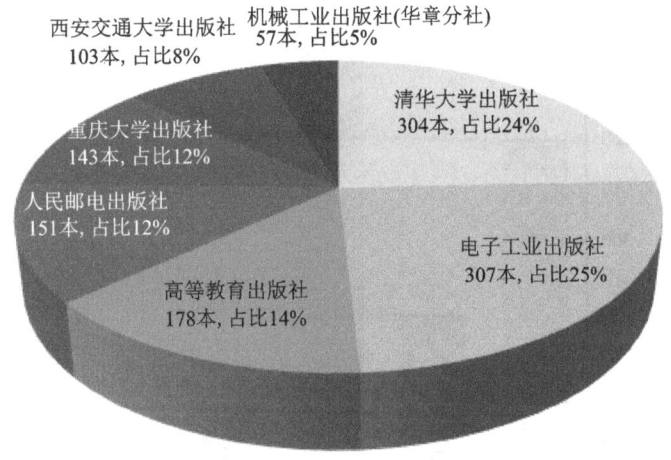

图4-20 国内主流电子商务教材出版社出品数量统计饼状图

总体而言,上述出版社自2000年至2022年,共计出版电子商务类教材1243本,内容分布如图4-21所示。统计结果与上文分析结果趋同,我国高度重视电子商务基础类教材,在主流出版社的电商教材类产出书目中有电子商务基础类教材700本,占比56%左右;有电子商务信息技术类教材263本,占比达到21%。

结合电商教材出版时间来看,主流出版社在"十三五"时期出版的电子商务教材最多,有405本,且出版数量随时间逐渐增长。由于电子商务专业是新兴专业,在"十二五"之前出版的教材数量相对较少,但随着我国对高校电子商务专业教育的重视,国内主流出版社也对电子商务领域的教材更加重视。跨境电商类、电子商务金融支付类及信息技术类这三种对于互联网技术有所要求的教材,随着时间推移和社会发展而陆续出版或者有所更新。与上文分析结果类似的是,国内主流出版社对于农村电商领域同样不够重视,至今为止仅出版了5本相关教材。如图4-22所示。

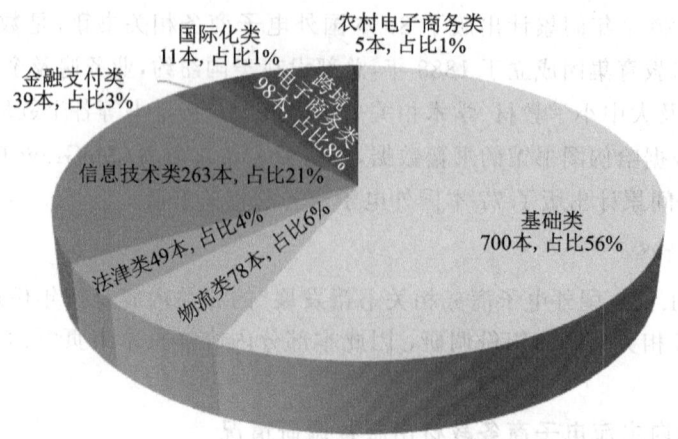

图 4-21 国内主流电子商务教材出版社内容分类饼状图

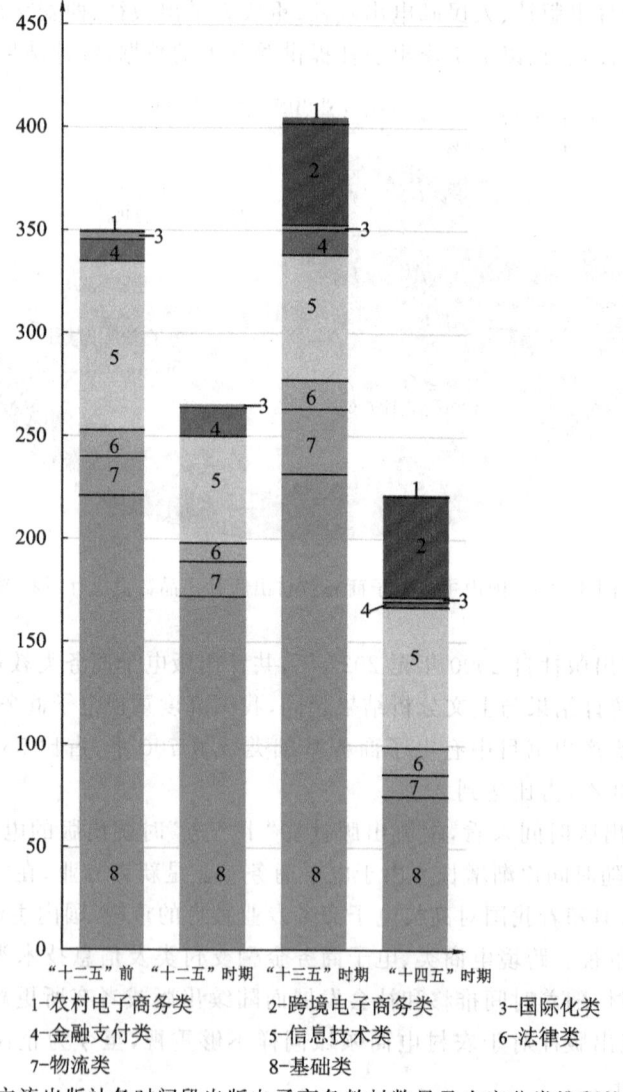

1-农村电子商务类　　2-跨境电子商务类　　3-国际化类
4-金融支付类　　　　5-信息技术类　　　　6-法律类
7-物流类　　　　　　8-基础类

图 4-22 国内主流出版社各时间段出版电子商务教材数量及内容分类堆积柱形图(单位:本)

作为全国教材管理工作先进集体和全国百佳图书出版单位的清华大学出版社,为高校电子商务教材的发展做出了重大贡献,其出版的电商教材在时间维度和内容维度都具有一定的代表性。下面以清华大学出版社为典范进行分析,纳入研究范围的304本电子商务教材内容分类如图4-23、4-24所示。

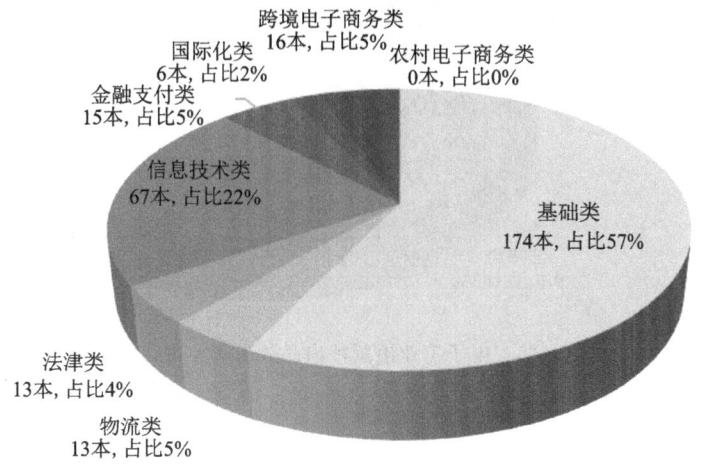

图4-23 清华大学出版社出品数量统计饼状图

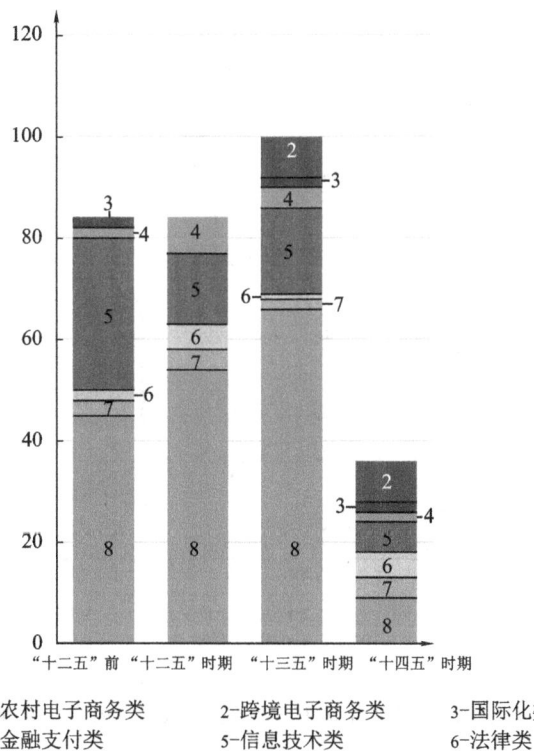

图4-24 清华大学出版社各时间段出版电子商务教材数量及内容分类堆积柱形图(单位:本)

出版教材数量占比较大的电子工业出版社和高等教育出版社也同样表现出相似的内容分类情况,如图 4-25、4-26、4-27 和 4-28 所示。

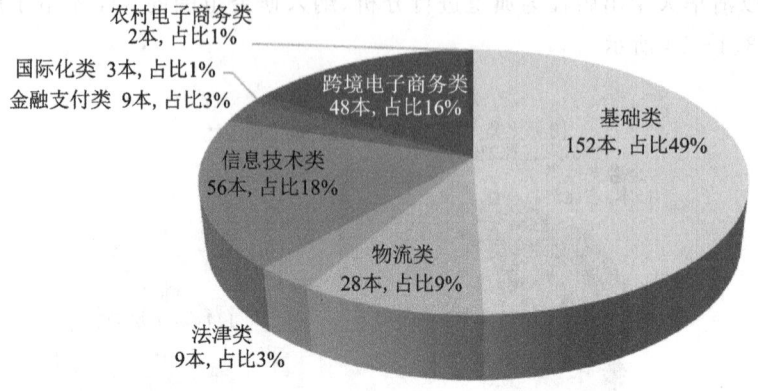

图 4-25　电子工业出版社出品数量统计饼状图

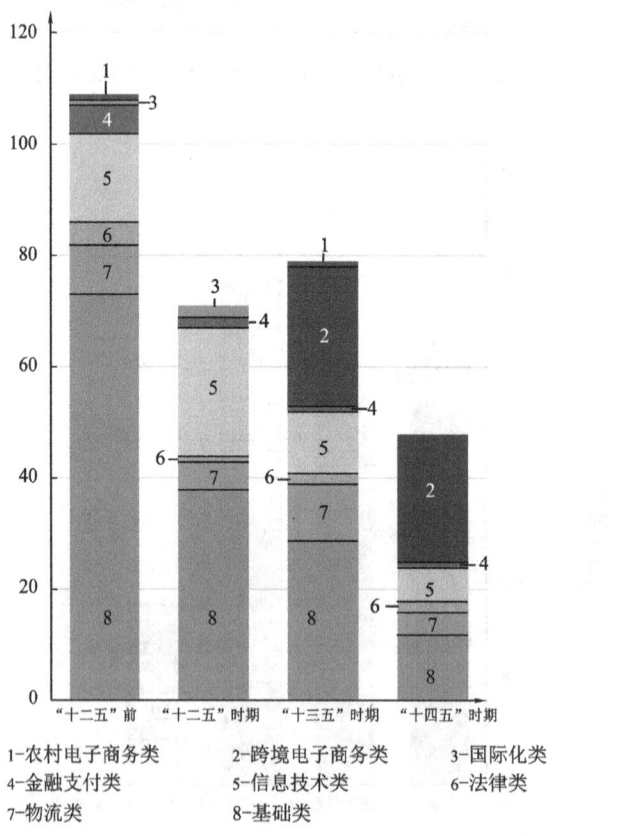

1-农村电子商务类　　2-跨境电子商务类　　3-国际化类
4-金融支付类　　　　5-信息技术类　　　　6-法律类
7-物流类　　　　　　8-基础类

图 4-26　电子工业出版社各时间段出版电子商务教材数量及内容分类堆积柱形图(单位:本)

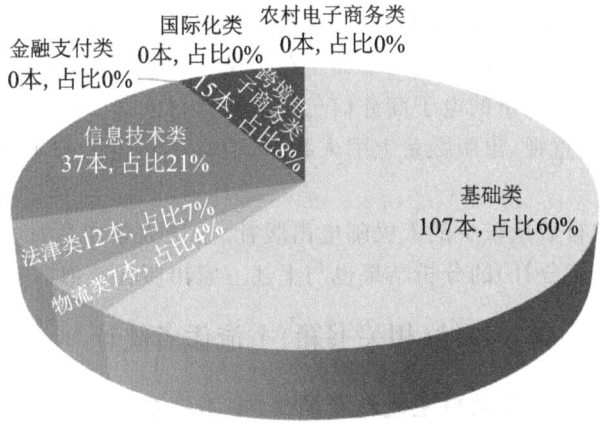

图4-27 高等教育出版社出品数量统计饼状图

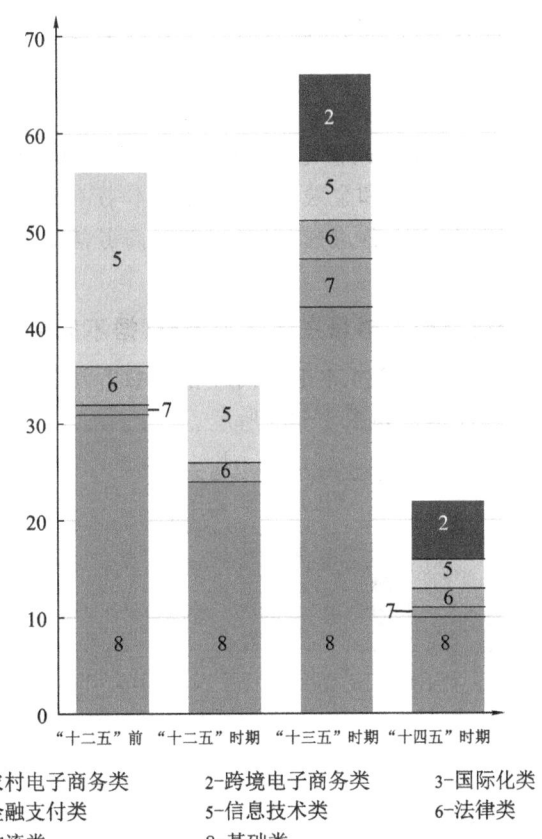

1-农村电子商务类　　2-跨境电子商务类　　3-国际化类
4-金融支付类　　　　5-信息技术类　　　　6-法律类
7-物流类　　　　　　8-基础类

图4-28 高等教育出版社各时间段出版电子商务教材数量及内容分类堆积柱形图(单位:本)

上述三家出版社除了十分重视基础类教材之外,还出版了数量可观的电子商务信息技术类教材,而信息技术类教材的数量与上文提到的国家规划教材和高校电商教指委委员编写教材展现的特点不尽相同。随着互联网技术的发展,电子商务信息技术类教材应当做到与时俱进,但根据国内主流教材统计数据来看,该类教材的出版数量虽然较为可观(共计263本,占比22%),但并没有随着时间推移而明显地增加。在上文中,国家规划教材和高校电商教指委委员编写教材中并没有如此大量的电子商务信息技术类教材入选。这表明电商信息技术类教材虽然引起了各出版社的重视,出版数量上引人瞩目,但是在质量上却不尽如人意,认可度还有待提升。

此外,相对出版教材数量较少的人民邮电出版社、重庆大学出版社、西安交通大学出版社和机械工业出版社(华章分社)的分析结果也与上述三家出版社类似。

4.3.3 中外电子商务教材(相关书籍)主流作者统计

4.3.3.1 国内电子商务教材主流作者调研(据不完全统计)

受到研究条件限制,作者在中国权威的出版物数据服务平台(PDC)数据中心通过姓名搜索的方式,按照前三届高校电商教指委委员名单确定的国内电子商务教材主流作者有106位,并对出版的电子商务教材数量进行了统计。根据不完全统计:上述主流作者在二十余年中坚持教材建设,他们出版的相关书籍在我国高校教育中具有重要地位,尤其是在电子商务信息技术类和电子商务金融支付类的教学中。在电子商务信息技术类教材中,主流作者编撰的教材共计占到该类教材总量的75%;在电子商务金融支付类教材中,主流作者编撰的教材占到该类教材总量的45%左右。截至本届高校电商教指委(2018—2022年),主流作者的研究领域和编写教材领域主要集中在信息技术和金融支付,这也与本书4.3.2中的对比分析结果趋同,主流作者对于学科交叉和信息技术十分重视,但对于电子商务法律以及电子商务国际化方面的重视度不足。

4.3.3.2 国外电子商务相关书籍主流作者调研(据不完全统计)

根据哈佛大学图书馆馆藏的1904本电子商务相关书籍数据,本章对于国外电商相关书籍的主流作者进行了统计,统计结果如图4-29所示。

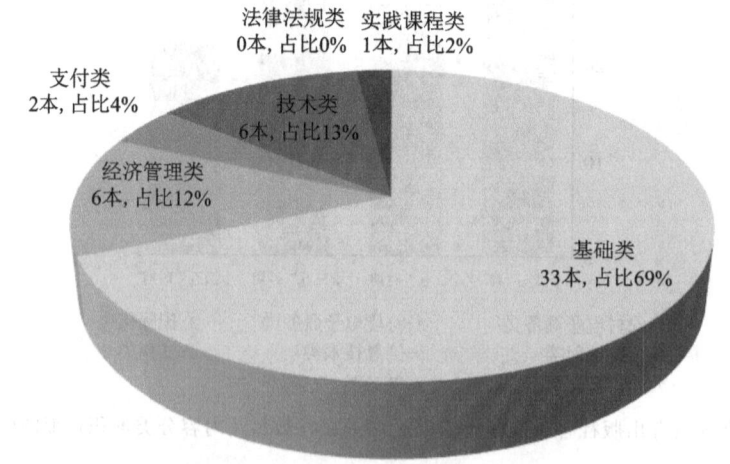

图4-29 哈佛图书馆馆藏电子商务相关书籍主流作者(共6位)主要涉猎领域
(考虑不同年份出版的多版次情况)

其中,上述 6 位主流作者所编写的相关书籍中,绝大部分是电子商务基础类书籍,共计 33 本,占比 69%。其次是电子商务技术类和经济管理类,各有 6 本,分别占比 13% 左右。由此可见,与国内电子商务主流作者的研究方向和撰写教材领域类似,电子商务基础类相关书籍占比很重,并且研究者们都十分关注电子商务技术的发展和未来走向。总体来看,国外的电子商务主流作者在电商法律方面也存在重视度不足的情况。

综上所述,国内外的电子商务教材(相关书籍)总体而言均得到了长足发展,但也表现出了异同点。

就国内而言,从电子商务教材出版时间的角度考虑,"十二五""十三五"规划和高校电商教指委都对于我国教育部出台的相关政策和电子商务相关技术发展作出积极的反应,并将其迅速地融汇在教材的编写中。从教材内容和版次的角度考虑,国内的电商教材一直十分重视基础教育,并在这二十余年中一次次修改再版;对于电子商务与金融支付、信息技术的学科交叉,国内教材紧跟时代发展,随着科技日新月异不断更新教材内容。但在电子商务法律、农村电子商务和电子商务国际化方面则存在内容版块的缺失。内容、版次方面的研究结论也与国内主流电商教材作者的研究领域有一定关联——主流作者也高度重视学科交叉和信息技术,而在电子商务法律相关教材方面并无涉猎。

国外的电子商务教学体系与国内的教学体系存在一定差异,但同时期的国外电商相关书籍的内容展现出和国内电商教材相似的特点。就内容、出版时间和主流作者的调研来看,国内外的基础类电商教材(相关书籍)都占比很重;并且随着时间的推移,电商高速发展使得电子商务技术类书籍崭露头角,引起了国内外作者的重视。此外,在电子商务的实践与应用方面,国外分类中的"电子商务实践"相关书籍与国内分类的"电子商务基础类"中的电商案例和实操类教材有所重合,这类教材(相关书籍)并不常见。虽然国外电子商务相关书籍在电商法律法规方面也占比不重、数量不多,但相比国内仍稍有领先。因此,我国在重视技术与基础方面教学的同时也应当多关注电子商务法律的发展和教育,新兴的产业和专业离不开法律的约束。我国也应当跟上时代步伐。

4.3.4　中外电子商务教材馆藏词云分析

4.3.4.1　词云分析相关技术介绍

Python 语言具有语法简洁、生态丰富、多语言集成的特点,近年来得到了迅猛发展和广泛运用。Python 是一种跨平台、开源、免费的解释型高级动态编程语言。词云是对文本中出现频率较高的"关键词"进行可视化呈现,Python 通过 jieba 库和 wordcloud 库完成关键词的抽取和云生成[338]。Jieba(结巴)分词是一个 Python 中文分词组件,可以对中文文本进行分词、词性标注、关键词抽取等功能[339],文本分析适合采用精确模式分词。wordcloud 库是 python 词云制作的第三方库。词云以词语为基本单位更加直观和艺术地展示文本,它可以将文本中词语出现的频率作为一个参数绘制词云,而词云的大小、颜色、形状等属性都可以设定[340]。实现一个简单的词云步骤如下:一,导入 wordcloud 模块;二,准备文本数据;三,创建 WordCloud 对象;四,根据文本数据生成词云;五,保存词云文件。

4.3.4.2 中外电子商务教材馆藏词云分析

综合考虑研究所需数据的获得性、丰富性和可靠程度,本章采用的是清华图书馆官网(https://lib.tsinghua.edu.cn)和哈佛图书馆官网(https://library.harvard.edu)的馆藏数据。本章采用数据调查研究的方法,根据清华图书馆与哈佛图书馆的数据,得到 1996—2022 年电子商务教材和相关书籍,然后利用 Python 制作词云,分析国内外电商教材建设情况并进行对比。

对清华图书馆搜集到的电子商务教材和相关书籍的书名进行高频词统计,得到表 4-5 中的内容。

表 4-5 中文书名高频词

高频词	数量	高频词	数量	高频词	数量
电子商务	825	网站	51	现代	32
管理	185	跨境	50	计算机	31
教程	185	设计	49	国际贸易	29
概论	170	的	47	运营	29
应用	116	企业	46	移动	28
物流	107	支付	45	营销	28
网络	104	实验	44	智能	27
技术	103	管理信息系统	42	国际	26
实务	82	实践	41	数据库	26
商务	74	原理	39	导论	25
网络营销	72	法	39	创业	24
案例	67	电子	36	英语	23
理论	61	金融	35	开发	23
基础	57	分析	34	供应链	23
安全	56	建设	33	旅游	22

通过数据调查研究的方法,在得到清华图书馆和哈佛图书馆官网中 1996—2022 年出版的电子商务相关书籍的文本信息的基础上,采用中文分词库 jieba 对文本的标题和内容进行分词,并使用词表过滤,再通过 wordcloud 库用统计出来的高频词制作词云。最终分别得到清华图书馆、哈佛图书馆官网中电子商务相关书籍的词云图,分别如图 4-30、4-31 所示。

图 4-30　清华图书馆电子商务相关书籍词云图

图 4-31　哈佛图书馆电子商务相关书籍词云图

4.4　本章小结

本章分别从宏观和微观的角度出发,对中外电子商务教材(相关书籍)进行了比较研究。

在宏观层面上，本章梳理了国内"十一五"前、"十一五"、"十二五"、"十三五"、"十四五"时期电子商务教材以及从 1996 年至 2022 年国外电子商务相关书籍的发展情况，并就国内外电子商务教材（相关书籍）的管理模式和数字化发展程度进行了对比。

在微观层面上，细化到具体的教材内容、出版情况、作者等内容。本章首先总结了"十二五"前、"十二五"、"十三五"、"十四五"时期国内电子商务教材的编写标准以及高校选用标准，之后分别从具有我国特色的八大内容分类和国外电商书籍五大分类出发，将"十二五""十三五"国家规划教材、高校电商教指委编写教材以及哈佛图书馆馆藏电子商务相关书籍进行分类，并分别对上述教材（相关书籍）进行出版社、年代、版次、主流作者等方面的调研分析。本章总结出国内外电商教材（相关书籍）的异同点，为我国的电子商务专业高等教育发展提供了参考。最后，本章对于调研所用到的中外电子商务教材馆藏进行词云分析，清晰展现了清华图书馆、哈佛图书馆官网中电子商务相关书籍的词云图。

第 5 章   中国电子商务教材建设研究

知识架构

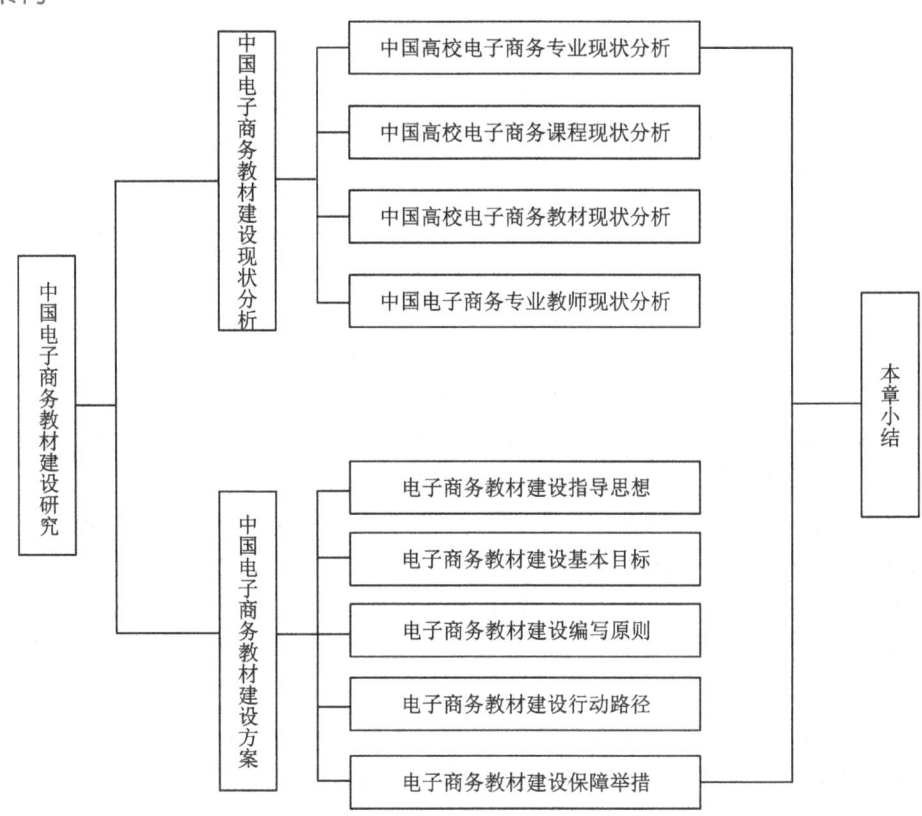

当前,中国进入了全方位建设社会主义现代化国家、向第二个百年奋斗目标前进的新发展阶段,中国经济已经进入高质量发展阶段,国家新基建为高质量发展注入新动能,构筑了数字时代的新结构性力量。教育新基建作为国家新基建的重要组成部分和垂直应用,是实现教育数字转型的重要牵引,是实现教育高质量发展的基础支撑[341]。2021年7月教育部等六主管部门出台了《有关推动高等教育现代化基础设施构筑高质量教学支持体制的引导若干意见》,以高等教育新基建为增长新动力、创造新供给、服务新要求,对学校准确掌握新增长时期、进一步落实新理念、积极服务形成新发展布局提供了新的思路与做法,对实现教育数字转型和高质量发展具有重要意义[342]。2021年12月21日在第十二届新华网教育论坛上,教育部高等教育司司长吴岩指出,要全力以赴抓好高等院校教学的"新基建",抓专业、抓课程、抓教材、抓学习技术方法、抓教师[343],通过做好这"五抓"来托起高等教育的高质量[344]。教育新基建生态图如图5-1所示。

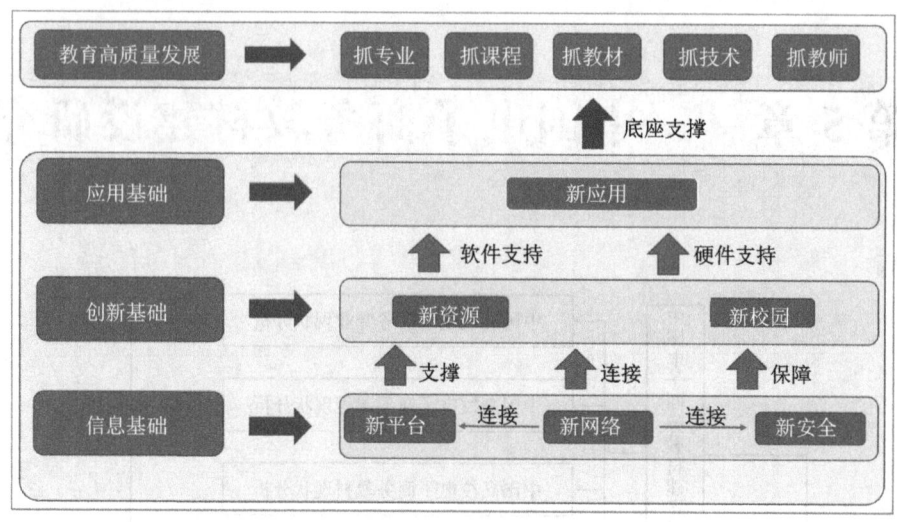

图 5-1　教育新基建生态图

第一是抓专业。专业作为教育教学"新基建"的主要抓手,抓好教育教学"新基建"首要就是要抓专业[345]。"专业是高等教育人才培养的基本单元,教学改革改到最要紧处是抓好专业。专业学科发展直接关系到高校人才培养的质量,直接关系到高等教育服务经济社会发展的能力水平,直接关系到是否成为促进国家经济创新发展的领导力量。"

第二是抓课程。吴岩司长强调,在课程方面,我们要着重把握好教学内容系统、两性一度、教学思政、实践性课程等四个方面。"课程是人才培养的核心要素,是教育教学中最微观的,但解决的却是最根本的问题。不论是'双一流'院校或是地方大学、新建本科高校,课程是学校内部公认的缺陷、软肋、关键点。课程更是彰显以学生发展为中心的价值观'最后一公里'落地的重要任务。"

第三是抓教材。"剧本是一剧之本,教材是人才培养的主要剧本。教学改革改到实处是教材,把教材建设抓好了,学生学习就有了根本依据,就有了重要的载体,就有了主要的工具。"教科书作为立德树人的基本载体,是中国高等教育教学改革最基础的一环[346],这就直接影响着中国高等教育改革是否真正贯彻落实。近年来,教材建设不断取得新成就、新突破,为促进学生健康成长、提升教育质量提供了有力支撑[347]。

第四是抓技术。"我们要抓教学技术方法,技术水平是学习革命的关键突破,教学改革改到难处是技术。我们的老师现在要不断自我革命,自我突破,把原先所谓的黑板、粉笔、作业本变成教学技术新的黑板、粉笔、作业本。"在吴岩司长看来,信息技术是一种全新的教育生产力,是老师的一个新的能力,是教师的一种全新的课堂教学能力,教师的"教"要用新技术手段,学生的"学"要借助新的技能来完成。信息技术和教育新的融合,将带来一个全新的教学革命。而混合式教学将形成今后中国高等教育培养的新常态。

第五是抓教师。教师是人才培养的关键所在。教育教学改革改到痛处是教师。把教师培训做好了,高校的教师才能够成为主力军,成为新的教育技术、教学方法、教育内容的实施者,中国高等教育质量才会获得有力的保障和提高。广大教师要深切关注和研究世界高等教育发展趋势,在国际视野中精准把握中国高等教育发展。吴岩认为,所谓的"大先生"要有五术,五术要求精——道术要精,要有大境界、大胸怀、大格局;学术要精,要学科深厚、专业精湛;技术要精,要育人水平高超、方法技术娴熟;艺术要精,要有滋有味、有情有义;仁术要精,要坚守仁心仁术、以爱育爱。

教育新基建面向未来,要推动信息化建设和教育与教学的深入融合,形成优质教学支撑体系。这个教学支撑体系将助力学校解决教育均衡、家校协调、教师减负等教学难点,促进学校教学管理模式改革、流程再造和生态重塑,有效提升教学效率和教学品质,培养具有家国情怀、德才兼备的高素质创新创造人才[348]。

党的十八大以来,党中央高度重视教材工作。习近平总书记亲自部署推动教材建设,对教材工作作出一系列重要指示。习近平总书记强调:"教材是学校教育教学、推进立德树人的关键要素。"坚持立足党和国家各项事业的发展全局,坚定马克思主义指导作用,加强党的领导,强化国家事权,树牢社会主义责任意识和群众阵地意识,完善高校管理体制机制和综合保障措施,推出更多培根铸魂、启智增慧、符合时代要求的精品教材[349],加快建设中国特色高质量高等教育专业教材体系,为培养德智体美劳全面发展[350]的社会主义建设者和接班人提供强有力的支撑[351]。

未来中国电子商务教材建设要坚持以习近平新时代中国特色社会主义思想为指导[352],认真贯彻党中央国务院的决策部署,围绕高校教学改革和电子商务学科人才培养需求,加大国内外教材研发投入,吸纳更多电子商务专业人才参与教材建设,持续提升电子商务教材质量,打造一批经典性、原创性、创新性、有国际影响力的优秀电子商务类教材,形成具有中国特色、世界水平的电子商务教材体系,使电子商务教材更加适应中国电子商务发展需要[353],更加符合中国电子商务高速发展的知识更新趋势,培养更加全面发展的电子商务专业人才[354],为中国电子商务高速发展作出贡献!

5.1 中国电子商务教材建设现状分析

为了进一步推进电子商务专业教材建设,教育部电子商务类专业教学指导委员会教材组、高等学校电子商务类教学与教材研究发展中心正在积极推动中外电子商务教材比较研究[355],了解中国电子商务专业人才培养现状[356]。研究小组探索性设计了问卷内容,使之尽量涵盖本科生教材的学科规范要求。第一,为了全面、准确地反映现行中外电子商务教材的内容并使调查对象能够作出较为客观合理的评价,要求调查对象所填写的必须是自己的教学经历,保证了调查的真实性、客观性和公正性。第二,科学确定调查对象,调查范围包括国内有代表性的各类院校。将这次问卷调查的范围确定在国内具有代表性的各类院校,调查的方式是向该校从事电子商务学科教学的教师发送设计好的调查问卷。第三,借助科学工具,高效完成问卷发放与回收工作。本次使用问卷星作为问卷投放的平台,保证问卷及时高效地完成,从而充分保证问卷数据质量。

本次调查问卷研究旨在了解当前高校本科电子商务专业教材建设与使用现状中所存在的问题,从宏观、微观两个层面提出具有可操作、可实践的策略和建议,探索一套符合中国电子商务专业教材建设的方案。选定开设电子商务专业的高等学校作为本书的研究对象,并通过问卷调查法总结分析当前中国电子商务专业教材建设的现实情况。问卷调查部分使用自行编辑的《中外电子商务教材对比研究的问卷调查》进行调查分析。

针对中国本科电子商务课程教材建设的现状[357]，研究小组分别对高校、任课教师和教材这三类对象进行了调查分析，并强调：一方面，要从教材的直接建设传授者——任课教师的教学工作中深层挖掘当前教材开发、选用等问题[358]；另一方面，要从教材建设保障者——高校[359]在教材建设保障工作中的作用探索高校教材建设的激励政策。基于国内外学者的研究及文献分析，结合当前的教学实际，本研究提取了高校本科电子商务教材建设四阶段现状研究核心框架，如图5-2所示。

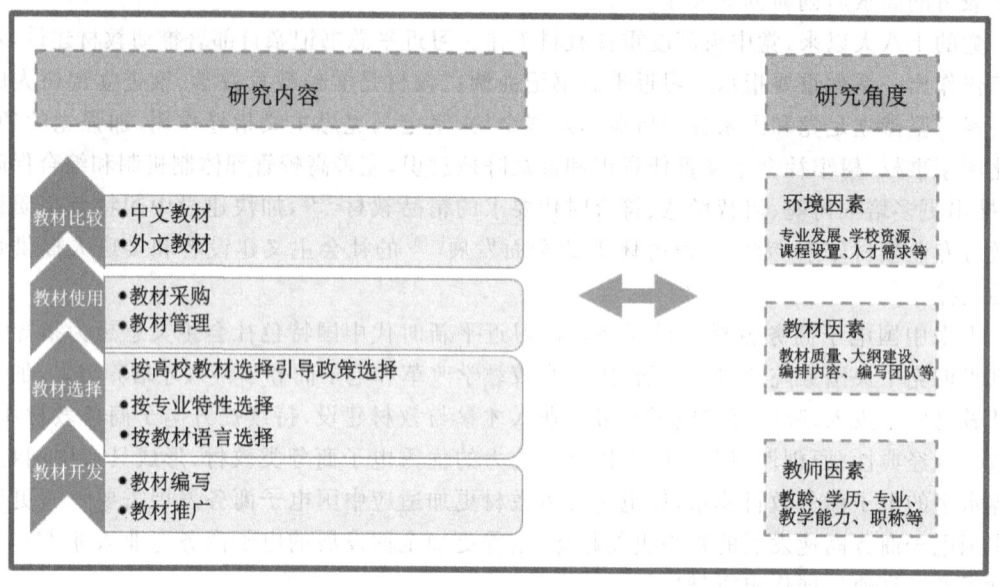

图5-2　高校本科电子商务教材建设现状研究框架图

具体来说，高校教材建设从产生到运用到教学活动中的环节可拆分为四个阶段：教材开发（编写与中文教材的推广），教材选择（教师对教材的选用），教材使用（教材采购与管理），教材评价（中外教材对比）。通过教师如何选择与使用教材、教师对中外教材的评价、高校制定教材建设激励等几个方面，来探究高校本科电子商务教材建设中存在的问题，并从教学环境、教师、教材本身等因素来探究高校电子商务专业教材建设路径。

本次研究使用的问卷共设计了21道题目，分别从教师、专业和学校3个层面，进行了教材的建设、使用以及评价3个维度的数据采集。问卷采用问卷星App向195个学校定向投放，实名填写，共收到问卷298份，其中有效问卷298份。根据课题研究的需要对样本数据进行清洗，对于一个学校拥有针对不同教师的反馈问卷，按照职务、职称以及教师的专业所属和教龄为先后顺序进行筛选，选择教龄更长的电子商务专业一线教师，为每个学校保留一份问卷，最终得到有效样本数据195条。教师问卷的第一部分通过2道选择题和1道填空题来了解被抽样教师的基本背景，包括性别、教龄、学历、学科专业等问题，为之后探究教师背景因素是否与研究问题相关做好准备。第二部分共18个问题，除最后一题为开放式问答题，其余17个问题均是单选或多选题，要求教师根据自己的感知和实际情况回答每个问题。第三部分可划分为4个小节：第1~7题为第一小节，用来反映"高校课程设置与教材选择"这一维度；第8~10题为第二小节，用来反映"教材使用"这一环节；第11~14题为第三小节，用来反映"教材评价"的问题;第15～20题为第四小节,用来反映"教材开发"这一维度。

5.1.1 中国高校电子商务专业现状分析

在世界经济全球化大潮的影响下,电商已然成为未来世界经济中不可阻挡的发展趋势,而电子商务公司对高级电商人员的要求也日益紧迫,各院校也纷纷设立了电商专业。为贯彻落实党中央、国务院关于建设世界一流大学和一流学科的重大战略决策部署,教育部、财政部和国家发展改革委于2017年1月共同印发了《统筹推进世界一流大学和一流学科建设实施办法(暂行)》的通知,其中强调:"一流大学建设高校是经过我国着力打造、拥有先进的办学模式、办学能力比较强大、社会知名度较高的院校,应具有一定数量国内领先、国际前列的高水平学科,应是在改革创新和现代大学制度建设中成效显著的高校[360],一流学科建设高校应具有居于国内前列或国际前沿的高水平学科,学科水平在有影响力的第三方评价中进入前列,或者国家急需、具有重大的行业或区域影响、学科优势突出、具有不可替代性。"以此办法为指引,中国正积极推进世界一流大学和一流学科建设,以进一步提升中国教育发展水平、增强国家核心竞争力。专业是人才培养的基本单元,教学改革改到要处是专业,专业直接关系高校人才培养质量、直接关系高等教育服务经济社会发展水平、直接关系能否真正成为推动国家创新发展的引领力量。一流专业、一流课程建设的全面推进,专业、课程与教材一体化建设与改革已经成为"十四五"期间高等教育继续深化教学改革、提高教学质量的主要支撑。

2022年7月17日在郑州举办的全国电子商务教育与发展联盟成立大会上,北京物资学院校长刘军教授在《中国电子商务教育发展进程与展望》专题报告中指出,截至2021年中国电子商务本科专业布点数634个,其中工学63个,管理学539个,经济学32个,共设置电子商务专业536个,跨境电商专业78个,电子商务及法律20个[361]。

如表5-1所示,对195所被调查高校中电子商务专业授予学位的调查发现,中国高校电子商务专业大部分授予学位为管理学学位,各高校根据其电子商务专业建设的情况开设相应的电子商务课程,从课程设置上,可以部分反应电子商务专业建设的现状和趋势。这一问卷调查结果体现了不同高校人才培养方案的侧重点不同,可以更加有针对性地加强其他基础性学科的知识培养,有助于培养专精电子商务某一领域的电子商务专业人才。中国电子商务专业的发展与国内电子商务产业的兴起有密切联系,电子商务专业的跨学科特征一定程度上反映了电子商务产业复合型人才需求的现状,既要熟悉一般企业管理理论,同时也要具备电子商务技术架构和专业运营能力。在实际的电子商务应用场景中,电子商务应用型人才往往也是负责完成本职任务,例如负责电子支付的电子商务应用型人才并不需要面面俱到,仅需负责整条电子支付链即可;这也说明目前的电子商务全面性培养还需进一步增强。从人才培养的角度出发,不同于应用型人才,管理型人才需要全面发展,这样才能统筹全局,把握整个电子商务的流程。电子商务专业作为一个相对年轻的专业,既区别于传统的工科专业,也不同于一般的经管专业。因为各学院的战略位置、学科建设情况、重点发展区域的倾向等的不同,不同的高校出现了对电子商务专业学生颁发管理学学位、工学学位或经济学学位的不同情况,这种现状有其特定的历史因素和现实因素,我们需要结合实际情况客观分析。

表 5-1　中国高校电子商务专业建设问卷信息统计表

分类项	选项	频数	百分比
专业学科管理	工学学位	20	10.3%
	经济学学位	12	6.2%
	管理学学位	159	81.5%
	其他	4	2%
专业课程体系与人才需求匹配度	完全匹配	8	4.1%
	十分匹配	90	46.2%
	一般匹配	88	45.1%
	不怎么匹配	9	4.6%
	完全不匹配	0	0%

由调查数据还发现，一半以上教师认为该校电子商务专业课程体系建设与电商人才需求能够达到十分匹配或完全匹配，这是对各高校电子商务专业课程体系建设工作的肯定。不过还有四成以上的受访者认为只能达到一般匹配，甚至少部分人对所属高校现行的电子商务专业课程体系持否定态度，认为不怎么匹配。这就反映了各院校在电子商务专业课程设置中存在的几个实际问题，目前很多院校对电商专业颁发学位证书都不一致，可以授予管理学学位、工学学位或经济学学位，由于所属一级学科不同，各高校电子商务专业课程体系存在一定差别，这会给教师教学和人才培养带来不利影响。企业对电子商务人才的需求是一致的，但是如果高校电子商务专业课程体系建设存在明显差别，就会造成电子商务人才培养过程不同，就可能降低高校电子商务人才培养与市场电子商务人才需求的匹配度。人才培养和人才需求的匹配度高是高校教育的市场目标，要实现这个目标，根本上还是要从推动高校教师工作持续进步着手。高校教师的主要任务是教育与研究，前者传播知识，需要教师与学生共同学习，形成良性的互动；后者创造知识，需要教师在专业领域努力深耕，攻克科研难题。为高校教师创造更好的教学条件和科研条件，切实推动教师队伍建设的稳定发展，就能为高校教育教学发展提供助力。

5.1.2　中国高校电子商务课程现状分析

2018 年教育部就已经将教材建设与选用纳入本科教学质量国家标准，针对本科高校的 1049 门专业基础课和 3676 门专业核心课，制定了教材及参考书目的建设与选用规范，鼓励高校选用规划教材、精品教材等优秀教材。问卷调查中的 195 所本科院校中，属于 211、985 或双一流建设高校的有 44 所，占所有 211、985 或双一流建设高校的 29.9%，占此次问卷的 22.56%；一般本科院校 151 所，在一般本科院校中占 13.4%，占此次问卷的 77.44%，样本基本涵盖了中国开设电子商务专业高校的各个层次，具有一定的代表性。

电商类专业主要培养的对象是具有现代管理思想与信息经营管理理念，熟悉现代计算机技术与电子服务等综合技术，具备坚实的专业基础知识和优秀的知识结构，并具有一定的网络创新创业素质，能够满足现代社会对商业经营、信息专业管理与科技服务等需求的全方位、应用型、创新性专业人才。作为一门跨学科、综合型的专业,电子商务涉及计算机技术、财经、金融等多学科的知识,高校如何根据自身的办学目标和特点合理设置电子商务专业课程,怎样为电子商务专业课程建设优质精品的配套教材,是教育部主管部门、各高校教师所要潜心研究的问题[362]。高校电子商务课程设置情况问卷信息统计如表5-2所示。

表5-2 中国高校电子商务课程设置问卷信息统计表

分类项	选项	频数	百分比
课程分类	电子商务基础类	181	92.8%
	电子商务物流类	157	80.5%
	电子商务大数据类	154	78.9%
	跨境电商类	140	71.8%
	电子商务金融支付类	129	66%
	电子商务法律类	105	53.8%
	农村电子商务类	85	16.9%
	电子商务国际化类	42	16.4%
	其他	19	5.6%

电子商务专业经过多年的发展,已经形成一批相对固定的电子商务基础课程。物流和金融支付是电子商务产业的重要组成部分,对电子商务产业具有支撑作用。电子商务法律为电子商务产业的发展保驾护航,同时伴随着产业发展与时俱进。物流、支付和法律模块的工作长期在电子商务实务中有明显体现,高校对应开设这三大类课程反映出电子商务专业建设尊重产业发展实际。近几年,随着数据作为新的生产要素逐渐被认知,大数据科学发展迅速,电子商务行业拥有丰富数据沉淀的优势得到充分挖掘,行业对大数据分析相关专业人才的需求持续增长。跨境电商作为电子商务行业新出现的细分赛道正在高速增长,对电商人才也提出了更高的要求。高校适时推出电子商务大数据类课程和跨境电商类课程正是适应了电子商务行业出现的新变化和新趋势,是电子商务专业建设持续保持生命力的体现。

电子商务的专业特点是交叉性和复合性。电子商务专业由多个学科构成,故开设课程也对应着不同门类的学科。电子商务开设的主要课程包括电子商务基础类,电子商务物流类,电子商务大数据类,电子商务金融支付类等。课程是落实"立德树人成效"根本标准的具体化、操作化体现。从问卷可以看出绝大多数学校都开设有相应的课程,其中电子商务基础类课程的开设占比最高,电子商务物流类课程次之,农村电子商务类课程和电子商务国际化类课程最少。但是农村电子商务和电子商务国际化这两类课程分别对应着乡村振兴与企业国际化,在中国经济发展中占有举足轻重的地位。农村电子商务的发展是实现农村经济振兴发展的重要途径,因此需要有更多理解农村电子商务的专业人才来接力完成这一项重要的国家战略。电子商务国际化则为企业产品和服务对外发展提供了重要手段,随着国内市场的饱和,企业对产品服务对外发展的需求越来越强烈,因此电子商务国际化作为一项基础建设,对企业的对外发展能够提供巨大且必要的帮助。

因此，未来电子商务教材应具备多样性和包容性。多样性体现在学科所需的课程的门类之多，包括但不仅限于物流类、大数据类、金融和跨境支付类、农村电子商务类和电子商务国际化类等。这些学科都是电子商务的重要组成部分，因此每一门学科都应当涉及，尤其是农村电子商务和电子商务国际化类课程。其他课程，如物流类是电子商务的技术理论基础，而农村电子商务和电子商务国际化类课程则对应着电子商务的应用场景多样化，并且这两个方向对帮助加速发展乡村振兴与企业国际化这两项国家重要战略起到重要的作用。包容性体现在将所有需要的基础课程有机结合起来。电子商务所涉及的学科的广度是十分巨大的，一本书的内容可能不足以将所有知识讲好，因此，分类建设电子商务教材是很有必要的。例如，电子商务基础类的相关书籍应该主要介绍电子商务的基础性知识——电子商务发展历史、电子商务的技术理论基础，以及电子商务所需要的基础学科等。基础性教材的目的是为了让学生能够初步认识电子商务这一专业，并且对专业有一个大概的认知，需要深入学习的内容可以交由后续其他的专业教材来进行详细讲解。

5.1.3 中国高校电子商务教材现状分析

教材是教学的基本构成要素，教材的使用贯穿整个教学过程[363]。高校在教材的课程使用、引导选用、引导建设和统一采购方面往往设置政策使教材管理工作规范化。教材建设是党的思想理论建设的基础工程，是为党育人、为国育才的铸魂工程[364]。大力加强优秀电子商务教材建设，通过编写能够充分反映中国电子商务发展最新理论成果的优秀电子商务系列教材，对于坚持党对教材工作的全面领导、落实教材建设国家事权具有重要的战略意义和深远的历史意义，有利于加快构建中国特色电子商务专业教材体系，培养电商企业所需的全能型电子商务优秀人才。

党中央一直以来高度重视高校教材建设，作为电子商务学科教育发展的重要一环，千余本高品质电子商务教材得以出版并在高校广泛使用，引导和促进了高校电子商务科学教材建设，推动了电子商务专业体系建设不断创新；凝聚了大量电子商务专家学者，培养了一批电商行业领军人和优秀人才，更加壮大了高校电子商务教学与科研团队，更有力地促进了我国电商发展的最新研究成果进教学进课程、进头脑，创造了中国电子商务教育发展的新局面。

5.1.3.1 中国高校电子商务教材使用现状

当前，我国正站在新的发展起点、步入崭新的时期，中国经济社会形势正在发生新的重大变化，教育迈向新的高质量发展阶段，世界大变局加速演变的特征更加明显，新时代对电子商务教材建设提出了新使命新要求。面临前所未有的良好发展机遇和严峻挑战，中国当前电子商务专业教材建设仍然存在许多薄弱环节。部分教师和院校对课程建设关注不足，教材建设的有关规定有待进一步落地实施；教材体系构建滞后，教材覆盖的学科专业课程面较窄，辐射引领功能亟须逐步释放；课程的针对性、适宜性不高，还没有完全适应不同学习阶段、不同类别的人才需求；教材出版并不能充分调动研究者、高校和出版单位的积极性和主动性。当前，迫切需要根据新的时代特征，顺应新时期人才培养需要，总结经验，继续完善和提高电子商务类优秀课程的基础建设。怎样促进书本和课堂同向同行，发挥课本的铸魂教育作用，是需要进一步探讨处理的重要而迫切的课题。对中国高校电子商务教材使用情况进行的问卷信息统计见表5-3。

表 5-3 中国高校电子商务教材使用问卷信息统计表

分类项	选项	频数	百分比
教材使用数量	两本及以上	16	8.2%
	一本	124	63.6%
	无明确规定	55	28.2%
教材使用制度	引导使用国家级、省部级规划教材	187	95.9%
	引导使用马工程教材	120	61.5%
	引导使用资源配套完善的教材	81	41.5%
	引导使用本校教师主编或参编的教材	66	33.9%
	引导使用外文教材	13	6.7%
教材建设制度	有强制性要求	28	14.4%
	有强引导性	97	49.7%
	有弱引导性	79	40.5%
	有转换性政策引导	26	13.3%
	无政策引导	19	9.7%
教材采购方式	统一采购并统一发放	138	70.8%
	老师推荐,学生自行购买	83	42.6%
	其他	12	6.2%

从表 5-3 中的数据可看出,超过 70% 的高校对必修课程的教材使用有明确规定,这一问卷结果也侧面反映出高校对于教材使用工作的重视,严格按规定选用教材能够保证专业课程和教学工作的严谨性和连贯性。但是,高等教育与其他阶段教育有一定的差异,新型学科以及交叉学科的出现使得电子商务需要教学的内容进一步增加,但是市面上的教材更新存在时间上的滞后,因此,相应的新内容缺乏对应的教材,只能由相关的教师自行围绕课程展开教学,教师可以根据教材或讲义进行知识拓展,特别是将一些前沿的知识传授给学生。不过这样的教学方式依赖教师的个人水平,难以做到标准化,也难以保证所有高校的教学质量。所以,在未来电子商务教材建设过程中应该加强电子商务专业新型学科的教材建设,及时更新相应的内容使其能够满足新领域的课程教学所需,同时又能凸显电子商务的专业特性,具体讲述新技术是如何应用在电子商务的专业领域的。

而且在实际高校教材选择时,多数高校都有必修课程明确使用教材的规定,那么如何选用教材就是一个现实问题。高校对于教材选用的核心目标是为了顺应电子商务发展,培养优秀电商人才,因此学校在教材选择上也就不会选择固定的必修教材作为其电子商务相关课程教学开展的基础。所以,后期电子商务教材撰写应多听取高校对教材的建议,针对没有选择明确教材的高校展开相关的调查,获取对电子商务教材的相关建议,并综合其他高校对该建议的观点后总结出相应的修改意见,使教材能够满足绝大部分高校的需求。

根据调查研究发现,高校会通过一些引导性政策来对教师选用教材施加影响。从数据不难看出,高校层面普遍存在教材选用的引导政策,这些引导政策虽然不具备名义强制性,但仍然对高校教材选用工作产生影响,其中官方标准的影响较大,教材作为教育教学中的关键要素,高校在大方向上做出一些柔性引导有其必要性和现实意义。同时引导选用配套资源更为完善的教材也有利于丰富教学内容,增加教学工具和提高教学质量。除了在教材选用方面,各高校在教材建设方面大多也存在引导性政策。具体来看,可以将引导性政策分为正向激励型和反向惩戒型。强引导性教材建设和弱引导性教材建设都属于正向激励型政策,即对于教材建设和高质量教材建设进行奖励。强制性要求教材建设,将其作为职称评定的必有项目,则更多地表现为反向惩戒型政策,意味着缺乏此项工作将面临无法评定职称的"惩戒"。未来电子商务课程建设还需要进一步严格认真执行国家有关课程团队建设方面的各项政策规定,并建立长效奖励措施,从岗位待遇、职称评定、绩效考核、荣誉奖项、国家重点人才培养项目选拔等方面,向课程编审研发人员倾斜。要明确对优秀课程编审研人员在工作量统计、科研成果统计、岗位评价和聘用条件等方面的具体规定,充分调动高水平电子商务专业人才参加课程建设工作的积极性。高度重视教材编写、审定、发行、管理等科研团队整体构建,坚持教育与培训并举,全面提高政治品格和业务水平,尽快建设立场坚定、业务娴熟、结构合理、学风优良的高水平专业化课程建设工作团队[365]。

就调查数据来看,正向激励型引导政策的比例远大于负向惩戒型政策,中国高校教育教学工作经过多年的发展,在各方面都取得了明显进步,在教材建设上体现为由过去的追求教材数量逐步过渡到追求教材质量的新阶段,要求高校对教材管理的政策由负向惩戒转换为正向激励,也代表着高校教材建设管理工作的日益科学化和人性化。这种科学化和人性化也体现在教材采购工作上,当下学校统一进行教材采购仍然占据主流,同时有四成的高校是由老师推荐,学生自行购买教材,这说明高校在教材采购工作上方式更加灵活,尊重学生的自我意识,减少了摊派式的政策规定。统一采购能够保证使用教材的统一和质量,也利于降低学生额外购买教材可能产生的经济负担,但此时需要高校严格教材统一采购的范围,规范教材使用、征订工作,避免因非必须教辅用书统一采购而造成浪费。

5.1.3.2 中外电子商务教材评价分析

根据高等院校的教材建设[366]、使用[367]、评价[368]等方面的政策[369],电子商务专业的教师对教材的认知也具有多样性,高校教师对于教材的评价,有利于优化结构,提高教材质量[370]。分析教师群体对于教材的评价可以从多方面展开,包括但不限于对于教材体系框架的了解程度、中外文教材的优势比较、优秀教材具备的要素、哪一类教材更好、使用教材遇到的困难以及教材需要改进的方面等,以方便发挥教师、高校在教学研究、教学管理和教材选用方面的作用。所以在电子商务教材建设的同时还须建立健全、公开、透明,有广大教师和专家共同参与的教材质量评价机制,完善教材质量评价标准,定期做好教材使用情况的调查和反馈,及时根据教材评价和使用情况调整国家发布的教材目录,并将其作为制订下一阶段国家规划教材出版规划的重要依据,优化教材结构,促进教材质量不断提高。

中国的电子商务建设居世界一流水平,不管是电子商务的物流量还是电子商务的支付领域都代表着世界电子商务的超一流水平。得益于电子商务的高水平建设,相应的电子商务教材建设水平也在不断提升。并且中文教材的建设体系也更加完善,相比英文教材在语言上更加容易理解。中文教材不仅受其电子商务实际业务的影响,而且也得益于高水平的教材编写者。这使得中文教材在立足中国国情的同时又可以高水平、高标准、高效率地帮助完成高校电子商务专业教师的教学任务,而且教材的使用对象多是中国的高校学生,因此中文教材在语言的表达上更加通俗易懂,这是英文教材所不具备的。同时,教材的编写者的思维逻辑方面也更加的中式,这能够让教材的使用者更加方便且快捷地认识并理解教材的内容和知识。对于外文教材体系框架更为熟悉的比例很低,侧面说明电子商务专业外文教材的知识体系框架与中文教材之间存在明显不同。这可能与中国电子商务行业在世界范围内长期保持领先有关,中国电子商务行业大且强[371],具有明显的竞争优势,外文电子商务教材与中文电子商务教材相比,不能很好地反应和解读中国电子商务行业的发展情况,导致外文教材不被国内高校教师所熟悉。调研结果也印证了这一情况,在高校电子商务专业的教材使用中,中文教材更受青睐,长期处于优势地位。

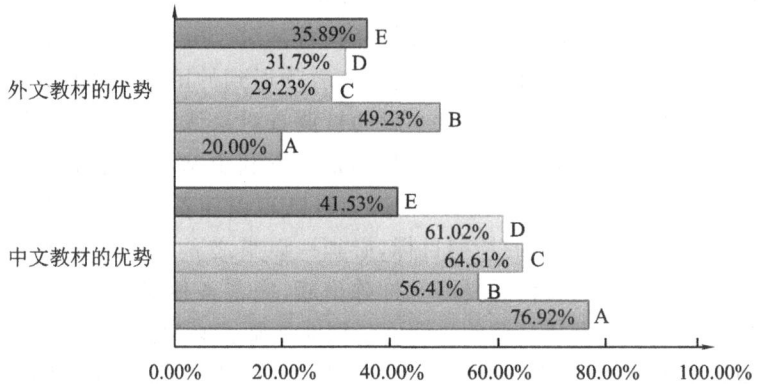

A 教材体系设计符合学科课程标准教学大纲要求　B.教材内容编排设计合理、知识脉络更为清晰
C.教材内容难易适中、利于学生理解和吸收知识点　D.教材的配套教学和学习资料丰富
E.能够满足电商人才培养需求

图 5-3　高等院校教师对中外电子商务专业教材的整体评价

由图 5-3 可知,中文教材与外文教材各有优势。调查结果显示,中文教材的优势在于教材体系设计符合学科课程标准与教学大纲要求,教材内容难易适中、利于学生理解和吸收知识点和教材的配套教学和学习资料丰富。而外文教材的优势在于教材内容编排设计合理、知识脉络更为清晰,能够满足电商人才培养需求,教材的配套教学和学习资料丰富。由于中文教材的编写本身定位是适合国内高校使用,更符合国内高校的教学安排,包括国内高校教师的教学习惯,国内学生的学习特点,在教材内容和知识点上更有针对性。中外教材在"教材体系设计符合学科课程标准与教学大纲要求"上的差距最大,这正是中文教材相比外文教材的主要优势。而外文教材则更加重视内容的完整性和知识脉络的连贯性,因此适合作为中文教材的补充,用于课外辅助或者额外进阶的学习。

在对现行的中外教材选择问题上,近一半的受访教师对于中文教材还是外文教材更好并没有预设立场,应该根据具体课程和教材情况来定。这说明被调查教师大都能够科学认知中文教材和外文教材的不同优势,侧面体现了中国高校教学能够合理借鉴国外好的教学资源,兼容并包的良好态势。另外认为中文教材更好的比例明显高于外文教材,一是因为随着中国高校持续发展,中文教材在编著数量和质量方面齐头并进,得到广大一线教师的认可。二是外文教材由于语言、内容编排和知识结构等不同于国内教材,不一定适合国内高校进行教学使用。最后,还有超过 10% 的受访者认为目前没有特别好的教材,这要引起重视,也说明教材编著工作仍任重道远,对好教材的追求应该是精益求精,要切实不断地提高教材质量。

5.1.3.3 中国电子商务教材开发现状分析

教材是教学大纲的具体化,是教师教学与学生学习的主要依据,因而教材之于教学是非常重要的。优秀的教材要符合学生的认知结构特点和认知规律。根据"逐渐分化"的原则[372],学生首先应该学习最一般的、包摄性最广的概念,然后根据具体细节对它们逐渐加以分化。这种呈现教学内容的顺序,不仅与人类认知内容的自然顺序相一致,而且也是与人类认知结构中表征、组织和贮存知识的方式相吻合。所以,确定知识体系时,教学单元应按包摄性程度由大到小依次呈现,这样就可以为每一教学单元提供理想的固定点,适合学生认知结构的组织特点,有效保证学生主体作用的发挥,从而提高学生的学习效率。

提高教材质量需要一个长期过程,那么分析当下高校教师对于电子商务教材使用上遇到的困难就有其实际意义。由表5-4中内容可知,被调查教师遇到的困难大致可以归为两类,一是教材质量方面,二是教师能力方面。有超过6成的被调查对象认为现行电子商务教材内容枯燥、抽象,知识体系有待更新,这显然会对课堂教学带来不利影响。同时有近一半的受访者认为不能很好地处理课堂教学与实践运用关系,认为自己知识储备不足,难以完成教学目标。教材质量持续提升是教材建设工作的长期目标,必须一以贯之。尤其是在互联网高度发达带来知识传递日益多样化的当下,教材需要即时推陈出新,完善各种配套资源,丰富教师教学和学生学习场景,只有这样才能保持足够的生命力。同时教师也必须做到持续学习,能够增加知识储备,掌握新型教学工具,切实提高教学能力。教材质量的提高和教师能力的提升应该做到相辅相成,这样才能满足新形势下的教学需求。

表5-4 高校教师在教材使用时遇到的困难统计表

分类项	选项	频数	百分比
当下教材使用存在的困难	知识体系有待更新完善	123	63.1%
	教师知识储备不足,授课较难	85	44%
	教材内容枯燥、抽象	124	63.6%
	教材容量大	77	39.5%
	课程教学与实践运用的关系处理难	103	52.8%

针对教师使用教材过程中遇到的困难,可以从教材的层面做出相应改进,包括课程标准、教材篇幅、内容编排、教学资料、图表排版和习题设置等方面,根据调查数据,近80%的被调查者认为电子商务教材的内容编排和教学资料需要改进,这两部分占比最高。如图5-4所示,在优秀教材评定中,有超过九成的被调查教师认为"教材内容编排设计合理、知识脉络更为清晰"是好教材的特征之一。教材是教学之本,教材的好坏直接影响到教学工作。好的教材可以具备很多特征,但质量过硬才是根本。现今高校教师普遍关注教材的内容编排、知识体系和知识脉络设计的科学性和合理性,聚焦于教材作为知识载体本身的质量,这也是中国高校教学工作持续发展进步的体现。好的教材会促进高校教学质量的提高,教学发展进步后又会对教材使用提出更高的要求,从而形成良性促进作用。

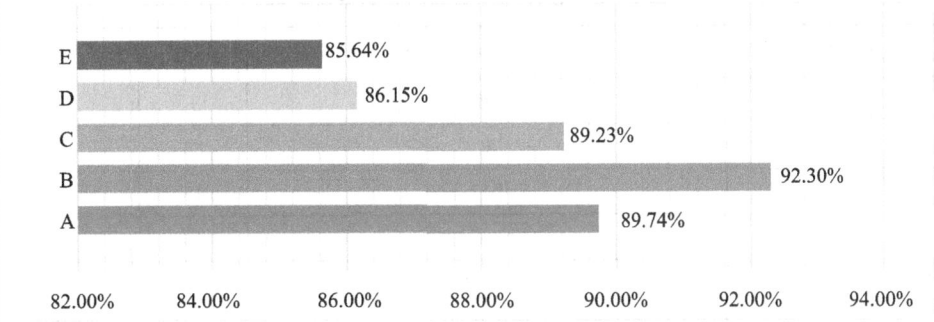

A.教材体系设计符合学科课程标准与教学大纲要求　　B.教材内容编排设计合理、知识脉络更为清晰
C.教材内容难易适中、利于学生理解和吸收知识点　　D.教材的配套教学和学习资料丰富
E.能够满足电商人才培养需求

图 5-4　优秀电商教材应具备的条件

高校的课堂教学有其固有的特点,一本好的教材必须要适合教师进行课堂教学,能够方便教师在满足课程标准的前提下完成教学任务,引导和帮助学生在课程内自我学习。这是一个动态的过程,它需要适应外部条件的变化。电商行业持续发展,知识体系不断更新,信息交流日趋频繁,学生学习的外部环境甚至学生本身的学习能力都在变化,那么教材编著就要及时地做出调整,在内容编排上进行优化。同时还需要丰富教学资料,包括但不限于教学素材、教学工具、教学案例和教学载体等,当然课程标准也要同步更新,适应当下的教学需求,为提高教师教学和学生学习质量做出改进。鼓励编写、出版适应不同类型高等学校教学需要的不同风格和特色的电子商务优秀教材;积极推进高等学校与电商行业合作编写实践教材;鼓励编写、出版不同载体和不同形式的教材,包括纸质教材和数字化教材,授课型教材和辅助型教材;鼓励开发中外文双语教材、探索与国外或境外合作编写或改编优秀教材,将中国优秀电子商务教材带向世界。

5.1.4　中国电子商务专业教师现状分析

电子商务专业建设是以马克思列宁主义、毛泽东思想、邓小平理论、"三个代表"重要思想、科学发展观和习近平新时代中国特色社会主义思想为指导,以立德树人为根本任务,贯彻"实基础、强能力、高素质"培养理念,围绕"地方性、应用型"办学定位,加强专业内涵建设和社会参与,进一步明确应用型人才培养目标[373];深化教学模式及教学方法改革,加强课程建设,强化信息化教学,打造"金课";"走出去、请进来、互融合",培养引进高层次人才,加强师资队伍建设;深化校企合作,不断完善产教融合[374]协同育人机制;完善教学质量监控体系,保障教育教学质量。

教师作为高等教育稳健发展的第一资源[375],在开展电子商务学科建设、探寻电子商务学科发展路径时需要全面深入了解中国电子商务专业教师团队的学科背景等信息,进而进一步强化新时代教师队伍建设改革,狠抓教师思想政治与师德师风建设,打造优质师资发展体系,推动教师管理制度的综合改革,进一步加强教师待遇保障,进而营造尊师重教的良好氛围,以优质的教师队伍支撑新时代的电子商务教育体系构建,为促进电子商务专业教育现代化、电子商务人才培养与用人单位的适配化提供有力的人力资源保障。此次问卷调查研究中被调查教师的基本信息如表 5-5 所示。

表 5-5 教师基本信息问卷结果统计表

分类项	选项	频数	百分比
性别	男	115	59%
	女	80	41%
教龄	5年以下	13	6.7%
	5~10年	15	7.7%
	10年以上	167	85.6%
学历	硕士以下	16	6%
	硕士	89	46%
	博士	93	48%
学科背景	电子商务	27	13.9%
	经济学科	22	11.2%
	管理学科	85	43.7%
	工学学科	42	21.5%
	其他	19	9.6%

被调查的教师中拥有硕士或博士学历的总占比高达93.95%,结合表5-5中的数据可以看到一线教师队伍呈现明显的高学历特征,且更偏向具有复合学科背景的教师。电子商务专业师资队伍建设有其现实特点,出现这种特点的主要原因主要有以下四点。

(1)电子商务需要具有复合型知识结构的教师[376],站在学科融合的视角去整合不同学科的知识,因此,教师自身成长就需要有复合的知识结构[377],通过自身专业知识融合,为学生带来完整的知识体系[378],能够开展相应领域工作的能力,主要包括教学能力、指导学生学习、开展科研工作等能力。习近平总书记在多次讲话中针对高校强化师资队伍建设、提高教师的能力提出明确的规定和要求[379],高校电子商务专业教育工作紧紧围绕电子商务职业和技能两个方面展开,要求培养具备超强操作能力和解决问题能力的学生。但是,想要培养综合型、技能型高级人才,必须配备较强专业能力的师资团队。专业能力是高校电子商务老师能力结构中的重要组成部分,也是目前高校专业老师有待提升的能力,是建设双师型师资团队的重点内容。

因此,在未来电子商务教材建设时要增强教材的电子商务特性。由于电子商务学科的复合性,教材在讲述电子商务复合学科知识的时候不能仅对学科知识本身进行讲解,应当结合电子商务的学科背景和专业特性。例如,电子商务学科的应用基础是建立在计算机相关技术之上的。在教材中,不仅要讲述计算机技术是什么,是怎么实现的,还需要详细地讲述相关的技术是怎么具体应用到电子商务之中的。要从理论和实际两个方面出发。既要讲理论层面上是如何与电子商务有机融合的,也要说明具体的应用场景以及相关的技术落地案例,这样才能更好地体现电子商务学科的特性。

(2)电子商务,简而言之就是商务的电子化,它是计算机技术、通信技术、网络技术、信息技术在管理运营生产中的高级应用,贯穿于企业或组织管理的每个环节。电子商务既需要一定的管理学、经济学等基础性学科来作为理论支撑,又需要计算机科学、统计学、市场营销等专业作为技术实现。电子商务专业要将不同学科的特性有机地融合起来，删减冗余的部分，保留适用于电子商务的部分，将保留部分的内容进行提炼综合，使得不同学科的优势能够得以发挥，并且能够共同作用于电子商务专业本身，所以电子商务专业是一个跨学科、多学科、交叉性的复合型专业[380]。电子商务的教学团队本身需要不同学科的教师，为电子商务带来支撑学科内发展的专业知识，共同为电子商务专业的学生全面构建多学科融合的知识体系[381]，使得电子商务作为一个交叉学科能够充分发挥出不同学科有机融合后的特性，并在电子商务领域展现出已经融合了电子商务学科特性的部分。目前，从事电子商务教学的主要是计算机专业或管理专业的教师，在教学上要么侧重技术，要么侧重商务，能将这两方面同时把握好的教师并不多，而电子商务是一门跨学科的复合型课程，它需要更多不同专业背景的教师多头并进，所以现在中国电子商务专业教师团队多呈现多元的教师组合。

（3）电子商务专业的教师，特别是青年教师本身就是电子商务专业的人才培养的结果。复合型学科固然可以从不同的学科领域构建不同学科背景的教师，但是要发展成一个成熟的学科仍需大量的具有本专业、本学科背景的专业教师作为教资队伍的主力[382]。其他非电子商务学科的老师固然在专业领域有独特之处，能够通过本学科的建树带给电子商务学科更多的更新与突破，带领电子商务学科不断前进。但是在复合型学科的教学与人才培养领域还是应当以全面为主，通过教师专业的电子商务学科的知识来培育新时代的复合型人才，能够既熟悉一般企业管理理论，同时又具备电子商务技术架构和专业运营能力。

针对这一特性，在未来电子商务教学中应注意采用递进式教学，从易到难。鉴于许多电子商务专业的教师并非电子商务专业出身，对电子商务所需要的知识的掌握没有那么全面。因此教材的修订不仅要考虑到学生，也要考虑到教师。一些教师并没有接触过相应的知识体系，这是由学科背景的局限造成的。为了缓解这种局限，教材可以采用递进式教学，先从基础的、容易掌握的部分开始，层层递进加深，使得相关的老师可以很好地学习到电子商务所需知识中非本学科的部分，从而更好地完成教学任务，而且从易到难的过程也有利于电子商务专业学生的学习。

（4）电子商务专业本身的发展历史和电子商务产业发展的影响，使人们更加重视跨学科知识的融合。科技在不断地进步，网络技术不断发展，电子商务的发展日新月异，在新媒体时代，电子商务人才不仅要掌握熟练的网店运营技能，而且还要掌握运用新媒体技术进行企业以及商品的推广、销售，因此，电子商务教师必须朝着新媒体技术方向发展，不断学习熟练掌握新媒体相关技术，培养更多符合市场和企业需求的高素质复合型电子商务技能人才。电子商务产业发展历史不长但早期发展较快，中国电子商务产业体量大、实力强，具有复合产业的特征，通过整合传统产业供应链并借助互联网等新技术搭建电商平台，是平台经济和数字经济的主要载体。在一定时期一定程度上存在产业发展领先高校学科建设的情况，电子商务专业人才培养有其现实的局限性和紧迫性，这也体现在国内高校电子商务专业可以授予多种学位上。

5.2 中国电子商务教材建设方案

教材是人才培养的主要剧本，教学改革改到实处是教材。教材是传播知识的主要载体，是学校教育教学的根本依据，是老师教学、学生学习的重要工具；教材体现着一个国家、一个民族的价值观体系[383]；教材直接关系着党的教育方针的贯彻落实。党中央、国务院高度重视教材建设，习近平总书记对教材建设作出了一系列重要指示和批示。2017年，国家教材委员会成立,统筹指导管理教材工作。

2022年,教材局工作的总体思路是:以习近平新时代中国特色社会主义思想为指导,深入贯彻习近平总书记关于教材工作的重要指示和李克强总理重要批示,落实全国教材工作会议精神,树牢责任意识和阵地意识,加强工作统筹,强化教材监管,创新建设理念,重视应用实践,打造更多培根铸魂、启智增慧、适应时代要求的精品教材,在新起点上进一步开创中国特色高质量教材体系建设新局面。为了贯彻落实国家中长期教育改革和发展要求,要全面提升本科教材质量,充分发挥教材在提高人才培养质量中的基础性作用。

"十三五"期间,中国高等教育本科教材建设深入贯彻落实科学发展观,认真落实教育部相关教材建设意见精神,结合"高等学校本科教学质量与教学改革工程"万种新教材建设项目的全面实施,逐步形成了反映时代特点、与时俱进的教材体系,为提高高等教育本科教学质量和人才培养质量提供了有力保障。

为深入贯彻落实习近平总书记关于教材建设的重要论述和系列指示批示精神,全面落实教材建设国家事权,进一步增强课程教材育人导向和育人功能,依据教育部关于教材建设的相关法律法规,教材局研究制定了中国电子商务教材建设方案[384],具体框架如图5-5所示。

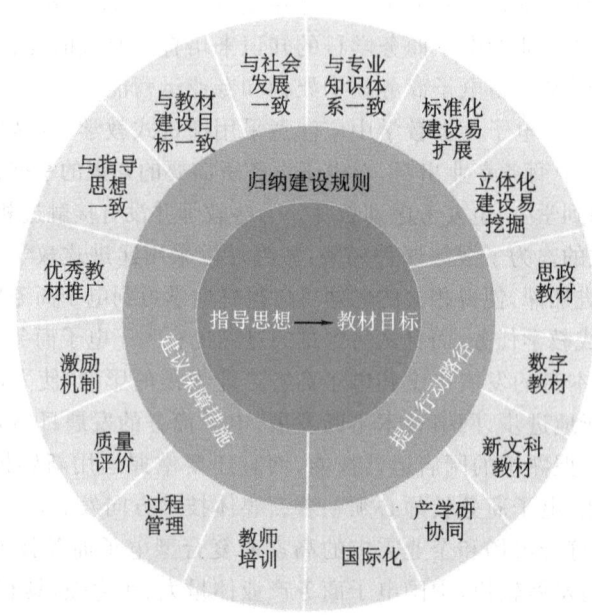

图5-5 中国电子商务教材建设方案框架图

中国电子商务教材建设方案旨在落实中央对教材工作的新部署、顺应电子商务学科发展的新形势[385],深刻认识新形势、新任务[386],满足电子商务人才的新需求,归纳现行各学科、专业教材建设规则,为电子商务专业教材建设提出可行的行动路径和保障措施等建议,充分发挥教材铸魂育人、关键支撑、固本培元、文化交流等功能和作用,坚持正确方向,加强统筹指导,全面提升电子商务学科教材建设的科学化水平,开启电子商务教材国际化的新篇章。

5.2.1 电子商务教材建设指导思想

党的十八大以来,习近平总书记亲自部署推动教材建设。2016年中央政治局常委会会议审议通过《关于加强和改进新形势下大中小学教材建设的意见》,决定成立国家教材委员会,在全国教育大会、全国高校思想政治工作会议、视察学校等多个场合[387],对教材工作作出一系列重要指示[388]。中国电子商务教材建设要坚持以习近平新时代中国特色会主义思想为指导,贯彻落实党的十九大精神,全面遵循党的教育方针,深入贯彻党中央、国务院关于加强和改进新形势下大中小学教材建设的意见[389]。

习近平总书记的重要论述,深刻阐明了事关教材的一系列方向性、原则性、根本性问题[390],为把握教材建设规律、做好新时代教材工作提供了根本遵循[391]。李克强总理非常重视课程教材工作,在主持国务院常务会议研究教育工作时,多次对优化学科课程设置、完善教材和教学方式提出明确要求。

为满足新时代本科电子商务教育教学的发展与创新需求,促进学科建设和专业发展,进一步规范教材建设,科学化建设优质教学资源,确保教材建设的质量和标准,促进教学质量和人才培养质量不断提高。未来电子商务教材编写人员应按照教育部印发的教材管理文件精神为依据,以及党和国家对教材建设在意识形态、政治方向、价值导向、教材质量等方面的明确要求,致力于进一步完善电子商务教材建设工作管理体系,切实为高等学校电子商务专业教材选用和打造精品教材作出卓越贡献。

5.2.2 电子商务教材建设基本目标

21世纪以来,中国各学科教材开启了多元化发展的探索,中国教材建设取得了巨大成就,为学生成长成才提供了有力保障。党的十八大以来,中国教材建设在推动习近平新时代中国特色社会主义思想进课程教材方面取得重大进展,基本形成统筹为主、统分结合的管理体系,课程教材改革深入推进,政治立场坚定、专业水平高、熟悉教材工作的专家队伍不断壮大,进入了全新的历史阶段。在新的历史起点上,电子商务教材建设的基本目标是要正确把握新的时代方向,到了"十四五"阶段,要分批建立一大批全国电子商务类规范课程,指导并建设一批国家级规范教材,进一步加强学校对基础、核心类课程教材的整合力量,强调权威性、先进性、原创性课程教材建设,努力形成以培根铸魂、启智增慧,符合新时代特点的精品教材体系,以规范教材建设为导向,高标准建设中国特色优质电子商务教育教材体系。

(1)落实中央对教材工作的新部署[392]。党的十八大以来,习近平总书记高度重视立德树人[393]在教育中的重要地位和作用,多次强调要坚持把立德树人作为根本任务。而教材建设是立德树人、铸魂育人的重要载体,是育人育才的重要依托。电子商务教材所涵盖的知识点和传递的意识形态都必须反映我国意志,要从保障我国意识形态稳定、培育社会主义建设者和接班人的高度做好教材出版。教材内容必须反映我国和中华民族特点,符合党和国家对电子商务教学的基本需求,符合我国和中华民族基本意识形态,助力中国电子商务稳健的发展。

(2)顺应电子商务学科发展的新形势。电子商务知识框架构建要与电商知识结构相互协调,教材是传播知识的主要载体,直接关系高校电子商务专业的教育方针落实和人才培养目标的实现[394]。用心打造培根铸魂、启智增慧、学科专业特色鲜明的精品电子商务教材,与世界一流大学和一流学科的建设目标相匹配,建立符合我国电商教育教学特点、紧随全球学术前沿的电商课程框架与教材体系。

(3)满足电子商务人才的新需求[395]。电子商务教材建设要能与高校人才培养方案契合,并且满足各用人单位人才需求,未来通过有计划、有步骤地进行电子商务教材的新编和修订工作,使电子商务教材与中国电子商务的高速发展相适配,教材容量与教学课时设置同步配套,教材内容突出电子商务学科特点,积极地适应案例式教学、探究式教学、体验式教学、互动式教学、混合式教学等各种新型的教育教学模式需求,倾力打造一批适应新时代电子商务学科教育发展的数字教材。

(4)开启电子商务教材国际化的新篇章[396]。中国对教材国际化的研究起步于20世纪90年代,多数是在高等教育国际化研究基础上开展的延展性探讨,真正走向世界,能够在国际教育舞台上产生巨大影响的教材却是凤毛麟角。现在,中国是世界上最大的电子商务市场,占全球电子商务总交易额的40%以上,领跑全球电子商务发展,但中国电子商务国际化教材建设却大大滞后于电子商务的国际化发展。所以未来的课程教材研发必须要立足于电子商务国际化发展的趋势,要有发展的眼光,加强国际开放交流,与国际著名出版社开展国际化合作,依托中国电子商务高速发展,召开世界电子商务教育大会,加强国际电子商务教育对话交流与合作,探索数字化时代电子商务教育教学合作新范式,建设一批具有国际影响力的优质电子商务教材,开启电子商务教材国际化的新篇章,为世界高等教育发展贡献中国力量。

5.2.3 电子商务教材建设编写原则

由于国家性质和社会制度的不同,也因为编写者的政治倾向和教材观的不同,人们可以制定出种种不同的编写标准。在中国,大中小学教材审定的权威机构对各种教材编写提出的普遍性标准[503],为各学科教材编写者所首肯和遵行。经过对各类教材编写原则进行大量文献调研,加上中国国内部分顶尖出版社提供教材数据对电子商务教材编写原则制定作出思考,总结出以下适用于电子商务类教材的编写原则。对电子商务类教材的编写来说,思想性、科学性、权威性、时代性、准确性和品牌性原则,这六项标准已成为不同版本的编写者所共同认可并遵守的准则。(图5-6)

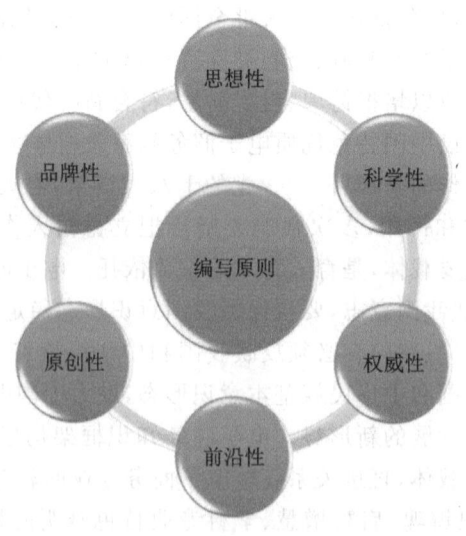

图5-6 电子商务教材建设编写六大原则

(1)政治性原则[397]。电子商务教材内容应当遵循社会主义的核心价值理念,并符合有关政治、法律规定,无政治性和政策性问题,并引领学生逐渐树立正确的世界观、人生观、价值观[398];要充分体现习近平新时代中国特色社会主义思想丰富内涵、核心要义和立场观点方法[399],具备厚重的历史文化底蕴、突出的专业特点、具有全球化视角,以满足其未来职业的发展需要,突出传统中华民族的文化美育内涵,切实保障五育人才的培养。

(2)科学性原则[400]。电子商务教材建设必须符合学校电子商务人才培养目标要求[401],能够科学系统地表达本专业的基本概念,符合专业培养计划和教学大纲要求,符合教学规律和认知规律,有利于培养学生的创新思维和创新能力,方便学生自主学习,服务学生全面发展,并且能够反映本专业国内外科学研究和教学研究的先进成果,注重理论联系实际,满足用人单位对电子商务人才的最新需求,确保学校教材质量的整体水平提升[402]。

(3)权威性原则[403]。电子商务教材建设重点必须放在师资力量较强、教学和科研水平较高的高校及权威科研机构并且强化教材评审管理制度[404],重点发展中国电子商务的专业特色,打造一批具有国际影响力的电子商务高水平权威性教材[405],尤其要注重教材的输出,让中文教材走向世界。

(4)前沿性原则[406]。当今科学技术发展日新月异,新的学术研究视野和方法不断涌现,各学科知识体系在不断地相互渗透、相互融合,所以在建设电子商务教材时也不可完全独立于其他学科,要以包容多学科的研究视野、观点和方法逐步打造适应新时代电子商务专业教育与发展的优秀教材,紧跟电子商务发展的前沿动态并且注入时代发展最新内涵,将学生带入学科发展与研究的前沿,不断更新研究成果保证教材的时代感。

(5)原创性原则。电子商务教材建设,必须遵循《中华人民共和国国家通用语言文字法》中规定的我国通行汉语文字标准,文字正确、流畅,公式、表格标准化,编校、印制的品质达到国标;遵守我国专利立法的有关法规,遵守学术职业道德,坚持学术诚信[407],杜绝一切侵犯知识产权的行为[408]。

(6)品牌性原则[409]。电子商务教材建设必须注重教材建设的典型性和品牌性[410],对于不同类别,如电子商务基础类、电子商务法律类等教材建设时,在质量标准的掌握上,应该对所涉及的电子商务知识有所侧重,打造一批优势显著的教材。以国家一流专业、国家一流课程为依托,推动电子商务专业编写教材抢占高地,传递电子商务学科的最前沿信息,打造一个立足于本学科特色的精品优秀教材[411],提升中国电子商务专业教育的国际影响力[412]。

5.2.4 电子商务教材建设行动路径

党的十九大概括和提出了习近平新时代中国特色社会主义思想,确立为党必须长期坚持的指导思想,十三届全国人大第一次会议通过的宪法修正案把习近平新时代中国特色社会主义思想载入宪法[413]。习近平总书记强调,课程教材要培根铸魂,启智增慧。培"根"就是要打好中国底色[414],铸"魂"就是要植入红色基因,使学生做到爱党爱国爱社会主义的高度统一[415]。

在选题、选材方面,以贯彻落实习近平新时代中国特色社会主义思想为基本遵循,以突出体现中华民族优秀传统文化,并且继承和发扬革命传统[416],树立国家利益至上的总体国家安全观等。未来电子商务教材建设应加强公共基础课程和重点专业领域教材建设,补足紧缺领域教材,增强教材适用性、科学性、先进性,统一规划电子商务基础课程教材的编写和选用;鼓励开发活页式、工作手册式等新形态教材;推动教材配套资源和数字教材建设[417],并将中国电子商务教材带向全世界,扩大中国电子商务教育的国际影响力。

(1) 将课程思政全面融入电子商务教材建设[418]。课程思政是全国高校思想政治工作会议提出的时代要求[419],是中国社会主义事业世代相传的重大政治实践,旨在全面贯彻党的教育方针。推动课程思政浸润到电子商务教材体系之中[420],鼓励教师深入挖掘电子商务教材中所蕴含的课程思政元素,明确教材的思政目标,建设育人功能和育才功能有机融合的新时代精品教材[421]。在教材建设时,要认真学习贯彻习近平总书记关于教育的重要论述,全面贯彻党的教育方针,落实立德树人根本任务,围绕办好电子商务思政课"关键课程",强化组织领导、打造精品课程、建强师资队伍、夯实学科支撑[422],不断提高电子商务思政课建设质量和水平,努力培养堪当民族复兴重任的时代电商人才[423]。

(2) 建设产学研一体化教材[424]。未来电子商务教材建设必须注重以学生学习为核心,强调以人才供应侧和市场需求侧双向衔接的基本宗旨[425],在教材开发中也必须以学习者成长为基础,厘清课程培养目标、毕业标准、课程体系、课程结构逻辑关系,提高学习者职业胜任能力与持续成长能力,所以教材研发时也应该以学生发展为根本,理清学校培养目标、毕业要求、课程体系、教材体系等逻辑关系,强化学生职业胜任力和持续发展能力[426]。通过毕业要求反向设计出支撑课程的教学目标[427],教材的设计则要依据课程对人才培养的产出和贡献度,确定教材的基本知识、专业技术、核心能力,从而保证教材契合专业人才培养的支撑度。鼓励教学名师、电子商务行业带头人开展跨校、跨区域联合编写教材,建设产学研一体化教材[428]。

(3) 扎实推进教材编写团队建设[429]。教材编写团队成员应了解高等教育教学情况,有丰富的教学、科研经验;了解人才培养规律,学术功底扎实,学术水平高,学风严谨;了解教材编写工作,文字表达能力强。教材编写要统筹多方优势资源,强化教材编写人员的资格要求[430],鼓励国家级规划教材主编、电子商务国家级课程负责人、国家教学名师、专业认证专家、学科带头人、知名行业企业专家等高层次人才来组建编写团队,将一线的科研成果、先进技术、实践经验转化成教学成果和教材内容,促进优质资源的整合共享,提升教材质量。严格规划教材编写、选用、退出机制,坚持"凡编必审""凡选必审"原则,严格落实每三年修订一次、每年动态更新内容的要求;落实教材跟踪调查、抽查[431];推动建立一批国家级和省级职业教材研究基地[432];加大国际化教材培训和交流。

(4) 分类建设凸显电子商务专业特色的教材。未来电子商务教材建设应该按照电子商务基础类、电子商务法律类、电子商务信息类、电子商务金融支付类、跨境电商类、农村电子商务类、跨境电商类这八个分类来实施分层分类建设,以提升学生知识、能力、素质和思维水平为目标,打造一批基础良好、专业针对性强的优秀电子商务教材。各高校也应鼓励编写适应优势学科、特色专业人才培养模式改革需要的特色教材[433];鼓励编写国家战略性新兴产业相关专业、边缘学科、交叉学科教材。

(5) 打造电子商务数字教材[434]。数字教材是以电子出版物形式正式出版的教材,不是简单地将纸质教材数字化,而是数字化教学材料和数字化应用工具的智能集成。当前,数字教材与在线课程的融合趋势越来越明显,高校要积极顺应教育信息化快速发展的步伐,满足在线教育的迫切需要,加快建设一批信息技术与教育教学深度融合、多种介质综合运用、表现力丰富的新形态教材,并根据产业发展动态中出现的新知识、新技术、新工艺、新方法,不断完善并改进数字教材[435]。同时,要加强数字教材的教学应用研究,探索数字教材与混合式、情景式等多种教学方式的协调配合。高校要按照国家相关规定,做好数字教材审核、选用工作。通过加强教育信息化的新基础设施建设,建立数字教材服务、管理平台和数据库,完善数字教材应用及管理服务体系,提高数字教材使用和管理效率[436]。

(6)扩大国际影响,将中国电子商务教材带向全世界。2022年7月31日,教育部高等教育司司长吴岩在出席第二届全国高校教师教学创新大赛全国赛闭幕式时表示,国际视野宽,广大教师要深切关注和研究世界高等教育发展趋势,在国际视野中精准把握中国高等教育发展。聚焦国家构建以国内大循环为主体、国内国际双循环相互促进的新发展格局,推动优秀中文电子商务教材"走出去"[437],将专业知识和外语表达有机融合,培养具备全球胜任力的创新型人才,扩大国际影响力[438],建设外文教材资源库,培养优秀国际人才[439],提升电子商务专业国际办学能力[440];与国内外大型出版社深度合作,在国外出版一批优质电子商务教材,提升中国电子商务教材的国际影响力。

5.2.5 电子商务教材建设保障举措

在国家政策指引、教育部规则的要求下,中国各高校、出版社不断加强制度建设并完善工作体系,优化工作机制,形成了学校高度重视、全员积极参与的教材建设新格局,为促进教育改革、提高育人质量提供了有力支撑。各高校制定了很多保障措施来为优秀电子商务教材建设保驾护航。为了进一步加强教材建设与管理,推进教材建设制度化、规范化,出台了一系列教材规章制度,涵盖教材管理机制、教材建设、教材选用、教材激励等多个方面,为教材建设提供了制度保障。

(1)强化教师教材建设培训。教材的编写和创作要求教师掌握教学理论、学生特点和学科知识[441],高校应该营造浓厚教研文化氛围,鼓励教师同行相互学习借鉴,不断提升教师的教材素养,调动学界顶尖学者、知名学校和出版机构等多方资源就教材编写思想、教材体系结构、内容编排、使用方式等内容开展教材研发培训活动;引导教师对不同教材进行比较和分析,研究分析不同教材的特色和优势,融合研发高质量电子商务教材,进一步提升电子商务专业教师的教材建设能力和水平[442]。

(2)规范教材建设过程管理[443]。首先,高校要承担起教材管理的主体责任,成立专门的教材管理部门,配备专职教材管理人员,强化相关部门和人员责任,在教材编写、推广、使用上注重体制机制创新。其次,教材建设规划要与确保落实落地相结合,教材出版时对于难度较大的创新性、前沿交叉性教材,编写完成时间要适当延长,高校要根据国家最新要求,制定科学合理、严格规范的教材审核流程,严把教材的质量关[444]。

(3)开展教材建设质量评价。建立健全教材质量评价制度[445],重点评价教材的思想性与时代性、科学性与创造性、系统性与适宜性,对教材的政治立场、学术水平、教学价值进行全面评估。把教材纳入学生评教指标,通过问卷调查、交流座谈等方式,了解高校现行教材的特色和创新点,以及需要改进的方向;通过系统梳理教材不同利益相关者的信息反馈,完善教材修订工作[446],建立教材淘汰制度,保证教材质量的持续改进。

(4)建立健全教材激励机制[447]。教师是教材建设工作的中坚力量,高校要建立健全优秀教材编写激励机制,提升教师教材建设的获得感,如将教材编写和审核工作纳入教学工作量考核[448],落实教研项目与科研项目同样对待,引导教师把主要精力投入教学、投入教材建设[449];将承担"马工程"重点教材编写修订任务的主编和核心编者视同承担国家级科研课题[450],并享受相应政策待遇;对教材建设给予经费保障,支持教师为编写教材开展教学研究并资助教材出版费用。

(5)加强优秀教材推广使用[451]。按照国家和省教材奖评审工作要求,建立教材奖评审体系,对照评选标准和要求,实施优秀教材评选,严把政治关、学术关,优中选优、宁缺毋滥[452]。加强优秀教材的宣传与推广,与行业优秀出版社建立电子商务教材出版战略合作伙伴关系[453],做好教材建设与出版工作,支持优秀教材的外文翻译与推广工作,争取让更多的优秀教材走出中国[454],持续扩大电子商务教材国际影响力。

5.3 本章小结

　　本章围绕中国电子商务的教材建设展开,从微观角度出发,采用问卷调查分析和文献综述等研究方法,立足教材研究的环境因素、教材因素、教师因素三个角度,从不同方面对中国电子商务教材建设的四阶段——教材开发(编写与中文教材的推广)、教材选择(教师对教材的选用)、教材使用(教材采购与管理)和教材评价(中外教材对比)进行了深入剖析。本章先从理论层面解释为什么要做这些电子商务教材建设,再从国家战略、教育体系和中国特色社会主义建设等多角度出发解释教材建设的必要性与重要性,并且就问卷结果进行分析,为建设高质量中国特色电子商务教材给出了数据支撑。通过对问卷结果的分析得出了关于电子商务教材建设现状的研究分析,本着具体问题具体分析的原则,对于问卷反映出的不同层面的问题做出多角度多方面的详细分析,并且针对分析得出的问题给出中国电子商务教材建设方案。对中国电子商务类专业教材建设思想、目标、编写规则、行动路径、保障措施提出的明确建议方案,对于未来建设优质电子商务类专业教材具有重要意义。

第6章　中国电子商务教育发展趋势

知识架构

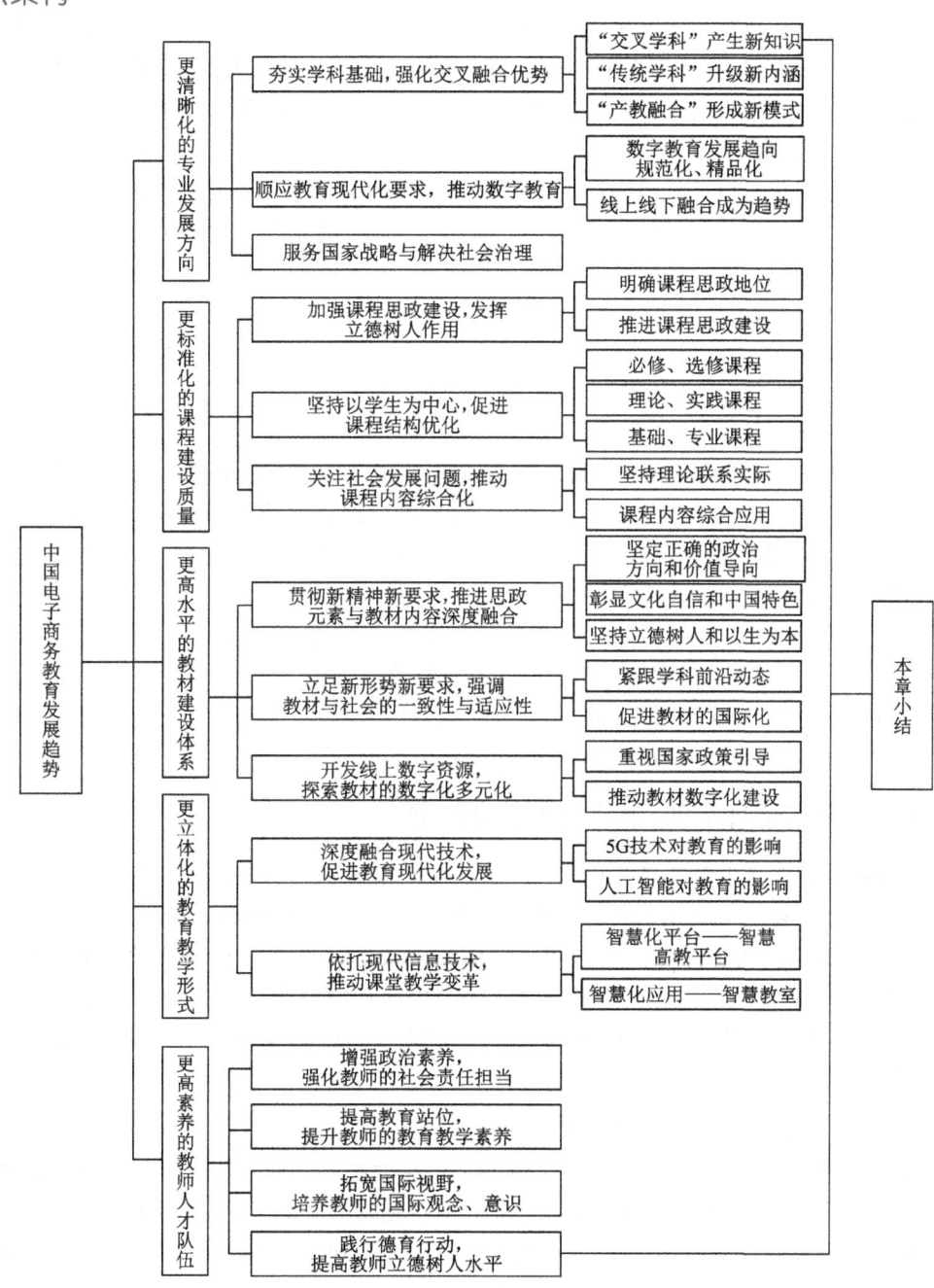

党的十八大以来,以习近平同志为核心的党中央高度重视教育事业在坚持和发展中国特色社会主义战略全局中的地位和作用。将教育放在第一位,在教育工作上,提出了一系列新思想、新观点,对教育工作的方向性、根本性、战略性问题进行了较为全面的阐述,形成了习近平总书记有关教育的重要讲话,对"培养什么样的人、怎样培养人、为谁培养人,办什么样的教育、怎样办教育、为谁办教育"等做出了深刻阐述,为做好新时代教育工作提供了基本遵循和行动指南。

中国的电子商务引领世界电子商务的发展,中国的电子商务教育已经具有举足轻重的世界影响力。电子商务教育的发展研究,具有重要的历史意义和现实意义。本书对于电子商务教育发展趋势的探索,坚持以习近平新时代中国特色社会主义思想为指导,深入开展学习习近平总书记有关教育的一系列重要讲话,坚持马克思主义指导地位、加强党的领导、强化国家事权、树牢责任和阵地意识。

教育部高等教育司司长吴岩在第二届全国高校教师教学创新大赛全国赛闭幕式上提出专业是人才培养的基本单元、课程是人才培养的核心要素、教材是人才培养的主要剧本、技术是学习革命的关键突破、教师是人才培养的决定力量[455]。本章将参照吴岩司长的报告,从专业、课程、教材、技术和教师五个方面研究分析电子商务教育的发展趋势。

6.1 更清晰化的专业发展方向

习近平总书记强调,要以培养一流人才、服务国家战略需求、争创世界一流为目标,深入推进和分类建设一流大学和一流学科。为了使本科教育得到更好的发展,教育部出台了一套新的举措,以全面复兴本科教育、提升人才培养水平、推进高等教育的内涵式发展、建设一流本科专业建设"双万计划",推进"金专"建设[456]。

"双一流"建设突出"培养一流人才、服务国家战略需求、争创世界一流"的导向,在此背景下,对电子商务专业来说既有机遇也有挑战。专业作为人才培养的基本单元,如何把牢专业发展方向,建设一个多学科交叉融合、数字化教育、服务国家战略与解决社会治理、有情怀有温度的电子商务专业,对电子商务教育发展有着引领性的作用。

6.1.1 夯实学科基础,强化交叉融合优势

一场新的技术和工业的变革正悄然到来,它深刻地影响着目前的科学研究模式和国际发展模式。在面临严峻的挑战和不断变化的发展环境下,跨界合作日益成为科研上的一个新领域,也是一个新的问题解决方式[457]。交叉学科是指两个或更多学科交叉融合而成的学科。从狭义的角度看,跨学科是由多个学科的交叉而产生的新的专业。电子商务作为兼具管理学学科和工学学科的交叉学科,应当在未来发展中发挥交叉优势,实现科学知识系统整合,服务于电子商务教育教学,培养新时代复合型人才。

6.1.1.1 "交叉学科"产生新知识

学科交叉融合已成为高校本科创新人才培养的重要抓手和实现方式。深刻把握学科交叉融合的内涵与价值,探索通过学科交叉融合促进本科创新人才培养。学科的交叉已经是高校教育改革的一个主要途径,也是高校教育改革的一种有效途径。深入理解学科交叉的含义和价值,探讨以学科的交叉和融合推动高校创新型人才的发展。

要发挥电子商务专业学科交叉的优势,我们首先要充分认识"学科交叉"的重要性。2020年12月30日,国务院学位委员会和教育部在原有的学科基础上增加"交叉学科",将其列为第十四个学科门类[458]。这标志着交叉学科的正当合法性的确立。在这种变革的大环境下,高校通过对知识生产的载体进行重构,并通过对其进行优化,使交叉学科获得了更好的发展[459]。

对于电子商务来说,要具有强烈的"交叉"意识,并在制度设计、资源配置等方面鼓励"交叉"行为。交叉学科的应有之义就是"交叉",尽管交叉学科的学科建设在操作层面上主要还是依托一个特定的一级学科,但既有的一级学科要为新生的交叉学科生长创造条件,甚至创造更优越的发展条件[460]。要在其主要支撑学科之间主动寻找"交叉"、迎接"交叉"。力图呈现"多个学科互相渗透、融合"的局面,努力建立"新的研究范式"[461],而不能固守或局限在现有的学科方向、现有的学术理论和研究方法体系内。

根据经济社会发展、人才需要的不断调整,构建具有特色的交叉专业,推动新知识的产生,优化人才培养,增强大学的核心能力。特别是要培育具有创造性的本科专业,即要加强学科布局,优化学科体系,调整专业结构,建设特色鲜明、优势突出、结构合理、协同发展的一流本科专业集群,将其建成高精尖、世界前沿、响应国家战略和经济社会发展需求的交叉学科。对于电子商务而言,要将其发展成为高精尖、世界前沿、响应国家战略和经济社会发展需求的交叉学科、新兴专业[462]。

6.1.1.2 "传统学科"升级新内涵

促进传统学科的升级,聚焦学科发展新内涵。要充分利用交叉领域的优势,必须突破传统的专业和机构壁垒,在现行的教学与研究体系基础上,探索完善高校的组织结构,构建虚实结合、前沿交叉、横向互补的新型交叉领域[463]。健全和稳固电子商务的专业结构,加强专业的内涵构建。要以学科引领,以培养高素质的专业人才为中心,全面推动教育、科研、社会、国际合作交流,加强学科文化的构建。要不断优化专业结构,厘清支持学科发展的基本和先决条件,强化专业发展的计划,确定专业发展的目标,合理安排专业发展的思路,积极研究建设道路,深入探索学科方向。要坚持和发挥交叉学科的开放性,加强跨学科合作,突出特色,发展特色。

6.1.1.3 "产教融合"形成新模式

近几年来,国务院办公厅印发了《关于深化产教融合的若干意见》,中共中央办公厅、国务院办公厅印发了《加快推进教育现代化实施方案(2018—2022年)》等政策文件,从国家建构层面持续推进高等教育产教融合。电子商务也要推进产教融合发展,形成一种新模式,提高人才培养的创新性和实践性。

产教融合是系统性工程,需各利益相关方协同推进。企业追求经济利益最大化,而高校以人才培养、科学研究、社会服务为使命[464]。我们要发挥高校和企业双主体作用,积极探索中国特色产教融合的实现路径,构建电子商务产教融合高质量人才培养体系。

在宏观层面上,国家部委协同设计产教融合政策。确立教育和产业统筹融合、良性互动格局上,推动系列政策和法规出台,提升产教融合实效。解决部分地区的资源规划布局、人才培养层次和类型与产业布局与发展要求不相适应等问题。着眼于企业,探索一些激励机制,鼓励企业参与到产教融合的模式中来,给予科技专项经费支持、成果奖励和一些税收优惠等,提升各规模和多类型企业投入电子商务教育的积极性。

在微观层面上,构建校企合作、实践育人的新格局。当前,"学校热、企业冷"的校企协作仍然处于浅层次、自发性、松散型、低水平状态。一些公司的办学主体意识还不强,教育教学与职业标准、教学过程、产品过程等方面仍然有一些脱节,"重理论轻实践"问题也一定程度上存在,除此以外,激励保障服务还不到位,政府企业和行业社会各负其责、协同共进的发展格局尚未健全等问题依然存在。

我们可以借鉴法国企业教席模式,探索开创基于主题的深度校企合作机制,推动形成高校和企业师资"旋转门"制度。首先,明确主题。面向世界科技前沿、国家战略优先方面和产业核心技术领域,划定能将自身优势与企业需求匹配的合作领域和主题,形成目录清单。其次,制定标准框架。对企业的规模、参与人数、投资金额等进行了规范,在管理架构、投资收益、合作成果等方面进行了详细的规范,并将合作项目纳入了标准化的框架,进行了市场化的运营。再次,搭建战略平台。设立基金会、企业关系委员会等招商与战略指导平台,全面推进校企合作。积极构建双向式人才流动平台,高校从教学科研管理队伍中选聘教师,面向企业管理、技术专家设置教席,双方组建新团队,在期限内共同开展与主题相关的教学、科研、创新活动。在教席合作期满后,学校可以向企业员工提供企业关系顾问等职位,而大学的教学科研人员也可以在公司的研发部门担任学术顾问,延续校企合作成果。

6.1.2 顺应教育现代化要求,推动数字教育

互联网不仅改变着人类的信息传递方式,而且还对人类的知识获得产生了深远的影响。随着国家教育信息化进程的不断加速,以及教育出版行业的转型升级和融合发展的逐步深化,以在线教育为代表的数字化教育已经逐渐形成了一个新的领域[465]。

数字化时代的电子商务教育,要顺应教育现代化要求,推动数字教育,以学生为中心,以互联网思维为先导,以获取和利用数字经济要素的能力为核心,以电子商务数字化教育平台建设为重点,推动泛在学习。

6.1.2.1 数字教育发展趋向规范化、精品化

从国家政策上看,有关方面最近几年加强了对网络教学的管理,促进了数字化教学的标准化、高质量。2022年《关于推进教育新型基础设施建设构建质量教育支撑体系的指导意见》提出建立聚焦信息网络、平台体系、数字资源、智慧校园、创新应用、可信安全等新型基础设施体系(国家数字教育资源公共服务体系、国家数字化学习资源中心)。由于人们获得信息的途径越来越丰富,人们对数字化教学的需求也越来越高。在这一过程中,使用者会越来越重视网站的软性,也就是内容的品质与力量,并在一定程度上加强了数字化教学的专业性与权威性。以网络课程为代表,使用者会更加关注提供高品质课程的可持续供应与产出,以及课程的专业化与精细化程度。

6.1.2.2 线上线下融合成为趋势

线上和线下的学习方式都有各自的优点和缺点。要使学习效率、学习能力和思维质量得到有效的提升,必须要发挥线上和线下学习方式的相互结合,才能更好地适应未来教育改革与发展的大趋势。"线上与线下结合是教育的发展方向,是一种全新的教育方式"[466]。

从以专业为单位的视角出发,我们可以建立一个学习平台,实现线上和线下的融合教学,

可以与网络教育平台进行协作，也可以在各个网络平台上搜集与该领域有关的教材、试题（包括文字、图像、音频、视频等），尽量做到综合化、系统化、层次分明，以满足不同需要的老师和同学，创建"虚拟课堂"。在网上和线下的长期学习和实习中，可以组织优秀的电子商务专业老师，逐渐形成具有本校课程特色的、开放的、可以随时更改的课程体系，同时还可以建立一个"虚拟功能教室"，帮助学员线下自主学习、提高学习效率，该"虚拟功能教室"也可为师生特殊时期开展教学所用。

6.1.3 服务国家战略与解决社会治理

让教育成为服务国家战略的"快变量"。当今世界正经历百年未有之大变局，随着科学技术的不断深化和国际实力的深刻变化，各国对于创新型人才的需求越来越强烈，创新人才培养成为国家战略需求，教育创新系统成为国家创新系统的重要组成部分[467]。立足于国家发展战略，构建电子商务教育体系，既要立足于个人利益，也要立足于高校自身的资源优势，更要立足于国家的发展需要，适时地回应在我国新的历史进程中需要解决的重要问题。教育创新的目标不仅是培养创新人才、创新科技，更要实现教育业态创新、模式创新、机构创新，实现跨学科、跨学校、跨行业、跨区域的教育创新。

要把教育的发展和国家发展、民族振兴的现实需要相联系。电子商务教育发展要建设人才队伍，要建立国际化的视野，要有全国的战略眼光，才能培养出一支世界一流的人才队伍[468]。面向未来国家发展需要和电子商务产业发展，构建具有学科交叉融合、复合贯通的学科体系。积极推行"协作教育"，推动"工程"的实训教学，培养出能够服务于国家战略需要的、可以解决社会治理问题的创新型人才。培养农村电子商务方向的人才，将学生能力培养配置到产教融合的平台里，扎根于乡村振兴。培养跨境电商方向的人才，让学生的能力发挥在"双循环"的新发展格局下，服务在电子商务走出去的时局里。

6.2 更标准化的课程建设质量

认真学习贯彻习近平总书记关于教育的重要论述和全国教育大会精神，落实立德树人根本任务，以提高课程建设质量为目标，全面深化本科教育教学综合改革，持续夯实巩固本科教育基础地位，着力构建面向未来、科学合理的本科教育课程体系，努力培养高素质的卓越创新人才。课程是人才培养的核心要素，在这场全面振兴本科教育的攻坚战中，电子商务本科教育也要搞好"学习革命"，建设发展好电子商务教育，课程建设是电子商务教育的重中之重。

6.2.1 加强课程思政建设，发挥立德树人作用

课程思政建设是落实立德树人根本任务的战略举措，是全面提高人才培养质量的重要任务。为了全面推进高校课程思政建设，贯彻落实习近平总书记提出的关于教育发展的重要举措，教育部印发了许多关于推进高校课程思政建设的文件，如《高等学校课程思政建设指导纲要》[469]《"党的领导"相关内容进大中小学课程教材指南》等。吴岩司长在2021年11月的《全面推进高校课程思政高质量建设》报告中提道："要做好课程思政这件事，这件天大的事，这件伟大的事[470]。"

6.2.1.1 明确课程思政地位

把思想政治教育贯穿高水平本科教育全过程。课程思政肩负着育人的重任,课程思政影响甚至决定着社会主义建设接班人的培养问题以及国家长治久安、民族复兴和国家崛起。

关于课程思政有着一系列的重要论述:"其他各门课都要守好一段渠、种好责任田,让各种学科和思想政治理论课并驾齐驱、共同发展[471];要将立德树人贯穿于思想道德教育、文化知识教育和社会实践教育的各个方面[472];要坚持显性教育和隐性教育相统一,发掘其他课程以及教学方式中所蕴藏的思想政治教育资源,实现全员全程全方位育人;教师要成为大先生,做学生为学、为事、为人的示范,促进学生成长为全面发展的人[473]。"

要贯彻落实习近平总书记的重要讲话精神,把大学生思想政治教育作为一项基本任务,作为全面提高人才培养质量的重要任务,摆在突出位置上,加强电子商务课程思政内容建设。要以立德树人为基本要求,加强思想政治理论课教学的思想性、理论性、亲和力、针对性。要将课程思政建设列为立德树人的重要内容,坚持"知行合一",挖掘各种课程和教学方法中蕴含的思想政治教育资源,建成一批课程思政示范高校,引进一批课程思政示范课程,选树一批课程思政优秀教师,建设一批课程思政教学研究示范中心,引领带动全员全过程全方位育人。

今后电子商务教材的发展要充分落实党的教育政策,立德树人,德育为先。要深入学习、贯彻落实十九届五中全会的精神,进一步深化"三全"育人模式,把准优化课程思政教学内容,探索创新课程思政建设方法路径,推进高校课程思政高质量建设[474]。立足中国,全面贯彻社会主义核心价值观,加强爱国主义、集体主义和社会主义教育,使广大青年学子坚定道路自信、理论自信、制度自信、文化自信,成为担当中华民族复兴大任的时代新生。

电子商务课程在今后的发展中,应根据其学科特色,进行分级教学。打通专业和思想政治工作的"最后一公里",积极探讨结合专业学党史、结合党史讲专业。学习电子商务的教学内容,学生可以更好地理解国家战略、有关的法律法规和政策,可以深入社会实践,关注现实问题,从而具备"经世济民""诚信服务"的职业素质。培养学生热爱党、热爱社会主义的思想感情,增强政治认同、思想认同、情感认同,认同中国共产党和中国特色社会主义。

6.2.1.2 推进课程思政建设

课程思政建设要以全面提高人才培养能力为核心,坚持以学生为中心,科学合理地构建课程思政体系。《高等学校课程思政建设指导纲要》提出,要针对专业的特点,对专业的培养目标进行深入的探讨,深度挖掘和提炼专业知识的内涵,科学合理地拓展专业课程的广度、深度和温度,从课程所涉专业、行业、国家、国际、文化、历史等角度,增加课程的知识性、人文性,提升课程的引领性、时代性和开放性。从"课程与教育论"的角度出发,"讲课思政"是指将"学校""专业"和"课程"三个层面结合起来,层层递进将"思政"同"课程"有机地联系起来[475]。

本章主要参考吴岩司长关于全面推进课程思政的报告,从课程建设、课堂教学、评价激励等方面对电子商务课程思政建设展开分析,为电子商务课程思政探索一条可能的发展道路。

课程建设。在课程建设过程中,"思政"与"课程"是一种"有机融合",在学习和发展的过程中,需要深入到课程的灵魂和精神层面,并对其进行科学的、准确的思政元素投入。该层次的课程思政建设主要从公共基础课、专业教育课、实践类课程着手。就课程思政而言,主要是进一步重点突出了情感、态度和价值观在教学目的中的作用。该层次课程思政的建设成果主要体现在,公共基础课程要求综合素质、体育和美育相结合;专业教育课程要求拓展广度、深度相结合;实践类课程要求知行合一,敢闯会创。

课堂教学。在教学过程中,应既坚持专业课教育的基本原则,又突出思想政治教育特点[476]。该层次的课程思政建设主要从人才培养方案、课程目标、教学大纲、课件教案教材、授课研讨、作业论文和考试入手,进行党史学习教育;结合党史讲专业、结合专业学党史;乡村振兴社会实践;青年红色筑梦之旅等实践实习活动。这一阶段的课程思政工作成效主要体现在教学大纲、教案等教学文件以及典型案例中。具体来讲,既体现在各专业人才培养方案之中,也可以凝练总结成具体的电子商务专业(或学科专业群)课程思政建设指南。在课程思政中,恰当的教学目的可以让教师和学生对学习成果达成一致,促进教师与学生的感情沟通与共振,从而推动课程的实施。

评价激励。评价激励层次可以构建评价激励机制,评价激励是激活课程思政老师教学内在动力、直击课程思政课教学难点的重要途径[477]。通过加强课程思政的精神和物质激励,加强思政老师的认同感、荣誉感和责任感,可以把课程思政建设成果融入双一流建设、一流专业建设、一流课程建设、双高计划评估、学科评估、专业认证、教学成果奖、全国教材建设奖、本科教学评估、教学绩效考核、教师评奖评优等之中。

6.2.2 坚持以学生为中心,促进课程结构优化

课程结构包含着教育思想和教育价值观,它影响着教育人才的质量和格局。根据学科的类别,根据课程的需要,将课程的内容按特定的比例进行组合,从而构成课程的体系,例如,各个学科的比例、课程的搭配、必修课的设定。课程结构是一种体现了学科内容和相关形式的综合体现,而每次课程的结构变化都是内在各因素的最优调节。从实际情况来看,要想充分发挥其职能,就必须通过持续的改革与优化来完成[478]。大学课程结构调整必须坚持"以学生为中心",才能真正实现课程育人的本体功能,才能实现国家人才强国的战略目标[479]。因此,在"以学生为中心"的教育理念下,研究分析电子商务课程结构,优化课程结构体系,探索其未来发展趋势,可以为电子商务教育的未来发展提供课程方面的参考。

6.2.2.1 必修、选修课程

"必修课"是指为适应我国经济发展和经济发展需要而开设的一门学生必须修习的课程。选修课是指在高校的教学大纲中,能够根据自己的发展需要自主选择修习的课程。二者相辅相成,形成了一个完整的高校学科体系。一方面,虽然必修课所反映的是一个整体的社会需求,但是它必须满足每个人的发展需求。另一方面,尽管选修课强调了满足学生的个性需要,但它应该以培养一名优秀的公民为出发点,同时寻求个体的发展。

在规划设计电子商务课程结构时,要考虑专业定位与社会经济发展需要,结合自身实际情况,合理制定必修课、选修课的课程比例。一方面,高校要清楚地认识到,必修课的存在是必须的,要制定适当的必修课。另一方面,高校不能盲目地大肆增加选修课比重,应该建立一系列配套的管理制度,使选修课程能够更好地实现学生的个性化发展。增加选修课程不能一味地顺应时代发展趋势,从而忽略了社会对人才的基本需求,这样将难以实现课程结构调整的初衷。

6.2.2.2 理论、实践课程

在高校的课程体系中,理论课程是以课本为载体,在教室里进行的一门课程。而实践课程

是相对于教室里的实验、实习、毕业论文、社会实践等,也就是没有教室、没有书本的课程。理论课和实践课是紧密联系在一起的。

电子商务是一个应用性很强的专业,与社会发展的联系非常密切。在制定理论、实践课程的比例结构时,要充分考虑电子商务应用性的特点,注意实践课程的教学方式。作为一个交叉学科,电子商务的课程也体现出交叉的特点,如,电子商务网站设计课程、Java 程序设计、数据库技术及应用等,要适当增加实践比重,引导学生学以致用,多开展与理论课程相配套的实践类课程,做到理论与实践并重,不要出现只知理论不懂操作的情况。培养出既有扎实理论功底也有强硬技术能力的综合型人才,以切实满足经济社会和电子商务发展的需要。

6.2.2.3 基础、专业课程

公共基础课程的目标是在科学和人文的交流中,使学生具备广阔的视野、人文和科学的意识,并使其具备基本的素养和素质。在高校的教学大纲中,基础知识课所涵盖的范围普遍比较广泛,其目标是全面提高学生的综合能力。而专业课则具有很强的学科特点,旨在为今后的求职做好充分的准备。

在电子商务专业的课程比例中,专业课程占据了主导地位,公共基础课程的建设与教学不被重视,但公共基础课能帮助学生更好地学习专业课程,领会专业教育的真谛。我们不应只关注专业课程,还应重视基础课程的设计。在对电子商务的课程结构进行重新设计时,要把基础课教学与专业教育结合起来,把控基础和专业两类课程的比例。此外,基础与专业两类课程都应该采用四年一贯制的方式,而不是分层的教学方式,以达到以普通基础教育为核心的职业素养,以专业的教育推动基本知识的发展。同时,为了适应国内高校课程体系的需要,应尽可能多地设置跨学科课程和交叉课程,以适应当前高校课程体系改革的需要。

6.2.3 关注社会发展问题,推动课程内容综合化

课程是人才培养的核心要素,课程质量直接决定人才培养质量。根据经济、社会发展的需要和人才的培养要求,对电子商务教学内容和课程结构进行调整,打破以前"千校一面""水课泛滥"的教育模式,树立新的课程建设标准。在学科与科研的有机结合下,课程方案常常与有关学科研究紧密联系,不但包含了学科的古典理论与原则,而且还开始涵盖一些学科的前沿和热点问题,它既包括了学科知识的模块性和专业理论系统,又包括了对科研的方法论和科研技能的培养[480]。

6.2.3.1 坚持理论联系实际

课程要充分体现中国特色社会主义实践,体现有关学科的教学与研究的新动态,反映社会、科学技术发展对人才的新需求,并能全面、准确地阐明学科专业的基本理论、基础知识、基本方法和学术体系。电子商务的课程内容需要转变以往简单讲解教材内知识的授课方式,老师应该主动思考,将学科科研的最新进展融入课程当中,理论联系实际,用课程理论知识讲解这些鲜活的案例,引导学生主动思考、创造性学习。一方面,可以改变以往课堂教学的氛围,抓住学生的新奇心理,用学生们更为喜欢的方式传授知识,发挥学生的主观能动性;另一方面,电子商务的发展日新月异,电子商务专业的课程内容却跟不上产业发展的速度。通过理论联系实际,从中发现现有课程教学的不足与过时之处并及时改进,进而创新课程内容,培养出能够满足社会发展需要的人才。

6.2.3.2 课程内容综合应用

电子商务作为一个交叉型的学科,兼具几个学科的特点,为了适应经济社会发展需求和人才培养目标,在电子商务课程教学时,不能是简单地传授单一的知识内容。电子商务的很多专业课程都具有交叉性,教师应该发挥钻研精神,主动思考如何将电子商务课程内容综合化,更好地培养学生具备系统性的知识体系。如电子商务法律课程,它兼具电子商务和法律法规的相关知识内容;电子商务网站设计,不仅要学会网站的设计,也要懂得电子商务网站需求知识。唯有推动电子商务课程的综合化,电子商务教育才能更好发展下去。

6.3 更高水平的教材建设体系

党的十八大以来,党中央高度重视教材工作。习近平总书记亲自部署推动教材建设,对教材工作作出一系列重要指示。习总书记强调,教材是学校教育教学、推进立德树人的关键要素。教材是人才培养的主要剧本,是高等教育改革是否落到实处的直接体现。对于电子商务教育未来发展,提高教材发展水平不可或缺。

6.3.1 贯彻新精神新要求,推进思政元素与教材内容深度融合

6.3.1.1 坚定正确的政治方向和价值导向

高校教材必须体现党和国家意志。要以马克思主义为主导,充分反映中国特色和中华民族风格,能够反映党和国家对教育的根本需求,能够反映国家和民族的基本价值观念,能够反映人类文明的知识和创造力。坚守为党育人、为国育才,把好育人育才关口。

习近平在2017年12月的全国高校思想政治工作会议上强调:"教材建设是育人育才的重要依托。建设什么样的教材体系,核心教材传授什么内容、倡导什么价值,体现国家意志,是国家事权。"《关于加强和改进新形势下大中小学教材建设的意见》的出台[481],从制度上明确了教材建设这一国家事权。

我们应持续深化对教材建设国家事权的内涵研究,切实贯彻落实教材建设国家事权。国家教材委员会要加强对教材的顶层设计,加强和完善全国教材的制度建设;注重教学内容的品质,使其更好地实现教学效果;加强对教材发展的整体规划,集中编写、审核部分主要教材,对教材使用方法进行教学指导,并对教学质量进行跟踪、监督。高校要继续强化对教材建设的整体和基础研究,利用现代科技的力量,对教材建设进行改进和革新,使其更好地适应和融入互联网时代。

用习近平新时代中国特色社会主义思想铸魂育人。推进习近平新时代中国特色社会主义思想进入教材,是今后发展电子商务教材建设的重要内容。以习近平新时代中国特色社会主义思想为指引,坚定不移走中国特色社会主义教育发展道路。要切实落实中央、国务院的各项决定,紧紧抓住教材建设的重点,把教材的质量提升上去,打造一大批具有典型性、原创性、创新性的教材,建成具有中国特色、世界水平的教材体系,使教材更符合国家发展需要,更契合面向现代化建设的知识更新潮流,为培养德智体美劳全面发展的社会主义现代化强国做出贡献!

6.3.1.2 彰显文化自信和中国特色

教材体系建设为我国文化自信与教育自信的建立提供了基础和依据。习近平总书记强

调:"高校立身之本在于立德树人。只有培养出一流人才的高校,才能够成为世界一流大学。办好我国高校,办出世界一流大学,必须牢牢抓住全面提高人才培养能力这个核心点,并以此来带动高校其他工作。"[482]

电子商务教材建设必须要能够彰显文化自信和具有中国特色。一是把文化自信全面渗透到教材工作中。在中国特色教材建设中,要把中华优秀传统文化这一最宝贵、最具有特点的文化遗产进行挖掘与阐释,把最宝贵的学术思想文化和文化资源与中华民族最基本、最传统、最优秀的文化基因相结合,使其逐步融入教材,形成与时代发展和学生成长相适应的新的内容。教材要在传承与发扬中华民族的5000年文化基础上,吸收当代创造性的成果,用教材来不断地提高大学生的文化自信,坚定文化自信,提升文化认同。二是体现中国特色和民族风格。教材应充分体现中国人民、中华民族的根本价值观念,弘扬和培育中国文化的根基,夯实红色文化的根基。意识形态属性较强的教材要"统编统用",以体现出社会核心价值观。三是提高主体性和原创性。电子商务教材编制要从中国历史上汲取丰富的成果和成功的教训,提炼出具有中国特色的思想体系,以中国的思想来阐释中国的实际。

6.3.1.3 坚持立德树人和以生为本

第一,全面落实立德树人这一根本任务。坚持党对教材工作的领导地位,并贯彻到教材的各项工作中去。要把好教育和培养人才这个关键环节,让教材领域变成我们党的坚强阵地。在教育实践中,应坚持"五育并举"和"三全育人",注重培养学生的综合素质。第二,增强教材的育人功能。在教材的设计上,要以学生为中心,根据学生身心发展特点、成长发育规律和课程的规律,重视与学生思维、学习、生活、交往等方面的联系,把知识、能力、情感和价值观有机地联系起来,真正做到为教育工作而工作。第三,凸显教材的时代意蕴。教材要充分体现当代的先进思想,反映当前的教学动态及教学实践。与此同时,在后疫情时代,新型全球化和信息化时代对教学模式、学习方式、生态环境的改变,使教材更具先见之明,并引导时代前行。

6.3.2 立足新形势新要求,强调教材与社会的一致性与适应性

6.3.2.1 紧跟学科前沿动态

党的十九届五中全会明确提出:"加快构建以国内大循环为主体、国内国际双循环相互促进的新发展格局。"[483]这是党中央在对国内和国际形势进行科学分析之后作出的重要决策。面对新的发展形势,我国的高等教育要积极顺应经济发展,尤其是大学的教材,要充分利用国内外两个市场和两种资源,积极拓展、适应新发展格局的开放合作局面,提高电子商务专业的核心竞争力。

电子商务教材建设要积极响应《关于全面提高高等教育质量的若干意见》《关于加快电子商务发展的若干意见》等相关文件,不断顺应时代发展需求,及时满足社会进步和主动服务国家发展战略对人才培养提出的新要求,教材要涉及信息技术、金融支付等学科热点内容,以有利于高校培养学科交叉型复合人才。

1. 电子商务法律

数字经济时代,颠覆传统商业模式的电子商务蓬勃发展,既推动了经济的增长,也催生了各种各样的法律问题。部分经营者会利用消费者的有限理性和认知偏差,频繁通过黑暗模式诱导消费者做出不符合自己真实偏好的消费决策[484]。知识产权的权利边界模糊产生了知识

产权侵权问题[485]、电子商务数据权属的界定,以及数据流通中的问题[486],消费者因此面临对个人信息非法收集、存储和利用等问题。

新兴的产业和专业离不开法律的约束,因此,中国在重视电子商务技术与基础方面教学的同时,也应当跟上时代步伐,多关注电子商务法律的发展和教育。

在电子商务基础类教材发展如火如荼的同时,高校电子商务专业也应当重视电子商务法律方面的人才培养,增加电子商务法律方面的课程。高校应关注近年新颁布实施的《电子商务法》和电子商务相关法律法规、政策制度及其解读,编写出一批适应电商发展需要、契合面向现代化建设的精品教材,培养出知法懂法的电商行业高质量人才。编写出精品教材,培养出高质量人才,能够为电子商务行业解决出现的法律方面的问题提供知识支撑,从而有效促进中国电子商务的健康、快速发展。

2. 跨境电商

在"双循环"的新发展格局下,我国跨境电商产业需要进一步发挥自身的独特优势,以新业态、新模式助推我国内需市场释放更多潜能,从而形成以需求为导向的新经济形态;同时,通过优化产业结构、整合上下游供应链资源,促进产业升级与产品更新,不断扩大跨境电商出口规模与提高市场竞争力,实现国际循环助力国内产业循环、内需与外贸的联动效应,进而实现国内循环与国际循环的一体化良性发展。中国跨境电商发展已经走在世界前列,具有十分显著的自身优势。《电子商务"十四五"发展规划》中提到,要支持跨境电商高水平发展,深化共建"一带一路"国家电子商务合作,积极发展"丝路电商"。随着区域全面经济伙伴关系(Regional Comprehensive Economic Partnership,简称 RCEP)的签订与实施,区域间的跨境电商的发展将逐渐走向规范化,并在此基础上建立起一个严密的"生态圈"与"服务网",将会继续促进我国跨境电商的转型升级。未来我国跨境电商的规模将继续扩大,并向着规范化、标准化方向发展。

跨境电商已经成为全国经济贸易新的增长点。国家对跨境电商的支持力度越来越大,在全国各地设立了数十个跨境电商综试区,用以探索跨境电商的创新发展;鼓励发展面向全球市场的电子商务营销、支付、物流及技术服务,形成国际化程度较高的国际电子商务服务业。这些措施必将加快"跨境电商"的快速发展,同时也为"跨境电商"带来了巨大的人才需求量。

跨境电商的迅猛发展,对跨境电商人才提出了越来越高的需求。教材作为人才培养的主要剧本,是学生学习知识的重要工具。电子商务教材未来的发展,必须着眼国内国际双循环的大局,重视跨境电商领域。跨境电商可以作为电子商务教材的建设方向,组建一支由跨境电商、国际贸易等方面的专家学者组成的优秀教材建设队伍。通过跨境电商教材编写,总结中国跨境电商发展的最新实践和成果,探讨跨境电商理论、政策与实务的发展趋势,为新时期跨境电商与国际贸易人才培养提供最新教育介质,内容可以包含但不限于跨境电商的相关理论、运营模式、市场环境、产品策略以及经典案例分析等。

3. 农村电子商务

习近平总书记指出:"电商不仅可以帮助群众脱贫,而且还能助推乡村振兴,大有可为。"电子商务是国家发展的重要一环,也是促进乡村振兴的一个强有力的手段。近几年,我国农村电子商务蓬勃发展,一条连接农村和城市的网络,让零散的农民与大市场连接起来,打通了从田间到餐桌的全产业链,促进了农业的转变升级。网络直播成了新农事,网络营销已成为主要的农产品销售渠道,也是新的收入来源,帮助巩固和扩大了脱贫攻坚成果与乡村振兴的衔接。在乡村地区,信息流、物流、资金流进一步拓展,乡村振兴潜力被进一步挖掘。农村电子商务的兴起,为我国农业和乡村的现代化进程注入了新的动力。

电子商务助力乡村振兴。乡村振兴是国家三农工作的重要举措,而电商作为农村经济活力的重要组成部分,为"三农"提供了有力的支持。党中央、国务院发布的2022年中央一号文件,聚焦全面推进乡村振兴,对做好新时代新阶段的"三农"工作进行部署,其中将农村电商作为乡村发展的重点产业[487]。随着5G时代的到来,互联网广泛地覆盖到广大农村地区,越来越多的农村人口接触网络、适应网络,开始习惯并倾向于网络购物,这将是一个庞大无比的、极具潜力的电商市场,农村将会成为电子商务行业的一个新的发展方向[488]。

我国是农业大国,农村的经济发展不可忽视,而农村电商的发展正是乡村振兴背景下实现国家现代化的重要历史机遇之一。随着国家相关政策文件和平台的支持,农村电商逐渐走进人们的视野,因此这部分内容也应当纳入高校电子商务教育的范围。由农村电商方面的专家学者组建一支优秀的教材建设团队,编写农村电子商务教材,通过教材展示中国的农村电子商务知识。从商务部的电子商务进农村综合示范到农业农村部的农业电子商务促进行动,再到国务院扶贫办的电商扶贫试点,一系列政策推动了农村电商加快发展。教材可以包括但不限于农村电商业态(农产品电商、农村电商、县域电商、农村现象、电商扶贫、电商下乡)、农产品电商化、农产品营销与运营、农村电商物流、农村电商团队等内容。

习近平总书记在清华大学考察时提出:"要用好学科交叉融合的催化剂,加强基础学科培养能力,打破学科专业壁垒,对现有学科专业体系进行调整升级,瞄准科技前沿和关键领域,推进新工科、新医科、新农科、新文科建设,加快培养紧缺人才[489]。"电子商务教材的未来发展,不能仅局限于传统电子商务方向,更应该瞄准电子商务发展的关键领域,用好电子商务交叉学科优势,适应电子商务产业发展,编写出一批聚焦电子商务法律、跨境电商、农村电商等热门领域的精品教材。

6.3.2.2 促进教材的国际化

我国持续深化高校创新创业教育改革,以建成世界最大规模高等教育体系[490]。我们要支持优秀教材走出去,探索"中国式"基础学科拔尖人才培养体系,扩大我国学术的国际影响力。教育部高等教育司司长吴岩提到要加强国际开放合作,以世界慕课与在线教育联盟为契机,举办世界慕课与在线教育大会,促进中外教育领域的对话与合作,探讨中国教育的新模式,为全球高等教育的发展贡献中国力量。

中国数字经济快速发展,虽然中国电子商务发展只经历了短短20多年时间,但电子商务的发展已经引领世界,中国电子商务市场规模持续领先全球,从曾经的跟跑到现在的领跑者,中国电子商务的国际影响力正不断加强。充分借助电子商务的发展契机,推动中国电子商务教育走出去。在全球教育中,中国的电子商务教育独树一帜,形成了专科、本科、研究生教育的完整体系,形成了学历和非学历的教育体系,这是独具中国特色、具有中国优势的电子商务教育体系。因此,注重电子商务教材的国际化发展,加快电子商务教材的英文建设,将中国的精品电子商务教材推向世界,形成电商教育的中国声音也是电子商务教材未来的发展趋势之一。

在教学形式和教学内容上,要与时俱进,注重国际的发展,顺应世界的潮流,顺应世界的发展,真正做到国际化,提高教材的整体水平。大胆尝试"走出去",向世界其他国家输出中国的电子商务教材、中国的电子商务教育,以促进提高中国电子商务的国际影响力和竞争力,支持电子商务教育在世界教育领域走出一条新的道路,形成电子商务人才培养的中国声音。

6.3.3 开发线上数字资源,探索教材的数字化多元化

数字教材是网络技术、信息技术和云计算技术相结合而形成的新型教学载体和新形式教材。这种新形式的教材突破了传统教材的限制,增加了直观的生动的动态图例,对实际案例进行了补充和更新,并针对不同的发展需要扩展了教学的内涵,提高了课本的表达能力和魅力,加强了教学效果。

6.3.3.1 重视国家政策引导

网络技术、信息化技术在飞速发展,高校的教学工作不断跟上时代步伐,实现了数字化教学,采用了数字化教材。新冠疫情的暴发推动了"互联网+教育"的发展,同时也推动了数字化教材的发展。在《普通高等学校教材管理办法》中提到,组织建设信息技术与教育教学深度融合、多种介质综合运用、表现力丰富的新形态教材。教育部在《关于深化本科教育教学改革,全面提高人才培养质量的意见》中也指出,要大力发展"互联网+教育",探索智能教育的新形式,促进课堂教学的变革。

电子商务教材未来的发展,要深入学习领会习近平总书记关于数字化战略的核心思想和战略部署,以国家对于数字化教材建设相关的各项政策文件为指引,坚定数字化教材建设的政治方向。同时,警惕潜存的技术风险和安全隐患,注重个人隐私和版权保护,切实保障数字化教材编写者、使用者的隐私和权益,规范数字化教材建设。未来电子商务教材建设要秉持数字经济发展战略思维,围绕实现学科高质量发展的目标任务找准电子商务数字教材的建设重点——围绕中心、服务大局。深入实施教育强国战略,是教育工作沿着正确方向发展的根本保证,也是电子商务数字教材建设发挥作用、有所作为的关键。

6.3.3.2 推动教材数字化建设

电子商务教材建设要大力推进线上教材的建设,使教材呈现多元化、网络化。后疫情时期,我国大部分高校的教学工作都出现了线上和线下相结合的趋势;同时,计算机技术的飞速发展,以及网络环境的优化,人们在网上获取知识的能力大大增强,教材的电子化倾向也日趋明显。在新的课程教学中,教材作为教学主要的载体,要运用现代科技手段,将传统的纸质教科书与多媒体数字资源、互动学习手段等相结合,形成一条线上、线下的融合发展之路。

电子商务类数字教材的建设将是未来电子商务教材建设的重点工作之一。电子商务类数字教材的建设是实施教育数字化战略行动的具体实践,也是推进教育现代化,建设教育强国的时代要求,更是应对疫情、办好人民满意的教育的现实需要。数字教材是与数字课程、空中课堂、智能教育紧密联系的全新的共同体。

在建设电子商务数字教材时,切不可简单地将原有的传统教材数字化,要在内容甄选、框架结构、顺序编排上精准聚焦,坚持问题导向、效能导向,重在构建链式学习脉络,激发和培养学生的探究能力和创新品质。要多了解相关电子商务学科发展的最新动态、最新进展、最新成果,适度超前,在互学互鉴中取长补短、互促共进。要注重典型引领、以点带面,认真挖掘、总结、宣传电子商务数字教材建设的经验,为中国其他学科数字教材建设提供可参考的另具特色的高质量数字教材建设体系新模式。

电子商务教材的数字化建设应注意以下几点：

第一，新教材新模式，开发新形态教材。科学地开展活页教材、融媒体教材等，推动数字教材、电子教材、立体化教材等多种形式发展，推动教材新形态。

第二，切实满足新时代教与学的模式变化需求，进一步丰富教材呈现方式，增强教材的互动性、实效性和感染力，促进学生开展自主性学习、协作性学习和个性化学习，让学习更有效、更有趣。

第三，加强新形态教材所涉及的政策、理论和实践等方面的问题研究，突破新形态教材的关键技术，解决教材的开发、编写、评审、选用、安全等标准和问题，为新形态教材发展提供支撑。

6.4 更立体化的教育教学形式

在《关于加快建设高水平本科教育全面提高人才培养能力的意见》中明确提到，推进现代信息技术与教育教学深度融合。[22]高等教育数字化战略是实现高等教育学习革命、质量革命和高质量发展的战略选择和创新路径，事关在新一轮国际高等教育竞争中，中国能否下好先手棋、抢占制高点、提升话语权、扩大影响力的关键，事关中国高等教育能否实现从全面并跑到战略领跑的重大突破，事关中国高等教育能否真正适应普及化阶段质量多样化、学习终身化、培养个性化、治理现代化需求，实现高等教育高质量发展的重大战略问题。在高等教育数字化战略背景下，电子商务教育的未来发展，一定要乘上数字化战略的东风，借助信息技术优势，大力推动电子商务教学改革和教材数字化建设。

6.4.1 深度融合现代技术，促进教育现代化发展

21世纪是信息化的时代，信息技术的不断发展和进步在各个领域都给人类带来了便利。近年来，新一代的信息技术，如人工智能、大数据等在我国教育中得到了广泛应用。教育部于2018年4月出台了《教育信息化2.0行动计划》，旨在积极探索信息技术对教育的影响。智慧教育是当今世界教育发展的一个新潮流，是推进我国教育现代化进程的一个主要方向。

6.4.1.1 5G技术对教育的影响

在5G商用后，物联网、VR/AR、人工智能、大数据等技术将会得到更加广阔的发展前景。随着5G时代的到来，网络环境下的网络设备将会有更大的发展，老师们的教学水平也会随之提高，这样才能更好地适应学生的需要，同时也会有利于教育资源的合理分配。5G将极大地提高信息在互联网上传递的流畅性，同时也使软体和硬体的质量得到极大的提高。多媒体技术、VR技术、AR技术将会创新地满足教育界的需要，从而产生新的数字化教育产品和新的业务模式，从而使沉浸式教学的实践变成可能。大数据与人工智能技术的深入运用将会为学生提供专门的教学模式，使学生的个性化学习模式更加广泛，能够根据不同的需要，将数字化教学的教学内容和教学服务向智能化推送，以充分实现因材施教。

6.4.1.2 人工智能对教育的影响

人工智能技术是当今世界新一代技术革命与工业转型的重要技术，它对教育的发展具有

重要而深刻的意义,主要体现在以下两个方面。

(1)差异化的学习方式。人工智能技术可以实现对不同的学生个体进行具体分析,结合学习者的学习诉求、目标与方向,对其提供"私人定制"的学习方式,实现差异化的"因人施教",促进学习者更好地成长。(2)开创人机协作与共的生态格局。迄今为止,学校还是以"传递—接受"式教学为主,但研究(探究)性学习也越来越多。到了人工智能时代,一对一的学习指导、个性化的自主学习和社会化的交流协作将成为主流[491]。在学习过程中,AI老师主要带领学生学习硬性知识,而在情感、态度和价值观方面的教学,则由人类老师来完成。人类教师与AI教师分工合作,共同完成对人类的教育教学任务。有了AI的帮助,教育将会更加的立体,学生在任何时间、任何地方都可以学到知识,教学的便捷程度大大提高,同时教学工作也更加科学化、透明化。

6.4.2 依托现代信息技术,推动课堂教学变革

云计算、大数据、虚拟现实、人工智能等新一代信息技术蓬勃发展,信息技术时代的到来,突破了时间和空间的限制,拓展了人类的视野,开发了人类的潜力。在信息化社会,数字教学已经是一个不可忽视的发展方向,通过"互联网+教育"协同创新,打通信息技术与教育教学高度融合的"最后一公里"[492]。以慕课等新型在线开放课程建设与应用为抓手,加快推动现代信息技术与教育教学深度融合,将成为新一轮高等教育本科教学改革的重点之一[493]。我们要抓住机遇,以新一代信息技术推动电子商务教育质量提升。

6.4.2.1 智慧化平台——智慧高教平台

高等教育司司长吴岩指出:"要扎实推进高等教育数字化战略行动,建设'国家高等教育智慧教育平台'(简称'智慧高教平台'),实现高等教育学习革命、质量革命和高质量发展。"国家高等教育智慧教育平台(简称"智慧高教平台")是由教育部委托、高等教育出版社有限公司建设和运行维护、北京理工大学提供技术支持的全国性、综合性在线开放课程平台。

基于大数据、云计算和人工智能技术,智慧高教平台为学生的学习需求制定了一系列智能化的学习方案,实时采集、计算和分析课程信息和学习资料,为教师的教学工作和学生的学习提供个性化、精确的分析。智慧高教平台为我们提供了重要的学习场景和优质资源,我们可以依托指挥高教平台,以信息技术赋能教育教学,有助于电子商务教育的深刻变革。

电子商务教育借助平台优势,可以尝试转变传统的教育教学方式,推动教育变革,使平台满足师生的需求。通过智慧高教平台,学生可以随时学习、随地学习;它可以根据学习者的个性需求,发现他们所喜欢的学习内容,并能激发主动学习意愿,使他们积极地进行学习。对于教育工作者和高校老师而言,通过智慧高教平台的海量数据和交互,老师们安装上了"千里眼""顺风耳",能够随时掌握学生的学习状况、学习进度和学习成效。平台推动高质量的资源分享,通过线上和线下混合的教育模式,学校的老师们可以利用这个平台共享教育的实践经验,从而提升自己的教学水平。

同时,智慧高教平台可以推进电子商务课程和电子商务教材的发展。通过平台汇聚的其他高校、其他教师的课程教材资源,老师们汲取精华,取长补短,能够提升课程质量和教材水平。平台加强国际开放合作。智慧高教平台链接了"爱课程"和"学堂在线"两个在线教学国际平台,电子商务教育可以借此同世界其他国家及地区的高校展开交流合作,共同探索未来电子商务教育教学的新范式。

6.4.2.2 智慧化应用——智慧教室

在国家推进智慧教育建设的大背景下,近年来国家开放大学积极探索智慧校园建设新模式新路径,5G智慧教室正是其中最具代表性的示范项目之一。据项目负责人透露,5G智慧教室充分结合了5G、AI、大数据技术,摆脱了时空限制,实现了异地无感知的教学,让学生足不出户就可以享受到学校的优质教学资源。智慧教室"软件+硬件+数据"的优势可以助推电子商务教育发展。

智慧教室具有基于数据的教学、高效的教学、个性化学习、合作探究的学习方式、动态开放的课堂、教学机制课堂的特征,从这些特征就可以看出,智慧教室的应用可以实现上课方式的变化,推动教学变革。电子商务教育未来发展可以推广应用智慧教室和实训课堂,强化教学过程全记录,推动教学精准化,为学生建立终身学习档案,提供个性化学习服务。

6.5 更高素养的教师人才队伍

"百年大计,教育为本;教育大计,教师为本。"教师是教育的第一资源,是建设高质量教育体系、实施高质量教育的根本力量[494]。吴岩司长指出:"中国'金师'应该具备政治素质强、教育站位高、国际视野宽、五术要求精四个条件"。在电子商务教育发展的过程中,加强教师队伍建设、提高教师育人的能力是关键。

6.5.1 增强政治素养,强化教师的社会责任担当

十八大以后,习近平总书记对教育的一系列重要讲话,为我们在新时期开展教育的各项工作提出了基本原则和指导方针。以习近平同志为核心的党中央,在新时期提出了"谁来培养人"这一重大课题,强调要从战略上把握教师工作的重要意义,加强师资队伍的建设。要深入学习和落实习近平总书记关于教师队伍建设的重要论述,不断推进具有中国特色的教师发展研究,培养高质量、高水平、高素质的教师队伍。

增强政治素养是电子商务教师队伍建设的核心。高校教师既要有深厚的专业基础,更要履行最庄严最神圣的育人使命,坚定政治立场,把握政治方向[495]。教师的职业特性决定了他们要有明确的政治取向和价值观。要增强对党的教育工作的信心,增强为国育才、为党育人的责任观念。习近平总书记对广大教师提出了期盼和要求。要做到三个牢固树立——"牢固树立中国特色社会主义理想信念,牢固树立终身学习理念,牢固树立改革创新意识";做有理想信念、有道德情操、有扎实学识、有仁爱之心的"四有"老师;当好"锤炼品格的引路人、学习知识的引路人、创新思维的引路人、奉献祖国的引路人";做到"教书和育人相统一,言传和身教相统一、潜心问道和关注社会相统一、学术自由和学术规范相统一"这"四个统一";练就"政治素质过硬、业务能力精湛、育人水平高超"这三大本领,成为一个忠诚于党和人民教育事业的时代"大先生"。

6.5.2 提高教育站位,提升教师的教育教学素养

教师的核心素养是集教育理念、教育精神、教育人格等为一体的综合表现,是履行好铸魂育人使命所需的关键能力和必备品格。电子商务教师建设,提高自己的教育站位、素养必不可少。

第一，教师必须清楚认识到我国高等教育的发展新目标，在心中对高等教育未来发展形势有一定的了解，对电子商务未来教育发展趋势有一定的了解。教育部提出到2025年基本建成教育高质量发展体系，到2035年总体实现教育现代化，建成教育强国，形成高质量的人才自主培养体系。第二，教师要牢牢把握立德树人的根本任务，坚守育人初心，指导学生坚定政治立场，帮助学生树立正确的世界观、人生观和价值观，引导人才深怀爱党爱国之心、砥砺报国之志，继承和发扬优秀品质，培养出可以担当民族复兴大任的时代新人。第三，教师要紧紧抓住国家发展需要这一点，瞄准经济社会发展需求痛点，把握电子商务产业发展最前沿，加快培养紧缺人才。

6.5.3 拓宽国际视野，培养教师的国际观念、意识

随着全球经济的融合，各国政治、经济、文化的纽带日益紧密，彼此之间的依赖性也日益增强。电子商务与全球一体化发展紧密联系。这就要求电子商务人才既要适应中国经济的发展，又要适应世界经济、政治、文化的发展。因此，培养具有国际视野的高素质人才，是当前我国电子商务教育发展的一个重大课题，而教师在教育教学中有着无可替代的作用。教师的国际观念、意识都会在潜移默化中影响学生，所以电子商务教师要主动开阔眼界，以国际化的理念提升自身，并有意识地运用到教育教学中。

第一，广大教师要深切关注和研究世界高等教育发展趋势，在国际视野中精准把握中国高等教育发展。从世界的角度，准确地掌握中国的教育发展状况。正确认识中国的高等教育与高等教育的发展趋势，掌握其发展趋势，从而更好地开展教学工作。第二，教师应该加强国际交流，促进多层次、宽领域的教育交流与合作，与国际上的高水平学者进行学术接轨，提高教师的国际意识和国际竞争力。第三，在国际教育视野中，教师必须积极地进行教育理念的更新，以适应当今世界高等教育的发展；对人才的教育理念进行反思，不断更新高品质的教育理念，实现教育模式、方法、理念的革新，以适应全球经济发展趋势，培养具有国际意识和国际竞争能力的高素质的创新型人才。

6.5.4 践行德育行动，提高教师立德树人水平

"善之本在教，教之本在师。"教师是教育发展的第一资源，是人才培养的关键力量。打铁还需自身硬，教师要提升自身能力，增强自身内涵，才能更好地传道授业解惑。

第一，有大境界、大胸怀、大格局。大国良师要有为师的大格局，大国良师要有从教的大境界，大国良师要有育人的大智慧[496]。作为一名教师，要立足中华民族伟大复兴战略全局和世界百年未有之大变局，将自己的前途命运与国家和民族的前途命运紧密相连，肩负起培养祖国下一代的责任和使命。第二，要有深厚的专业学科知识。教师要着眼于电子商务发展前沿，掌握电子商务新知识新技术，系统掌握电子商务知识体系，提高自己的文化修养，产生教育智慧，提高教书育人的能力；做学生学习知识的引路人、创造思维的引路人，引导学生从已知世界到未知世界，去探索，去创新，构筑美好的未来。第三，要有精湛的授课技术。深入研究课程和教材，改进教学方法，提高教学质量，能够生动性授课，激发学生的学习兴趣和热情，营造良好的课堂氛围；针对性授课——好的老师要很懂得教育心理学，了解学生内心，发现每位学生的特点，因材施教；互动性授课——随着信息技术的发展，未来的教学将会发生变革，不再是传统的教育教学形式，即学生被动式学习，未来的教学更注重学生的主动性学习。新时代教师应该成

为学生学习的设计者、指导者、帮助者和共同学习者,师生间不仅要有知识交流、还要有眼神交流、情感交流。

6.6 本章小结

电子商务目前已经成为我国数字经济最活跃的组成部分,对促进经济数字化转型和数字经济的发展起着举足轻重的作用。经过二十多年的发展,中国的电子商务发展迅速,中国电子商务市场规模引领全球,中国电子商务的国际影响力也在日益增强。中国电子商务的教育已经位居世界教育大国,具有举足轻重的世界影响力。对电子商务教育的发展趋势研究具有重要的历史意义和现实意义。

党的十八大以来,习近平总书记多次就教育工作作出重要讲话和指示批示,提出了一系列新理念、新思想和新观点。本章深刻学习领会习近平总书记关于教育的重要论述,以吴岩司长相关的讲话精神为遵循,从专业、课程、教材、技术和教师五个方面着手,探析中国电子商务教育未来的发展趋势。

本章首先从专业层面来探析中国电子商务教育未来的发展趋势,研究发现,要牢牢把紧专业发展方向,建设一个多学科交叉融合、科技变革与技术引领、服务国家战略与解决社会治理、有情怀有温度的电子商务专业,这对电子商务教育发展有着引领性的作用。其次,从课程发展的角度出发探析中国电子商务教育未来的发展趋势,研究表明,课程是人才培养的核心要素,要发展好电子商务教育,提升课程建设质量是重中之重,要加强课程思政建设、优化课程结构体系、推动课程内容综合化。再次,以教材建设为切入点进行研究分析后认为,教材是教育教学的关键因素,教材建设要推进思政元素与教材内容深度融合,强调教材与社会的一致性与适应性,探索教材的数字化建设。再从信息技术方向探析电子商务教育发展,分析可知:要依托信息技术优势推动课堂教学的变革,同时开发数字教材资源,进行教材数字化建设。最后,从教师层面分析中国电子商务教育发展的趋势,得出要从增强教师政治素养、提高教师教育站位、拓宽教师国际视野和注重教师能力培养四个方面加强教师队伍建设的结论。

附表 1　符号和缩略语说明

国际商学院协会	国际商学院协会
ACM	美国计算机协会
AI	人工智能技术
AMBA	英国工商管理硕士协会
ANSI	美国国家标准学会
APEC	亚太经济合作组织
AR	增强现实（Augmented Reality）
ASC	特许公认标准委员会
B2B	企业对企业的电子商务模式（Business to Business）
B2C	企业对消费者的电子商务模式（Business to Consumer）
BEVH	德国联邦电子商务和邮购贸易协会
BIGANT	元宇宙的六大支撑技术
BITKOM	电信和新媒体协会
BLS	美国劳工统计局
C2C	个人对个人的电子商务模式
C2M	用户直连制造的电子商务模式
CBSA	加拿大边境服务局
CDAP	加拿大数字采用计划
CGST	中央消费税
CJ	大韩通运
CLVS	快递低价值货物计划
CNKI	中国知网
CPTPP	全面与进步跨太平洋伙伴关系协定
CSCD	中国科学引文数据库（Chinese Science Citation Database）
CSSCI	中文社会科学引文索引（Chinese Social Sciences Citation Index）
DFFT	数据在可信任条件下自由流动
DST	数字服务税
DTC	直接触达消费者的品牌商业模式
eAMP	亚洲网络市场计划

ebXML	电子商务全球化标准
ECO	德国互联网经济协会
ECOM	日本电子商务促进会
E-commerce	电子商务专业
EDI	电子数据交换(Electronic Data Interchange)
E-Japan	信息化建设战略
EQUIS	欧洲质量改进体系
FEVAD	法国电子商务协会
FT	英国《金融时报》(Financial Times)
FTA	自由贸易协定
GDP	国内生产总值
GMV	商品交易总额
GSP	普遍优惠制
GST	商品和服务税
GTDI	贸易数据交换指南
I4A	沃顿I4A竞赛(Ideas For Action)
IAP	信息时代伙伴计划
ICPC	国际大学生程序设计竞赛(International Collegiate Programming Contest)
ICQ	即时通信软件
ICT	信息通信技术
IGST	跨邦消费税
I-Japan	公共部门的网络齿轮战略
IoT	物联网
IPO	首次公开募股
ISI	美国科学情报研究所数据库
ITU	国际电信联盟
KICC	毕马威创新合作挑战赛(KPMG Innovation and Collaboration Challenge)
KORNET	韩国互联网服务
MCN	多频道网络
MFN	最惠国待遇
MSIT	信息技术硕士
NAFTA	北美自由贸易协定
NASA	美国国家航空航天局
NASDAQ	美国全国证券交易商协会自动报价表
NFT	非同质化代币

NIST	美国国家标准和技术研究院
OECD	经济合作与发展组织
ONDC	数字商务开放网络
P2P	个人对个人
RBPC	莱斯商业计划竞赛（Rice Business Plan Competition）
RFID	射频识别技术
SCIS	《中国科学：信息科学》（《Science China Information Sciences》）
SGST	本邦消费税
TDI	贸易数据交换系统
TPP	跨太平洋伙伴关系协定
U-Japan	创造上网环境战略
USMCA	美墨加协定
VoIP	IP电话
VR	虚拟现实技术（Virtual Reality）
WTO	世界贸易组织
XR	扩展现实

附表 2　图表清单

图 1-1　《全球电子商务框架》五大基本原则
图 1-2　美国数字技术战略布局
图 1-3　中国电子商务发展规划内容
图 1-4　日本电子商务促进会六大电子商务准则
图 1-5　日本数字经济发展战略
图 1-6　韩国电子商务三大关键核心
图 1-7　《基于数字的产业创新发展战略》九大任务
图 1-8　21 世纪欧盟主要发展战略
图 1-9　《英国数字化战略》七大战略
图 1-10　德国数字化整体规划
图 1-11　"2012 数字法国计划"主要措施
图 1-12　印度《2020 年消费者保护（电子商务）规则》
图 1-13　加拿大"电子商务战略"四项内容
图 1-14　俄罗斯 21 世纪以来重要发展纲要
图 1-15　大数据"4V"特性
图 1-16　大数据架构图
图 1-17　大数据电商下的数据获取
图 1-18　电子商务与大数据融合
图 1-19　云计算时代演进过程
图 1-20　云计算架构图
图 1-21　云计算基本特征、服务模式及部署方式
图 1-22　云计算资源配置
图 1-23　云服务模式
图 1-24　物联网系统架构
图 1-25　物联网技术下的物流过程
图 1-26　人工智能发展历程
图 1-27　人工智能架构图
图 1-28　智能推荐营销路径
图 1-29　智能分拣配送路径
图 1-30　智能供应链路径
图 1-31　区块链发展历程
图 1-32　区块链架构图
图 1-33　区块链技术产品溯源逻辑图
图 1-34　互联网的迭代历程
图 1-35　元宇宙六大支撑技术"BIGANT"

图 1-36	数字藏品、实物藏品与传统数字作品对比
图 1-37	社交电商核心价值
图 1-38	社交网络对比
图 1-39	社交电商商业闭环
图 1-40	社交推动电子商务发展的三大关键作用点
图 1-41	直播电商的外延逻辑
图 1-42	直播电商发展历程
图 1-43	流量平台与电商平台逻辑
图 1-44	商家直播流程及模式对比
图 1-45	直播电商主播生态
图 1-46	消费者决策链路
图 1-47	直播电商未来价值突围方向
图 1-48	跨境电商发展历程
图 1-49	跨境电商缩短贸易链条
图 1-50	品牌出海转化历程
图 1-51	垂直类跨境电商平台的数字化模式
图 1-52	中国电子商务发展五大阶段
图 1-53	国外电子商务发展五大阶段
图 1-54	传统微观视角下"人、货、场"三要素关系图
图 1-55	宏观视角下"人、货、场"三要素关系图

图 2-1	电子商务人才发展生态
图 2-2	目标层
图 2-3	核心层
图 2-4	资源层
图 2-5	关联层
图 2-6	各高校电子商务人才就业情况
图 2-7	中国电商人才发展三大矛盾
图 2-8	典型电子商务就业岗位
图 2-9	电子商务课程体系建设与电商人才需求的匹配度情况
图 2-10	中国部分开展电子商务教学与研究工作的高校
图 2-11	国外电子商务人才培养竞赛
图 2-12	中国电子商务人才培养竞赛
图 2-13	中外电子商务人才培养模式特点
图 2-14	高校电子商务人才培养发文量年代分布
图 2-15	电子商务人才培养文献发文量与国家发布政策数量对比
图 2-16	关键词时区突现网络图

图 3-1	2017—2021年全球电商零售额及2022—2025年增速情况预测
图 3-2	2021年全球电商销售额(按地区)/十亿美元
图 3-3	2021年全球电商销售额占比(按地区)
图 3-4	2021年全球电商销售额(按国家)/亿美元
图 3-5	2017—2021年美国电子商务B2C行业收入及预测/亿美元

图 3-6　2021 年全球各地区互联网普及率
图 3-7　2021 年全球网购渗透率 TOP10 国家
图 3-8　2021 年欧洲各地区在电子商务总营业额分布
图 3-9　日本 2017—2022 年网络零售额发展
图 3-10　澳大利亚 2017—2022 年网络零售额发展
图 3-11　韩国 2017—2022 年网络零售额发展
图 3-12　印度 2017—2022 年网络零售额发展
图 3-13　电子商务专业课程设置方向
图 3-14　电子商务专业课程教学层次
图 3-15　电子商务未来的发展趋势
图 3-16　中国电子商务教学发展历程
图 3-17　电子商务专业类别分布
图 3-18　电子商务专业获得学位分布
图 3-19　开设电子商务专业高校类别分布
图 3-20　开设电子商务专业高校赛道分布
图 3-21　设立电子商务专业的高校数量 TOP6 省份
图 3-22　各高校电子商务专业专任教师数量分布

图 4-1　各时间阶段国外电子商务相关书籍数量（单位：本）
图 4-2　1996—2000 年国外电子商务书籍分类统计
图 4-3　2001—2005 年国外电子商务书籍分类统计
图 4-4　2006—2010 年国外电子商务书籍分类统计
图 4-5　2011—2015 年国外电子商务书籍分类统计
图 4-6　2016—2022 年国外电子商务书籍分类统计
图 4-7　电子商务专业知识领域和知识模块
图 4-8　"三个基础""五项原则""三个面向"
图 4-9　"十一五"时期普通高等教育本科国家级规划电子商务类教材饼状图（按内容分类）
图 4-10　"十二五""十三五"时期普通高等教育本科国家级规划电子商务类教材饼状图（按内容分类）
图 4-11　高校电商教指委委员编写电子商务类教材饼状图（按内容分类）
图 4-12　哈佛图书馆电子商务教学参考书籍内容分类饼状图
图 4-13　哈佛图书馆电子商务教学参考书籍内容分类数据柱形图（单位：本）
图 4-14　"十二五""十三五"时期普通高等教育本科国家级规划电子商务类教材出版社调研情况
图 4-15　"十二五""十三五"时期普通高等教育本科国家级规划电子商务类教材出版
图 4-16　"十二五""十三五"时期普通高等教育本科国家级规划电子商务类教材出版数量
图 4-17　"十二五""十三五"时期普通高等教育本科国家级规划电子商务类教材版次统计
图 4-18　前三届高校电商教指委委员编写电子商务类教材出版社调研情况
图 4-19　前三届电商教指委委员编写电子商务类教材出版数量
图 4-20　前三届高校电商教指委委员编写电子商务类教材版次统计
图 4-21　1996—2022 年间三大出版社出版国外电子商务相关书籍数量（单位：本）
图 4-22　国内主流电子商务教材出版社出品数量统计饼状图
图 4-23　国内主流电子商务教材出版社内容分类饼状图
图 4-24　国内主流出版社各时间段出版电子商务教材数量及内容分类堆积柱形图（单位：本）
图 4-25　清华大学出版社出品数量统计饼状图

图 4-26　清华大学出版社各时间段出版电子商务教材数量及内容分类堆积柱形图(单位:本)
图 4-27　电子工业出版社出品数量统计饼状图
图 4-28　电子工业出版社各时间段出版电子商务教材数量及内容分类堆积柱形图(单位:本)
图 4-29　高等教育出版社出品数量统计饼状图
图 4-30　高等教育出版社各时间段出版电子商务教材数量及内容分类堆积柱形图(单位:本)
图 4-31　哈佛图书馆馆藏电子商务相关书籍主流作者(共6位)主要涉猎领域
图 4-32　清华图书馆电子商务相关书籍词云图
图 4-33　哈佛图书馆电子商务相关书籍词云图

图 5-1　教育新基建生态图
图 5-2　高校本科电子商务教材建设现状研究框架图
图 5-3　高等院校教师对中外电子商务专业教材的整体评价
图 5-4　优秀电商教材应具备的条件
图 5-5　中国电子商务教材建设方案框架图
图 5-6　电子商务教材建设编写六大原则

表 1-1　中国跨境电商综合试验区名单
表 1-2　元宇宙八大要素及基本含义
表 1-3　图文、视频以及直播的特性对比
表 2-1　中国电子商务人才相关政策
表 2-2　"十四五"电子商务发展总规模指标
表 2-3　典型电子商务技能型岗位需求和岗位职责
表 2-4　典型电子商务管理型岗位需求和岗位职责
表 2-5　典型电子商务技术型岗位需求和岗位职责
表 2-6　德国"双元制"人才培养模式特点
表 2-7　莱斯商业计划竞赛和中国"互联网+"大学生创新创业大赛比较
表 2-8　莱斯商业计划竞赛和中国"互联网+"大学生创新创业大赛共同点
表 2-9　莱斯商业计划竞赛和中国"互联网+"大学生创新创业大赛不同点

表 3-1　电子商务专业知识体系与建议课程对应表
表 3-2　电子商务专业培养要求
表 3-3　电子商务专业知识体系与建议课程对应表
表 3-4　电子商务专业实践与教学情况
表 3-5　电子商务专业核心教材推荐
表 3-6　国家级电子商务一流专业名单(2019—2021)
表 3-7　电子商务专业师资团队要求及具体内容
表 3-8　电子商务专业教学方式与教学内容
表 3-9　教师教学评价体系

表 4-1　电子商务专业知识体系与建议课程对应表
表 4-2　"十一五"时期普通高等教育本科国家级规划电子商务类教材一览表(按内容分类)
表 4-3　"十二五""十三五"时期普通高等教育本科国家级规划电子商务类教材一览表(按内容分类)
表 4-4　高校电商教指委员编写电子商务类教材一览表(按内容分类)

表 4-5　中文书名高频词
表 5-1　中国高校电子商务专业建设问卷信息统计表
表 5-2　中国高校电子商务课程设置问卷信息统计表
表 5-3　中国高校电子商务教材使用问卷信息统计表
表 5-4　高校教师在教材使用时遇到的困难统计表
表 5-5　教师基本信息问卷结果统计表

附 图　全书知识逻辑关系图

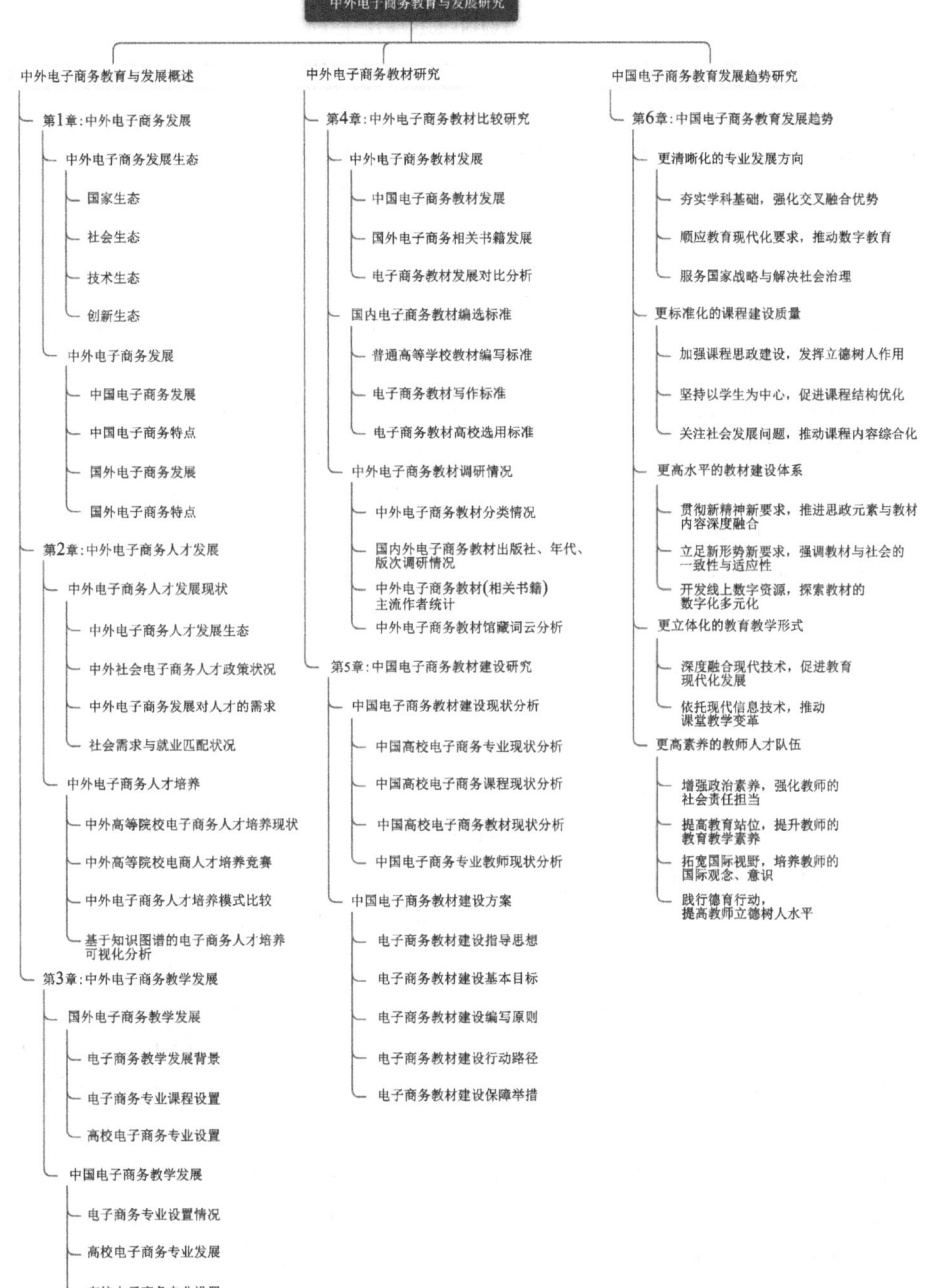

参考文献

[1] U. S. Department of Commerce. The National Information Infrastructure:Agenda for Action[EB/OL]. (1993-09-15)[2022-04-15]. https://eric. ed. gov/? id=ED364215.

[2] U. S. Department of Commerce. THE GLOBAL INFORMATION INFRASTRUCTURE:AGENDA FOR COOPERATION[EB/OL]. (1994-10-09)[2022-04-15]. http://www.channelingreality. com/Digital_Treason/Brussels_1995/Gore_GII_Agenda_For_Cooperation_Buenos_Aires_Quote. pdf.

[3] 李顺德. 电子商务立法与知识产权保护[EB/OL]. (2022-02-26)[2022-04-15]. https://www. renrendoc. com/paper/198109316. html.

[4] Valovic T. A Framework for Global Electronic Commerce:An Executive Summary[J]. Telecommunications Americas,1997,31(9):35-36,40.

[5] Stupak J M. The Internet Tax Freedom Act:In Brief[J]. Library of Congress. Congressional Research Service,2015.

[6] 找法网. 美国《反域名抢注消费者保护法》[EB/OL]. (2019-08-19)[2022-04-15]. https://china. findlaw. cn/xfwq/xiaofeiweiquanfalv/qybh/33433. html.

[7] 法邦网. 全球与全国商务电子签字法(美国)[EB/OL]. (2000-06-08)[2022-04-15]. https://code. fabao365. com/law_30180. html.

[8] WTO. Work Programme on E-Commerce)[EB/OL]. (1998-09-28)[2022-04-15]. https://www. wto. org/english/tratop_e/ecom_e/ecom_work_programme_e. htm.

[9] 中国新闻网. 美贸易促进授权法案惊险过关[EB/OL]. (2015-06-26)[2022-04-15]. https://www. chinanews. com. cn/cj/2015/06-26/7367241. shtml.

[10] 央视网. 美国智利签署自由贸易协议[EB/OL]. (2003-06-07)[2022-04-15]. http://ent. cctv. com/lm/776/14/86085. html.

[11] 殷敏. 跨区域贸易协定的发展及我国的选择[EB/OL]. (2013-11-17)[2022-04-15]. http://ielaw. uibe. edu. cn/wtoflzdyj/7143. htm.

[12] 人民智库. 数字经济:推动世界经济繁荣的重要动力[EB/OL]. (2020-06-10)[2022-04-15]. https://baijiahao. baidu. com/s? id=1669106535007674355&wfr=spider&for=pc.

[13] OUSTR. Agreement between the United States of America,the United Mexican States,and Canada[EB/OL]. (2020-07-01)[2022-04-15]. https://ustr. gov/trade-agreements/free-trade-agreements/united-states-mexico-canada-agreement/agreement-between.

[14] investopedia. North American Free Trade Agreement (NAFTA)[EB/OL]. (2021-07-28)[2022-04-15]. https://www. investopedia. com/terms/n/nafta. asp.

[15] USTR. FACT SHEET on U. S.-Japan trade agreement[EB/OL]. (2019-09-25)[2022-04-16]. https://ustr. gov/about-us/policy-offices/press-office/fact-sheets/

2019/september/fact-sheet-us-japan-trade-agreement.

[16] 闵大洪. 1994年 中国互联网"开天辟地"[EB/OL]. (2014-04-15)[2022-04-16]. http://media.people.com.cn/n/2014/0415/c40606-24898154.html.

[17] 中国互联网络信息中心. 1997年-1999年互联网大事记[EB/OL]. (2009-04-12)[2022-04-16]. http://www.cac.gov.cn/2009-04/12/c_126500441.htm.

[18] 中国中央办公厅,国务院办公厅. 中共中央办公厅 国务院办公厅关于印发《2006-2020年国家信息化发展战略》的通知[EB/OL]. (2006-03-19)[2022-04-17]. http://www.gov.cn/gongbao/content/2006/content_315999.htm.

[19] 发展改革委有关负责人就《国民经济和社会发展信息化"十一五"规划》答记者问[EB/OL]. (2008-04-15)[2022-04-17]. http://www.gov.cn/zwhd/2008-04/17/content_947090.htm.

[20] 国务院. 国务院印发《"十三五"国家信息化规划》[EB/OL]. (2016-12-17)[2022-04-17]. http://www.gov.cn/xinwen/2016-12/27/content_5153558.htm.

[21] 中国网信网. "十四五"国家信息化规划[EB/OL]. (2021-12-17)[2022-04-17]. http://www.cac.gov.cn/2021-12/27/c_1642205314518676.htm?cre=tianyi&mod=wnews&loc=4&r=24&rfunc=38&tj=cxvertical_wap_wnews&tr=24&wm=2256_2627%3Fcpage%3D%24cpage&vt=4&pos=3.

[22] 国务院办公厅. 国务院办公厅关于加快电子商务发展的若干意见[EB/OL]. (2005-08-15)[2022-04-18]. http://www.gov.cn/zwgk/2005-08/15/content_21825.htm.

[23] 国家发展改革委,国务院信息办. 关于印发电子商务发展"十一五"规划的通知[EB/OL]. (2007-06-01)[2022-04-18]. https://www.ndrc.gov.cn/xxgk/zcfb/ghwb/200706/t20070620_962073.html?code=&state=123.

[24] 商务部商贸服务司. 商务部关于加快流通领域电子商务发展的意见[EB/OL]. (2009-12-04)[2022-04-18]. http://www.mofcom.gov.cn/article/zcfb/zcgnmy/200912/20091206652590.shtml.

[25] 商务部. 商务部"十二五"电子商务发展指导意见[EB/OL]. (2011-10-19)[2022-04-19]. http://www.mofcom.gov.cn/aarticle/b/d/201110/20111007788024.html.

[26] 关于促进电子商务健康快速发展有关工作的通知[EB/OL]. (2012-02-06)[2022-04-19]. http://www.gov.cn/zwgk/2012-02/17/content_2069604.htm.

[27] 工业和信息化部发《电子商务"十二五"发展规划》[EB/OL]. (2012-03-27)[2022-04-19]. http://www.gov.cn/gzdt/2012-03/27/content_2100854.htm.

[28] 商务部,中央网信办,发展改革委. 三部门联合发布《电子商务"十三五"发展规划》[EB/OL]. (2016-12-30)[2022-04-20]. http://www.gov.cn/xinwen/2016-12/30/content_5154715.htm.

[29] 商务部,中央网信办,发展改革委. 关于印发《"十四五"电子商务发展规划》的通知[EB/OL]. (2021-10-09)[2022-04-20]. http://www.gov.cn/zhengce/zhengceku/2021-10/27/content_5645853.htm.

[30] 中国人民银行. 2001年14期中国人民银行令[EB/OL]. (2001-06-30)[2022-04-21]. http://www.pbc.gov.cn/bangongting/135485/135495/135499/2838393/index.

html.

[31] 中国人民银行. 中国人民银行公告〔2005〕第 23 号[EB/OL]. (2005-10-30)[2022-04-21]. http://www.pbc.gov.cn/tiaofasi/144941/144959/2817498/index.html.

[32] 中国人民银行. 以科学发展观为指导 规范和促进非金融机构支付服务市场健康发展[EB/OL]. (2010-06-23)[2022-04-21]. http://www.pbc.gov.cn/goutongjiaoliu/113456/113469/2878102/index.html.

[33] 商务部. 关于网上交易的指导意见(暂行)[EB/OL]. (2007-03-06)[2022-04-22]. http://www.mofcom.gov.cn/article/fgsjk/200703/20070302649290.shtml.

[34] 商务部. 电子商务模式规范[EB/OL]. (2009-04-02)[2022-04-23]. http://www.mofcom.gov.cn/article/fgsjk/200904/20090402649317.shtml.

[35] 九部门进一步加大打击力度 严惩网络购物领域侵犯知识产权和制售假冒伪劣商品违法犯罪行为[EB/OL]. (2011-04-21)[2022-04-24]. http://www.gov.cn/gzdt/2011-04/21/content_1850089.htm.

[36] 国家税务总局. 网络发票管理办法[EB/OL]. (2013-05-30)[2022-04-24]. http://www.chinatax.gov.cn/n810341/n810765/n812146/n812353/c1081837/content.html.

[37] 发展改革委,商务部,人民银行,等. 关于开展国家电子商务示范城市创建工作的指导意见[EB/OL]. (2011-03-07)[2022-04-24]. http://www.gov.cn/gongbao/content/2011/content_1967419.htm.

[38] 商务部. 商务部召开例行新闻发布会(2022 年 4 月 21 日)[EB/OL]. (2022-4-22)[2022-04-25]. http://ca.mofcom.gov.cn/article/xwfb/202205/20220503309456.shtml.

[39] eMarketer. Global ecommerce 2019[EB/OL]. (2019-6-27)[2022-04-25]. https://www.insiderintelligence.com/content/global-ecommerce-2019.

[40] 日本经济产业省. 日本新经济增长战略[M]. 北京:中信出版社,2009.

[41] 阿里巴巴网. 日本电子商务的发展[EB/OL]. (2009-11-02)[2022-04-26]. http://www.e-gov.org.cn/article-104345.html.

[42] 中国电子商务研究中心. 日本推动电子商务发展的政策文件[EB/OL]. (2012-04-14)[2022-04-26]. http://www.e-gov.org.cn/article-128460.html.

[43] 田正. 日本数字经济发展动因与趋势分析[EB/OL]. (2022-05-27)[2022-05-28]. http://ijs.cass.cn/xsyj/xslw/rbjj/202205/t20220527_5410120.shtml.

[44] IT Strategy Headquarters. e-Japan Strategy[EB/OL]. (2001-01-22)[2022-04-29]. https://japan.kantei.go.jp/it/network/0122full_e.html.

[45] Ministry of Internal Affairs and Communications. The u-Japan Concept[EB/OL]. (2005-07-07)[2022-04-29]. https://www.soumu.go.jp/menu_seisaku/ict/u-japan_en/new_outline03.html.

[46] IT Strategy Headquarters. i-Japan Strategy 2015[EB/OL]. (2009-07-09)[2022-04-30]. https://japan.kantei.go.jp/policy/it/i-JapanStrategy2015_full.pdf.

[47] 走进日本. 安倍经济学的"经济增长战略"(日本复兴战略)[EB/OL]. (2013-12-09)[2022-05-02]. https://www.nippon.com/cn/features/h00042/.

[48] 中国科学院科技战略咨询研究院战略情报研究部. 日本科学技术创新综合战略 2016 提

出五大政策措施[EB/OL].(2016-08-02)[2022-05-03].http://www.casisd.cn/zkcg/ydkb/kjzcyzxkb/2016/201608/201703/t20170330_4768733.html.

[49] 周斐辰.日本科技创新战略重点及施策方向解析:基于日本《科学技术创新综合战略2020》[J].世界科技研究与发展,2021,43(04):440-449.

[50] JST客观日本编辑部.日本内阁会议通过《综合创新战略2022》,进入由初创企业引领创新的时代[EB/OL].(2022-06-21)[2022-06-25].https://keguanjp.com/kgjp_keji/kgjp_kj_etc/pt20220621000003.html.

[51] 江天骄.日本参与全球数字经济治理与中日数字经济合作[EB/OL].(2022-03-03)[2022-05-05].https://fddi.fudan.edu.cn/a0/71/c18965a434289/page.htm.

[52] 商务部.《全面与进步跨太平洋伙伴关系协定》(CPTPP)文本(含参考译文)[EB/OL].(2021-01-11)[2022-05-09].http://www.mofcom.gov.cn/article/zwgk/bnjg/202101/20210103030014.shtml.

[53] 李司坤.76个世贸组织成员联署《关于电子商务的联合声明》对外发出这个信号[EB/OL].(2019-01-28)[2022-05-10].https://world.huanqiu.com/article/9CaKrnKhvr7.

[54] 戴维.大阪G20峰会与日本提倡的DFFT新概念[EB/OL].(2019-06-21)[2022-05-10].https://www.keguanjp.com/kgjp_jingji/kgjp_jj_jj/pt20190621060003.html.

[55] 万宇.人民日报经济透视:从数字沙漠到网络大国[EB/OL].(2014-08-01)[2022-05-11].http://opinion.people.com.cn/n/2014/0801/c1003-25382854.html.

[56] 电子政务网.韩国电子商务、电子政府及法规概况[EB/OL].(2012-08-12)[2022-05-12].http://www.e-gov.org.cn/article-132680.html.

[57] 商务部电子商务和信息化司.《信息化简报2008第39期》韩国电子商务法制建设带来的启示[EB/OL].(2009-01-14)[2022-05-12].http://dzsws.mofcom.gov.cn/article/Nocategory/200901/20090106004177.shtml.

[58] 商务部.韩电子商务法规情况[EB/OL].(2006-01-01)[2022-05-13].http://intl.ce.cn/homepage/shyjh/jx/200601/01/t20060101_6439974.shtml.

[59] 叶京.韩国发布《基于数字的产业创新发展战略》[EB/OL].(2020-12-16)[2022-05-14].http://www.casisd.cn/zkcg/ydkb/kjzcyzxkb/2020kjzc/kjzczx_202011/202012/t20201216_5821782.html.

[60] 网络交易监督管理司.韩国制定出台《数据产业振兴和利用促进基本法》[EB/OL].(2022-02-18)[2022-05-14].https://www.samr.gov.cn/wljys/ptjjyj/202203/t20220308_340252.html.

[61] 中华人民共和国驻罗马尼亚经商参处.欧盟电子商务发展情况[EB/OL].(2017-11-01)[2022-05-17].http://ro.mofcom.gov.cn/article/jmdy/201711/20171102663777.shtml?ivk_sa=1024320u.

[62] legislation.gov.uk.Data Protection Act 1998[EB/OL].(1998-12-29)[2022-05-18].https://www.legislation.gov.uk/ukpga/1998/29/contents.

[63] 中华人民共和国驻大不列颠及北爱尔兰联合王国大使馆经济商务处.英国电子商务情况[EB/OL].(2014-08-22)[2022-05-19].http://gb.mofcom.gov.cn/article/i/201408/20140800707861.shtml.

[64] 英国-电子通信,电子商务(电子商务指令)条例 2002,2013[EB/OL]. (2016-08-21)[2022-05-19]. https://www.fakongjian.com/tools/laws/189-uk/18078-1471758305.html.

[65] 中国信息通信研究院产业与规划研究所. "数字英国"挑战尚存,前景看好[EB/OL]. (2020-04-01)[2022-05-21]. http://www.e-gov.org.cn/article-171491.html.

[66] GOV. UK. UK Digital Strategy[EB/OL]. (2022-07-06)[2022-07-13]. https://www.gov.uk/government/publications/uks-digital-strategy/uk-digital-strategy.

[67] 王少. 构建信息科技伦理框架[EB/OL]. (2019-05-14)[2022-05-23]. http://www.cssn.cn/kxk/kxyrw/201905/t20190514_4888160.shtml.

[68] 全国人大常委会办公厅研究室. 国外网络信息立法情况综述[EB/OL]. (2012-11-16)[2022-05-23]. http://www.npc.gov.cn/npc/c16115/201211/a4fa87828d0444d7904a3372b1ad800e.shtml.

[69] 国际司. 国际司:德国数据仓库及决策支持系统[EB/OL]. (2014-08-04)[2022-05-24]. http://gjs.mof.gov.cn/gongzuodongtai2019/cjgj/201407/t20140729_1119501.htm.

[70] 张进京. 德国联邦政府 ICT 战略:数字德国 2015(上)[J]. 中国信息界,2011(12):57-62.

[71] 张进京. 德国联邦政府 ICT 战略:数字德国 2015(下)[J]. 中国信息界,2012(01):67-71.

[72] The Federal Government. Digital Agenda 2014-2017[EB/OL]. (2014-08-20)[2022-05-25]. https://www.bmi.bund.de/SharedDocs/downloads/EN/publikationen/2014/digital-agenda.pdf?__blob=publicationFile.

[73] 中华人民共和国驻德意志联邦共和国大使馆经济商务处. 德国"高科技战略 2025"内容概要[EB/OL]. (2019-01-08)[2022-05-25]. http://www.mofcom.gov.cn/article/i/dxfw/jlyd/201901/20190102828287.shtml.

[74] Expand. 德国《数字化战略 2025》全文[EB/OL]. (2020-01-16)[2022-05-26]. http://www.expand.net.cn/case_1?article_id=68.

[75] 中华人民共和国驻德意志联邦共和国大使馆经济商务处. 德国跨境电子商务发展情况[EB/OL]. (2015-03-03)[2022-05-26]. http://de.mofcom.gov.cn/article/ztdy/201503/20150300907141.shtml.

[76] 中华人民共和国驻德意志联邦共和国大使馆经济商务处. 德国电信业概况[EB/OL]. (2015-09-15)[2022-05-27]. http://de.mofcom.gov.cn/article/ztdy/200510/20051000500920.shtml.

[77] 张伟. 强化网络监管已成趋势[EB/OL]. (2012-06-07)[2022-05-27]. http://intl.ce.cn/specials/zxgjzh/201206/07/t20120607_23387211_3.shtml.

[78] 陈志萱. 各国积极推动电子商务的发展[EB/OL]. (2006-09-27)[2022-05-29]. http://intl.ce.cn/right/jcbzh/200609/27/t20060927_8749241_4.shtml.

[79] 中科院网信工作网. 解析四大 IT 强国信息化战略[EB/OL]. (2010-07-01)[2022-05-29]. http://www.ecas.cas.cn/yjgdt/201802/t20180205_4534143.html.

[80] 杨欣. 法国高速网络建设最新动态[EB/OL]. (2012-11-16)[2022-06-01]. http://intl.ce.cn/specials/zxgjzh/201211/16/t20121116_23855863.shtml.

[81] 惠志斌. 新税开征 数字服务税的全球兴起与发展[EB/OL]. (2020-06-11)[2022-06-01]. https://m.gmw.cn/baijia/2020-06/11/33902725.html.

[82] 中国社会科学网-中国社会科学报.法国启动经济绿色复苏计划[EB/OL].(2021-11-01)[2022-06-02].https://www.sklib.cn/c/2021-11-01/624222.shtml.

[83] 刘玲玲,方可圆.法国电商市场持续增长[EB/OL].(2022-03-23)[2022-06-02].https://m.gmw.cn/baijia/2022-03-23/1302859748.html.

[84] 中国国际电子商务中心.印度全力扶持本国电信和IT产业[EB/OL].(2015-10-21)[2022-06-02].http://gpj.mofcom.gov.cn/article/zuixindt/201510/20151001143299.shtml.

[85] 王海霞.印度IT"招聘危机"的背后[EB/OL].(2022-03-10)[2022-06-03].https://www.huanqiu.com/a/de583b/477wiEThYry.

[86] 付丽苹.印度电子商务税收政策及其影响[J].涉外税务,2007(06):49-52.

[87] 李嘉宁.印度电子商务发展政策法律环境[J].法制与社会,2018(20):101-102.

[88] 中国保护知识产权网.印度新的消费者法案与条例将打击在线假冒[EB/OL].(2020-09-09)[2022-06-04].http://ipr.mofcom.gov.cn/article/gjxw/zfxd/yzzsxd/202009/1954890.html.

[89] 网经社.谷歌被曝与印度政府谈判 欲加入印度开放电商网络ONDC[EB/OL].(2022-05-30)[2022-06-05].http://www.100ec.cn/detail-6612332.html.

[90] 刘秀山,陆洋.加拿大电子商务发展现状,战略和对策[J].全球科技经济瞭望,2000(6):2.

[91] 中华人民共和国驻加拿大大使馆经济商务处.加拿大电信业发展现状及政府管理[EB/OL].(2018-04-27)[2022-06-06]http://ca.mofcom.gov.cn/article/ztdy/201804/20180402737390.shtml.

[92] 商务部电子商务和信息化司.加拿大和中国香港电子商务发展情况介绍[EB/OL].(2014-01-20)[2022-06-07].http://dzsws.mofcom.gov.cn/article/d/201401/20140100465730.shtml.

[93] 中国社会科学报.加拿大智库报告建议积极发掘数字经济潜力[EB/OL].(2018-03-01)[2022-06-08].http://m.haiwainet.cn/middle/3542305/2018/0301/content_31268154_1.html.

[94] Innovation,Science and Economic Development Canada. Canada is building a nation of innovators[EB/OL].(2019-02-12)[2022-06-08].https://www.canada.ca/en/innovation-science-economic-development/news/2019/02/canada-is-building-a-nation-of-innovators.html.

[95] TreasuryBoard of Canada Secretariat. Digital Operations Strategic Plan:2018-2022[EB/OL].(2019-03-08)[2022-06-09].https://www.canada.ca/en/government/system/digital-government/government-canada-digital-operations-strategic-plans/digital-operations-strategic-plan-2018-2022.html.

[96] Innovation, Science and Economic Development Canada. Canada Digital Adoption Program[EB/OL].(2022-03-03)[2022-06-10].https://ised-isde.canada.ca/site/canada-digital-adoption-program/en.

[97] 余涛.俄罗斯2010年信息化发展纲要[J].全球科技经济瞭望,2001,000(009):5-7.

[98] 余涛.试论俄罗斯信息化发展纲要[J].全球科技经济瞭望,2001(08):24-25.

[99] 兰天. 俄政府批准"电子俄罗斯"联邦纲要[J]. 全球科技经济瞭望,2001,000(012):18.

[100] 中华人民共和国商务部欧洲司. 俄罗斯经济发展规划文件汇编[M]. 北京:世界知识出版社,2005.

[101] 李论. 俄罗斯电子商务报告.[EB/OL].(2018-03-07)[2022-06-13]. https://baijiahao.baidu.com/s?id=1594262355144306275&wfr=spider&for=pc.

[102] 任真. 俄罗斯出台数字经济规划[EB/OL].(2017-10-16)[2022-06-14]. http://www.casisd.cn/zkcg/ydkb/kjzcyzxkb/2017/201710/201710/t20171016_4873736.html.

[103] 高际香. 俄罗斯数字经济发展与数字化转型[EB/OL].(2020-02-20)[2022-06-14]. http://euroasia.cssn.cn/kycg/lw/202105/t20210510_5332251.shtml.

[104] 刘小军,张滨. 我国与"一带一路"沿线国家跨境电商物流的协作发展[J]. 中国流通经济,2016,30(05):115-120.

[105] 吴易风. 西方古典经济学和西方现代经济学研究[M]. 中国人民大学出版社,2015.

[106] 亚当·斯密. 国富论[M]. 杨兆宇,译. 北京:华夏出版社,2013.

[107] Gewirtz Julian. Unlikely Partners:Chinese Reformers,Western Economists,and the Making of Global China[M]. Boston:Harvard University Press,2017.

[108] 林毅夫. 中国经验:经济发展和转型中有效市场与有为政府缺一不可[J]. 行政管理改革,2017,(10):12-14.

[109] 陈振明. 评西方的"新公共管理"范式[J]. 中国社会科学,2000(06):73-82;207.

[110] 洪银兴,刘伟,高培勇,等. "习近平新时代中国特色社会主义经济思想"笔谈[J]. 中国社会科学,2018(09):4-73;204-205.

[111] 覃征. 电子商务文化概论[M]. 北京:清华大学出版社,2014.

[112] 王立胜. 西方中心主义的历史逻辑、现实表达及其内在问题[J]. 人民论坛·学术前沿,2022(02):14-20.

[113] 李振通. 如何看待西方的民主制度[J]. 求是,2006(01):54-56.

[114] 李琪,胡冰融. 中美电子商务比较研究(连载1):文化差异的比较分析[J]. 电子商务,2003(06):74-79.

[115] 刘承韪. 契约法理论的历史嬗迭与现代发展 以英美契约法为核心的考察[J]. 中外法学,2011,23(04):774-794.

[116] 张恒山. 论文明转型:文明与文明类型[J]. 人民论坛,2010(32):19-21.

[117] 王思斌. 中国社会的求—助关系:制度与文化的视角[J]. 社会学研究,2001(04):1-10.

[118] 张德胜,金耀基,陈海文,等. 论中庸理性:工具理性、价值理性和沟通理性之外[J]. 社会学研究,2001(02):33-48.

[119] 赵付科,孙道壮. 习近平文化自信观论析[J]. 社会主义研究,2016,(05):9-15.

[120] Viktor Mayer-Schonberger, Kenneth Cukier. Big Data:A Revolution That Will Transform How We Live,Work and Think[M]. London:Hodder & Stoughton,2013.

[121] 王珊,王会举,覃雄派,等. 架构大数据:挑战、现状与展望[J]. 计算机学报,2011,34(10):1741-1752.

[122] 陈冬梅,王俐珍,陈安霓. 数字化与战略管理理论:回顾、挑战与展望[J]. 管理世界,

2020,36(05):220-236:20.

[123] 王元卓,靳小龙,程学旗. 网络大数据:现状与展望[J]. 计算机学报,2013,36(06):1125-1138.

[124] Barry Schwartz. SES San Jose 2006 Quick Link Recap. [EB/OL]. (2006-08-11)[2022-06-22]. https://www.seroundtable.com/archives/004366.html

[125] Peter M. Mell, Timothy Grance. The NIST Definition of Cloud Computing. [EB/OL]. (2011-09-28)[2022-06-22]. https://www.nist.gov/publications/nist-definition-cloud-computing.

[126] 罗军舟,金嘉晖,宋爱波,等. 云计算:体系架构与关键技术[J]. 通信学报,2011,32(07):3-21.

[127] Michaela Iorga, Anil Karmel. Cloud Computing Security:Foundations and Challenges[M]. Boca Raton:CRC Press,2016.

[128] 陈全,邓倩妮. 云计算及其关键技术[J]. 计算机应用,2009,29(09):2562-2567.

[129] MichaelMiller. 云计算[M]. 姜进磊,孙瑞志,向勇,等,译. 北京:机械工业出版社,2009.

[130] 冯登国,张敏,张妍,等. 云计算安全研究[J]. 软件学报,2011,22(01):71-83.

[131] 林闯,苏文博,孟坤,等. 云计算安全:架构、机制与模型评价[J]. 计算机学报,2013,36(09):1765-1784.

[132] ITU. Internet Reports 2005:The Internet of Things[EB/OL]. (2005-11-17)[2022-06-24]. https://www.itu.int/osg/spu/publications/internetofthings/.

[133] 刘强,崔莉,陈海明. 物联网关键技术与应用[J]. 计算机科学,2010,37(06):1-4;10.

[134] 工业和信息化部办公厅关于深入推进移动物联网全面发展的通知. [EB/OL]. (2020-04-30)[2022-06-24]. http://www.gov.cn/zhengce/zhengceku/2020-05/08/content_5509672.htm.

[135] 陈海明,崔莉,谢开斌. 物联网体系结构与实现方法的比较研究[J]. 计算机学报,2013,36(01):168-188.

[136] 邵泽华. 物联网与电子商务[M]. 北京:中国经济出版社,2021.

[137] J. McCarthy, M. L. Minsky, N. Rochester,etc. A PROPOSAL FOR THE DARTMOUTH SUMMER RESEARCH PROJECT ON ARTIFICIAL INTELLIGENCE. [EB/OL]. (1995-08-11)[2022-06-25]. http://www-formal.stanford.edu/jmc/history/dartmouth/dartmouth.html#:~:text=%20A%20%20PROPOSAL%20%20FOR%20%20THE%20DARTMOUTH%20SUMMER%20RESEARCH, animal%20can%20only%20adapt%20to%20%20or...%20More%20.

[138] 人工智能技术架构[EB/OL]. (2021-11-27)[2022-06-25]. https://www.chinaai.com/baike/11170.html.

[139] 新华社. 构筑人工智能先发优势 把握新一轮科技革命战略主动[EB/OL]. (2017-07-21)[2022-06-25]. http://www.gov.cn/xinwen/2017-07/21/content_5212404.htm.

[140] 陈昌东,江若尘. 营销领域中算法推荐与消费者响应:研究评述与展望[J]. 经济管理,2021,43(10):193-208.

[141] Nakamoto S. Bitcoin:A Peer-to-Peer Electronic Cash System[J]. consulted.

[142] 马世昌,黄卫根.区块链是一种技术,更是一种思想[EB/OL].(2019-10-31)[2022-06-25].http://www.rmlt.com.cn/2019/1031/560536.shtml.

[143] 工业和信息化部 中央网信办印发《关于加快推动区块链技术应用和产业发展的指导意见》[EB/OL].(2021-06-07)[2022-06-27].http://www.cac.gov.cn/2021-06-07/c_1624629407537785.htm.

[144] 邵奇峰,金澈清,张召,等.区块链技术:架构及进展[J].计算机学报,2018,41(05):969-988.

[145] 曾诗钦,霍如,黄韬,等.区块链技术研究综述:原理、进展与应用[J].通信学报,2020,41(01):134-151.

[146] 欧阳丽炜,王帅,袁勇,等.智能合约:架构及进展[J].自动化学报,2019,45(03):445-457.

[147] 钱卫宁,邵奇峰,朱燕超,等.区块链与可信数据管理:问题与方法[J].软件学报,2018,29(01):150-159.

[148] Neal Stephenson. Snow Crash[M]. New York:Bantam Books,1992.

[149] The U.S. Securities and Exchange Commission. Roblox Corporation[EB/OL].(2021-02-22)[2022-06-27].https://www.sec.gov/Archives/edgar/data/1315098/000119312521049767/d87104ds1a.htm#toc.

[150] 邢杰,赵国栋,徐远重,等.元宇宙通行证[M].北京:中译出版社,2021.

[151] 喻国明,耿晓梦.试论人工智能时代虚拟偶像的技术赋能与拟象解构[J].上海交通大学学报(哲学社会科学版),2020,28(01):23-30.

[152] 何曼凝.宜家创造的日本首个虚拟模特走入现实,与你分享"她"的家居生活[EB/OL].(2020-09-17)[2022-05-25].https://www.jiemian.com/article/4991417.html.

[153] 孔小平.两条视频吸粉超400万,"柳夜熙"是谁?[EB/OL].(2021-11-08)[2022-06-28].https://baijiahao.baidu.com/s?id=17158127308487417 21&wfr=spider&for=pc.

[154] 盘和林.三大协会发文规范NFT数字藏品投资需谨慎[N].每日经济新闻,2022-04-19(006).

[155] 环球网."虚拟化妆"功能已上线 AR试妆或成未来趋势[EB/OL].(2017-04-20)[2022-06-28].https://m.huanqiu.com/article/9CaKrnK26gN.

[156] 张向先,刘宏宇,胡一.社交网络信息生态链的形成机理及影响因素实证研究[J].图书情报工作,2014,58(16):36-41.

[157] 商务部电子商务和信息化司.关于《社交电商经营规范》《电子合同在线订立流程规范》《轮胎电子商务交易服务经营规范》行业标准公开征求意见的函[EB/OL].(2018-07-06)[2022-06-29].http://dzsws.mofcom.gov.cn/article/zcfb/201807/20180702763399.shtml.

[158] 邢小强,周平录,张竹,等.数字技术、BOP商业模式创新与包容性市场构建[J].管理世界,2019,35(12):116-136.

[159] 王兴标,谷斌.基于信任的移动社交电子商务购买意愿影响因素[J].中国流通经济,2020,34(04):21-31.

[160] 夏晓伦."直播+"为经济发展蓄势赋能[EB/OL].(202-08-17)[2022-06-30].ht-

tps://baijiahao.baidu.com/s?id=1675232131124745346&wfr=spider&for=pc.

[161] 刘洋,李琪,殷猛.网络直播购物特征对消费者购买行为影响研究[J].软科学,2020,34(06):108-114.

[162] 王宝义.直播电商的本质、逻辑与趋势展望[J].中国流通经济,2021,35(04):48-57.

[163] 孟艳华,罗仲伟,廖佳秋.网络直播内容价值感知与顾客契合[J].中国流通经济,2020,34(09):56-66.

[164] 王志和."直播+电商"如何助力乡村振兴[J].人民论坛,2020(15):98-99.

[165] 韩萧亦,许正良.电商主播属性对消费者在线购买意愿的影响:基于扎根理论方法的研究[J].外国经济与管理,2020,42(10):62-75.

[166] 国务院.政府工作报告[EB/OL].(2014-03-14)[2022-07-02].http://www.gov.cn/guowuyuan/2014-03/14/content_2638989.htm.

[167] 新华社.我国将支持新业态新模式加快发展带动新型消费[EB/OL].(2020-09-09)[2022-07-02].http://www.gov.cn/xinwen/2020-09/09/content_5542109.htm.

[168] 韦斐琼."一带一路"战略红利下跨境电商发展对策[J].中国流通经济,2017,31(03):62-70.

[169] 覃征.电子商务与国际贸易[M].北京:人民邮电出版社,2002.

[170] 张夏恒.跨境电商类型与运作模式[J].中国流通经济,2017,31(01):76-83.

[171] 吴力.疫情影响下跨境电商飞速发展 成稳外贸重要力量[EB/OL].(2021-01-21)[2022-07-02].https://m.gmw.cn/baijia/2021-01/21/1302058233.html.

[172] 李向阳.促进跨境电子商务物流发展的路径[J].中国流通经济,2014,28(10):107-112.

[173] 中国化工网.深耕垂直电商服务传统化工产业[EB/OL].(2021-01-01)[2022-07-02].http://dzsws.mofcom.gov.cn/anli/detal_18.html.

[174] Made-in-China.中国制造网大事记产业[EB/OL].(2022-04-07)[2022-07-02].https://service.made-in-china.com/service/history.html.

[175] 招商银行.一网通业务[EB/OL].(2022-04-07)[2022-07-02].http://www.cmbchina.com/.

[176] 财经时报.从理想诞生到毁灭 中国互联网十年"判若两网"[EB/OL].(2007-02-25)[2022-07-02].http://news.cctv.com/science/20070225/101626.shtml.

[177] 中华人民共和国国家卫生和计划生育委员会.业务指标加速增长 非典时期电子商务热起来[EB/OL].(2008-06-16)[2022-07-03].http://www.nhc.gov.cn/wsb/pzcjd/200804/21976.shtml.

[178] 中国科普博览.中国互联网大事记[EB/OL].(2014-09-30)[2022-07-03].http://www.kepu.net.cn/zt/cnnic20year/dsj.html.

[179] 袁秀挺.互联网第三方支付市场的发展与规制[J].人民论坛,2021,(07):82-85.

[180] 慧聪集团.慧聪大事记[EB/OL].(2021-08-31)[2022-07-03].http://www.hc-group.com/cn/fazhan/.

[181] 京东.大事记.[EB/OL].(2021-05-31)[2022-07-03].https://about.jd.com/memorabilia/.

[182] 中国标准化研究院.国家电子商务标准化研讨会在北京成功召开[EB/OL].(2005-09-20)[2022-07-03].http://www.csres.com/info/17084.html.

[183] 全国人大法规库.中华人民共和国电子签名法(主席令第十八号)[EB/OL].(2005-06-27)[2022-07-04].http://www.gov.cn/banshi/2005-06/27/content_68757.htm.

[184] 国家发展改革委,国务院信息办.关于印发电子商务发展"十一五"规划的通知[EB/OL].(2007-06-01)[2022-07-04].https://www.ndrc.gov.cn/xxgk/zcfb/tz/200706/t20070620_965406.html?code=&state=123.

[185] 商务部.关于网上交易的指导意见(暂行)起草说明[EB/OL].(2007-03-06)[2022-07-04].http://www.mofcom.gov.cn/article/fgsjk/200703/20070302649290.shtml.

[186] 商务部商业改革司.商务部关于促进电子商务规范发展的意见[EB/OL].(2007-12-16)[2022-07-04].http://kmtb.mofcom.gov.cn/article/zhengcfg/i/200712/20071205304767.shtml.

[187] 北方网.金融危机下传统企业的电子商务模式[EB/OL].(2009-07-08)[2022-07-04].http://news.cctv.com/society/20090728/104548.shtml.

[188] 中国网信网.第22次中国互联网络发展状况统计报告[EB/OL].(2014-05-26)[2022-07-05].http://www.cac.gov.cn/2014-05/26/c_126548659.htm.

[189] 孙冰.成交额从5200万到2135亿"双11"10年改变了什么?[EB/OL].(2018-11-20)[2022-07-05].https://www.chinanews.com.cn/cj/2018/11-20/8680977.shtml.

[190] 李艳茹.淘宝的"大物流"计划[J].物流技术与应用,2011,16(07):101-103.

[191] 新华社.2010年政府工作报告[EB/OL].(2010-03-15)[2022-07-05].http://www.gov.cn/2010lh/content_1555767.htm.

[192] 计算机网络信息中心.CNNIC发布《2011年中国团购用户行为调查报告》[EB/OL].(2011-10-20)[2022-07-05].https://www.cas.cn/xw/yxdt/201110/t20111020_3378603.shtml.

[193] 扬子晚报.淘宝天猫年交易额破万亿 折射国内消费巨大增量.[EB/OL].(2012-02-04)[2022-07-05].http://finance.ce.cn/rolling/201212/04/t20121204_17022541.shtml.

[194] 韩洁,白洁.商务部:我国超过美国成为世界最大网络零售市场.[EB/OL].(2014-03-09)[2022-07-06].http://www.gov.cn/xinwen/2014-03/09/content_2634943.htm.

[195] 王昕天,汪向东.电子商务背景下物流信息化的新趋势:基于信息化物流的研究框架[J].中国流通经济,2015,29(01):57-63.

[196] 海外网.京东集团在美国纳斯达克上市[EB/OL].(2014-05-23)[2022-07-06].https://www.163.com/news/article/9SU06T0000014AEE.html.

[197] 国际在线.阿里巴巴敲定IPO发行价每股68美元 或成全球最大IPO案例[EB/OL].(2014-09-19)[2022-07-06].http://culture.people.com.cn/n/2014/0919/c172318-25695257.html.

[198] 赵文君.我国快递业务量达140亿件跃居世界第一[EB/OL].(2015-01-06)[2022-07-07].http://www.gov.cn/xinwen/2015-01/06/content_2801417.htm.

[199] 国务院关于大力发展电子商务 加快培育经济新动力的意见[EB/OL].(2015-05-04)[2022-07-07].http://www.gov.cn/zhengce/content/2015-05/07/content_9707.htm.

[200] 人民日报.快的、滴滴宣布战略合并[EB/OL].(2015-02-15)[2022-07-07].http://scitech.people.com.cn/n/2015/0215/c1007-26568958.html.

[201] 王思远.互联网新巨头诞生:58同城与赶集网正式合并[EB/OL].(2015-04-18)[2022-07-07].http://finance.cnr.cn/txcj/20150418/t20150418_518345951.shtml.

[202] 中国网财经.携程4亿美元收购艺龙37.6%股份 成后者最大股东[EB/OL].(2015-05-22)[2022-07-07].https://finance.huanqiu.com/article/9CaKrnJLiq6.

[203] 中国经济网.阿里苏宁相互入股:竞争对手变成了合作伙伴[EB/OL].(2015-08-12)[2022-07-07].http://views.ce.cn/view/ent/201508/12/t20150812_6202327.shtml.

[204] 中国证券网.大众点评与美团正式合并 王兴、张涛担任联席CEO[EB/OL].(2015-10-08)[2022-07-07].http://jjckb.xinhuanet.com/2015-10/08/c_134692419.htm.

[205] 赵亚芸.携程宣布与百度达成股权置换交易[EB/OL].(2015-10-26)[2022-07-07].http://finance.cnr.cn/jjgd/20151026/t20151026_520284000.shtml.

[206] 钱春弦.携程和去哪儿合并成为中国互联网旅游巨头[EB/OL].(2015-10-26)[2022-07-07].http://news.cntv.cn/2015/10/26/ARTI1445864021116310.shtml.

[207] 温婧.百合网和世纪佳缘网宣布合并[EB/OL].(2015-12-08)[2022-07-07].https://tech.huanqiu.com/article/9CaKrnJS5sT.

[208] 经济日报-中国经济网.拼多多公布2018年运营数据:年度活跃买家4.185亿 月活用户单季净增4200万[EB/OL].(2019-02-06)[2022-07-07].http://www.ce.cn/xwzx/gnsz/gdxw/201902/06/t20190206_31431782.shtml?from=singlemessage&isappinstalled=0.

[209] 中国政府网.稳字当头,推动外贸高质量发展[EB/OL].(2022-03-03)[2022-07-08].http://us.mofcom.gov.cn/article/jmxw/202203/20220303284193.shtml.

[210] 中国经营报."一带一路"经贸合作逆市上扬 展现强劲韧性[EB/OL].(2022-05-19)[2022-07-08].http://fec.mofcom.gov.cn/article/fwydyl/zgzx/202205/20220503312724.shtml.

[211] 姜婷."宅经济"促进电商消费升级[J].人民论坛,2020(29):84-85.

[212] 财联社.阿里巴巴:2020年全年淘宝直播GMV超过人民币4000亿元[EB/OL].(2021-02-02)[2022-07-08].https://www.cls.cn/detail/678689.

[213] 中国经济网.接入拼多多、京东 快手电商全面打通主流电商平台[EB/OL].(2019-06-18)[2022-07-08].http://m.people.cn/n4/2019/0618/c157-12840870.html.

[214] 央广网.拼多多百亿补贴进入第四年:助力产地回血,刺激消费新动力[EB/OL].(2022-06-06)[2022-07-08].http://tech.cnr.cn/techgd/20220606/t20220606_525852918.shtml.

[215] 聂林海.我国电子商务发展的特点和趋势[J].中国流通经济,2014,28(06):97-101.

[216] 聂林海."互联网+"时代的电子商务[J].中国流通经济,2015,29(06):53-57.

[217] 商务部.商务部召开例行新闻发布会(2022年2月17日)[EB/OL].(2022-02-18)[2022-07-09].http://ca.mofcom.gov.cn/article/xwfb/202202/20220203283086.shtml.

[218] 崔凯,冯献.演化视角下农村电商"上下并行"的逻辑与趋势[J].中国农村经济,2018(03):29-44.

[219] 人民日报.县域物流畅通农产品上行和工业品下行渠道[EB/OL].(2022-07-28)[2022-08-01].http://www.gov.cn/xinwen/2022-07/28/content_5703199.htm.

[220] 刘洋,董久钰,魏江.数字创新管理:理论框架与未来研究[J].管理世界,2020,36(07):198-217;219.

[221] 龚炳铮.EDI与电子商务[M].北京:清华大学出版社,1999.

[222] 覃征.电子商务导论[M].北京:人民邮电出版社,2000.

[223] ANSI X12 Series-1992,电子数据交换[S].美国国家标准学会,1992.

[224] NF Z13-833-1996,电子数据交换.报文.语法及服务报告报文(CONTRL)(欧洲标准EN 1833)[S].法国标准协会,1996.

[225] ISO/IEC 14662-1997,信息技术开放EDI参考模型[S].国际标准化组织,1997.

[226] Pelton Joseph N. The public versus private objectives for the US National information infrastructure initiative[J]. Telematics and Informatics,1994,11(3).

[227] 王伟泉.世界电子商务发展现状与我国电子商务发展战略[J].清华大学学报(哲学社会科学版),1999(04):34-39.

[228] YAHOO.雅虎公司的历史:YAHOO公司发展过程重大事件[EB/OL].(2012-07-28)[2022-07-12].http://www.yahooworks.com/yahooad.asp.

[229] 中金网.探秘世界首富杰夫贝佐斯和他的亚马逊商业帝国[EB/OL].(2020-02-26)[2022-07-12].https://baijiahao.baidu.com/s?id=16595810889244493 48&wfr=spider&for=pc.

[230] IBM. History of IBM 1996s[EB/OL].(2001-01-01)[2022-07-12].https://www.ibm.com/ibm/history/history/year_1996.html.

[231] UNCITRAL Model Law on Electronic Commerce/Loi type de la CNUDCI sur le commerce électronique[J]. Uniform Law Review,1996,1(4).

[232] 环球信息网.日常知识:icq是什么[EB/OL].(2020-10-04)[2022-07-14].https://www.gpbctv.com/life/202010/71990.html.

[233] 郭建泉.从纳斯达克指数暴跌看美国新经济走向[J].经济学动态,2001(04):74-76.

[234] 李颖.ebXML全球电子商务标准:ebXML技术架构概览[J].世界标准化与质量管理,2003(12):33-35.

[235] The U.S. Securities and Exchange Commission. eBay to Acquire PayPal[EB/OL].(2002-07-08)[2022-07-14].https://www.sec.gov/Archives/edgar/data/1103415/000091205702026650/a2084015zex-99_1.htm.

[236] Wayfair. wayfair是什么平台[EB/OL].(2020-06-19)[2022-07-14].https://www.cifnews.com/article/70570?origin=baidu_wenda&ivk_sa=1024320u.

[237] 全球百科.Facebook[EB/OL].(2022-06-25)[2022-07-14].https://vibaike.com/2788/.

[238] 贺文华.Google上市挑中纳斯达克.[EB/OL].(2004-07-14)[2022-07-15].https://tech.sina.com.cn/it/2004-07-14/0831387290.shtml.

[239] Payoneer. About Payoneer. [EB/OL]. (2022-06-25)[2022-07-15]https://www.payoneer.com/enterprise/about/.

[240] 全球百科. YouTube[EB/OL]. (2022-06-25)[2022-07-15]. https://vibaike.com/2790/.

[241] 新浪科技. 纽约时报:风投和 eBay 是微软购 Skype 交易赢家[EB/OL]. (2011-05-11)[2022-07-15]. https://www.yicai.com/news/783347.html.

[242] 刘世锦,余斌,陈昌盛. 金融危机后世界经济格局调整与变化趋势[EB/OL]. (2014-02-19)[2022-07-16]. http://theory.people.com.cn/n/2014/0219/c83865-24407438.html.

[243] 赛迪网. Instagram 十天增 1000 万用户 破 4000 万大关[EB/OL]. (2012-04-16)[2022-07-16]. http://news.cntv.cn/20120416/115374.shtml.

[244] 界面新闻. 蚂蚁金服宣布 8.8 亿美金并购汇款服务公司 MoneyGram[EB/OL]. (2017-01-26)[2022-07-16]. https://www.jiemian.com/article/1090822.html.

[245] 央视网. [经济信息联播]产经资讯:Vantiv 收购 Worldpay 支付业首个百亿美元级并购案诞生[EB/OL]. (2017-08-11)[2022-07-16]. http://tv.cctv.com/2017/08/11/VIDEMwmTuxmJilA2YKmd9ptO170811.shtml.

[246] 未央网. 英国监管部门批准 PayPal 收购支付创企 iZettle[EB/OL]. (2019-06-13)[2022-07-16]. https://www.cebnet.com.cn/20190613/102580190.html.

[247] 凤凰科技. PayPal 四亿美元收购团体付款平台 HyperWallet[EB/OL]. (2018-06-20)[2022-07-16]. https://www.cebnet.com.cn/20180620/102500578.html.

[248] 宋哲,胡畔. 全球支付大融合重塑行业格局[EB/OL]. (2021-03-30)[2022-07-17]. https://baijiahao.baidu.com/s?id=1695634641384002928&wfr=spider&for=pc.

[249] Worldpay. THE GLOBAL PAYMENTS REPOERT 2021[EB/OL]. (2021-03-22)[2022-07-17]. https://worldpay.globalpaymentsreport.com/en.

[250] 中国电商市场超越美国成全球老大[EB/OL]. (2016-03-07)[2022-07-17]. http://it.people.com.cn/GB/n1/2016/0307/c1009-28179503.html.

[251] 白东蕊,岳云康. 电子商务概论[M]. 北京:人民邮电出版社,2019.

[252] 王炳南. 国内外电子商务的现状与发展[EB/OL]. (2017-06-29)[2022-07-17]. http://www.npc.gov.cn/npc/c541/201706/408c9b1af8b14630a7f822e1d5c4bb74.shtml.

[253] 陈芳,胡喆,温竞华,等. "国家科技创新力的根本源泉在于人"[N]. 人民日报,2022-05-31(001).

[254] 曾可昕,张小蒂. 数字商务与产业集群外部经济协同演化:产业数字化转型的一种路径[J]. 科技进步与对策,2021,38(16):53-62.

[255] 西安交通大学国际教育学院. 电子商务专业介绍[EB/OL]. (2021-12-09)[2022-06-26]. http://sie.xjtu.edu.cn/info/1223/2494.htm.

[256] 覃征. 电子商务概论[M]. 北京:高等教育出版社,2019.

[257] 西安交通大学本科招生网. 电子商务[EB/OL]. (2021-12-09)[2022-06-26]. http://zs.xjtu.edu.cn/yxsd/jjyjrxy/dzsw.htm.

[258] 黄首晶,杜晨阳. 试析社会、高校、政府在高校创业教育中的主体功能:基于中美的比较

分析[J].比较教育研究,2017,39(09):79-88,111.
[259] 陈旭.坚持党的全面领导 推进一流大学建设[J].求是,2021(9):55-60.
[260] 刘建波,董礼,曹宇,等.课堂教学改革应落实"以学生成长为中心"教育理念[J].中国高等教育,2017,0(15):58-59.
[261] 徐秋晨."五位一体"的高校创新人才培养模式与方法:评《高校拔尖创新人才培养模式研究》[J].重庆高教研究,2022,10(3):F0003.
[262] 新华社.习近平出席中央人才工作会议并发表重要讲话[EB/OL](2021-09-28)[2022-05-15].http://www.gov.cn/xinwen/2021-09/28/content_5639868.htm.
[263] 郑淑蓉,吕庆华.中国电子商务20年演进[J].商业经济与管理,2013(11):5-16.
[264] 国家发展和改革委员会.《中华人民共和国国民经济和社会发展第十四个五年规划和2035年远景目标纲要》辅导读本[M].北京:人民出版社,2021.
[265] 徐程锦.WTO电子商务规则谈判与中国的应对方案[J].国际经济评论,2020(03):29-57;4.
[266] 吴岩.扎实推进高等教育数字化战略行动.[EB/OL](2022-06-06)[2022-05-15].https://baijiahao.baidu.com/s?id=1734844924514806317&wfr=spider&for=pc.
[267] 陈享光,汤龙,唐跃桓.农村电商政策有助于缩小城乡收入差距吗:基于要素流动和支出结构的视角[J/OL].农业技术经济:1-15[2022-08-09].
[268] 李鹏,李慧璇,王世谦.乡村振兴背景下的农村电子商务发展策略[J].核农学报,2022,36(04):870-871.
[269] 陈霞玲."十四五"时期高等教育服务创新驱动发展:新要求、重点领域与推进举措[J].现代教育管理,2021(09):12-19.
[270] 黄海刚,连洁.国际高层次人才吸引的典型政策体系分析[J].复旦教育论坛,2019,17(05):76-83.
[271] 郭哲,王晓阳.美国的人才吸引战略及其启示[J].科技管理研究,2019,39(23):60-66.
[272] 秦越.美国的海外人才吸引政策[EB/OL](2014-06-04)[2022-05-15].https://news.12371.cn/2014/06/04/ARTI1401862311736598.shtml?from=groupmessage&ivk_sa=1024320u.
[273] 张瀚文,杨颖秀.德国大学国际人才引进的战略选择与制度设计[J].外国教育研究,2021,48(04):16-29.
[274] 国务院办公厅.国务院办公厅关于加快电子商务发展的若干意见[EB/OL].(2005-08-15)[2022-04-15].http://www.gov.cn/zwgk/2005-08/15/content_21825.htm.
[275] 国家发展改革委,国务院信息办.国家发展改革委 国务院信息办关于印发电子商务发展"十一五"规划的通知[EB/OL](2007-06-01)[2022-04-15].https://www.ndrc.gov.cn/xxgk/zcfb/ghwb/200706/t20070620_962073.html?code=&state=123.
[276] 工业和信息化部.工业和信息化部发《电子商务"十二五"发展规划》[EB/OL].(2012-03-27)[2022-04-15].http://www.gov.cn/gzdt/2012-03/27/content_2100854.htm.
[277] 李宏兵,王丽君,赵春明.RCEP框架下跨境电子商务国际规则比较及中国对策[J].国际贸易,2022(04):30-38.

[278] 商务部,中央网信办,发展改革委.三部委联合发布《电子商务"十三五"发展规划》[EB/OL].(2016-12-30)[2022-04-15].http://www.gov.cn/xinwen/2016/12/30/content_5154715.htm.

[279] 习近平.决胜全面建成小康社会夺取新时代中国特色社会主义伟大胜利:在中国共产党第十九次全国代表大会上的报告[M].北京:人民出版社 2017.

[280] 赵宏瑞,李树明,张春雷,等.在 WTO 全球电子商务谈判中分享中国《电子商务法》经验:基于后疫情时代背景[J].北京航空航天大学学报(社会科学版),2021,34(04):39-49.

[281] 商务部,中央网信办,发展改革委.商务部 中央网信办 发展改革委关于印发《"十四五"电子商务发展规划》的通知[EB/OL].(2021-10-09)[2022-04-15].http://www.gov.cn/zhengce/zhengceku/2021-10/27/content_5645853.htm.

[282] 马述忠,潘钢健.从跨境电子商务到全球数字贸易:新冠肺炎疫情全球大流行下的再审视[J].湖北大学学报(哲学社会科学版),2020,47(05):119-132;169.

[283] 海外网.全国电子商务教育与发展联盟成立大会在郑州举行[EB/OL].(2022-07-20)[2022-08-15].https://www.163.com/dy/article/HCNSSRG60514R9L4.html.

[284] Rise of Cross-border E-commerce Exports in China[J]. Shuzhong Ma, Yuxi Chai, Hongsheng Zhang. China & World Economy. 2018(3).

[285] 梅萍,韩静文.建党百年来高校思政课教师队伍建设的历程、经验与启示[J].大学教育科学,2022(04):54-63.

[286] 伍慧萍.当前德国职业教育改革维度及其发展现状[J].比较教育研究,2021,43(10):38-46;54.

[287] 吴佳艳.日本电子商务市场发展现状、特点与启示[J].商业经济研究,2019(09):88-91.

[288] 王岩,高鹤,谷口洋志.日本数字贸易发展探析及其对中国的启示[J].价格月刊,2022(04):45-53.

[289] 周梦洁.大数据时代日本 IT 人才培养研究[J].国际观察,2016(05):143-154.

[290] 裴要男,王承武,周洁.项目驱动下大学生创新创业教育影响因素研究:基于 MOA 模型的实证分析[J].高教探索,2019(07):108-116.

[291] Rice Business Plan Competition. ABOUT.[EB/OL].(2021-12-1)[2022-06-25]. https://rbpc.rice.edu/about.

[292] The ICPC International Collegiate Programming Contest. The 45th Annual World Finals of the ICPC International Collegiate Programming Contest[EB/OL].(2022-07-28)[2022-08-01]. https://icpc.global/worldfinals/pdf/FactSheetDhakaWorldFinals.pdf.

[293] 吴维东,张晓然,叶雨晴,等.基于竞赛数据画像的双创教育评价:中国国际"互联网+"大学生创新创业大赛数据分析[J].高等工程教育研究,2022(02):155-159.

[294] 张睿.高校拔尖创新人才创新素养的现状及其对创造力的影响研究:以全国"挑战杯"获奖者为例[J].复旦教育论坛,2019,17(06):55-62.

[295] 中华人民共和国教育部高等教育司.教育部高等教育司 2021 年工作要点[EB/OL]. ht-

tp://www. moe. gov. cn/s78/A08/tongzhi/202102/W020210205296023179639. pdf.

[296] 李兴森,陆琳,许立波. WSR方法论与可拓学的对比分析及事理知识图谱模型研究[J]. 管理评论,2021,33(05):152-162.

[297] 中华人民共和国教育部. 教育部2019年工作要点[EB/OL]. (2019-02-22)[2022-07-23]. http://www. moe. gov. cn/jyb_xwfb/gzdt_gzdt/s5987/201902/t20190222_370722. html.

[298] 李杰,陈超美. CiteSpace:科技文本挖掘及可视化[M]. 北京:首都经济贸易大学出版社,2016.

[299] 陈陶然,彭越. 电子商务发展与农村中小企业创新[J]. 西北农林科技大学学报(社会科学版),2022,22(01):98-105.

[300] FIS Worldpay. Worldpay2021全球支付报告[EB/OL]. (2022-03-17)[2022-07-23]. https://xueqiu. com/8565549431/214472132.

[301] 斯文德·霍伦森. 国际市场营销学. 第7版[M]. 张昊,梁晓宁,徐亮,译. 北京:机械工业出版社,2019.

[302] 肯尼斯·C. 劳顿,卡罗尔·圭尔乔·特拉弗. 电子商务 商务·技术·社会. 第11版[M]. 袁勤俭,张一涵,李之昊,等,译. 北京:清华大学出版社,2018.

[303] 中共中央 国务院. 中共中央 国务院关于深化教育改革,全面推进素质教育的决定[EB/OL]. (2022-03-01)[2022-07-03]. https://ganxun. hue. edu. cn/2022/0331/c19774a137966/page. psp.

[304] 杜瑞军,李芒. 我国高等学校教材管理的基本逻辑[EB/OL]. (2020-10-16)[2022-07-03]. http://www. cssn. cn/jyx/jyx_gdjyx/202010/t20201016_5195288. shtml.

[305] 教育部. 教育部关于印发《关于进一步加强高等学校本科教学工作的若干意见》和周济部长在第二次全国普通高等学校本科教学工作会议上的讲话的通知[EB/OL]. (2012-03-05)[2022-07-03]. https://www. doc88. com/p-813902577156. html.

[306] 教育部. 教育部关于进一步深化本科教学改革全面提高教学质量的若干意见[EB/OL]. (2007-02-17)[2022-07-03]. https://news. cdu. edu. cn/index. php? m=news&a=show&news_id=1167.

[307] 国务院办公厅. 国务院常务会通过中长期教育改革和发展规划纲要[EB/OL]. (2010-05-06)[2022-07-03]. http://www. gov. cn/ldhd/2010-05/06/content_1600544. htm.

[308] 人力资源和社会保障部. 国家中长期人才发展规划纲要(2010-2020)[EB/OL]. (2015-03-13)[2022-07-03]. http://www. mohrss. gov. cn/SYrlzyhshbzb/zwgk/ghcw/ghjh/201503/t20150313_153952. htm.

[309] 教育部. 教育部关于"十二五"普通高等教育本科教材建设的若干意见[EB/OL]. (2011-04-28)[2022-07-03]. http://www. moe. gov. cn/srcsite/A08/moe_736/s3885/201104/t20110428_120136. html.

[310] 教育部. 教育部关于印发《中小学教材管理办法》《职业院校教材管理办法》和《普通高等学校教材管理办法》的通知[EB/OL]. (2019-12-16)[2022-07-03]. http://www. gov. cn/zhengce/zhengceku/2020-01/07/content_5467235. htm.

[311] 教育部教材局. 教育部教材局:"十三五"期间教材建设总体情况介绍[EB/OL]. (2020-12-25)[2022-07-03]. https://chuzhong. eol. cn/news/202012/t20201225_2062577. sht-

ml.

[312] 教育部.第七场:介绍"十三五"期间教材建设工作有关情况[EB/OL].(2020-12-24)[2022-07-03].http://www.moe.gov.cn/fbh/live/2020/52842/twwd/202012/t20201224_507414.html.

[313] 田慧生.加快建设高质量教材体系[EB/OL].(2020-12-01)[2022-07-03].http://www.moe.gov.cn/jyb_xwfb/moe_2082/zl_2020n/2020_zl61/202012/t20201201_502723.html.

[314] 教育部办公厅.教育部办公厅关于调整国家基础教育课程教材工作领导小组的通知.[EB/OL].(2014-10-27)[2022-07-03].http://cietac.chinalawinfo.com/fulltext_form.aspx?Gid=238172&Db=chl.

[315] 国务院办公厅.国务院办公厅关于成立国家教材委员会的通知[EB/OL].(2017-07-03)[2022-07-03].http://www.gov.cn/zhengce/content/2017-07/06/content_5208390.htm.

[316] 郑富芝.牢牢把握基础教育课程教材的正确政治方向[N].中国教育报,2016-01-15(02).

[317] 教育部.教育部关于印发《中小学教科书选用管理暂行办法》的通知[EB/OL].(2014-10-09)[2022-07-03].http://www.moe.gov.cn/srcsite/A26/moe_714/201410/t20141009_176575.html.

[318] 教育部.教育部启动全国大中小学教材建设五年规划和管理办法研制工作[EB/OL].(2017-05-21)[2022-07-03].http://www.moe.gov.cn/jyb_xwfb/gzdt_gzdt/moe_1485/201705/t20170521_305303.html.

[319] 刘学智,张振.改革开放40年基础教育教材制度改革的回顾与展望[J].课程.教材.教法,2018,38(08):27-33.

[320] 中国教育在线.教育部:将教材建设与选用纳入"双一流"高校考察范围[EB/OL].(2020-12-24)[2022-07-24].http://www.moe.gov.cn/fbh/live/2020/52842/mtbd/202012/t20201224_507443.html.

[321] 新华社.全国人民代表大会常务委员会工作报告(摘要)[EB/OL].(2022-03-08)[2022-07-24].http://www.gov.cn/xinwen/2022-03/08/content_5678025.htm.

[322] 北京青年报.教育部:义务教育学校不得选用境外教材[EB/OL].(2020-01-18)[2022-07-24].http://www.moe.gov.cn/jyb_xwfb/xw_zt/moe_357/jyzt_2020n/2020_zt04/baodao/202004/t20200409_441846.html.

[323] 新华社.孙春兰强调:加快建设高质量教材体系 服务学生全面发展、健康成长.[EB/OL].(2021-10-12)[2022-07-24].http://www.gov.cn/guowuyuan/2021-10/12/content_5642145.htm.

[324] 教育部.教育部关于学习、宣传和全面实施《2003-2007年教育振兴行动计划》的通知.[EB/OL].(2004-03-03)[2022-07-24].http://www.moe.gov.cn/jyb_xxgk/gk_gbgg/moe_0/moe_1/moe_4/tnull_5326.html.

[325] 教育部.普通高等学校本科专业目录(1998年颁布)[EB/OL].(1998-07-06)[2022-07-24].http://www.moe.gov.cn/srcsite/A08/moe_1034/s3882/199807/t19980706

_109699. html.

[326] 教育部. 教育部关于印发《普通高等学校本科专业目录(2012 年)》《普通高等学校本科专业设置管理规定》等文件的通知[EB/OL]. (2012-09-18)[2022-07-24]. http://www.moe.gov.cn/srcsite/A08/moe_1034/s3882/201209/t20120918_143152.html.

[327] 未来网. 首个高等教育教学质量国家标准出台 涵盖 587 个本科专业[EB/OL]. (2018-01-30)[2022-07-24]. http://www.moe.gov.cn/jyb_xwfb/xw_fbh/moe_2069/xwfbh_2018n/xwfb_20180130/mtbd/201801/t20180130_326022.html.

[328] 高校电商教指委. 教育部高等学校电子商务类专业教学指导委员会 2020 年全体委员工作会议成功召开[EB/OL]. (2020-12-13)[2022-07-24]. http://xxxy.bwu.edu.cn/info/1223/6409.htm.

[329] 王志和,龙雨. 电子商务专业信息技术类课程体系改革与实践[J]. 电子商务,2018(11).

[330] 教育部. 教育部关于印发普通高等教育"十一五"国家级教材规划选题的通知[EB/OL]. (2006-08-08)[2022-07-24]. http://www.moe.gov.cn/srcsite/A08/moe_736/s3885/200608/t20060808_110210.html.

[331] 教育部. 教育部关于印发第一批"十二五"普通高等教育本科国家级规划教材书目的通知[EB/OL]. (2012-11-27)[2022-07-24]. http://www.moe.gov.cn/srcsite/A08/moe_736/s3885/201211/t20121127_145008.html.

[332] 教育部. 教育部关于印发《第二批"十二五"普通高等教育本科国家级规划教材书目》的通知[EB/OL]. (2014-10-20)[2022-07-24]. http://www.moe.gov.cn/srcsite/A08/moe_736/s3885/201410/t20141020_178340.html.

[333] 中国教育报-中国教育新闻网. 教育部:"十三五"期间高校新增教材 4.3 万余种,类型更加丰富[EB/OL]. (2014-10-20)[2022-07-24]. https://baijiahao.baidu.com/s?id=16869311360626202 95&wfr=spider&for=pc.

[334] 教育部. 建设高水平专家队伍,振兴新时代本科教育 2018-2022 年教育部高等学校教学指导委员会成立会议召开[EB/OL]. (2018-11-01)[2022-08-01]. http://www.moe.gov.cn/jyb_xwfb/gzdt_gzdt/moe_1485/201811/t20181101_353413.html.

[335] 余颖. 超过 54 万学生参与第二届中国"互联网+"大学生创新创业大赛[EB/OL]. (2016-09-23)[2022-08-01]. http://caijing.chinadaily.com.cn/finance/2016-09/23/content_26880301.htm.

[336] 教育部. 关于政协十二届全国委员会第五次会议第 2526 号(教育类 233 号)提案答复的函[EB/OL]. (2017-10-16)[2022-08-01]. http://www.moe.gov.cn/jyb_xxgk/xxgk_jyta/jyta_zcs/201803/t20180306_329005.html.

[337] 吴永聪. 浅谈 Python 爬虫技术的网页数据抓取与分析[J]. 计算机时代,2019(8):94-96.

[338] 翟普. python 网络爬虫爬取策略对比分析[J]. 电脑知识与技术,2020,16(1):29-30;34.

[339] 严明,郑昌兴. Python 环境下的文本分词与词云制作[J]. 现代计算机(专业版),2018(34):86-89.

[340] 科学出版社. 什么是"教育新基建"?[EB/OL]. (2021-10-22)[2022-07-04]. ht-

tps://zhuanlan.zhihu.com/p/424327119.

[341] 教育部等六部门关于推进教育新型基础设施建设 构建高质量教育支撑体系的指导意见[EB/OL].(2021-07-08)[2022-07-04].http://www.moe.gov.cn/srcsite/A16/s3342/202107/t20210720_545783.html.

[342] 叶雨婷.教育部高等教育司司长吴岩:打造"金专""金课",锻造中国"金师"[EB/OL].(2022-08-08)[2022-09-04].https://baijiahao.baidu.com/s?id=1740542963903016481&wfr=spider&for=pc.

[343] 曾瑞鑫.吴岩:抓好教育教学"新基建" 走好人才自主培养之路[EB/OL].(2021-12-13)[2022-07-04].http://edu.china.com.cn/2021-12/03/content_77906994.htm?f=pad&a=true.

[344] 大学教育.教育部吴岩司长:混合式教学要成为高等教育教学新常态[EB/OL].(2022-01-19)[2022-07-04].https://www.163.com/dy/article/GU1KH8C805366EUH.html.

[345] 仵从巨,管恩森.现行比较文学本科教材问卷调查的分析与评议[J].中国比较文学,2005(03):194-203.

[346] 牛瑞雪.统编教材编研出版的基本经验及发展研究[J].出版参考,2022(01):69-72;75.

[347] 中国教育报.全国教材工作会议暨首届全国教材建设奖表彰会发言摘登[EB/OL].(2021-11-16)[2022-07-04].https://baijiahao.baidu.com/s?id=1716544282245948420&wfr=spider&for=pc.

[348] 谭旭,饶佩,张凌云,等.2012-2013年我国教育研究的分析与展望:基于人大复印报刊资料《教育学文摘》摘编论文的分析[J].教育学术月刊,2014(02):18-29.

[349] 教育部.教育部关于深化本科教育教学改革全面提高人才培养质量的意见[EB/OL].(2019-10-12)[2022-07-04].http://www.gov.cn/xinwen/2019-10/12/content_5438706.htm.

[350] 教育部.全面提升教材建设科学化水平 教育部召开首届全国教材工作会议[EB/OL].(2020-09-23)[2022-07-04].http://www.moe.gov.cn/jyb_xwfb/gzdt_gzdt/moe_1485/202009/t20200923_490144.html.

[351] 教育部.《"党的领导"相关内容进大中小学课程教材指南》印发[EB/OL].(2021-10-22)[2022-07-04].http://www.gov.cn/xinwen/2021-10/22/content_5644226.htm.

[352] 刘延东.深入学习贯彻党的十九大精神 全面开创教育改革发展新局面[EB/OL].(2018-03-15)[2022-07-04].http://www.qstheory.cn/dukan/qs/2018-03/15/c_1122534655.htm.

[353] 中华人民共和国教育部.教育部关于加快建设高水平本科教育全面提高人才培养能力的意见[EB/OL].(2018-10-08)[2022-07-04].http://www.moe.gov.cn/srcsite/A08/s7056/201810/t20181017_351887.html.

[354] 翟一彤.教育部高等学校电子商务类专业教学指导委员会(教材组)暨高等学校电子商务类教学与教材研究发展中心工作会议在我校成功举办[EB/OL].(2022-07-17)[2022-07-04].http://xcb.huel.edu.cn/info/1032/11692.htm.

[355] 教育部.教育部高等教育司关于对普通高等学校电子商务专业人才培养现状进行问卷

调查的通知[EB/OL].(2005-03-28)[2022-07-04]. https://wenku.baidu.com/view/97cbddad68ec0975f46527d3240c844769eaa093.html.

[356] 凤凰新闻客户端.高校教材育人功能持续增强 新形态教材创新发展[EB/OL].(2020-12-24)[2022-07-04]. http://www.moe.gov.cn/fbh/live/2020/52842/mtbd/202012/t20201225_507540.html.

[357] 教育部办公厅.教育部办公厅关于印发《职教师资本科专业培养标准、培养方案、核心课程和特色教材开发项目管理办法》的通知[EB/OL].(2013-06-14)[2022-07-04]. http://www.moe.gov.cn/srcsite/A10/s7011/201306/t20130614_153570.html?from=timeline&isappinstalled=0.

[358] 教育部.加强高校教材建设 提升高等教育教学质量[EB/OL].(2020-01-18)[2022-07-04]. http://www.moe.gov.cn/jyb_xwfb/xw_zt/moe_357/jyzt_2020n/2020_zt04/jiedu/zhuanjia/202001/t20200108_414674.html.

[359] 教育部,财政部,国家发展改革委.教育部 财政部 国家发展改革委 关于印发《统筹推进世界一流大学和一流学科建设实施办法(暂行)》的通知[EB/OL].(2017-01-25)[2022-06-11]. http://www.moe.gov.cn/srcsite/A22/moe_843/201701/t20170125_295701.html.

[360] 全国电子商务教育与发展联盟("50"人论坛)成立大会暨首届论坛"中国电子商务教育发展进程与展望"会议在我校隆重举行[EB/OL].(2022-07-19)[2022-06-11]. http://dswl.huel.edu.cn/info/1018/4338.htm.

[361] 中国网.教材建设与选用将与高校"双一流"评估挂钩[EB/OL].(2020-12-24)[2022-06-11]. http://www.moe.gov.cn/fbh/live/2020/52842/mtbd/202012/t20201224_507433.html.

[362] 周立华,张明晶,金洪国,等.加强学科、专业和课程建设推动应用型本科院校的发展[J].长春工业大学学报(高教研究版),2013,34(02):51-53.

[363] 中华人民共和国教育部.教育部关于印发《新时代马克思主义理论研究和建设工程教育部重点教材建设推进方案》的通知教材[EB/OL].(2022-02-22)[2022-06-11]. http://www.moe.gov.cn/srcsite/A26/moe_714/202203/t20220308_605562.html.

[364] 教育部.中共教育部党组关于学习贯彻习近平总书记给人民教育出版社老同志重要回信精神的通知[EB/OL].(2022-03-21)[2022-06-11]. https://www.xuexi.cn/lgpage/detail/index.html?id=9277385452108621682.

[365] 中华人民共和国教育部.教育部关于深化基础教育课程改革进一步推进素质教育的意见[EB/OL].(2010-06-01)[2022-07-11]. http://www.moe.gov.cn/srcsite/A26/s7054/201006/t20100601_92800.html.

[366] 中国教育报.守好高校哲学社会科学的生命线[EB/OL].(2016-01-08)[2022-07-11]. http://edu.people.com.cn/n1/2016/0108/c1053-28029024.html.

[367] 中华人民共和国教育部.教育部关于印发孙春兰副总理在全国深化职业教育改革电视电话会议上的讲话的通知[EB/OL].(2019-05-07)[2022-07-11]. http://www.moe.gov.cn/srcsite/A07/zcs_zhgg/201905/t20190510_381564.html.

[368] 教育部职业教育与成人教育司.关于开展高等继续教育教材建设与使用情况调研的通

知[EB/OL].(2021-06-07)[2022-07-11].http://www.moe.gov.cn/s78/A07/A07_sjhj/202106/t20210615_538079.html.

[369] 教育部办公厅.教育部办公厅关于印发《"十四五"职业教育规划教材建设实施方案》的通知[EB/OL].(2021-12-07)[2022-07-11].http://www.moe.gov.cn/srcsite/A07/s7055/202112/t20211207_585534.html.

[370] 中国信息报.2021年全国电商市场加速向生产领域扩展[EB/OL].(2022-01-28)[2022-07-11].http://www.zgxxb.com.cn/pc/content/202201/28/content_11076.html.

[371] 李晓辉.试论教材与教学的关系[J].学科教育,1999(09):1-3.

[372] 教育部.推进"创新、创业、创客"行动 加快培养适应"互联网+"要求的电子商务人才[EB/OL].(2015-10-26)[2022-07-11].http://www.moe.gov.cn/jyb_xwfb/moe_2082/zl_2015n/2015_zl51/201510/t20151026_215789.html.

[373] 何淼.教育部:职教全面深化产教融合 校企合作呈多样化格[EB/OL].(2022-05-24)[2022-07-11].http://www.moe.gov.cn/fbh/live/2022/54487/mtbd/202205/t20220524_630031.html.

[374] 教育部教师工作司.教育部教师工作司关于印发《教育部教师工作司2022年工作要点》的通知[EB/OL].(2022-02-24)[2022-07-11].http://www.moe.gov.cn/s78/A10/tongzhi/202202/t20220225_602341.html.

[375] 教育部.北京大学深化本科教育综合改革[EB/OL].(2016-12-08)[2022-07-11].http://www.moe.gov.cn/jyb_sjzl/s3165/201612/t20161208_291194.html.

[376] 人民教育.李政涛:教师发展的"后50里路"在哪里?[EB/OL].(2022-08-05)[2022-08-11].https://page.om.qq.com/page/OVe48k8C6NE2wRmqIZCRgnVA0.

[377] 教育部等六部门关于加强新时代高校教师队伍建设改革的指导意见[EB/OL].(2021-01-04)[2022-08-11].http://www.moe.gov.cn/srcsite/A10/s7151/202101/t20210108_509152.html.

[378] 蒋夫尔.习近平总书记在新疆考察时的重要讲话在新疆教育系统引发热烈反响 铸牢中华民族共同体意识 培养兴疆固边人才[EB/OL].(2022-07-16)[2022-08-11].http://www.moe.gov.cn/jyb_xwfb/s5147/202207/t20220718_646659.html.

[379] 郑州大学.郑州大学着力打造一流本科教育体系 培养卓越本科创新人才[EB/OL].(2019-07-31)[2022-08-11].http://www.moe.gov.cn/jyb_xwfb/s6192/s222/moe_1748/201907/t20190731_393120.html.

[380] 教育部.关于政协十三届全国委员会第三次会议第4284号(教育类390号)提案答复的函[EB/OL].(2020-09-30)[2022-08-11].http://www.moe.gov.cn/jyb_xxgk/xxgk_jyta/jyta_gaojiaosi/202011/t20201103_498000.html.

[381] 吴砥.提升信息素养 培养卓越教师[EB/OL].(2020-11-23)[2022-08-11].http://www.moe.gov.cn/jyb_xwfb/moe_2082/zl_2020n/2020_zl57/202011/t20201123_501265.html.

[382] 顾海良.教材体系建设是育人育才的关键[EB/OL].(2017-10-24)[2022-08-11].http://www.moe.gov.cn/jyb_xwfb/xw_zt/moe_357/jyzt_2017nztzl/2017_zt11/

17zt11_zjwz/201710/t20171024_317293.html.

[383] 邓晖. 尺寸教材 悠悠国事 一本优秀教材是怎样炼成的[EB/OL]. (2021-12-07)[2022-08-11]. http://www.moe.gov.cn/jyb_xwfb/s5147/202112/t20211207_585259.html.

[384] 刘延东强调深入贯彻落实科学发展观 走中国特色高等教育发展道路[EB/OL]. (2008-07-21)[2022-08-11]. http://www.moe.gov.cn/jyb_xwfb/s6052/moe_838/tnull_37206.html.

[385] 焦新. 推动科学发展 确保和谐稳定 王立英在京检查春季开学工作[EB/OL]. (2012-02-27)[2022-08-11]. http://www.moe.gov.cn/jyb_xwfb/gzdt_gzdt/moe_1485/201202/t20120227_131039.html.

[386] 新华社. 习近平主持召开中央全面深化改革委员会第二十四次会议强调 加快建设世界一流企业加强基础学科人才培养 李克强王沪宁韩正出席[EB/OL]. (2022-02-28)[2022-08-11]. http://www.moe.gov.cn/jyb_xwfb/s6052/moe_838/202202/t20220228_603179.html.

[387] 新华社. 习近平在新疆考察时强调 完整准确贯彻新时代党的治疆方略 建设团结和谐繁荣富裕文明进步安居乐业生态良好的美好新疆[EB/OL]. (2022-07-15)[2022-08-11]. http://www.moe.gov.cn/jyb_xwfb/s6052/moe_838/202207/t20220715_646401.html.

[388] 吴晶, 胡浩. 习近平主持召开学校思想政治理论课教师座谈会强调 用新时代中国特色社会主义思想铸魂育人 贯彻党的教育方针落实立德树人根本任务 王沪宁出席[EB/OL]. (2019-03-18)[2022-08-11]. http://www.moe.gov.cn/jyb_xwfb/s6052/moe_838/201903/t20190318_373973.html.

[389] 新华社. 习近平主持召开中央全面深化改革委员会第二十三次会议强调 加快建设全国统一大市场提高政府监管效能 深入推进世界一流大学和一流学科建设 李克强王沪宁韩正出席[EB/OL]. (2021-12-17)[2022-08-11]. http://www.moe.gov.cn/jyb_xwfb/s6052/moe_838/202112/t20211217_588158.html.

[390] 新华社. 两院院士大会中国科协第十次全国代表大会在京召开[EB/OL]. (2021-05-28)[2022-08-11]. http://www.moe.gov.cn/jyb_xwfb/s6052/moe_838/202105/t20210531_534366.html.

[391] 教育部. 加强中小学教材建设 提升基础教育质量[EB/OL]. (2020-01-10)[2022-08-11]. http://www.moe.gov.cn/jyb_xwfb/moe_2082/zl_2020n/2020_zl02/202001/t20200110_415022.html.

[392] 新华社. 习近平在中国人民大学考察时强调 坚持党的领导传承红色基因扎根中国大地 走出一条建设中国特色世界一流大学新路 王沪宁陪同考察[EB/OL]. (2022-04-25)[2022-08-11]. http://www.moe.gov.cn/jyb_xwfb/s6052/moe_838/202204/t20220425_621698.html.

[393] 万玛加, 王雯静. 青海省政协副主席、民盟青海省委主委王绚委员: 构建大数据背景下的教育评价体系[EB/OL]. (2022-03-08)[2022-08-11]. http://www.moe.gov.cn/jyb_xwfb/xw_zt/moe_357/jjyzt_2022/2022_zt01/lianghuishengyinjy/qita/202203/t20220308_605372.html.

[394] 齐志明.行业前景好 岗位需求多 培训重实践 电商,就业新选择[EB/OL].(2020-06-28)[2022-08-11].http://www.moe.gov.cn/jyb_xwfb/s5147/202006/t20200628_468663.html.

[395] 教育部.揭开新时代教材改革的新篇章[EB/OL].(2020-01-08)[2022-08-11].http://www.moe.gov.cn/jyb_xwfb/xw_zt/moe_357/jyzt_2020n/2020_zt04/jiedu/zhuanjia/202001/t20200108_414671.html.

[396] 习近平.思政课是落实立德树人根本任务的关键课程[EB/OL].(2020-08-31)[2022-08-11].http://www.moe.gov.cn/jyb_xwfb/moe_176/202008/t20200831_483752.html.

[397] 杨银付.始终坚持社会主义办学方向[EB/OL].(2019-02-14)[2022-08-11].http://www.moe.gov.cn/jyb_xwfb/xw_zt/moe_357/jyzt_2018n/2018_zt19/zt1819_gd/zjpl/201902/t20190214_369270.html.

[398] 新华网.用党的创新理论武装头脑、指导实践、推动工作:习近平总书记在省部级主要领导干部专题研讨班上的重要讲话在广大知识分子和青年学生中引发热烈反响[EB/OL].(2022-08-04)[2022-08-11].http://www.moe.gov.cn/jyb_xwfb/s5147/202208/t20220804_650742.html.

[399] 教育部.落实新修订的课程方案和课程标准 推进义务教育优质均衡发展[EB/OL].(2022-04-21)[2022-08-11].http://www.moe.gov.cn/fbh/live/2022/54382/sfcl/202204/t20220421_620070.html.

[400] 中华人民共和国教育部.教育部关于一流本科课程建设的实施意见[EB/OL].(2019-10-30)[2022-08-11].http://www.moe.gov.cn/srcsite/A08/s7056/201910/t20191031_406269.html.

[401] 杨焓,曾武华.应用型高校内部教学质量保障体系建设之路[J].韶关学院学报,2021,42(02):29-33.

[402] 教育部教材局.教育部教材局关于开展义务教育国家课程教材检查工作的通知[EB/OL].(2018-09-104)[2022-08-11].http://www.moe.gov.cn/s78/A26/tongzhi/201809/t20180918_349171.html.

[403] 教育部.教育部与中国科学院会商科学教育工作[EB/OL].(2022-03-18)[2022-08-11].http://www.moe.gov.cn/jyb_zzjg/huodong/202203/t20220318_608745.html.

[404] 丁雅诵."十四五"期间分批建设1万种左右职业教育国家规划教材[EB/OL].(2021-12-15)[2022-08-11].http://www.moe.gov.cn/jyb_xwfb/s5147/202112/t20211215_587471.html.

[405] 教育部.教育部部署"十四五"职业教育规划教材建设 加快构建中国特色高质量职业教育教材体系[EB/OL].(2021-12-13)[2022-08-11].http://www.moe.gov.cn/jyb_xwfb/gzdt_gzdt/s5987/202112/t20211213_586851.html.

[406] 教育部.教育部印发《关于树立社会主义荣辱观 进一步加强学术道德建设的意见》[EB/OL].(2006-05-10)[2022-08-11].http://www.moe.gov.cn/jyb_xwfb/gzdt_gzdt/moe_1485/tnull_14819.html.

[407] 新华网.习近平在中央政治局第二十五次集体学习时强调 全面加强知识产权保护工作

激发创新活力推动构建新发展格局[EB/OL].(2020-12-01)[2022-08-11].http://www.moe.gov.cn/jyb_xwfb/s6052/moe_838/202012/t20201202_502826.html.

[408] 教育部办公厅.教育部办公厅关于印发《"青春献礼二十大,强国有我新征程"迎接学习宣传党的二十大主题宣传教育活动工作方案》的通知[EB/OL].(2022-03-09)[2022-08-11].http://www.moe.gov.cn/srcsite/A12/s7060/202203/t20220322_609842.html.

[409] 教育部.历史教材强化唯物史观的培养[EB/OL].(2016-09-01)[2022-08-11].http://www.moe.gov.cn/jyb_xwfb/moe_2082/zl_2016n/2016_zl44/201609/t20160901_277386.html.

[410] 高等学校本科教学质量与教学改革工程领导小组办公室.关于加强"质量工程"本科特色专业建设的指导性意见[EB/OL].(2008-10-07)[2022-08-11].http://www.moe.gov.cn/srcsite/A08/s7056/200810/t20081007_124352.html.

[411] 王家源,焦以璇.方位教育对外开放局面进一步形成,深入参与全球教育治理:"十三五"教育国际影响力迈上新台阶[EB/OL].(2020-12-23)[2022-08-11].http://www.moe.gov.cn/fbh/live/2020/52834/mtbd/202012/t20201223_507073.html.

[412] 教育部.强化铸魂育人功能 扎实推进习近平新时代中国特色社会主义思想进课程教材:国家教材委办公室负责人就《习近平新时代中国特色社会主义思想进课程教材指南》答记者问[EB/OL].(2021-08-24)[2022-08-11].http://www.moe.gov.cn/fbh/live/2021/53640/djzw/202108/t20210824_553658.html.

[413] 张烁.强化重大主题教育进课程教材[EB/OL].(2021-09-07)[2022-08-11].http://www.moe.gov.cn/jyb_xwfb/s5148/202109/t20210907_560018.html.

[414] 张烁,闫伊乔.教育部出台指导性文件:课程教材将加强重大主题教育内容[EB/OL].(2021-08-25)[2022-08-11].http://www.moe.gov.cn/fbh/live/2021/53640/mtbd/202108/t20210825_554116.html.

[415] 教育部.教育部对十三届全国人大一次会议第7953号建议的答复[EB/OL].(2018-09-28)[2022-08-11].http://www.moe.gov.cn/jyb_xxgk/xxgk_jyta/jyta_jijiaosi/201812/t20181219_364044.html.

[416] 天津市教育委员会.天津市推进基础教育资源公共服务平台建设 优化中小学网络学习空间[EB/OL].(2019-06-14)[2022-08-11].http://www.moe.gov.cn/jyb_xwfb/s6192/s222/moe_1733/201906/t20190614_385797.html.

[417] 教育部.全面推进高校课程思政建设[EB/OL].(2019-10-31)[2022-08-11].http://www.moe.gov.cn/jyb_xwfb/xw_fbh/moe_2606/2019/tqh20191031/sfcl/201910/t20191031_406254.html.

[418] 王锋娟,罗成翼.新时代高校思想政治理论课的改革进路:学习贯彻习近平关于思政课改革重要论述的思考[J].城市学刊,2020,41(01):1-5.

[419] 新疆大学.新疆大学扎实推进铸牢中华民族共同体意识教育[EB/OL].(2022-08-09)[2022-08-11].http://www.moe.gov.cn/jyb_xwfb/s6192/s222/moe_1763/202208/t20220810_651939.html.

[420] 陈磊,阎燕.高校教材建设的目标原则、行动路径及其保障举措研究[J].高等农业教育,2021(04):48-52.

[421] 重庆市教育委员会. 重庆市加强高校思政课建设 努力办好立德树人关键课程[EB/OL]. (2022-07-04)[2022-08-11]. http://www.moe.gov.cn/jyb_xwfb/s6192/s222/moe_1754/202207/t20220704_642968.html.

[422] 中国教育报. 努力成为堪当民族复兴重任的时代新人：三论学习贯彻习近平总书记在清华大学考察时的重要讲话精神[EB/OL]. (2022-04-22)[2022-08-11]. http://www.moe.gov.cn/jyb_xwfb/s5148/202104/t20210422_527588.html.

[423] 张充. 面向国家重大战略需求 加快产学研联盟建设[EB/OL]. (2017-02-16)[2022-08-11]. http://www.moe.gov.cn/jyb_xwfb/moe_2082/zl_2017n/2017_zl07_2147441722/201702/t20170216_296419.html.

[424] 陈锋. 深化产教融合的文件释放了什么信号[EB/OL]. (2018-01-29)[2022-08-11]. http://www.moe.gov.cn/jyb_xwfb/s5148/201801/t20180129_325804.html.

[425] 教育部办公厅,工业和信息化部办公厅. 教育部办公厅 工业和信息化部办公厅关于印发《现代产业学院建设指南（试行）》的通知[EB/OL]. (2020-08-11)[2022-08-11]. http://www.moe.gov.cn/srcsite/A08/s7056/202008/t20200820_479133.html.

[426] 海南大学. 海南大学完善"四个一"工作机制 促进毕业生更加充分更高质量就业[EB/OL]. (2022-07-07)[2022-08-11]. http://www.moe.gov.cn/jyb_xwfb/s6192/s222/moe_1753/202207/t20220707_644037.html.

[427] 中华人民共和国教育部. 教育部关于"十二五"职业教育教材建设的若干意见[EB/OL]. (2012-11-13)[2022-08-11]. http://www.moe.gov.cn/srcsite/A07/moe_953/201211/t20121113_144702.html.

[428] 同济大学. 同济大学以"三个注重"推进教师队伍建设改革[EB/OL]. (2022-08-02)[2022-08-11]. http://www.moe.gov.cn/jyb_xwfb/s6192/s133/s165/202208/t20220802_650447.html.

[429] 教育部教材局. 关于首批中国经济学教材编写拟入选学校及团队名单的公示[EB/OL]. (2021-06-19)[2022-08-11]. http://www.moe.gov.cn/jyb_xxgk/s5743/s5745/A26/202106/t20210609_536926.html.

[430] 杜云英. 推动职业院校教材管理制度化科学化规范化[EB/OL]. (2020-03-10)[2022-08-11]. http://www.moe.gov.cn/jyb_xwfb/xw_zt/moe_357/jyzt_2020n/2020_zt04/jiedu/zhuanjia/202004/t20200408_441432.html.

[431] 中华人民共和国教育部. 教育部关于首批国家教材建设重点研究基地认定结果的通知[EB/OL]. (2019-02-11)[2022-08-11]. http://www.moe.gov.cn/srcsite/A26/s8001/201902/t20190225_371059.html.

[432] 中国教育报. 大力推进中国特色社会主义学科专业体系建设：聚焦全国研究生教育会议系列评论之三[EB/OL]. (2020-08-03)[2022-08-11]. http://www.moe.gov.cn/jyb_xwfb/xw_zt/moe_357/jyzt_2020n/2020_zt15/baodao/pinglun/202008/t20200813_477869.html.

[433] 王继平. 谱写新时代职业教育改革新篇章[EB/OL]. (2018-11-21)[2022-08-11]. http://www.moe.gov.cn/jyb_xwfb/moe_2082/zl_2018n/2018_zl83/201811/t20181121_355301.html.

[434] 岳修峰. 数字化赋能"大思政课"[EB/OL]. (2022-07-15)[2022-08-11]. http://www.moe.gov.cn/jyb_xwfb/s5147/202207/t20220719_646899.html.

[435] 吉林省教育厅. 吉林省创新推进"互联网+教育"促进教育优质均衡发展[EB/OL]. (2020-04-09)[2022-08-11]. http://www.moe.gov.cn/jyb_xwfb/s6192/s222/moe_1738/202004/t20200409_441917.html.

[436] 王辉. 大力提升中文的国际地位和影响力[EB/OL]. (2020-10-23)[2022-08-11]. http://www.moe.gov.cn/jyb_xwfb/xw_zt/moe_357/jyzt_2020n/2020_zt23/zhuanjiawenzhang/202010/t20201026_496666.html.

[437] 武汉大学. 聚焦优势学科 培养国际组织与全球治理人才[EB/OL]. (2021-11-26)[2022-08-11]. http://www.moe.gov.cn/jyb_xwfb/moe_2082/2021/2021_zl72/202111/t20211126_582538.html.

[438] 蒋庆哲. 培养新时代全球经济治理人才[EB/OL]. (2018-08-09)[2022-08-11]. http://www.moe.gov.cn/jyb_xwfb/moe_2082/zl_2018n/2018_zl42/201808/t20180809_344844.html.

[439] 万玉凤,柯进. 113所高校获国家科技奖三大奖通用项目185项,连续4年占比超七成:中国高校科研国际影响力稳步提升[EB/OL]. (2019-01-09)[2022-08-11]. http://www.moe.gov.cn/jyb_xwfb/s5147/201901/t20190109_366426.html.

[440] 中华人民共和国教育部. 教育部关于印发《新时代高校教师职业行为十项准则》《新时代中小学教师职业行为十项准则》《新时代幼儿园教师职业行为十项准则》的通知[EB/OL]. (2018-11-14)[2022-08-11]. http://www.moe.gov.cn/srcsite/A10/s7002/201811/t20181115_354921.html.

[441] 杜丽娟. 关于新时期教材建设的思考[J]. 出版参考,2021(06):30-32.

[442] 王湛. 强化国家事权,确保教材质量[EB/OL]. (2020-01-08)[2022-08-11]. http://www.moe.gov.cn/jyb_xwfb/moe_2082/zl_2020n/2020_zl02/202001/t20200108_414669.html.

[443] 教育部思政司. 复旦大学实施"四大行动计划"深入推进"三全育人"综合改革高校思想政治工作简报〔2019〕第12期 总第157期[EB/OL]. (2019-07-08)[2022-08-11]. http://www.moe.gov.cn/s78/A12/gongzuo/moe_2154/201905/t20190531_383998.html.

[444] 教育部高等教育司. 关于加强高职高专教育教材建设的若干意见[EB/OL]. (2000-03-23)[2022-08-11]. http://www.moe.gov.cn/s78/A08/tongzhi/201007/t20100729_124841.html.

[445] 吴单. 教育部:预计明年会启动义务教育所有学科教材修订[EB/OL]. (2020-12-24)[2022-08-11]. http://www.moe.gov.cn/fbh/live/2020/52842/mtbd/202012/t20201228_507819.html.

[446] 复旦大学. 深化人才评价机制改革,落实立德树人根本任务[EB/OL]. (2020-12-18)[2022-08-11]. http://www.moe.gov.cn/jyb_xwfb/moe_2082/zl_2020n/2020_zl66/202012/t20201218_506349.html.

[447] 教育部. 各地各高校深化教师考核评价制度改革 教育部简报〔2016〕第67期[EB/OL].

(2016-12-27)[2022-08-11]. http://www.moe.gov.cn/jyb_sjzl/s3165/201612/t20161227_293137.html.

[448] 综改司.深化高校人事制度改革(四)考核评价:正确发挥"指挥棒"作用[EB/OL]. (2015-02-16)[2022-08-11]. http://www.moe.gov.cn/jyb_xwfb/s5989/s6635/s8537/zl_shgxrs/201506/t20150611_189961.html.

[449] 中宣部、教育部召开马克思主义理论研究和建设工程重点编写教材使用与教师培训工作会议 教育部简报〔2010〕第78期[EB/OL]. (2010-05-12)[2022-08-11]. http://www.moe.gov.cn/jyb_sjzl/s3165/201006/t20100622_89961.html.

[450] 袁贵仁.马克思主义理论研究和建设工程工作会议发言摘编 切实抓好工程教材的推广使用[EB/OL]. (2012-06-06)[2022-08-11]. http://www.moe.gov.cn/jyb_xwfb/moe_176/201206/t20120606_137242.html.

[451] 教育部.完善教材表彰激励机制 推动教材建设高质量发展:国家教材委员会办公室负责人就首届全国教材建设奖评选工作答记者问[EB/OL]. (2021-10-12)[2022-08-11]. http://www.moe.gov.cn/jyb_xwfb/s271/202110/t20211012_571662.html.

[452] 教育部.北京语言大学着力打造国际中文教育教材高地[EB/OL]. (2020-04-08)[2022-08-11]. http://www.moe.gov.cn/jyb_xwfb/xw_zt/moe_357/jyzt_2020n/2020_zt04/jindu/202004/t20200408_441422.html.

[453] 苏雨恒,宋永刚.为开创新时代教育出版工作新局面谋新篇[EB/OL]. (2018-03-05)[2022-08-11]. http://www.moe.gov.cn/jyb_xwfb/moe_2082/zl_2017n/2017_zl73/201803/t20180305_328743.html.

[454] 高教创时代.教育部高教司长吴岩:锻造中国金师[EB/OL]. (2022-08-02)[2022-08-11]. https://baijiahao.baidu.com/s?id=1739978789362528641&wfr=spider&for=pc.

[455] 教育部.实施一流本科专业建设"双万计划"大力推动"金专"建设[EB/OL]. (2019-10-31)[2022-08-11]. http://www.moe.gov.cn/jyb_xwfb/xw_fbh/moe_2606/2019/tqh20191031/sfcl/201910/t20191031_406248.html.

[456] 王孜丹,杜鹏,马新勇.从交叉学科到学科交叉:美国案例及启示[J].科学通报,2021,66(09):965-973.

[457] 国务院学位委员会,教育部.国务院学位委员会 教育部关于设置"交叉学科"门类、"集成电路科学与工程"和"国家安全学"一级学科的通知[EB/OL]. (2021-01-14)[2022-08-11]. http://www.gov.cn/fuwu/2021-01/14/content_5579799.htm.

[458] 朱华伟.我国高水平大学交叉学科建设与发展现状研究:基于46所研究生院调查分析[J].中国高教研究,2022(03):15-23.

[459] 陈杰,骆雪娟.作为交叉学科的区域国别学学科构建:反思与建议[J].外语学刊,2022(04):118-127.

[460] 崔育宝,李金龙,张淑林.交叉学科建设:内涵论析、实施困境与推进策略[J].中国高教研究,2022(04):16-22.

[461] 姚乐野.以学科交叉融合赋能本科创新人才培养[J].四川大学学报(哲学社会科学版),2021(06):14-19.

[462] 陈伟斌."双一流"建设背景下新兴交叉学科建设路径思考[J].中国大学教学,2021

(09):80-86.

[463] 李敏,征琪,张炜.高等工程教育产教融合实现路径探析:法国工程师大学校"企业教席"案例[J].高等工程教育研究,2022(04):188-193.

[464] 王飚.数字教育出版发展趋势浅析[J].科技与出版,2019(11):6-11.

[465] 陈金芳,马新礼.线上线下融合:重塑传统意义上的教与学[EB/OL].(2020-08-18)[2022-08-11].https://baijiahao.baidu.com/s?id=1675306549714223475&wfr=spider&for=pc.

[466] 李伟涛.完善教育创新体系服务国家战略[EB/OL].(2020-12-08)[2022-08-11].https://baijiahao.baidu.com/s?id=1685478864772547867&wfr=spider&for=pc.

[467] 高众,高毅哲.让教育成为服务国家战略"快变量"[EB/OL].(2022-03-09)[2022-08-11].https://baijiahao.baidu.com/s?id=1726787199776855554&wfr=spider&for=pc.

[468] 教育部.关于印发《高等学校课程思政建设指导纲要》的通知[EB/OL].(2022-05-28)[2022-08-11].http://www.gov.cn/zhengce/zhengceku/2020-06/06/content_5517606.htm.

[469] 吴岩.全面推进高校课程思政高质量建设[EB/OL].(2021-11-26)[2022-08-11].https://www.eol.cn/news/yaowen/202111/t20211126_2179306.shtml.

[470] 李欣,刘会民.全国高校思想政治工作会议以来 各地高校把立德树人作为中心环节 推动大学生思想政治教育取得新成效[EB/OL].(2021-10-02)[2022-08-11].https://baijiahao.baidu.com/s?id=1718013359487263971&wfr=spider&for=pc.

[471] 教育部社会科学司.学校思想政治理论课教师座谈会精神贯彻落实总体情况介绍[EB/OL].(2022-03-07)[2022-08-11].https://baijiahao.baidu.com/s?id=1727511977925988333&wfr=spider&for=pc.

[472] 王琦,余俊杰,魏梦佳,等.让青春在不懈奋斗中绽放绚丽之花:习近平总书记在清华大学考察时的重要讲话激励广大青年肩负历史使命坚定前进信心[EB/OL].(2021-04-20)[2022-08-11].http://www.gov.cn/xinwen/2021-04/20/content_5600905.htm.

[473] 教育部高校课程思政建设工作调研推进会召开[EB/OL].(2020-12-16)[2022-08-11].http://www.gov.cn/xinwen/2020-12/16/content_5569741.htm.

[474] 杨长亮,姜超.课程思政的三重建构和技术路径:基于课程与教学论的视角[J].思想理论教育,2021(06):87-92.

[475] 陆道坤.新时代课程思政的研究进展、难点焦点及未来走向[J].新疆师范大学学报(哲学社会科学版),2022,43(03):43-58.

[476] 蒲清平,何丽玲.高校课程思政改革的趋势、堵点、痛点、难点与应对策略[J].新疆师范大学学报(哲学社会科学版),2021,42(05):105-114.

[477] 陈兴有,白玉民,杨长富.国内基础教育课程结构的变革与反思[J].中国教育学刊,2020(S1):20-22.

[478] 万爱莲."以学生为中心"的大学课程结构调整:关系与误区[J].现代大学教育,2019(02):101-109.

[479] 包水梅,谢心怡,唐卫民.论研究生课程发展的历史脉络与演变机理[J].学位与研究生教育,2020(11):44-50.

[480] 靳晓燕.教材建设是国家事权[N].光明日报,2017-07-14(06).
[481] 把思想政治工作贯穿教育教学全过程[N].人民日报,2016-12-09(10).
[482] 新华社.中共中央关于制定国民经济和社会发展第十四个五年规划和二〇三五年远景目标的建议[EB/OL].(2020-11-03)[2022-08-15].http://www.gov.cn/zhengce/2020-11/03/content_5556991.htm.
[483] 杨菲.电子商务中滥用黑暗模式行为的法律规制[J].中国流通经济,2022,36(08):40-50.
[484] 王文敏.电子商务平台中知识产权错误通知的法律规制研究[J].华南师范大学学报(社会科学版),2022(01):177-191;208.
[485] 肖潇.数字时代电子商务数据流通:合规方案、法律模式与规范路径[J].中国流通经济,2022,36(02):120-128.
[486] 新华社.中共中央 国务院关于做好2022年全面推进乡村振兴重点工作的意见[EB/OL].(2022-02-22)[2022-08-15].http://www.gov.cn/zhengce/2022-02/22/content_5675035.htm.
[487] 王辉,王金杰,周云波.电子商务是否改变农村居民社会资本的构成:基于中国农村电子商务发展调查数据的实证分析[J].现代财经(天津财经大学学报),2022,42(08):54-69.
[488] 新华社.习近平在清华大学考察:坚持中国特色世界一流大学建设目标方向 为服务国家富强民族复兴人民幸福贡献力量[EB/OL].(2021-04-19)[2022-04-15].http://www.gov.cn/xinwen/2021-04/19/content_5600661.htm.
[489] 叶雨婷.接受高等教育人口达2.4亿 我国建成世界最大规模高等教育体系[EB/OL].(2022-05-28)[2022-08-15].http://www.moe.gov.cn/fbh/live/2022/54453/mtbd/202205/t20220518_628351.html.
[490] 王竹立.技术是如何改变教育的?:兼论人工智能对教育的影响[J].电化教育研究,2018(04):5-11.
[491] 周长春.打通信息技术与教育教学融合的"最后一公里"[J].中国教育学刊,2015(11):4.
[492] 张大良.着力推动高校加快现代信息技术与教育教学深度融合:在基础课程教学改革研讨会上的讲话摘要[J].中国大学教学,2016(07):6-11.
[493] 程建平,张志勇.高质量基础教育教师队伍建设的任务和路径[J].教育研究,2022,43(04):132-136.
[494] 王萍萍,蔡桂如.新时代高校专业教师应提高政治素养.[EB/OL].(2022-01-13)[2022-08-15].http://images1.wenming.cn/web_djw/shouye/dangjiangongzuo/shidaimayuan/202201/t20220113_6282558.shtml.
[495] 李新翠.大国良师要有大格局、大境界和大智慧[EB/OL].(2018-09-21)[2022-08-15].http://www.moe.gov.cn/jyb_xwfb/xw_zt/moe_357/jyzt_2018n/2018_zt19/zt1819_gd/wywy/201809/t20180921_349642.html.